诉讼精细化

民商事诉讼律师办案手册

CIVIL AND COMMERCIAL

颜　莉　赵子戈　罗　维　苟银亮 / 著

LITIGATION LAWYER'S CASE HANDLING MANUAL

法律出版社　LAW PRESS
北京

图书在版编目（CIP）数据

诉讼精细化：民商事诉讼律师办案手册 / 颜莉等著. 北京：法律出版社，2025（2025.7 重印）. -- ISBN 978-7-5197-9547-4

Ⅰ. D925.1-62

中国国家版本馆 CIP 数据核字第 20247LY420 号

诉讼精细化：民商事诉讼律师办案手册
SUSONG JINGXIHUA：MINSHANGSHI SUSONG LÜSHI BAN'AN SHOUCE

颜 莉 罗 维 赵子戈 苟银亮 著

责任编辑 李 群 赵雪慧
装帧设计 鲍龙卉

出版发行 法律出版社
编辑统筹 法规出版分社
责任校对 张红蕊
责任印制 耿润瑜
经　　销 新华书店

开本 710 毫米×1000 毫米 1/16
印张 26.5 **字数** 408 千
版本 2025 年 2 月第 1 版
印次 2025 年 7 月第 2 次印刷
印刷 北京中科印刷有限公司

地址：北京市丰台区莲花池西里 7 号（100073）
网址：www.lawpress.com.cn
投稿邮箱：info@lawpress.com.cn
举报盗版邮箱：jbwq@lawpress.com.cn

销售电话：010-83938349
客服电话：010-83938350
咨询电话：010-63939796

书号：ISBN 978-7-5197-9547-4
定价：98.00 元

凡购买本社图书，如有印装错误，我社负责退换。电话：010-83938349

颜　莉

四川省优秀律师、成都市优秀律师，北京东卫（成都）律师事务所高级合伙人、执行主任，东卫律师学院创始人，四川省律师协会残疾人权益保障专业委员会主任；成都市律师协会女律师工作委员会副主任；成都市律师协会证券与资本市场法律专业委员会副主任；成都市律师协会锦江律师工作委员会副主任；四川省律师协会建设工程与房地产专委会委员；成都市律师协会申请律师执业人员面试考核考官；成都市律师协会涉外商事法律中心调解员；成都市法学会安全与应急法治研究会常务理事；A股上市公司新疆火炬（证券代码603080）独立董事；西南石油大学法学院法律硕士研究生校外导师；四川轻化工大学法学院法律硕士研究生校外导师；四川省律师协会"薪火相传导师计划"首批导师；成都市律师行业新的社会阶层人士联谊会会员；《中国律师年鉴》优秀证券律师。

颜莉律师从业22年，主要从事重大争议解决、公司法律顾问、房地产建筑、金融证券等领域法律事务，担任多个政府部门、上市公司、大中型企业、金融机构法律顾问团队首席律师，办理或指导处理了数百起诉讼及仲裁案件，2018年开始带领团队研究民商事诉讼精细化及请求权基础分析法，多次被点睛网律师学院、智元法律课堂、智识网法律平台、iCourt、中国行为法学会培训合作中心、英才苑府法律教育网等多个法律教育培训机构评为优秀讲师、优秀导师，并多次在国家级期刊上发表律师专业论文。

赵子戈

北京东卫（成都）律师事务所高级合伙人，成都市优秀律师、锦江区优秀青年律师、成都市律师协会房地产与城市更新专业委员会秘书长、成都市律师协会区域协调发展工作委员会委员、东卫法律顾问专业委员会主任，曾获评东卫"法律顾问"专业影响力奖。赵子戈律师从业以来办理了大量民商事诉讼及仲裁案件，执业领域涵盖建设工程、房地产、金融证券保险、海事海商、公司等方面，诉讼实务经验丰富，在代理复杂案件过程中展现出良好的专业素养和敏锐的洞察力，深受客户好评。

罗　维

北京东卫（成都）律师事务所高级合伙人，东卫优秀律师。成都市律师协会民营经济专业委员会委员，东卫公司法律顾问专业委员会副主任、执行事务专业委员会副主任。曾获评东卫“诉讼仲裁”专业影响力奖。罗维律师执业领域涵盖房地产建筑、建设工程以及金融证券等多个方面，代理过大量刑事、民事、经济、金融等各类复杂、高标的诉讼及仲裁案件。处理各类复杂案件时，罗维律师能够准确把握法律要点，为客户提供高效、专业的法律解决方案，赢得了广大客户的信任和尊重。

苟银亮

北京东卫（成都）律师事务所高级合伙人，东卫优秀律师，成都市律师协会宣传工作委员会委员，成都市律师协会劳动与社会保障专业委员会委员，曾获评东卫“诉讼仲裁”专业影响力奖。苟银亮律师执业以来累计处理上百起诉讼及仲裁案件，为多个大中型企业、政府部门、外资企业、集团公司提供过法律服务。苟银亮律师在工作中坚持以人为本、认真负责、恪守诚信，善于快速分析问题并找到解决复杂问题的切入点，提供整体解决方案，以一丝不苟的办案风格受到客户的广泛称誉。

序　　言

近年来，随着社会经济的快速发展和法律服务市场的高速增长，诉讼作为解决民商事争议、维护权益最重要的法律救济途径，其复杂性与专业性日益凸显，对律师的专业能力也提出了更高的要求。

律师如何更好、更有效地提高专业能力？除了持续的专业学习和实务锻炼，还应当树立“法律工匠精神”。天下大事，必作于细，律师具备了“精益求精”“心细如尘”的理念，就可以确保在面对复杂、疑难案件时，能够准确把握事实和证据，正确运用法律，为当事人提供专业的法律建议和解决方案。

在这个时代的大背景下，“诉讼精细化”应运而生。颜莉律师结合其20多年的民商事诉讼实务经验撰写的《诉讼精细化：民商事诉讼律师办案手册》，理论与实务深度融合，通过请求权基础分析法的诉讼思维体系指导诉讼实践，将诉讼服务任务流程化，诉讼文书标准化，展示了民商事诉讼律师精细化办案全流程，兼具实用性与工具价值，让人耳目一新。

首先，本书在篇章编排上具有两大亮点。

一是关于诉讼思维体系的精细化，即建立“请求权基础分析法”的诉讼思维框架。“请求权基础”概念最早由德国学者温德夏特（Windscheed）在19世纪解释罗马法时提出，请求权基础思维在我国的法律适用中具有枢纽性地位，被誉为民法教学的“脊梁”。本书以“请求权基础思维”为理论基础，阐释了“请求权基础分析法”的概念、运用方法和在司法实践中的运用场景，并且从请求权基础分析法六个实施步骤出发，系统地构建诉讼思维体系，提升律师诉讼技能，谋划精准诉讼策略，提高办案质量。

二是关于诉讼服务流程的精细化。本书将一审诉讼流程拆分为40步，全面呈现律师代理民商事诉讼业务操作中的步骤、技巧和方法，帮助律师熟练掌握诉讼程序和各类文书，明晰法官裁判思维，提高案件胜诉率。此外，本书还整理收集了56份民商事诉讼法律文书模板，涵盖了律师代理民商事诉讼的各个环节，为律师和法律工作者提供了标准化的法律文书写作指导。

其次，本书在内容设计上，务求以“干货”为标准，主要遵循诉讼业务办案思维、流程与技巧，并结合大量的具体案例、场景举例和工作规范等，抽丝剥茧、条分缕析、层层递进，对律师代理民商事诉讼业务具有较强的针对性和可操作性。

“博观而约取，厚积而薄发。”本书倾注了颜莉律师多年的诉讼实务经验与办案心得，尤其是在本书编著过程中，随着《民法典》的出台，《公司法》《民事诉讼法》的修订，以及《最高人民法院关于民事诉讼证据的若干规定》和《最高人民法院关于适用〈中华人民共和国民事诉讼法〉的解释》等司法解释的修订和修正，本书在内容上反复修改、法律条文上反复校验，编著工作严谨细致、精益求精，以期能为广大律师们提供一套系统、精细的办案实务指南，为律师代理民商事诉讼案件提供坚实有力的支持。

本书不仅是一本法律工具书，更是民商事诉讼领域理论与实践相结合的探索，体现了作者对律师事业的热爱和深刻理解。作为一名法学教学和研究者，希望广大法律从业者学习能将其中的理念和技巧内化于心、外化于行，不断提升律师诉讼业务技能，提高法律服务质效，不断推动律师行业高质量发展。

是为序。

2024年11月于北京

作者自序

时光荏苒,岁月如梭,我已经在律师这条道路上跋涉了22年。回顾自己的执业生涯,我所带领的研值律师团队办理了几百起错综复杂的民商事案件。我们深知,要实现诉讼的成功,不仅要有扎实的法律功底,还需要有精细化的办案思维和流程。

撰写《诉讼精细化:民商事诉讼律师办案手册》的过程,对我而言,既是一次对过往执业经历的总结和整理,也是一次深刻的学习和反思,希望能够为同行们提供一些有益的参考和借鉴。

本书是我执业20余年来理论研究和办案经验的总结,主要内容来源于我在各大法律培训平台录制的"律师代理民商事案件诉讼精细化实务"课程,该课程2022年上半年上线后,全国逾10万人次律师参与学习。本书创作用时约2年,但背后是团队更长时间的经验积累,因此本书也是体现团队集体智慧的作品。在撰写的过程中,我们力求做到语言简洁明了,内容全面实用。其总体情况如下:

本书一共分为三章,系统地分享律师代理民商事案件诉讼精细化流程的内容,旨在从诉讼思维体系和诉讼流程两个维度进行剖析和梳理,并对各个环节和诸多问题进行阐释和探讨,给读者呈现一个较为完整的民商事诉讼精细化体系。

首先,关于诉讼思维的精细化。目前,"请求权基础分析法"在审判实务领域中广为应用,律师在代理案件时也应建立请求权基础诉讼思维体系。本书从诉讼思维体系出发,将请求权基础分析法分为六大实施步骤,从寻找请求权基础、分析请求权基础、分析法律要件,到证明要件事实、预判诉讼争点,最终制订并实施方案,帮助律师掌握请求权基础分析法,构建诉讼思维体系,提升业务技能。

其次,关于诉讼流程的精细化。本书将律师代理一审诉讼归纳为四十步精细化流程,包括第一次接触了解案情、提出初步法律意见、制作法律关系分析图、法律法规及案例检索、出具《诉讼法律服务方案》、庭前准备工作、模拟法庭、正式庭审、提交代理词和代理思维导图以及庭后工作,全面阐释律师工作的系统性,并提出多种方法优化案件处理,如通过图表实现诉讼可视化,通过模拟法庭厘清诉讼策略是否存在盲点、待证事实是否遗漏,以及庭后总结复盘并与主审法官保持紧密沟通来完善诉讼策略,提高案件胜诉率。

最后,本书还穿插大量案例、场景细分、技能揭示及法律规范等,详细而实用地讲解民事诉讼的各个流程及步骤,全方位拆解实战关键点,并附赠56份法律文书参考文本,是一套非常全面的民商事诉讼律师实务指南。

另外,随着科技的飞速发展,数字化、智能化正逐步改变律师行业。本书中,我们也尝试探讨了如何利用科技手段提高诉讼效率和质量的问题。因此,本书也是对未来数智化法律实践的探索。

在本书撰写的过程中,我们始终秉持一个原则——让知识回归纯粹,让经验惠及大众。因此,本书的出版未借助任何资金支持,完全得益于法律出版社的认可与支持。我们由衷地感谢出版社的编辑团队,让我们的办案经验有机会与更广泛的律师同仁分享。这份信任与支持,不仅是对作者团队努力的肯定,更是对法律界知识共享精神的践行。

在本书付梓之际,有幸得中国政法大学教授、博士生导师、中国法学会商法学研究会会长赵旭东教授的慷慨作序。赵教授以深厚的学术底蕴和敏锐的洞察力,为本书提纲挈领,点睛之笔令人豁然开朗。在此,衷心感谢赵教授的鼎力支持,您的序如灯塔指引,让本书的价值与意义得以更广泛地传播。

诉讼精细化是一个永无止境的追求,希望本书能够帮助律师同仁们构建一个较为完善的精细化诉讼思维体系,提升办案水平和执业技能,也期待本书能激发更多同行间的交流与探讨,愿以此为舟,引领更多的同行者破浪前行。

颜莉律师

2024年12月于成都

contents

目·录

前言 诉讼精细化是律师诉讼服务的必然趋势

就大中城市而言，尤其是在一线城市，律师事务所分布密度大，执业律师人数较多，导致了案源分布不均，法律服务市场的竞争也日益激烈。那么，提升诉讼律师的专业度，提高案件质量和客户的满意度，进而立足于竞争日益加剧的法律服务市场，就成为律师和律师事务所在法律服务竞争中的制胜关键。

我们也欣喜地看到，在改进律师的服务方式、提高律师服务的质量问题上，现在越来越多的律师事务所做了大量的探索。同样是传统的诉讼业务，有人把它做成了精品案件，即使是常见的交通事故赔偿案件、婚姻家事案件、工伤事故案件，也把它做到了极致，获得了空前的、独一无二的竞争优势。

其实，任何一个行业，只要告别了无序、粗放的早期增长阶段，它就会逐步走向精细化，精细化其实是由外向内提升竞争力的必然选择。

司法部官网数据显示，2020 年全国律师事务所规模情况统计，10 人以下的律师事务所高达 66.02%（见图 0 – 1），换言之，2/3 以上的律师事务所规模都非

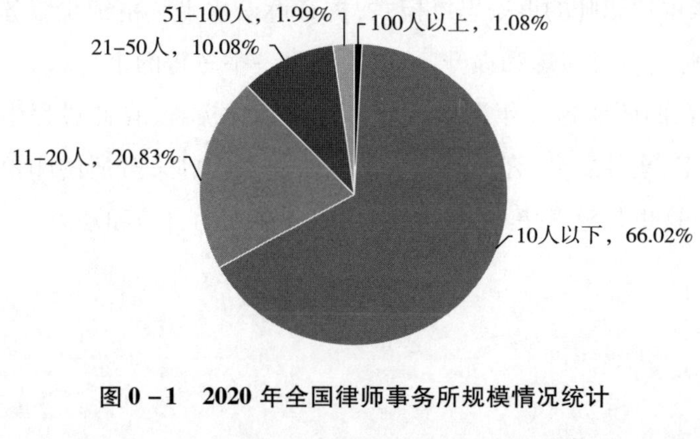

图 0 – 1　2020 年全国律师事务所规模情况统计

常小。小微律师事务所甚至个人律师事务所在管理和质量把控上略逊于大中型综合性律师事务所,难以做到诉讼精细化服务和管理,进而导致诉讼服务质量较低。

绝大多数的律师事务所规模较小,案件的服务质量相对不高,这是我们身处竞争中的有利因素,我们学习并践行精细化诉讼服务,才具有差异化的竞争优势。

当然,也有不少律师认为本来业务就很繁忙,而诉讼一般看的是结果,过程并不重要,如果严格按照诉讼精细化流程来做,无疑是给律师增加很大的工作量,同时也增加办案成本,而诉讼业务绝大多数是“一锤子买卖”,服务得再好,也很难有“回头客”。其实,这样的理解比较片面。虽然委托人追求的是对自己有利的判决结果,但如果委托人在亲身体验了律师提供的诉讼精细化服务,感受到了律师的专业和敬业精神,即便官司输了,委托人也会认为律师已经尽力了。并且律师提前告知了诉讼风险,委托人对案件的结果是有充分的思想准备并可以接受败诉结果的。当然,如果案件取得胜诉,这就如同锦上添花,委托人的满意度会非常高。

如果律师在代理诉讼案件的过程中,对委托人不闻不问、不理不睬,不及时沟通和报告案情进展,委托人看不到律师工作的过程,即便官司最后胜诉了,委托人会认为案子本来就该赢,律师并没有做什么工作,委托人对于律师的满意度也不会很高。如果官司输了,情况就更糟糕了,委托人大概率会责怪律师,甚至还可能引发投诉律师的事件。

所以,诉讼精细化服务势在必行。诉讼精细化服务不仅能够提升委托人的满意度,还能重塑律师的诉讼思维模式,提升诉讼水平。精细化服务的过程,也是对年轻律师的一种锻炼和提升,可以说这是一举三得的事情。

笔者所在的团队这几年严格践行诉讼精细化流程,在此过程中,对于诉讼业务的获客率、案件质量、客户满意度甚至法院对律师事务所的印象,都得到了大大的提升,这也是笔者撰写诉讼精细化服务最大的自信和动力。

01

第一章

诉讼思维体系精细化

有人说,“没有一个好的思维体系,再多的知识积累只是低水平的重复”。试想一下,如果缺乏系统的诉讼思维体系,我们拿到一个案子,事实清楚、法律关系简单还好,可以迅速判断出基础的法律关系和对应的法律规范,准确提出诉求或抗辩理由;但如果遇到的是法律关系错综复杂的案子,尤其是各种请求权竞合的案子,很多年轻律师往往感觉无从下手,这就需要律师具备规范的诉讼思维体系,从复杂的案件当中抽丝剥茧,快速找到最佳的解决方案。

作为一名诉讼律师,首先要学习和建立诉讼思维体系,确立一种法律职业人的思维框架。我们都知道“以事实为依据,以法律为准绳”这个诉讼的基本原则,此处有两个问题:一是要查清事实,二是要结合事实正确适用法律。而这两个问题的法律连接点,正是律师需要思考的问题,也是诉讼思维方式的关键所在:请求权基础分析法。

第一节　请求权基础分析法概述

一、请求权基础分析法的概念

请求权分析法是指从当事人的诉讼请求出发,以案件事实为依据,讨论当事人的诉讼请求是否具有法律依据即请求权基础,从而依法支持或驳回当事人诉讼请求的民法适用方法。按照王泽鉴教授的理论,其法理构造为:“谁得向谁,依据何种法律规范,主张何种权利。”其也被称为找法,即寻找该请求权的实体法依据,尤其是现行法律依据。

二、请求权基础分析法适用前提

首先,诉是基于一定的民事权利义务争议,一方当事人以另一方当事人为对方,向特定的人民法院提出的进行审判的请求。按照当事人提出诉的内容和目的不同,民事诉讼诉可以分为三类:确认之诉、变更之诉和给付之诉。

确认之诉,是指一方当事人要求人民法院判定其与对方当事人之间存在或者不存在一定法律关系的诉讼。按照当事人诉请目的不同,又可以将确认之诉分为积极的确认之诉和消极的确认之诉。

变更之诉,又称形成之诉,是指当事人要求改变或者消灭某种民事法律关系的诉讼。双方当事人之间现存的某种法律关系,如共有关系、婚姻关系等,可以基于一定的事实和行为而变更或者消灭,如果双方当事人对某种法律关系是否继续存续发生了争议,诉诸法院,要求予以变更,则为变更之诉。

给付之诉是民事诉讼中最有代表性的形态,也是司法实践中利用率最高的诉讼类型,是指一方当事人向另一方当事人主张给付请求权,并要求法院对此作出给付判决的诉讼。此处所谓的给付,并不仅仅指被告对原告金钱或实物的交付,还包括被告履行原告所要求的行为(作为或不作为)。

在给付之诉中,由于权利人不能对权利标的进行直接支配,而只能请求义务人配合,因此涉及"请求权"的概念,其构造为:"谁向谁? 依据何种法律规范? 主张何种权利?"其中,这个"依据"则为请求权基础,也可以理解为法院支持原告的主张所依据的法律规范或者合同约定。

其次,请求权基础分析法适用前提为给付之诉,是通过寻求请求权基础,将小前提归入大前提,从而确定请求权是否能够得到支持的一种案件分析方法。

三、请求权基础分析法在审判领域中的应用

2019 年《全国法院民商事审判工作会议纪要》中,明确提出"注意树立请求权基础思维"。目前绝大部分法官开始采用请求权基础审判思维,各级人民法院的法官在裁判文书中高频使用"请求权基础"表述,截至 2023 年 9 月 10 日,在 Alpha 案例库里全文检索"请求权基础",共命中 73,100 篇裁判文书,其中民事案件裁判文书 67,978 篇。由图 1 - 1 可见,2014—2020 年使用"请求权基础"表述的裁判文书数量呈井喷式增长。

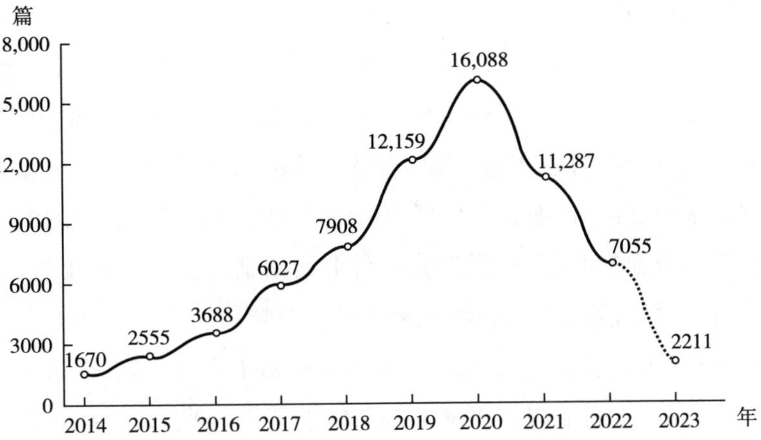

图1-1 裁判文书中使用“请求权基础”表述的增长趋势

既然法官审判案件时使用的是请求权基础审判思维方法，那么，律师在代理案件的时候想要胜诉，当然也需要按照法官的审判思维进行案件分析，建立请求权基础诉讼思维体系。

四、请求权基础分析法的重要性

如前所述，诉讼的基本原则是“以事实为依据，以法律为准绳”，而案件事实和法律适用的连接点就是请求权基础。那么，到底是先查明案件事实再去查找相应的法律依据，还是先根据原告的诉讼请求来查找法律依据，再根据法律依据对应的必要条件去一一核实证据呢？这两个不同的逻辑顺序就是法律关系分析法和请求权基础分析法的根本区别。

可能有人提出疑问了，民事判决书的文书撰写顺序不就是先经法院审理查明，然后是本院认为，最后是裁判结论吗？显然是先查明事实，再适用法律。

其实，民事判决书中首先一定是对原、被告双方的主张进行描述。原告诉称什么、被告辩称什么，法院要做的事情首先就是固定双方的对垒和攻防结构，包括固定权利请求、识别原告的权利请求基础和被告抗辩基础；其次是对基础规范的构成要件进行分析，检索双方的诉讼主张，找到双方的争议焦点；最后是根据争议焦点和要件事实进行举证质证，最终认定要件事实而产生判决结果。

只不过，我们在判决书里只看到了查明的事实和法律适用及判决结果，看不到的这中间的审判分析步骤,这是法官必须思考和完成的。而这个顺序就是我们要学习的请求权基础分析法,这与法官审判案件的逻辑是完全一致的。

再说得通俗一点,在没有初步判断原、被告的主张是否合乎逻辑前,法官就开始对整个案件的所有事实进行调查、举证质证,如果最后才发现原告的诉讼请求缺乏请求权基础,进而原告变更诉讼请求,则又可能涉及重新指定举证期,双方重新举证质证的问题,这无疑是一件非常浪费司法资源的事情。所以,如果我们代理的原告请求权基础错误,就可能全盘皆输。

这好比打仗,请求权基础就是方向,如果瞄错了方向,再怎么用力都是白费功夫。理论界认为,确定请求权基础是法官的事情,但这只是针对当事人只提出事实和自己的诉求,而不选择案由和请求权基础的情形,此时这个工作是法官做的。一旦当事人选择了一个确定的请求权基础,那么,无论对错,法官都没有进行正式释明的义务了,只能将此作为争议焦点让原、被告双方进行辩论。这是新的证据规定做出的改动,所以,请求权基础是我们必须事先就要认真分析的事情,一旦方向搞错了,我们的证据组织、辩论都将毫无意义。而且,在请求权竞合的情况下,我们所选择的请求权基础一旦产生实体判决,其他的请求权基础则归于消灭,所以,选错请求权基础是一件非常糟糕的事情。

【案例 1-1】

被告吴某是被告 A 公司的 CEO,A 公司兴建创新园,看中了原告 B 公司的技术优势,所以双方洽谈并承诺由原告 B 公司来承建项目 IT 设备的基础工程,并且起草了相关的协议,但没有确定签约主体,即双方没有正式签订合同。但此时原告已开始开展一系列的准备工作,而且委托了 C 公司开展“风火水电”设计工作。到 2017 年 9 月底,被告吴某突然叫停项目。所以,原告 B 公司把 A 公司和 CEO 吴某告上了法庭,要求他们共同承担违约责任,支付损失 1200 余万元。

【评析】很显然,该案原告的请求权基础错误。双方没有签订正式的合同,何来违约责任?所以,二被告辩称,原告不具备项目承建能力,双方因此停止了进一步沟通,双方也未建立任何合同关系。

这时候法院应该怎么判？当事人主张的法律关系性质或者民事行为效力与法院根据案件事实作出的认定不一致的，怎么处理？是直接驳回？还是释明以后坚持不变更再驳回？驳回的是诉讼请求还是起诉？

法院认为：该案的争议焦点为原告主张的其与被告之间的承揽合同是否成立。结合查明内容，法院认为该案双方当事人的法律关系应为缔约过失责任纠纷关系。法院已将法律关系性质作为该案焦点问题进行了审理，但原告仍坚持其诉讼请求，因该案缔约过失责任纠纷管辖权不在原告所诉至的法院，因此法院依法驳回原告的起诉。

通过案例1－1，我们对于法院审判思路的逻辑就有了更加清晰明了的把握。应当是先确定请求权基础，再根据请求权基础对应的要件事实审查案件事实。合同违约赔偿之诉，首先审查的就是合同是否成立、生效的问题，如果连合同都没有依法成立生效，则不需要审查被告是否违约。如果是缔约过失责任赔偿，首先审查的是被告在订立合同过程中，是否存在恶意磋商或者违背诚信原则的行为。两个不同的请求权基础所指向的要件事实和法律后果有巨大的区别，所以需要我们事先选择正确的请求权基础，并据此来组织证据证明要件事实。

【案例1－2】

原告王某与被告丁某原来是同一个公司的股东，在王某退股的时候公司有将近60万元的盈利，所以双方约定原告分得20万元，由丁某代表公司出具20万元的欠条，由于公司员工张某还欠公司10万元，所以约定其中的10万元等张某贷款后再支付。

该案的法律关系看似非常简单，但王某打了三次官司。第一次起诉20万元，法院判决丁某归还10万元，由于张某没有贷到款，另外10万元待该条件成就时可另案起诉。判决生效后，王某发现张某在银行存在不良信用记录，不可能贷到款，所以第二次起诉丁某，要求归还剩余的10万元。

第二次诉讼中，被告丁某辩称：双方不是借贷关系，20万元是股权分红款，自己是代表公司出具欠条，而且其中10万元是附条件的民事法律行为，张某目前没有贷到款,所以还款条件未成就。一审法院则回避了请求权基础的问题,认为欠条是双方真实意思表示,债权债务关系依法成立。而且也支持了这剩余10万元欠款的诉讼请求。被告丁某不服,提起上诉。

二审法院认为,在审理时出现了新的事实:王某在二审中承认了欠条的真实来源。因此该案并非因借贷引起,而是因王某退股产生的分红款引起,所以该案请求权基础并非民间借贷关系,而是退股法律关系。合议庭有两种不同意见:一是该案应直接根据查明的事实予以改判,判决驳回王某的诉讼请求;二是裁定驳回被上诉人王某的起诉,保留王某的诉权。

【评析】案件最终采纳了第二种意见。原因很简单,原告选择的请求权基础错误,法院应驳回起诉。这个案例对于请求权基础重要性的认识和思考是非常有参考价值的。

第二节　请求权基础分析法实施步骤

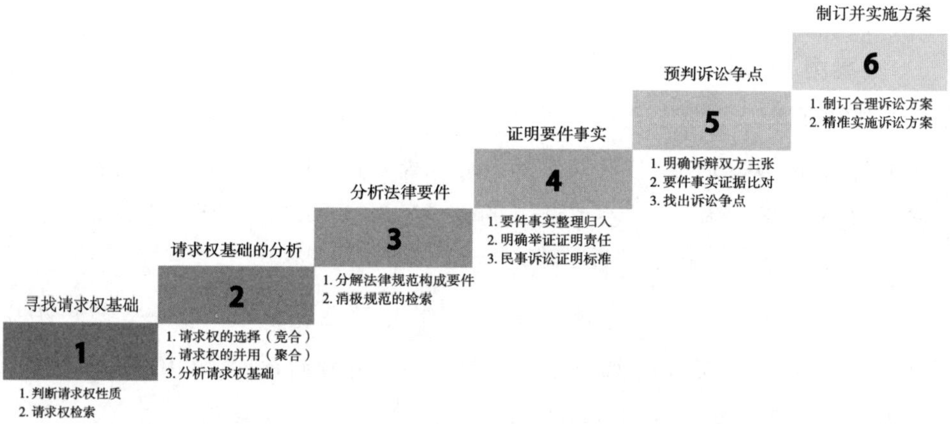

图1-2　请求权基础分析法实施步骤

一、第一步：寻找请求权基础

请求权基础分析法必须首先寻找请求权基础。请求权基础是指能够产生特定请求权的法律规范或合同依据，从法律规范层面来看，请求权基础应当是具体规定了在何种条件下当事人可以提出何种请求的实体法法条。

（一）判断请求权性质

首先，请求权基础分析方法并不能解决所有案件，也不能完全替代法律分析方法，它主要适用于给付之诉。因此律师首先要根据当事人的陈述和证据，构建合理可信的案件事实，判断案件究竟是确认之诉、形成之诉还是给付之诉。如果案件不是给付之诉，比如合同无效、合同不成立、单方法律行为的争议，确认物权、确认继承权等确认之诉，以及合同撤销、解除等涉及形成权的争议，那么就应当采取法律关系分析法。确定案件是给付之诉，才可以适用请求权基础分析法。

（二）请求权检索

请求权检索，是指对案件可能涉及的请求权基础进行检验和验证。律师在梳理案件事实并对案件进行初步法律分析之后，对于原告需要依据何种法律规范提出主张，但这个法律规范并不是自动呈现的，而是需要我们主动去找法，寻找出适用于本案的请求权基础。去哪里找法？怎么找？能否找到妥当的法律依据？这就需要律师掌握请求权基础的基本体系和检索顺序，逐一进行检索并确定最终适用的请求权基础。

【案例 1－3】

甲把自己的房屋租给乙，租期为两年，每月租金 3000 元，合同约定可以转租。乙住了半年后又将房屋转租给丙，租期一年半，每月租金 5000 元。合同到期后，丙想继续租房，乙于是又与丙签了一年的租房合同，第二天乙找到甲续租房屋，甲此时不同意，要收回房屋，但乙和丙均拒绝腾退房屋。此时，甲如果向法院起诉乙和丙要求返还房屋，那么请求权基础是什么？

【评析】这个案例，我们预选一下涉及的请求权基础有哪些？甲针对乙，请求权基础有三个：第一，合同履行请求权；第二，甲作为房屋所有权人，有返还原物请求权;第三,给付不当得利请求权。甲针对丙,两者不存在合同关系,首先要排除合同上的请求权,所以只有返还原物请求权和给付不当得利请求权。除此之外,该案还存在第三个问题,甲起诉乙和丙共同返还房屋,是否可能涉及共同侵权的问题。根据预选出的多个请求权基础,如何才能找到合适的请求权基础,这需要我们在进行请求权基础分析的时候,根据请求权的基本体系,并按照逻辑顺序进行检索和筛选,既要排除不相关联的请求权,也不能遗漏请求权。

1. 请求权基本体系

请求权的基本体系,主要分为三大总类,十大类,具体如图1-3所示。

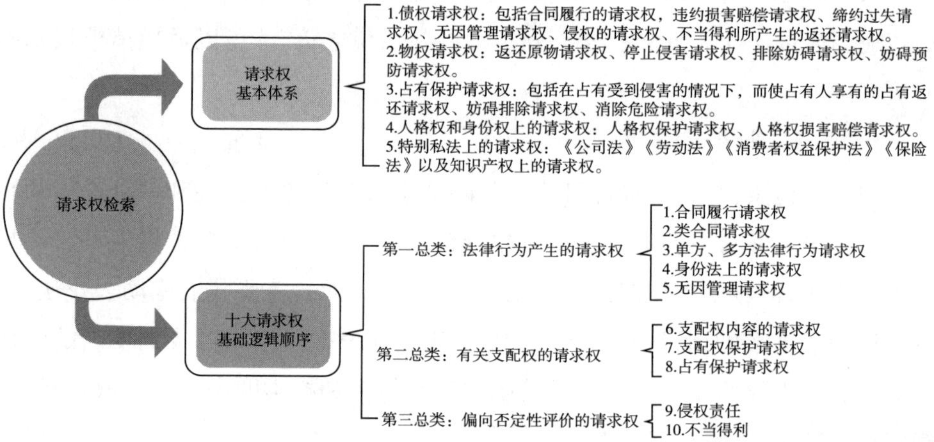

图1-3　请求权基本体系和检索顺序

2. 请求权竞合情况下请求权检索的顺序

以上十大类不同基础的请求权,组成了民法上的请求权的完整体系,其中有各种请求权的竞合和聚合,为避免遗漏请求权以及法律具体条文的适用,需要按照请求权检索顺序进行逐一检索。同时,在判断请求权基础是否成立时,必然要检索其积极要件和消极要件,由此可以进一步发现抗辩权是否存在。

(1)合同履行请求权。

以合同有效为前提,根据履行的情况分为两种:一种是履行请求权,另一种是不履行或履行不符合约定时产生的违约责任请求权,合同解除而发生的恢复原状请求权、瑕疵担保请求权等。

就请求权基础的检索顺序，应当首先考虑合同上的请求权。理由是：合同作为特定人之间事先约定的关系，确定了当事人之间的权利义务，只有首先从合同关系着手，才能向其他关系展开，无论是基于物权的返还原物请求权，还是基于无因管理的费用返还请求权，或不当得利的返还请求权，如果事先存在合同关系，那么合同上的请求权可以对以上权利形成阻却。因此，合同上的请求权与其他的请求权发生密切联系时，应首先考虑使用合同上的请求权。

【案例 1 -4】

村民甲承包村里的鱼塘，经过精心饲养后收成看好，就在鱼出塘上市之际，甲突发重病住院。同村好友乙看到暴雨来临担心鱼塘受到损失，便连夜组织其他村民将鱼打捞后准备卖出。但由于捕捞方法错误导致大量的鱼死亡，造成了重大损失。甲得知后，找到乙要求赔偿损失，那么，请求权基础可能是什么？

【评析】该案的关键在于双方是委托合同关系，还是无因管理关系，抑或侵权关系。很显然，如果双方存在委托合同关系，那么，就自然不可能存在侵权或者无因管理的问题。乙会认为，捕捞经过了甲的委托，捕捞方式不当所造成的损失，责任不在自己，不仅自己不应该赔偿损失，甲还应当支付其组织其他村民捕捞的劳务费。当然，如果甲没有委托乙，就要考察乙的行为是否符合无因管理的构成要件，如果构成则属于无因管理关系，至于乙该不该赔偿损失，则需要具体分析。如果不符合无因管理的构成要件，比如乙不是出于担心甲的利益受到损失，而是组织其他村民捕捞后欲将卖鱼款占为己有，则要考虑乙是否构成侵权甚至盗窃的问题。

这个案例说明，就请求权基础的检索顺序，合同上的请求权应首先予以考虑。

(2)类合同请求权。

类合同请求权又包括缔约过失请求权，无权代理请求权，合同无效、撤销的返还财产请求权等,不以合同有效为前提,但却与合同有关,或者发生在合同订立过程中,或因缔约受损,检索时应当放在第二位考虑。

①缔约过失请求权。在缔约过程中,双方之间基于诚实信用产生的注意、照顾义务高于一般人之间的无因管理、侵权责任、不当得利等,应仅次于合同履行请求权之后进行检索。

【案例 1 -5】

李先生向保险公司业务员提出为自己的车辆投保,其中包括车辆损失险、第三者责任险和盗抢险。但由于保险公司业务员的疏忽,保险公司仅保了第三者责任险和盗抢险,并向李先生收取了保险费。业务员在递送保单的时候,未向李先生说明合同内容,李先生也没有核对投保的险种。一个月后,李先生的车辆被他人烧毁。那么,李先生是否可以要求保险公司赔偿损失?请求权基础是什么?

【评析】该案中,由于李先生已经明确表示了购买的险种是三种,其中包括了车辆损失险,但由于保险公司业务人员的疏忽,忽略了李先生的购买需求,保险公司销售的产品未能匹配消费者的需求,未尽到适当性义务。同时,保险公司在交付保险合同的时候也未履行合同告知说明义务,未能及时发现遗漏的承保项目,违反了《保险法》的要求。所以,保险公司未尽到适当性义务和告知说明义务,导致车辆损失险合同未成立,李先生的缔约目的落空,保险公司应当承担缔约过失责任。那么,就车辆损失险而言,李先生可以依据缔约过失责任要求保险公司赔偿损失。当然,李先生在接收保单时,没有审查核对,不够谨慎,构成与有过失,也应当承担一定的责任,但这是另一个问题。

案例 1 -5 说明在有合同成立的情况下,首先考虑的是违约责任,没有合同成立的情况下,首先要考虑的是是否构成缔约过失责任。

②无权代理请求权,合同无效、撤销的返还财产请求权。这三类类合同请求权,当事人之间虽然没有合同关系,但其行为所引起的法律效果和处理方式,是法律明确规定的。因此,此类类合同请求权仅次于合同上请求权而优先

考虑。

无权代理请求权的法律依据是《民法典》第171条规定，即“行为人没有代理权、超越代理权或者代理权终止后，仍然实施代理行为，未经被代理人追认的，对被代理人不发生效力”。合同无效、撤销的返还财产请求权的法律依据是《民法典》第157条规定，即“民事法律行为无效、被撤销或者确定不发生效力后，行为人因该行为取得的财产，应当予以返还；不能返还或者没有必要返还的，应当折价补偿。有过错的一方应当赔偿对方由此所受到的损失；各方都有过错的，应当各自承担相应的责任。法律另有规定的，依照其规定”。《民法典》第793条第1款规定：“建设工程施工合同无效，但是建设工程经验收合格的，可以参照合同关于工程价款的约定折价补偿承包人。”

(3)单方、多方法律行为请求权。

单方法律行为如遗赠、悬赏广告，这类基于单方允诺的意思表示，遗赠人、悬赏人对于接受遗赠人和完成指定行为的人负有给付报酬的义务。多方法律行为包括合伙协议、公司设立协议、物业管理协议等。这类单方、多方法律行为在相对方完成的情况下，也类似于缔结了合同，应当优先考虑。

【案例1-6】

老李的母亲因患有阿尔茨海默病而走失多日，老李找了很多天都未找到，非常焦急，于是在小区广告栏和电视台多次发布悬赏广告，表示只要有人帮助找到母亲或者提供重要线索让其找到母亲，即予重谢5万元。正在读高一的邻居小张在街上看到一位走失老人疑似老李的母亲，遂给老太太买了食物并打车将老太太送到了派出所，一共花费200元。老李接到母亲后对小张表示感谢，但拒绝支付5万元酬金。老李认为帮助找人是做好人好事，是中华民族的传统美德，构成的是无因管理；悬赏广告中5万元酬金不是自己的真实意思表示，是为了激励更多的人帮助寻找母亲而已；另外，小张是未成年人，不具有完全民事行为能力，所以悬赏广告对小张不发生效力，老李认为自己没有支付酬金的义务，但可以向小张支付200元的费用。那么，该案是无因管理之债还是单方允诺之债？

【评析】很显然，根据《民法典》第499条“悬赏人以公开方式声明对完成特定行为的人支付报酬的，完成该行为的人可以请求其支付”之规定，小张已经完成了老李悬赏广告（且悬赏不存在合同无效的情形）中指定的特定行为，那么，双方之间的债权债务关系产生，老李必须按照承诺支付报酬。另外，因为悬赏广告对小张来说属于纯获益的民事行为，所以，行为人是未成年人不影响合同的效力。

这个案例说明，在进行请求权检索的时候，如果存在单方、多方法律行为请求权，应当优先考虑，如果不存在，比如没有悬赏广告，没有单方允诺，才考虑是否构成无因管理之债。

（4）身份法上的请求权。

主要是基于婚姻、收养、继承等身份关系变动产生的财产上的请求权。例如，《民法典》第1059条规定的“夫妻有相互扶养的义务。需要扶养的一方，在另一方不履行扶养义务时，有要求其给付扶养费的权利”，即夫妻之间的扶养费请求权；《民法典》第1067条规定的“父母不履行抚养义务的，未成年子女或者不能独立生活的成年子女，有要求父母给付抚养费的权利。成年子女不履行赡养义务的，缺乏劳动能力或者生活困难的父母，有要求成年子女给付赡养费的权利”，即未成年的或不能独立生活的子女抚养费请求权，无劳动能力的或生活困难的父母的赡养费请求权；《民法典》第1155条规定的“遗产分割时，应当保留胎儿的继承份额。胎儿娩出时是死体的，保留的份额按照法定继承办理”，即保留胎儿继承份额的请求权。基于婚姻、收养、继承等身份关系变动可以直接产生财产上的请求权，所以应当将这些请求权放在物权之前考察。

另外，身份上的请求权排除了无因管理的适用，如果有法定或道德的义务，就不适用无因管理，一般也不构成不当得利，因此，应当优先于无因管理和不当得利考察。

（5）无因管理请求权。

无因管理之所谓无因，是指无法律上的原因，包括无法定的义务或约定的义务为他人管理事务。无因管理的请求权与合同关系极为类似，它们都是产生合法占有权的依据，无因管理也常常与合同有密切的联系。如果管理人和本人之间事先存在合同关系,那么就不构成无因管理。比如前述案例 1-4,只有在没有委托的前提下,才可能构成无因管理。

【案例 1-7】

河南洛阳一妇女带着孩子逛商场,把 3 岁的孩子放到商场免费提供的儿童游乐区后独自购物去了,商场工作人员发现孩子在过道上哇哇大哭,于是帮忙看护孩子并给孩子买了牛奶、饼干等零食,同时一直在广播里通知寻人。由于这名妇女购物太过投入,几个小时后才闻讯赶到休息间找到孩子。那么,如果此时商场以无因管理之债要求该名妇女支付看护费用和零食支出,该妇女则认为顾客带孩子到商场就表示与商场缔结了委托关系,商场提供了儿童游乐区,应当对孩子具有看护义务,因此不构成无因管理。那么,该案构成无因管理之债还是合同之债?

【评析】要解决这个纠纷,首先应审查双方是否已经构成委托关系,如果构成,则不存在无因管理之说,只有在双方不存在合同关系的情况下,才可能形成无因管理。所以,无因管理之债的支付管理费用或赔偿损失的请求权,应当放在合同或者类合同上的请求权之后进行检索。

另外,无因管理之所以优先于物权请求权、侵权行为,是因为无因管理是一种合法行为,一旦无因管理能够成立,就具有了违法阻却性,不再适用其他请求权。比如前述案例 1-4,村民乙如果在不存在委托合同的情况下,出于担心村民甲的利益受到损失而组织其他村民进行捕捞,则构成无因管理,不再适用侵权之债。

(6)支配权内容的请求权。

支配权,是指权利人可以直接支配权利客体、排除他人干涉的权利。物权、人身权、知识产权中的财产权均属于支配权,另外,还包括他物权、共有、相邻关系这类特殊法律关系。支配权内容的请求权不同于支配权保护请求权和侵权赔偿请求权,如物权确认请求权。《民法典》第 234 条规定:"因物权的归属、内容发生争议的,利害关系人可以请求确认权利。"

(7)支配权保护请求权。

支配权,是指权利人直接支配权利客体,享有特定利益,并排斥他人干涉的权利。支配权保护请求权是支配权对外的保护机制,指物权、人格权、身份权、知识产权等权利遭受侵害后,为使支配权恢复到圆满状态而请求他人作为或不作为的一种权利。其中以物权请求权最为典型。物权请求权是基于物权的绝对性、支配性、排他性而衍生出来的一种请求权,是指当物权人在其物被侵害或有可能遭受侵害时,请求恢复物权的圆满状态或防止侵害的权利,包括返还原物请求权、排除妨害请求权和消除危险请求权、修理、重作、更换或者恢复原状请求权、物权损害赔偿请求权,具体法律规定如下:《民法典》第235条规定:"无权占有不动产或者动产的,权利人可以请求返还原物。"第236条规定:"妨害物权或者可能妨害物权的,权利人可以请求排除妨害或者消除危险。"第237条规定:"造成不动产或者动产毁损的,权利人可以依法请求修理、重作、更换或者恢复原状。"第238条规定:"侵害物权,造成权利人损害的,权利人可以依法请求损害赔偿,也可以依法请求承担其他民事责任。"生命权、身体权和健康权,姓名权和名称权,肖像权,名誉权和荣誉权,隐私权,个人信息权等其他支配权,在《民法典》第四编人格权编中有具体规定。

支配权保护请求权从请求的效果上讲,只是使支配权恢复其圆满状态或防止侵害,如果当支配权受到侵害并产生了侵权损害赔偿请求权,则应在其后进行考察。因此,物权请求权应当优先于侵权请求权而适用。

(8)占有保护请求权。

我国《民法典》有专章对占有保护请求权进行了详细规定,其包括占有返还请求权、占有妨害排除请求权等,其以占有事实为基础,如租用、借用等事实,其作用仅仅在于恢复占有人对物的占有,维护社会稳定的秩序,不涉及占有物的权利归属问题。

《民法典》第462条规定:"占有的不动产或者动产被侵占的,占有人有权请求返还原物;对妨害占有的行为,占有人有权请求排除妨害或者消除危险;因侵占或者妨害造成损害的,占有人有权依法请求损害赔偿。占有人返还原物的请求权,自侵占发生之日起一年内未行使的,该请求权消灭。"

比如购买房屋并交付后未办理过户登记的,购房人基于买卖合同关系,除了有权请求出卖人办理过户登记的权利之外，面对他人干扰或阻挠等行为，作为合法占有人，其也拥有排除他人妨害其管理的权利。再如，某公司租赁的电脑被离职员工带走拒不返还，公司虽对电脑不享有所有权，但可以依据占有保护请求员工返还占有物。

(9)侵权责任。

侵权行为和不当得利都是法律禁止和限制的行为，广义上都属于不合法的行为。按照合法行为成立则排除非法的逻辑，所以首先应当考虑其他以合法行为为基础的请求权，如果其他请求权不能适用，则才能适用侵权和不当得利的请求权。

《民法典》第120条规定："民事权益受到侵害的，被侵权人有权请求侵权人承担侵权责任。"另外，《民法典》第七编侵权责任编详细规定了因侵害民事权益产生的民事责任，包括产品责任、机动车交通事故责任、医疗损害责任、环境污染和生态破坏责任、高度危险责任、饲养动物损害责任、建筑物和物件损害责任等。

(10)不当得利。

对于不当得利，发生不当的利益变动之后，基于衡平的思想，应返还该不当得利。类似兜底条款，因此放在最后考虑。

【案例1-8】

2013年，60多岁的蔡某与50多岁的陈某确立恋爱关系，次年，陈某女儿、女婿贷款买房和装修房屋，蔡某先后出资52万元。2016年10月，蔡某与陈某及其女儿一家一同入住涉案房屋。2019年9月，因双方产生矛盾，蔡某与陈某解除恋爱关系，陈某和女儿、女婿将蔡某赶出涉案房屋，也拒绝返还52万元。后蔡某以不当得利为由向成都市新都区人民法院提起诉讼，请求判令陈某一家返还购买房屋所有款项。案件庭审中，被告辩称，蔡某明知无给付义务而给付的行为是有意为之，是对自身权利的处分，其本质为赠与，不符合不当得利的含义，故应驳回原告诉讼请求。那么，蔡某的出资行为是赠与，还是陈某一家不当得利？

【评析】最终，一审法院认为蔡某出资购买、装修涉案房屋是基于与对象的恋爱关系以及长期共同居住、生活的意愿，且花费金额巨大，超越了正常人际关系间的赠与数额。且蔡某并无赠与意思表示,双方分手后,对方得益的原因已经消失,所以构成不当得利。由于原告蔡某实际上享受了一段时间的涉案房屋居住权,在此期间,被告陈某一家并未构成不当得利,且房屋装修、家具家电价值有一定折旧,故对该部分金额予以扣除,判决返还大部分费用。被告不服上诉,二审维持原判。

从案例1-8中可以看出,不当得利应当放在检索顺序的最后。该案中,如果蔡某已明确表示赠与,则双方构成赠与关系;如果双方有借贷的意思表示,则双方构成借贷关系;只有在双方没有法律根据和合同约定的情况下,才可能构成不当得利。因此,不当得利应当放到最后检索。

【案例1-9】

薛某与李某系夫妻,薛父是薛某的父亲,在婚前将一辆轿车交给自己的儿子薛某使用。薛某于2016年12月将该车辆卖给了案外人樊某,薛父配合办理了车辆过户登记手续,樊某将购车款10.3万元转入薛某账户,薛父未持异议,这笔款项最终用于薛某和李某的夫妻共同生活。2019年1月,薛某诉李某离婚,并对夫妻共同财产进行了分割。2019年11月,薛父以不当得利为由向法院起诉薛某、李某,要求二被告返还售车款10.3万元。李某辩称该笔售车款是薛父对薛某、李某或孩子的赠与,并非不当得利。

一审法院经审理认为:涉案车辆的原所有权人系薛父,故薛父有权对涉案车辆变卖价款享有收益。李某虽主张该款项是薛父赠与,但未提交相应的证据予以证明,因此对李某的抗辩不予采信。故判决被告薛某、李某向薛父返还售车款10.3万元。

李某不服上诉,二审法院认为该案的焦点在于薛父是否可以基于不当得利请求权要求薛某、李某返还售车款10.3万元,即本案的事实是否符合不当得利的四个法律构成要件:(1)一方获得财产利益;(2)另一方遭受损失;(3)一方受益与另一方受损之间存有因果关系;(4)一方受益无法律根据。这四个法律构成要件均需要由原告承担举证责任,因此薛父应负有薛某、李某没有合法依据占有该笔款项的证明责任。但经审理,本案中薛父同意薛某变卖车辆,是基于自己的真实意思表示对财产的变动,因此,薛某、李某取得涉案车辆转让款不能视为无法律上的原因,薛父主张不当得利不能成立。故撤销一审判决,驳回了薛父的诉讼请求。

二审判决书特别载明:基于特定基础法律关系而产生的纠纷,当事人必须就其基础关系展开诉讼,而不能避开基础法律关系直接提起不当得利诉讼。薛父主张其是财产所有人要求返还转让款,李某主张其基于赠与关系取得涉案款项,只有通过明晰基础法律关系才能够判断薛父要求返还财产的理由能否成立,现薛父以不当得利为由要求返还 10.3 万元没有法律依据,法院不予支持。

从案例 1 -9 中可以看出请求权基础检索顺序的重要性,不当得利应当放到检索顺序的最后,即在检索了双方是否存在合同上的请求权、类合同上的请求权、身份法上的请求权、无因管理的请求权、物权上的请求权之后,如果都不存在,才考虑是否构成不当得利。

对于该案,首先需要检索薛父与薛某就案涉车辆的出售和收款行为是否构成委托合同关系,从查明的事实来看,薛父配合办理车辆过户手续以及对薛某收取款项不持异议的事实来看,双方应构成了委托合同关系。在薛某收取售车款后,如果薛父没有将这笔款项赠与薛某或李某的意思表示,那么,根据《民法典》第 927 条"受托人处理委托事务取得的财产,应当转交给委托人"之规定,薛父作为委托人,有权要求受托人薛某返还该笔售车款。由于该笔款项已用于薛某和李某的夫妻共同生活,属于夫妻共同债务,因此薛父有权要求薛某和李某共同偿还。

综上,该案中原告由于请求权检索顺序上出现了问题,没有考虑合同上的请求权而直接以不当得利为由提起诉讼显然属于请求权基础错误,因为不当得利的四个构成要件中的"受益方没有法律根据"这一要件事实明显缺失。

二、第二步:请求权基础的分析

律师按照十大请求权顺序进行逐项检索以后,发现案件对应的法条有两条甚至更多怎么办?在司法实践中,大多数的诉讼案件中,一个案件事实不止一个请求权,一个请求权也不止一个请求权基础,而是具备两个或两个以上的请求权基础。此时,构成请求权基础竞合。从当事人的角度而言,其对具体请求权基础的选择直接影响整个案件的结果,影响当事人最直接的利益。

我们怎么选择才能找到一个对当事人最为有利的请求权基础呢?具体指向的法条又是否准确呢?这就需要进入第二步,对请求权基础进行分析。对请求权进行分析又包括了对请求权的选择、并用和分析三个步骤。

(一)请求权的选择

1. 请求权竞合

请求权竞合,是指基于同一个事实原因,权利人对于同一义务人,就同一标的,发生数个彼此独立、不相关联的请求权的情形。在请求权竞合的情形下,当事人可以在几项请求权中选择一种行使,其中一个请求权得到满足,其他请求权都归于消灭。请求权竞合主要包括以下三种类型。

一是物权请求权与债权请求权的竞合。例如承租人在租赁合同终了之后拒不返还租赁物时,出租人既可以基于所有权主张所有物返还请求权,也可以基于租赁关系债权主张租赁物返还请求权。

二是物权之间的竞合。例如所有权人的占有权被侵占时,既可以根据所有权主张所有物返还请求权,也可以基于占有权主张占有物返还请求权。

三是债权之间的竞合。违约责任与侵权责任的竞合是最为典型的请求权竞合情形,根据《民法典》第186条"因当事人一方的违约行为,损害对方人身权益、财产权益的,受损害方有权选择请求其承担违约责任或者侵权责任"之规定,受害人可以选择行使侵权赔偿请求权或合同赔偿请求权。例如,在买卖合同中,出卖人出售的产品不符合合同约定的质量标准,则买受人一方既可以根据买卖合同向出卖人主张违约责任,又可以根据产品质量责任要求出卖人或者生产者进行赔偿;乘坐出租车时,如出租车与货车发生碰撞,造成乘车人身体受到伤害,乘车人既有权要求出租车的所有权人因违反客运合同而承担违约责任,也可以基于交通事故要求货车方承担侵权责任;租赁关系中,若承租人损害租赁物,出租人既可根据租赁合同主张承租人因不履行债务而承担损害赔偿责任,也可以根据所有权,主张侵权损害赔偿请求权。

关于违约责任与侵害人格权责任竞合,在《民法典》实施前,司法实务中一般认为违约责任的范围不包括精神损害赔偿，当事人想要主张精神损害赔偿，只能通过侵权之诉进行主张。《民法典》第 996 条规定："因当事人一方的违约行为，损害对方人格权并造成严重精神损害，受损害方选择请求其承担违约责任的，不影响受损害方请求精神损害赔偿。"这一法条规定了违约责任与侵害人格权责任竞合下的精神损害赔偿，这是《民法典》的一大亮点，充分保护了自然人的人格权。

因此，原告要确定有利于自己的一种诉因提起诉讼，在请求权确定后，才能够对该请求权基础进行分析。

【案例 1－10】

2019 年 12 月，钱某乘坐的某公交车与案外人魏某驾驶的机动车发生交通事故，致使钱某肋骨骨折构成十级伤残。该起事故经认定，案外人魏某负事故全部责任。钱某认为其乘坐巴士公司的公交车，表明双方之间的客运合同关系成立，所以，以巴士公司违约造成损失为由，将巴士公司诉至上海市宝山区人民法院，请求赔偿医疗费、护理费、营养费、残疾赔偿金、精神损害抚慰金等费用。被告巴士公司辩称对事故事实无异议，但公司车辆在事故中并无事故责任，故不同意原告钱某的赔偿诉讼请求。

【评析】该案中，原告钱某在违约责任与侵权责任竞合时，如果按照侵权责任请求损害赔偿，根据《民法典》第 1165 条第 1 款"行为人因过错侵害他人民事权益造成损害的，应当承担侵权责任"的规定，钱某必须证明巴士公司存在过错才能主张侵权赔偿责任，但该案中的交通事故由案外人魏某负事故全部责任，钱某向巴士公司主张侵权赔偿责任缺乏法律依据。

因此，钱某选择了合同违约之诉。根据《民法典》第 823 条第 1 款"承运人应当对运输过程中旅客的伤亡承担赔偿责任；但是，伤亡是旅客自身健康原因造成的或者承运人证明伤亡是旅客故意、重大过失造成的除外"之规定，承运人应当对运输过程中旅客的伤亡承担赔偿责任，即钱某只需要证明巴士公司违约而无须证明巴士公司具有过错，即可以要求巴士公司承担违约赔偿责任。同时，根据《民法典》第 996 条的规定，钱某还可以同时主张精神损害赔偿。

最终,法院认为,双方当事人已经成立了客运合同关系,被告巴士公司作为承运人负有将原告钱某安全送至约定地点的法定义务,且被告巴士公司并无法律规定的免责情形,故被告巴士公司应当对原告损失承担赔偿责任。对于原告在诉请合同违约责任同时诉请精神损害抚慰金的问题,法院根据《民法典》第996条的规定,支持了原告钱某的诉讼请求。

【案例1-11】

王女士因感觉鼻子形态欠佳,于2021年1月到某整形医院就诊,当日整形医院就对王女士进行了假体耳软骨隆鼻术,隆鼻术1.58万元、去耳软骨0.88万元,共计2.46万元。2021年6月王女士感觉鼻尖局部肿胀发红,遂到该整形医院就诊,接诊后被告知假体外漏,建议进行修复手术,王女士认为医院存在过错,将自己的耳软骨偷换成硅胶材料,且材料外漏,导致毁容,因此王女士拒绝修复,并诉至当地法院。最终法院经审理认为整形医院违约,判决支持了退还王女士全部手术费、后续治疗费、差旅费和精神损害赔偿3万元的诉讼请求。

【评析】该类医疗损害赔偿纠纷案件,既是医疗服务合同的违约责任纠纷案件,又是侵害患者的侵权责任纠纷案件。这类纠纷患者既可以选择违约责任请求权起诉,也可以选择侵权责任请求权起诉,但只能提起一种诉,要么是侵权之诉,要么是违约之诉,二者是相互排斥的,不能在一个诉讼中既要求侵权损害赔偿,又要求违约损害赔偿。因为二者在归责原则、举证责任、义务内容、诉讼时效、责任构成要件和免责条件、责任形式、责任范围、对第三人的责任、诉讼管辖等诸多方面存在较大的差异,所产生的法律后果也不尽相同。

因此,王女士在起诉时应当慎重选择,因为其中任何一个请求权(违约责任请求权或侵权责任请求权)满足后,另一个请求权便会消灭。王女士的任何一个请求权未能实现的(其原因可能是已经超过诉讼时效或败诉等),王女士仍可基于另一请求权提起诉讼,但将会增加不必要的诉讼成本。

该案中,王女士既可以要求整形医院承担违约责任,也可要求其承担侵权责任;在选择要求承担违约责任的同时,可以请求精神损害赔偿。

王女士如以侵权损害赔偿提起诉讼，根据《民法典》第 1218 条“患者在诊疗活动中受到损害，医疗机构或者其医务人员有过错的，由医疗机构承担赔偿责任”或第 1221 条“医务人员在诊疗活动中未尽到与当时的医疗水平相应的诊疗义务，造成患者损害的，医疗机构应当承担赔偿责任”之规定，则需要证明整形医院或其医务人员具有过错或者未尽到相应的诊疗义务，才能主张整形医院承担赔偿责任，这对于王女士来讲，举证证明的难度就大大增加了。

王女士如选择合同违约之诉，根据《民法典》第 577 条“当事人一方不履行合同义务或者履行合同义务不符合约定的，应当承担继续履行、采取补救措施或者赔偿损失等违约责任”之规定，只需要证明整形医院的隆鼻术不符合合同约定的标准，就可以要求整形医院承担违约责任。

以上是请求权竞合时原告对请求权的选择，如果事先不考虑周全，则可能导致后续因举证难以完成而败诉。

2.《民法典》请求权竞合部分相关法律规定

《民法典》第 186 条规定：“因当事人一方的违约行为，损害对方人身权益、财产权益的，受损害方有权选择请求其承担违约责任或者侵权责任。”第 238 条规定：“侵害物权，造成权利人损害的，权利人可以依法请求损害赔偿，也可以依法请求承担其他民事责任。”第 1203 条规定：“因产品存在缺陷造成他人损害的，被侵权人可以向产品的生产者请求赔偿，也可以向产品的销售者请求赔偿。产品缺陷由生产者造成的，销售者赔偿后，有权向生产者追偿。因销售者的过错使产品存在缺陷的，生产者赔偿后，有权向销售者追偿。”第 1223 条规定：“因药品、消毒产品、医疗器械的缺陷，或者输入不合格的血液造成患者损害的，患者可以向药品上市许可持有人、生产者、血液提供机构请求赔偿，也可以向医疗机构请求赔偿。患者向医疗机构请求赔偿的，医疗机构赔偿后，有权向负有责任的药品上市许可持有人、生产者、血液提供机构追偿。”第 1233 条规定：“因第三人的过错污染环境、破坏生态的，被侵权人可以向侵权人请求赔偿，也可以向第三人请求赔偿。侵权人赔偿后，有权向第三人追偿。”第 1250 条规定：“因第三人的过错致使动物造成他人损害的，被侵权人可以向动物饲养人或者管理人请求赔偿,也可以向第三人请求赔偿。动物饲养人或者管理人赔偿后,有权向第三人追偿。”

因此,不同的请求权所涉及的法律规定及被告主体、诉讼请求、诉讼时效、管辖法院、举证责任、责任承担等均不尽相同。在请求权竞合的情况下,当事人作出的选择可能面临不同的诉讼风险。因此,应综合考虑举证的难易情况、义务主体的履行能力及管辖法院的确定等多方面因素,选择行使一种请求权。

3. 请求权竞合的例外情形

工伤保险待遇与侵权赔偿责任的竞合,劳动者可以就工伤赔偿与侵权损害赔偿获得双重赔偿。2022 年《最高人民法院关于审理人身损害赔偿案件适用法律若干问题的解释》第 3 条规定:“依法应当参加工伤保险统筹的用人单位的劳动者,因工伤事故遭受人身损害,劳动者或者其近亲属向人民法院起诉请求用人单位承担民事赔偿责任的,告知其按《工伤保险条例》的规定处理。因用人单位以外的第三人侵权造成劳动者人身损害,赔偿权利人请求第三人承担民事赔偿责任的,人民法院应予支持。”

【案例 1-12】

2000 年 10 月 16 日,被告公司职工在工作过程中违规作业,从高处抛掷钢管,将正在现场从事工作的本单位职工原告杨某伟头部砸伤,导致重度颅脑外伤等。鉴定结论为因工致残,程度四级。杨某伟在获得工伤保险赔偿金(包括护理费、医药费、交通费、残疾补助金,被抚养人的生活费用等)后认为,自己的损害系由被告的侵权行为所致,被告应承担侵权赔偿责任。法院审理后认为,本单位外第三人的侵权行为造成职工人身伤害,既构成工伤又构成侵权的,受害职工可以享有双重赔偿的权利。于是判令被告公司赔偿原告杨某伟相应损失。被告公司不服判决提起上诉,二审法院查明事实后同样认为上诉人的上诉理由均不能成立,于2006 年6 月30 日判决驳回上诉人的上诉,维持原判。

4. 预备合并之诉

如前所述,一般情况下,请求权竞合时只能选择一种请求权基础进行诉讼,但在某些特殊情况下，请求权竞合时，原告可以预备性地提出请求权，即预备合并之诉。

预备合并之诉，是指在同一诉讼程序中，存在两个互相排斥、不能并存的诉讼请求，原告在提出主位诉求的同时，预先提出备位诉求，请求如主位诉求败诉时应就备位诉求作出判决，以防范主位诉求被驳回的风险。主位诉求获得支持则无须审理备位诉求；在主位诉求未获得支持的情况下，对备位诉求进行审理。

预备合并之诉一般是在非金钱债务未能履行引发的纠纷中，如果仅仅起诉对方要求继续履行，一旦出现客观履行不能的情况，原告主张继续履行的诉讼请求极有可能得不到支持。

比如，在借名买房纠纷案件中，借名人要求出名人将房屋过户，借名人为了防止出名人将房屋抵押给第三人或者被查封，而客观上无法过户的时候，借名人可以提出备位诉求，要求出名人承担其全部损失。因此，在这类非金钱债务未能履行引发的纠纷中，原告可以尝试采用预备合并之诉的方式：第一，请求判令被告继续履行合同（主位诉求）；第二，如果被告已无法交付标的物或存在其他履行不能的情形，则判令被告向原告赔偿损失（备位诉求）。

对于预备合并之诉，司法实践中，多地高级人民法院已在规范性文件中提及预备合并之诉的概念。其中，上海市高级人民法院和重庆市高级人民法院都分别作了如下规定，表明了对预备合并之诉采取允许之态度。

2006 年 6 月 23 日《上海市高级人民法院关于印发〈关于审理涉及债权转让纠纷案件若干问题的解答〉的通知》（沪高法民二〔2006〕13 号）中规定："二、债权受让人以债务人为被告提起诉讼，要求债务人履行债务，债权让与人作为第三人参加诉讼的，在债权受让人对债务人的诉请不能成立的情形下，债权受让人能否变更诉请，直接要求债权让与人承担民事责任或在诉讼中提起预备诉讼主张？鉴于债权受让人对债务人提起的诉请是基于债权受让人与债务人之间的法律关系，与债权转让关系不属于同一法律关系，且债权转让人仅处于诉讼第三人地位，故债权受让人不能在诉讼中直接变更诉请，要求债权让与人承担民事责任，应通过另行起诉解决。在此种情形下也不宜由债权受让人对债权让与人提起预备诉讼。预备诉讼是在同一诉讼中，同一原告针对同一被告在主要诉讼请求得不到满足时的备位诉讼请求。如果预备诉讼的被告与主要诉讼的被告非同一对象,将导致当事人诉讼地位、诉讼请求及争点、审理范围等发生较大变化,将会给案件审理带来诸多不便。因此,在债权受让人起诉债务人履行债务的纠纷案件中,不应准许债权受让人将债权让与人列为预备诉讼的被告提起备位诉讼。"

2007 年 11 月 22 日起施行的《重庆市高级人民法院关于当前民事审判若干法律问题的指导意见》中规定:"52、关于补充性诉讼请求的处理。补充性诉讼请求,又称预备性诉讼请求,是指当事人提出两个或两个以上的诉讼请求,为了防止第一位的主要请求不被承认,事先就提出如果第一位的主要请求不被承认就要求审理第二位次要请求,如果第一位的主要请求被承认就不用审理第二位次要请求的情形。人民法院应当允许当事人提出补充性诉讼请求,在未评议确定第一个请求能否支持前,对当事人的多个请求均应予以审理。诉讼中不必要求原告必须选择一个请求提交法院审判,但判决必须确定具体。"

另外,包括最高人民法院在内的各级法院近年来的多起案例也表明预备合并之诉逐步在被接受。以下案例体现了这一变化。[(2019)最高法民申 1016 号]宜春市利达房地产开发有限公司、袁某生合伙协议纠纷再审审查与审判监督民事裁定书,[(2019)最高法民终 564 号]泰来家美房地产开发有限公司、海天建设集团有限公司建设工程施工合同纠纷二审民事判决书,[(2016)内 01 民终 874 号]郭某宽与郭某荣房屋买卖合同纠纷二审民事判决书,[(2021)鲁民终 1021 号]山东港信装饰景观建设有限公司、山东美屹诺家具有限公司等房屋买卖合同纠纷二审民事判决书,[(2021)鄂 2827 民初 3559 号]姚某新、何某明等返还原物纠纷一审民事判决书,[(2022)黔 0525 民初 139 号]李金某、晏加某房屋买卖合同纠纷一审民事判决书。

因此,律师在代理非金钱债务未能履行引发的民事诉讼案件中,如果发现诉讼请求可能存在被驳回的风险,就可以采用提出预备性的诉讼请求的方法,但应先提前了解当地法院对此的态度,是否存在相关的案例,避免有些法院以诉求不明确为由直接驳回起诉。另外,预备合并之诉既可以在起诉时提出,也可以在诉讼过程中以变更诉讼请求的方式提出。

(二)请求权的并用

请求权的并用主要是指当请求权聚合时,此时不再是选择其一,而是可以同时主张。

请求权聚合，是指同一法律事实基于法律的规定以及损害后果的多重性，而应当使责任人向权利人承担多种内容不同的法律责任的形态。从权利人的角度来看，责任聚合表现为请求权的聚合，即当事人可以同时主张数种以不同的给付为内容的请求权。

例如，《民法典》第1167条规定，“侵权行为危及他人人身、财产安全的，被侵权人有权请求侵权人承担停止侵害、排除妨碍、消除危险等侵权责任”；第583条规定，“当事人一方不履行合同义务或者履行合同义务不符合约定的，在履行义务或者采取补救措施后，对方还有其他损失的，应当赔偿损失”。侵害名誉权，导致损害赔偿、恢复名誉、赔礼道歉等责任聚合，以上为请求权的聚合，可以选择同时主张和并用，并把权利用尽。另外，在同时包含了形成权和请求权的案件中，要注意并用，不要遗漏了诉讼请求。

【案例1－13】

有法院的生效判决证明原告对被告一享有280万元债权，被告一在2021年9月将其持有的××科技公司价值300万元的70%股权以1元的价格转让给了自己的母亲被告二，双方签署了《股权转让协议》并办理了股权转让工商变更登记手续。原告依据《民法典》第539条“债务人以明显不合理的低价转让财产，影响债权人的债权实现，债务人的相对人知道或者应当知道该情形的，债权人可以请求人民法院撤销债务人的行为”之规定，向法院提起了债权人撤销权之诉，请求人民法院撤销二被告的股权转让协议，诉讼费由二被告承担。

【评析】该案中，笔者为被告一的代理人，在领取原告的民事起诉状后，团队律师立即发现了三个问题：第一，原告遗漏了第三人，即案涉股权转让的标的公司；第二，原告的诉讼请求中只有撤销双方签订的股权转让合同，而遗漏了请求权属性的诉讼请求，即合同撤销以后返还财产的诉讼请求；第三，诉讼请求遗漏了请求债务人或者有过错的第三人赔偿债权人行使撤销权所支出的必要费用。

关于遗漏了合同撤销以后返还财产诉讼请求的问题,其理由如下:通说认为,债权人撤销权并不是单纯的形成权,而是兼具形成权和请求权的特点。撤销权的主要目的是撤销已实施的民事行为,而返还财产或者恢复原状才是因民事行为被撤销后所产生的法律后果。但在实务中,律师在代理此类案件时,往往会只请求法院撤销债务人与第三人之间的某个行为,而忽视了债权人撤销权的请求权属性,遗漏了要求恢复原状或返还财产等具有请求权属性的诉讼请求。这一疏忽势必还需要另外再提起一个诉讼或者通过其他行政手段才能实现债权人的最终目的,造成不必要的讼累,导致时间被大量耗费。

因此该案中,还应当增加三个诉讼请求:第一,被告二将其持有的××科技公司股权返还给被告一;第二,二被告应在××时间内办理工商变更手续将该股权变更登记至被告一名下,第三人××科技公司负有协助办理义务;第三,请求判令二被告赔偿原告行使撤销权所支出的律师费、差旅费等必要费用×××元。

(三)分析请求权基础

我们按照前述方法对请求权基础进行初步锁定后,还应该找出对应该请求权的具体的、完整的法律规定,并对所找的法律规范进行分类和定性。

作为请求权基础的法律规范,应当是一项包含构成要件与法律效果的具有实体权利处理的完全性法条,但并非所有完全法条都当然构成请求权基础,请求权的实现,往往需要由多个法条相互结合完成。

1. 完全性法条

完全性法条,是指能够作为请求权的独立依据的法条,此类法条具备构成要件与法律效果两个要素。

例如,《民法典》第577条规定:“当事人一方不履行合同义务或者履行合同义务不符合约定的,应当承担继续履行、采取补救措施或者赔偿损失等违约责任。”其中构成要件为“当事人一方不履行合同义务或者履行合同义务不符合约定的”,法律效果为“应当承担继续履行、采取补救措施或者赔偿损失等违约责任”。二者构成该完全性法条的法律效果,可以作为请求权的独立依据的法条。

再如,《民法典》第 1167 条规定:“侵权行为危及他人人身、财产安全的,被侵权人有权请求侵权人承担停止侵害、排除妨碍、消除危险等侵权责任。”其中,构成要件为“侵权行为危及他人人身、财产安全的”,法律后果为“被侵权人有权请求侵权人承担停止侵害、排除妨碍、消除危险等侵权责任”。二者构成了完全性法条,可以作为请求权的独立依据的法条。

2. 不完全性法条

不完全性法条,是指不能够直接作为请求权依据的法条,即不具备法效果规定的法条,其必须与其他相关法条配合才能构成请求权基础。

例如,《民法典》第 146 条第 1 款规定:“行为人与相对人以虚假的意思表示实施的民事法律行为无效。”该法条缺乏民事法律行为无效后的法律效果,所以不能直接导致请求权的产生,而是需要结合另一个具有法律效果的法条共同构成一个完全性法条,即《民法典》第 157 条。《民法典》第 157 条规定了因法律行为无效而发生的不当得利返还请求权或缔约过失的损害赔偿请求权。这个具有法律效果的法条与前述法条组合起来,共同组成了请求权基础。

再如,《民法典》第 995 条规定:“人格权受到侵害的,受害人有权依照本法和其他法律的规定请求行为人承担民事责任。”该法条虽明确了人格权可以作为侵权法保护的民事权利,侵犯人格权要承担民事责任,但在受害人请求损害赔偿时,需要援引《民法典》侵权责任编的相应规则,也需参考《民法典》第 179 条关于承担民事责任方式的规定。

【案例 1 –14】

利用竞争对手名称设置搜索关键词进行商业推广构成侵害名称权。某虎公司系某个搜索引擎运营商,旗下拥有搜索广告业务。甲公司为宣传企业购买了上述服务,并在 3 年内间断使用同行业乙公司的名称作为关键词对甲公司进行商业推广。通过案涉搜索引擎搜索乙公司关键词,结果页面前两条词条均指向甲公司,而乙公司的官网词条却相对靠后。乙公司认为甲公司在网络推广时,擅自使用乙公司名称进行客户引流,侵犯其名称权,某虎公司明知上述行为构成侵权仍施以帮助,故诉至法院,要求甲公司、某虎公司停止侵权,赔礼道歉,消除影响并连带赔偿损失30万元。互联网法院经审理认为,法人、非法人组织享有名称权,任何组织或者个人不得以干涉、盗用、假冒等方式侵害其名称权。乙公司作为具有一定知名度的企业,其名称具有一定的经济价值。甲公司擅自使用乙公司名称进行营销,必然会对其造成经济损失,已侵犯其名称权。某虎公司作为案涉搜索引擎运营商,对外开展付费广告业务,其对甲公司关键词设置的审查义务,应高于普通网络服务提供者。因某虎公司未正确履行审查义务,客观上对案涉侵权行为提供了帮助,构成共同侵权。遂判决甲公司、某虎公司书面赔礼道歉、澄清事实、消除影响并连带赔偿6.5万元。

【评析】笔者仅就该案中的赔偿损失请求权基础进行进一步的解析,寻找具体的请求权基础所对应的完全性法条。

第一,根据《民法典》第1013条“法人、非法人组织享有名称权,有权依法决定、使用、变更、转让或者许可他人使用自己的名称”之规定,法人、非法人组织享有名称权,这是权利来源的法律依据。

第二,根据《民法典》第1014条“任何组织或者个人不得以干涉、盗用、假冒等方式侵害他人的姓名权或者名称权”之规定,任何组织或者个人不得以干涉、盗用、假冒等方式侵害他人的姓名权或者名称权。这是权利保护的法律依据,本条和《民法典》第1013条都是不完全性法条,缺乏法律效果,仍然不能单独作为请求权基础。

第三,根据《民法典》第995条“人格权受到侵害的,受害人有权依照《民法典》和其他法律的规定请求行为人承担民事责任”之规定,人格权受到侵害的,受害人有权依照《民法典》和其他法律的规定请求行为人承担民事责任。该法条虽然明确了侵犯人格权要承担民事责任,但未能明确受害人可以请求行为人承担赔偿损失的民事责任,因此也不是一个完全性法条。受害人请求损害赔偿的时候,还需要援引《民法典》侵权责任编的相应规则。

第四,《民法典》第179条第1款关于承担民事责任的11种方式中,第8项明确规定了赔偿损失。前述几个法条相互结合,才构成了完全性法条,可以作为因名称权受到侵害而要求侵权人赔偿的请求权基础的法律规范，但律师还需要找出具体损失计算方式的法律规范。

第五，根据《民法典》第1182条“侵害他人人身权益造成财产损失的，按照被侵权人因此受到的损失或者侵权人因此获得的利益赔偿；被侵权人因此受到的损失以及侵权人因此获得的利益难以确定，被侵权人和侵权人就赔偿数额协商不一致，向人民法院提起诉讼的，由人民法院根据实际情况确定赔偿数额”之规定，赔偿数额有两种计算方式：第一，按照被侵权人因此受到的损失进行赔偿；第二，按照侵权人因此获得的利益进行赔偿。如果这两种计算方式都难以确定，双方又不能协商一致，那么，人民法院应根据实际情况确定赔偿数额。该案法院最终依据该条款之规定，确定了受害人的损失。

以上是该案关于损失赔偿请求权基础所依据的5个法条的找法过程，广州互联网法院在民事判决书中也都一一罗列了出来。

综上，律师必须准确、完整地找到请求权基础，才能正确把握案件的方向，如该步骤遗漏了相应的诉讼请求，虽然后面会有补救措施，但律师的诉讼就会变得非常被动，不能有效维护当事人的权益。

三、第三步：分析法律要件

诉讼活动不是单方作战，而是诉讼双方甚至多方的对抗。因此，作为原告代理人，在对请求权基础进行分析并找出了完整、确定的法律规范之后，还需要将法律规范的构成要件再进行具体分解，同时还应考虑被告可能提出的抗辩事由或免责事由，并对消极规范构成要件进行检索，才能最终确定完整、准确的诉讼请求，并做好相应的诉讼攻防策略。反之，作为被告代理人亦然。

（一）分解法律规范构成要件

请求权法律规范的构成要件不是自动呈现的，需要我们对法律条文所包含的事实要件进行分解。分解法律规范构成要件是律师必须要学习和掌握的基本技能，需要把整个民法体系理解透彻，掌握每个法条在体系里的位置，前后融会贯通，进而准确分解法律规范的构成要件。

例如,《民法典》第 235 条规定:“无权占有不动产或者动产的,权利人可以请求返还原物。”该条款构成要件有两个:第一个要件,权利人对特定物享有权利。此处的权利人又包括三类:所有权人、用益物权人(地役权人除外)、担保物权人(抵押权人、留置权人除外)。第二个要件,占有人没有占有的本权。此处又涵盖了另一个构成占有的要件,即占有人现时占有特定物。

再如,《民法典》第 121 条规定:“没有法定的或者约定的义务,为避免他人利益受损失而进行管理的人,有权请求受益人偿还由此支出的必要费用。”该条款有三个构成要件:要件一,管理他人事务;要件二,为避免他人利益受到损失;要件三,没有法定或约定的义务。

以上两个法条,可以通过条文直接分解出构成要件,但有些法条则需要律师去找到隐含的要件。

例如,《民法典》第 122 条规定:“因他人没有法律根据,取得不当利益,受损失的人有权请求其返还不当利益。”该条款构成要件有四个:第一,民事主体一方取得利益;第二,民事主体他方受到损失;第三,一方取得利益与他方受到的损失之间有因果关系;第四,没有法律依据。其中,第三个要件,关于得利与损失之间有因果关系为应有之义,即使在该条文里并无明确规定。

再如,《民法典》第 238 条规定:“侵害物权,造成权利人损害的,权利人可以依法请求损害赔偿,也可以依法请求承担其他民事责任。”该条款构成要件有四个:第一,须有侵害物权的行为。侵害物权的行为通常表现为侵占、毁损、不法处分等。第二,存在损害后果。第三,侵害物权的行为与损害后果之间存在因果关系。第四,行为人对物权侵害具有主观上的故意或过失。从条文字面分析,该条并未对侵害人是否具有主观故意或过失提出限制,但《民法典》第 1165 条第 1 款规定了“行为人因过错侵害他人民事权益造成损害的,应当承担侵权责任”,所以,我们对第 238 条进行分解,需要结合第 1165 条进行分析,找出隐含要件。

对法律规范构成要件进行分解不是一件容易的事情,因为民法体系所涉及的法律规范如浩瀚大海,没有一个放之四海而皆准的分解公式,只能靠律师平时的积累和研究。

划分事实要件,还需要对消极规范构成要件进行检索,对请求权基础的竞合与聚合进行识别和运用。请求权竞合时，选择一种对其最为有利的请求权提出主张或提起诉讼；请求权聚合时，把权利用尽。

（二）消极规范的检索

所谓消极规范构成要件，是相对积极规范要件而言的，是指破坏、否定、阻却请求权基础成立的抗辩事由之要件。

抗辩事由是指被诉请承担民事责任的当事人在承认加害事实的情况下，据以主张对方当事人诉讼请求不成立或不完全成立的相反事实，从而导致对方的请求权消灭或使其效力延期发生。抗辩事由须具有积极的事实和对抗性，比如免责事由、诉讼时效届满、不可抗力、不具备因果关系的事实、受害人过错的事实等。另外，《民法典》中关于合同无效、效力待定、可撤销、可解除的规定，以及散见于法条中的但书、除外条款，都是破坏、否定、阻却请求权成立的抗辩事由。

律师要注意区分抗辩权与抗辩事由。抗辩权只能由法律明确规定而产生，是抗辩中实体抗辩的一种类型。抗辩权的作用在于对抗请求权的行使，在暂时性对抗场合，请求权的实现受到暂时抑制；在永久性对抗场合，请求权的实现永远受到抑制。

《民法典》中最典型的抗辩权有三种：同时履行抗辩权、先履行抗辩权和不安履行抗辩权。另外，还有一般保证人的先诉抗辩权、保证人可以主张的债务人对债权人的抗辩。《民法典》中关于连带债务人对债权人的抗辩权，委托关系中委托人行使介入权时、债权或债务转让和债权人行使代位权时，各类主体抗辩权的行使，属于抗辩权的转移。

案例 1－11 中，如果整形医院举证证明，王女士在治疗的过程中，没有配合整形医院进行手术活动，或者证明限于当时的医疗水平该手术难以成功，那么，整形医院根据《民法典》第 1224 条[1]关于医疗机构免责情形的规定，就可以部分或全部地免除责任。

---

〔1〕《民法典》第 1224 条规定："患者在诊疗活动中受到损害，有下列情形之一的，医疗机构不承担赔偿责任：（一）患者或者其近亲属不配合医疗机构进行符合诊疗规范的诊疗；（二）医务人员在抢救生命垂危的患者等紧急情况下已经尽到合理诊疗义务；（三）限于当时的医疗水平难以诊疗。前款第一项情形中，医疗机构或者其医务人员也有过错的，应当承担相应的赔偿责任。"

【案例 1 – 15】

村民甲骑着电动车与骑自行车的村民乙在行驶至转弯处时相遇,由于速度较快,双方虽然都采取了制动措施,但骑自行车的村民乙连人带车摔倒,村民甲考虑到都是同村邻居,遂通知自己的父亲一同将村民乙送往医院并垫付1万余元的治疗费。后经事故勘验,双方车辆没有明显接触痕迹,不能确定双方的责任,村民甲始终坚持认为自己与村民乙未发生接触。后村民甲以不当得利为由向当地法院起诉要求村民乙返还垫付的医疗费,法院经审理认为,村民甲在自称未撞到村民乙的情况下主动垫付医疗费,且村民乙及其家属并未要求村民甲支付,此种支付应视为对自身财产的处置,亦符合"明知无给付义务而进行的债务清偿"的条件,因此村民乙不构成不当得利。

在此暂不讨论该案是否构成无因管理之债,笔者只是用案例 1 – 15 来理解这种否定请求权基础成立的消极构成要件。在诉讼实务中,我们无论作为原告还是被告代理律师,这些消极构成要件都需要进行检索。

综上,我们在分解法律规范构成要件后,如果要件事实能够一一对应所有构成要件,就完全满足了请求权。但此时还需要综合考虑对方可能提出的抗辩事由或免责事由,对消极规范进行检索,逐一分析积极和消极规范中的法律要件。

四、第四步:证明要件事实

要件事实是指请求权基础法律规范构成要件所对应的法律事实。

证明要件事实,首先需要对原、被告的请求与抗辩进行分析,将要件事实和抗辩事由与本案证据逐一进行对比和整理,判断其能否完全妥当地归入,如果欠缺,应当积极收集和组织证据,并确保要件事实能够通过证据予以证明,达到高度盖然性的标准。

(一)要件事实整理归入

诉讼是一种双方或多方对抗性活动,原告需要对其请求权基础所必需的要件事实承担举证证明责任,被告则会对原告的请求权不产生、消灭或限制进行抗辩。

那么,我们拿到一个案子,首先要对原告的请求权基础逻辑顺序进行检索,找到了最妥当且对原告最为有利的请求权基础以后,还需要对请求权基础和抗辩规范进行分解,并将要件事实和抗辩事由一一进行初步整理归入,对照要件事实和抗辩是否成立。

我们无论作为原告还是被告代理人,首要任务是找到请求权基础和抗辩规范的全部可能的要件。请求权的行使必须满足三个条件才能得到支持:第一,请求权必须已经成立;第二,请求权未消灭;第三,请求权不存在限制行使的情形(见图1-4)。其中,原告需要对请求权已成立承担举证证明责任(原告的本证,本证的举证责任需要达到高度盖然性标准)。

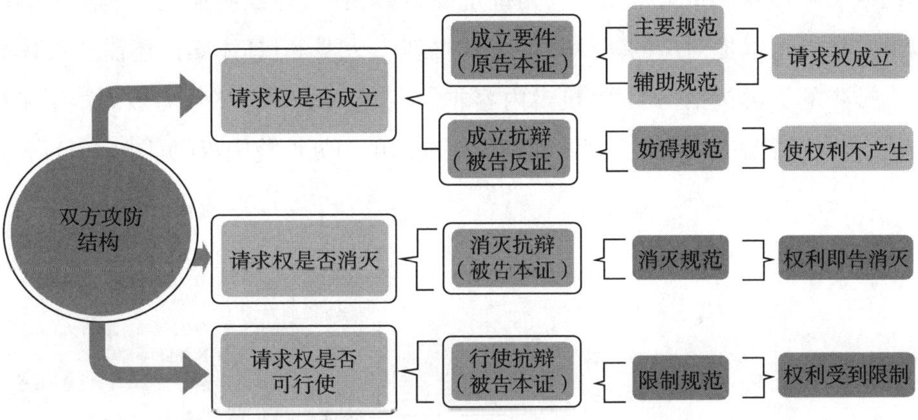

图1-4　要件事实的整理归入:原、被告双方攻防结构

反之,对于原告的请求权,被告有三种抗辩方式。第一种是权利妨碍的抗辩。这种抗辩可以使原告的请求权从根本上不成立或不产生,比如合同纠纷中的合同未成立、合同无效,物权请求权中的原告不具有物权等。第二种是权利消灭的抗辩。这种抗辩可以使原告的请求权归于消灭,比如债务已履行、已抵销或免除等。第三种是权利限制的抗辩。这种抗辩可以使原告的请求权此时无法得到行使,比如同时履行抗辩权、先履行抗辩权、不安抗辩权,以及诉讼时效抗辩权等。其中,对于使原告权利不产生的权利妨碍抗辩属于被告的反证(反证是提供否定具有举证证明责任一方的证据,反证的举证责任只需要达到令对方待证事实存疑、真伪不明的状态),权利消灭和限制的抗辩相当于被告提出了新的主张,需要承担举证证明责任(被告的本证,本证的举证责任需要达到高度盖然性标准)。

我们根据双方攻防图一一检索原、被告双方的主张和抗辩,并对要件事实和抗辩理由进行对照和归入整理,梳理清楚哪些属于己方的本证和反证,并据此收集和组织证据。

笔者对几类常见的请求权基础的要件事实归入进行了整理。

原告首先要举证证明合同违约损害赔偿请求权的几个成立要件,包括责任成立和责任范围两大类。责任成立又包括了合同合法有效、合同的履行不能是由于被告的积极作为或消极不作为,被告具有违约行为的可归责性,包括预期违约或实际违约。责任范围主要是确定原告的损失,并证明损失与违约之间的因果关系。这里把对应的法律规范大致整理了一下,但具体案件还需要具体分析。被告的抗辩包括三大类,抗辩内容非常多,包括合同无效或者效力待定未被追认、合同可撤销、不可抗力因素和赔偿范围的可预见性范围等(见图1-5)。

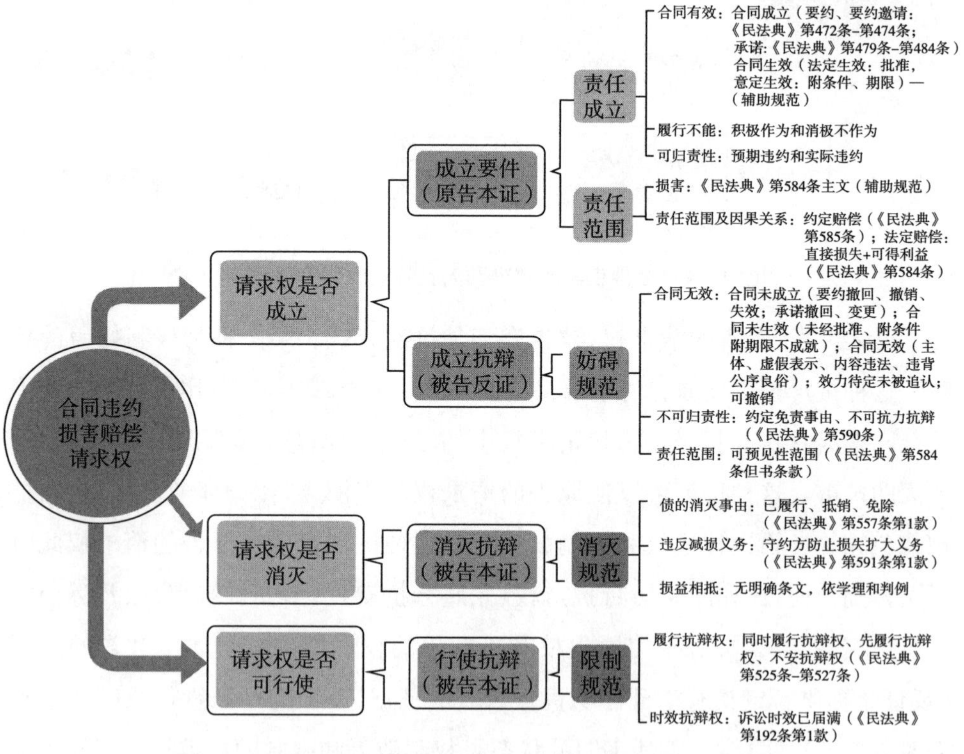

图1-5　合同违约损害赔偿请求权:原、被告双方攻防结构

原告要举证证明返还原物请求权的成立要件：第一，请求权人是物权人。这里除了所有权人，还包括用益物权人和担保物权人，但用益物权中的地役权人、担保物权人中的抵押权人、留置权人则不具有返还原物请求权。第二，相对人是现时占有人，这里包括直接占有和间接占有。第三，相对人无权占有。这里需要注意的一点是，物的存在是返还原物请求权的前提条件，如果物已消灭，则不能要求返还原物。另外，返还原物请求权限制规范中没有时效抗辩之说。关于留置抗辩权的问题，类似于同时履行抗辩权，如果该标的是留置物，被告可以要求相对人另行提供担保或履行债务时，才有将留置物返还的义务（见图1－6）。

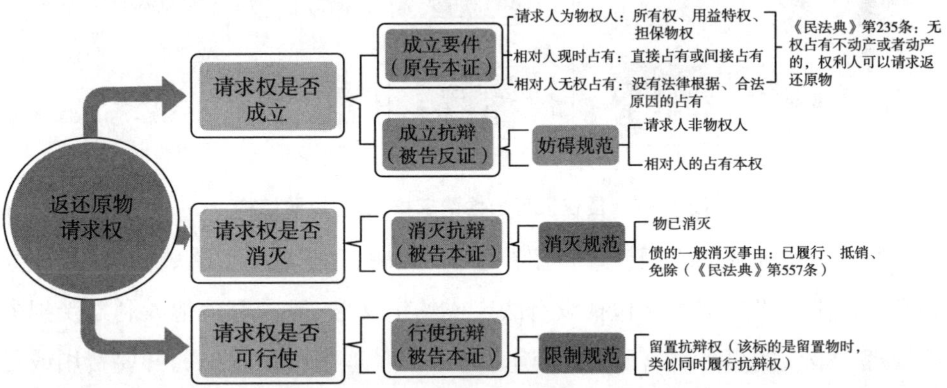

图1－6　返还原物请求权：双方攻防结构

原告要举证证明侵权损害赔偿请求权的几个成立要件，包括责任成立和责任范围两大类，即行为人的过错侵权责任和赔偿责任范围。原告要证明原告具有民事权益，行为人有加害行为且行为人有过错，加害行为与损害具有因果关系。这四个要件构成了侵权责任的成立，责任范围主要是确定损害赔偿范围、计算方式。而被告的抗辩理由包括不法阻却事由的正当防卫、紧急避险、紧急救助、自甘风险、自力救济以及与有过失、受害人故意、第三人原因等（见图1－7）。

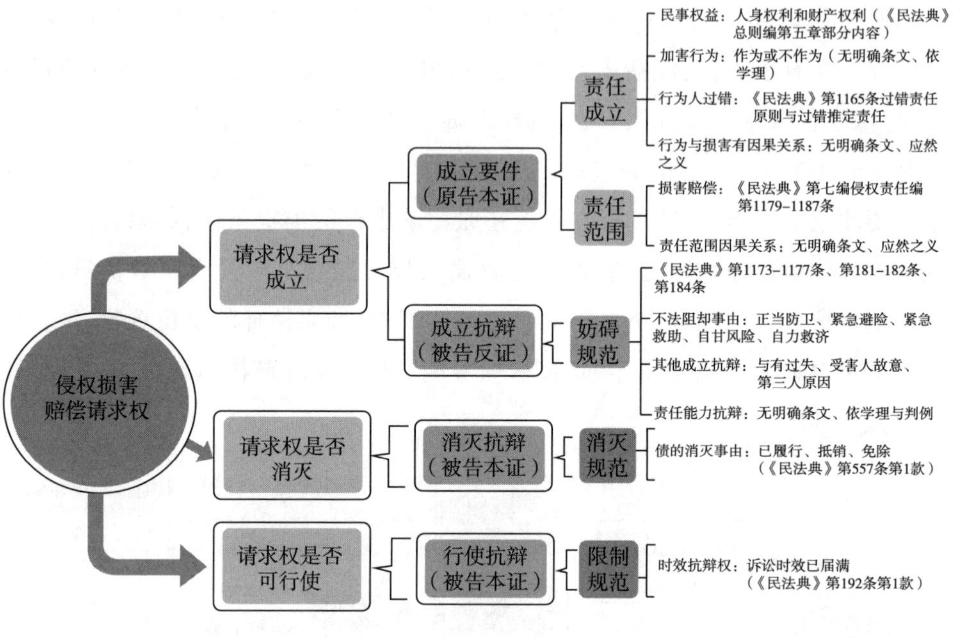

图1-7 侵权损害赔偿请求权:双方攻防结构

原告要举证证明无因管理费用补偿请求权的几个成立要件,包括责任成立和责任范围。责任成立又包括没有法定或约定义务、是为避免他人利益受损失而管理了他人的事务;责任范围是确定原告因管理事务而支出的必要费用或受到的损失,并证明该费用或损失与管理事务之间的因果关系。被告的三大类抗辩包括:第一,请求权成立的抗辩。管理人对本人负担法定或约定的管理义务、管理事务不符合本人真实意思以及管理事务违反本人明示或可推知的意思时,请求权不成立。第二,消灭抗辩。第三,行使抗辩。后两种抗辩分别是指债的消灭事由和诉讼时效抗辩(见图1-8)。

原告首先要举证证明给付不当得利请求权的几个成立要件,包括相对人受有财产利益、得利人的利益以受损人的损失为代价(给付关系)、相对人得利无法律上的原因这三个条件。被告有以下三大类抗辩理由:第一,请求权成立的抗辩。有以下三种情形时请求权不成立:为履行道德义务进行的给付、债务到期之前的清偿和明知无给付义务而进行的债务清偿。第二,消灭抗辩。第三,行使抗辩。后两类抗辩分别是指债的消灭事由和诉讼时效抗辩(见图1-9)。

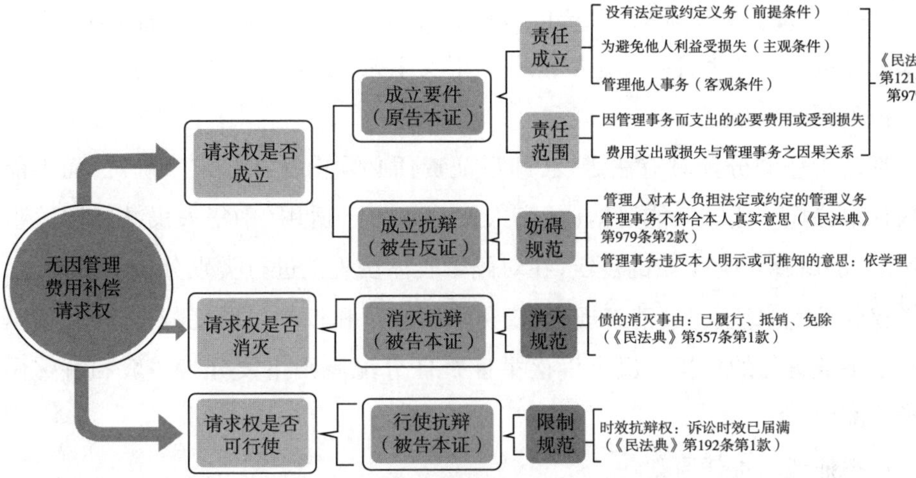

图1-8　无因管理费用补偿请求权:双方攻防结构

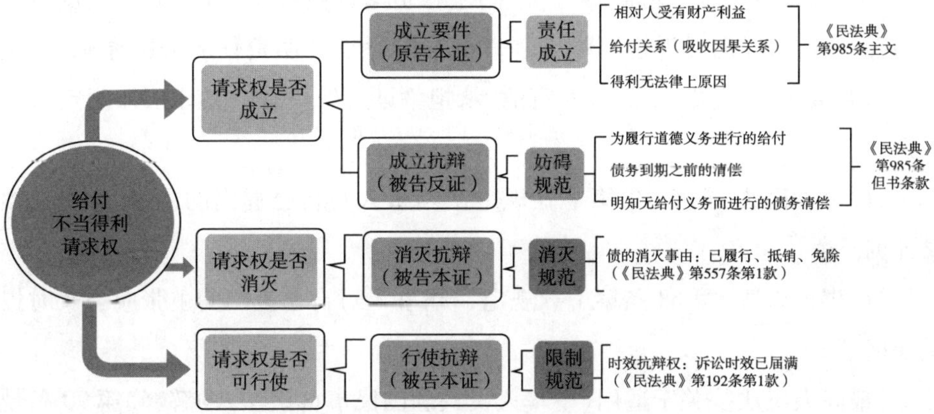

图1-9　不当得利请求权:双方攻防结构

(二)明确举证证明责任

证明责任是民事诉讼的脊梁,如何分配证明责任是民事诉讼法学的核心问题。证明责任与举证责任是两个不同的概念,证明责任是指当事人对自己的主张有提出证据予以证明的责任,也称为行为责任;举证责任是指如果案件事实真伪不明,负有举证责任的一方当事人承担败诉的法律后果,也称为结果责任。

本书讨论的举证责任为结果意义上的举证证明责任,即民事诉讼案件的当事人,对自己提出的诉讼请求所依据的事实或者反驳对方诉讼请求所依据的事实,应当提供证据加以证明(但法律另有规定的除外),在作出判决前,如果当事人未能提供证据或者证据不足以证明其事实主张,由负有举证证明责任的当事人承担不利的后果。

举证责任的分配具有法定性,即举证责任必须由法律规定来确定,而不能由法官来分配。法官只能根据《最高人民法院关于适用〈中华人民共和国民事诉讼法〉的解释》第 91 条的规定,在对民事实体法规范进行类别分析的基础上,识别权利发生规范、权利消灭规范、权利限制规范和权利妨碍规范,并以此为基础确定举证责任的负担。民事诉讼举证责任分配原则主要分为一般和特殊两大类分配原则。

1. 举证证明责任原则

(1)一般分配原则:“谁主张,谁举证”。

“谁主张,谁举证”即原告对自己的主张负举证责任,被告或第三人反驳原告的诉讼请求、提出反诉也要举证加以证明。举证证明责任的分配原则是:主张法律关系存在、变更、消灭或妨害的,承担举证证明责任。具体法律规定如下所列。

《民事诉讼法》第 67 条第 1 款规定:“当事人对自己提出的主张,有责任提供证据。”

《民事诉讼法》第 68 条第 1 款规定:“当事人对自己提出的主张应当及时提供证据。”

《最高人民法院关于适用〈中华人民共和国民事诉讼法〉的解释》第 90 条规定:“当事人对自己提出的诉讼请求所依据的事实或者反驳对方诉讼请求所依据的事实,应当提供证据加以证明,但法律另有规定的除外。在作出判决前,当事人未能提供证据或者证据不足以证明其事实主张的,由负有举证证明责任的当事人承担不利的后果。”第 91 条规定:“人民法院应当依照下列原则确定举证证明责任的承担,但法律另有规定的除外:(一)主张法律关系存在的当事人,应当对产生该法律关系的基本事实承担举证证明责任;(二)主张法律关系变更、消灭或者权利受到妨害的当事人,应当对该法律关系变更、消灭或者权利受到妨害的基本事实承担举证证明责任。”这里需要明确两个问题:一是上述规定中的“法律关系变更”,在理解上可以与权利限制作同一理解。二是上述规定中的

“基本事实”应当理解为要件事实，即实体法律关系或者权利构成要件所依赖的事实，不包括诉讼程序方面的事实。

《最高人民法院关于民事诉讼证据的若干规定》第 92 条规定：“私文书证的真实性，由主张以私文书证证明案件事实的当事人承担举证责任。私文书证由制作者或者其代理人签名、盖章或捺印的，推定为真实。私文书证上有删除、涂改、增添或者其他形式瑕疵的，人民法院应当综合案件的具体情况判断其证明力。”第 31 条规定：“当事人申请鉴定，应当在人民法院指定期间内提出，并预交鉴定费用。逾期不提出申请或者不预交鉴定费用的，视为放弃申请。对需要鉴定的待证事实负有举证责任的当事人，在人民法院指定期间内无正当理由不提出鉴定申请或者不预交鉴定费用，或者拒不提供相关材料，致使待证事实无法查明的，应当承担举证不能的法律后果。”

另外，对于举证证明责任的后果，法律明确规定人民法院具有释明的义务，这也是适用举证责任原则判决案件的前提。

（2）特殊分配规则：责任分配的特殊规则表现为证明责任的减轻和倒置。

①证明责任的减轻，是指在诉讼过程中，根据证明的具体情境，采取合理法律技术或替代方法，适当减轻当事人的证明难度，对无充分证据情况下的案件事实判断作出替代认定的制度方案，以满足个案的实质正义。这种合理的法律技术或替代方法表现为证明责任倒置、证明妨碍、拟制自认、法律推定、估算损失、不负证明责任的当事人的事案解明义务等。

《最高人民法院关于适用〈中华人民共和国民事诉讼法〉的解释》第 112 条规定：“书证在对方当事人控制之下的，承担举证证明责任的当事人可以在举证期限届满前书面申请人民法院责令对方当事人提交。申请理由成立的，人民法院应当责令对方当事人提交，因提交书证所产生的费用，由申请人负担。对方当事人无正当理由拒不提交的，人民法院可以认定申请人所主张的书证内容为真实。”

《最高人民法院关于民事诉讼证据的若干规定》第 45 条规定：“当事人根据《最高人民法院关于适用〈中华人民共和国民事诉讼法〉的解释》第一百一十二条的规定申请人民法院责令对方当事人提交书证的，申请书应当载明所申请提交的书证名称或者内容、需要以该书证证明的事实及事实的重要性、对方当事人控制该书证的根据以及应当提交该书证的理由。对方当事人否认控制书证的,人民法院应当根据法律规定、习惯等因素,结合案件的事实、证据,对于书证是否在对方当事人控制之下的事实作出综合判断。”第46条规定:“人民法院对当事人提交书证的申请进行审查时,应当听取对方当事人的意见,必要时可以要求双方当事人提供证据、进行辩论。当事人申请提交的书证不明确、书证对于待证事实的证明无必要、待证事实对于裁判结果无实质性影响、书证未在对方当事人控制之下或者不符合本规定第四十七条情形的,人民法院不予准许。当事人申请理由成立的,人民法院应当作出裁定,责令对方当事人提交书证;理由不成立的,通知申请人。”上述法条规定的“书证提出命令”,即属于以证明妨碍为技术对举证规则的调整,不负有举证责任的当事人持有的对待证事实具有相当证明意义的证据不提供或者毁损的,使待证事实无证据可资证明,导致待证事实真伪不明,在事实认定上时,法律就对负有举证责任当事人的事实主张作出对其有利的调整。

《著作权法》第54条第4款规定:“人民法院为确定赔偿数额,在权利人已经尽了必要举证责任,而与侵权行为相关的账簿、资料等主要由侵权人掌握的,可以责令侵权人提供与侵权行为相关的账簿、资料等;侵权人不提供,或者提供虚假的账簿、资料等的,人民法院可以参考权利人的主张和提供的证据确定赔偿数额。”《商标法》第63条第2款规定:“人民法院为确定赔偿数额,在权利人已经尽力举证,而与侵权行为相关的账簿、资料主要由侵权人掌握的情况下,可以责令侵权人提供与侵权行为相关的账簿、资料;侵权人不提供或者提供虚假的账簿、资料的,人民法院可以参考权利人的主张和提供的证据判定赔偿数额。”《专利法》第71条第4款规定:“人民法院为确定赔偿数额,在权利人已经尽力举证,而与侵权行为相关的账簿、资料主要由侵权人掌握的情况下,可以责令侵权人提供与侵权行为相关的账簿、资料;侵权人不提供或者提供虚假的账簿、资料的,人民法院可以参考权利人的主张和提供的证据判定赔偿数额。”上述法条明确,在权利人已经尽力举证,侵权人不提供或者提供虚假的账簿、资料的情况下,人民法院参考权利人的主张和提供的证据判定赔偿数额,都属于采取估算损失的方法对举证规则进行适度调整。

《最高人民法院关于审理民间借贷案件适用法律若干问题的规定》第16条

规定:“原告仅依据金融机构的转账凭证提起民间借贷诉讼,被告抗辩转账系偿还双方之前借款或者其他债务的,被告应当对其主张提供证据证明。被告提供相应证据证明其主张后,原告仍应就借贷关系的成立承担举证责任。”此条规定减轻了原告的举证责任,即原告作为主张双方之间存在民间借贷关系的主张方,虽然没有提交借款合同作为(完整的)直接证据,但是提交了该款项实际支付的相应证据(最有利的间接证据),即应当认为原告与被告之间存在借贷关系的事实且完成了初步举证。此条规定的“被告抗辩转账系偿还双方之前借款或者其他债务”,因被告以另一种事实直接排斥原告请求原因事实本身,而不是在承认原告请求原因事实的基础上,提出法律事实的变更或消灭,因此,此处的“抗辩”实质是一种“否认”。按照“否认者无需承担证明责任,抗辩者承担证明责任”的规则,被告本不需要对该“否认”进行举证,但为保护证据保全意识不强、借贷形式较为随意的出借人,并基于查明案件事实的需要,就涉及证明责任的技术处理,即不负证明责任的当事人的事案解明义务〔1〕。在被告提出附事实理据的否认时,应以事案解明义务促使被告对自己提出的事实主张举证。

②证明责任的倒置,是指在某些法律有规定的特殊案件中,部分要件事实证明责任的分配不适用一般原则,而适用与一般原则相反的分配规则来配置证明责任的方法,即免除主张事实一方当事人的部分要件事实证明责任,而由否认其主张存在的相对方当事人从相反的方向承担证明责任。比如,一般侵权责任的证明按照“谁主张,谁举证”的原则,由赔偿权利人负举证责任,证明加害人的过错、加害行为、损害后果、加害行为与损害后果之间的因果关系。特殊侵权责任实行举证责任倒置,但其倒置的范围并不是全部侵权责任要件,而是过错证明或因果关系的证明的倒置,其他要件事实仍由赔偿权利人负举证责任。

2019 年《最高人民法院关于民事诉讼证据的若干规定》取消了 2001 年《最

---

〔1〕 事案解明义务,是指在某些诉讼案件中赋予不负证明责任的当事人对案件事实的陈述说明义务、提交证据义务和忍受勘验、鉴定检查义务,以此来促进不负有证明责任的当事人积极参与诉讼,平衡当事人之间不平等的举证能力差异,在一定程度上实现实质平等。

高人民法院关于民事诉讼证据的若干规定》第 4 条罗列的八种举证责任倒置的情形,因此需要法律人自行识别举证责任倒置的情形。笔者依据《民法典》侵权责任编、《公司法》、《证券法》、《专利法》及《消费者权益保护法》等相关法律规定,总结了一些举证责任倒置的特殊规定。

一是无过错侵权责任。

《民法典》第 1166 条规定:“行为人造成他人民事权益损害,不论行为人有无过错,法律规定应当承担侵权责任的,依照其规定。”该条是关于无过错责任原则的规定。无过错责任原则是指损害的发生既不是侵权人的故意也不是被侵权人或第三人的故意造成的,但法律规定由侵权人承担民事责任的一种特殊归责原则。在适用无过错侵权责任时,行为人主张被侵权人对损害的发生也有过错的,可以减轻责任;损害是因被侵权人故意造成的,行为人不承担责任;损害是因第三人造成的,由第三人承担侵权责任。行为人对于以上主张应当承担举证证明责任,才可以免责或减轻责任。

此类举证责任倒置的具体法律规定有以下几种类型。

第一,无民事行为能力人、限制民事行为能力人致人损害的,监护人承担无过错责任。《民法典》第 1188 条第 1 款规定:“无民事行为能力人、限制民事行为能力人造成他人损害的,由监护人承担侵权责任。监护人尽到监护职责的,可以减轻其侵权责任。”

第二,用人单位的工作人员因执行工作任务致人损害的,用人单位承担无过错责任。《民法典》第 1191 条第 1 款规定:“用人单位的工作人员因执行工作任务造成他人损害的,由用人单位承担侵权责任。用人单位承担侵权责任后,可以向有故意或者重大过失的工作人员追偿。”

第三,提供个人劳务一方因劳务致人损害的,接受劳务一方承担无过错责任。《民法典》第 1192 条第 1 款中规定:“个人之间形成劳务关系,提供劳务一方因劳务造成他人损害的,由接受劳务一方承担侵权责任。接受劳务一方承担侵权责任后,可以向有故意或者重大过失的提供劳务一方追偿。”

第四,帮工活动中致人损害的责任。《最高人民法院关于审理人身损害赔偿案件适用法律若干问题的解释》第 4 条规定:“无偿提供劳务的帮工人,在从事帮工活动中致人损害的,被帮工人应当承担赔偿责任。被帮工人承担赔偿责任后向有故意或者重大过失的帮工人追偿的，人民法院应予支持。被帮工人明确拒绝帮工的，不承担赔偿责任。”

第五，银行卡伪卡盗刷，银行机构承担无过错责任。《最高人民法院关于审理银行卡民事纠纷案件若干问题的规定》第 7 条第 1 款规定：“发生伪卡盗刷交易或者网络盗刷交易，借记卡持卡人基于借记卡合同法律关系请求发卡行支付被盗刷存款本息并赔偿损失的，人民法院依法予以支持。”

第六，因产品存在缺陷造成他人损害的，生产者承担无过错责任。《民法典》第 1202 条规定：“因产品存在缺陷造成他人损害的，生产者应当承担侵权责任。”第 1203 条第 1 款规定：“因产品存在缺陷造成他人损害的，被侵权人可以向产品的生产者请求赔偿，也可以向产品的销售者请求赔偿。”

第七，机动车与行人、非机动车驾驶人之间发生道路交通事故的，机动车一方承担无过错责任。《民法典》第 1208 条规定：“机动车发生交通事故造成损害的，依照道路交通安全法律和本法的有关规定承担赔偿责任。”《道路交通安全法》第 76 条规定：“机动车发生交通事故造成人身伤亡、财产损失的，由保险公司在机动车第三者责任强制保险责任限额范围内予以赔偿；不足的部分，按照下列规定承担赔偿责任：……（二）机动车与非机动车驾驶人、行人之间发生交通事故，非机动车驾驶人、行人没有过错的，由机动车一方承担赔偿责任；有证据证明非机动车驾驶人、行人有过错的，根据过错程度适当减轻机动车一方的赔偿责任；机动车一方没有过错的，承担不超过百分之十的赔偿责任。交通事故的损失是由非机动车驾驶人、行人故意碰撞机动车造成的，机动车一方不承担赔偿责任。”

第八，因环境污染致人损害的，污染者承担无过错责任。《民法典》第 1229 条规定：“因污染环境、破坏生态造成他人损害的，侵权人应当承担侵权责任。”

第九，高度危险责任中，从事高度危险作业者以及高度危险物品、民用航空器致害的经营者、占有人承担无过错责任。第 1236 条规定：“从事高度危险作业造成他人损害的，应当承担侵权责任。”第 1237 条规定：“民用核设施或者运入运出核设施的核材料发生核事故造成他人损害的，民用核设施的营运单位应当承担侵权责任；但是，能够证明损害是因战争、武装冲突、暴乱等情形或者受害人故意造成的，不承担责任。”第 1238 条规定：“民用航空器造成他人损害的，民用航空器的经营者应当承担侵权责任;但是,能够证明损害是因受害人故意造成的,不承担责任。”第 1239 条规定:“占有或者使用易燃、易爆、剧毒、高放射性、强腐蚀性、高致病性等高度危险物造成他人损害的,占有人或者使用人应当承担侵权责任;但是,能够证明损害是因受害人故意或者不可抗力造成的,不承担责任。被侵权人对损害的发生有重大过失的,可以减轻占有人或者使用人的责任。”第 1240 条规定:“从事高空、高压、地下挖掘活动或者使用高速轨道运输工具造成他人损害的,经营者应当承担侵权责任;但是,能够证明损害是因受害人故意或者不可抗力造成的,不承担责任。被侵权人对损害的发生有重大过失的,可以减轻经营者的责任。”第 1241 条规定:“遗失、抛弃高度危险物造成他人损害的,由所有人承担侵权责任。所有人将高度危险物交由他人管理的,由管理人承担侵权责任;所有人有过错的,与管理人承担连带责任。”第 1242 条规定:“非法占有高度危险物造成他人损害的,由非法占有人承担侵权责任。所有人、管理人不能证明对防止非法占有尽到高度注意义务的,与非法占有人承担连带责任。”第 1243 条规定:“未经许可进入高度危险活动区域或者高度危险物存放区域受到损害,管理人能够证明已经采取足够安全措施并尽到充分警示义务的,可以减轻或者不承担责任。”

第十,饲养的动物造成他人损害的,动物饲养人或者管理人承担一般的无过错责任;禁止饲养的烈性犬等危险动物和遗弃、逃逸的动物在遗弃、逃逸期间致人损害的,动物饲养人、管理人承担更为严格的无过错责任。《民法典》第 1245 条规定:“饲养的动物造成他人损害的,动物饲养人或者管理人应当承担侵权责任;但是,能够证明损害是因被侵权人故意或者重大过失造成的,可以不承担或者减轻责任。”第 1246 条规定:“违反管理规定,未对动物采取安全措施造成他人损害的,动物饲养人或者管理人应当承担侵权责任;但是,能够证明损害是因被侵权人故意造成的,可以减轻责任。”第 1247 条规定:“禁止饲养的烈性犬等危险动物造成他人损害的,动物饲养人或者管理人应当承担侵权责任。”第 1249 条规定:“遗弃、逃逸的动物在遗弃、逃逸期间造成他人损害的,由动物原饲养人或者管理人承担侵权责任。”

二是过错推定的侵权责任。

《民法典》第1165条[1]是关于过错责任原则与过错推定责任的规定。过错推定责任是指对某类特定的损害结果，法律推定行为人具有过错，应当承担责任。适用过错推定原则推定过错的，行为人否认，应证明自己对损害结果的发生没有过错。

过错推定的举证责任倒置具体法律规定有以下几种类型。

第一，无民事行为能力人在幼儿园、学校或者其他教育机构学习、生活期间受到人身损害的，幼儿园、学校或者其他教育机构对其已经尽到教育、管理职责承担举证责任。《民法典》第1199条规定："无民事行为能力人在幼儿园、学校或者其他教育机构学习、生活期间受到人身损害的，幼儿园、学校或者其他教育机构应当承担侵权责任；但是，能够证明尽到教育、管理职责的，不承担侵权责任。"

第二，因环境污染引起的损害赔偿诉讼，由行为人就法律规定的免责或减轻责任事由承担举证责任。《民法典》第1230条规定："因污染环境、破坏生态发生纠纷，行为人应当就法律规定的不承担责任或者减轻责任的情形及其行为与损害之间不存在因果关系承担举证责任。"

第三，建筑物、构筑物或者其他设施倒塌、塌陷造成他人损害的，由建设单位与施工单位就不存在质量缺陷承担举证责任。《民法典》第1252条第1款中规定："建筑物、构筑物或者其他设施倒塌、塌陷造成他人损害的，由建设单位与施工单位承担连带责任，但是建设单位与施工单位能够证明不存在质量缺陷的除外。"

第四，建筑物、构筑物或者其他设施及其搁置物、悬挂物发生脱落、坠落造成他人损害的，由所有人、管理人或者使用人就自己不存在过错承担举证责任。《民法典》第1253条规定："建筑物、构筑物或者其他设施及其搁置物、悬挂物发生脱落、坠落造成他人损害，所有人、管理人或者使用人不能证明自己没有过错的，应当承担侵权责任。"

第五，从建筑物中抛掷物品或者从建筑物上坠落的物品造成他人损害，且

---

[1] 《民法典》第1165条规定："行为人因过错侵害他人民事权益造成损害的，应当承担侵权责任。依照法律规定推定行为人有过错，其不能证明自己没有过错的，应当承担侵权责任。"

经调查难以确定具体侵权人的,由可能加害的建筑物使用人就自己不是侵权人承担举证责任。《民法典》第 1254 条第 1 款中规定:"禁止从建筑物中抛掷物品。从建筑物中抛掷物品或者从建筑物上坠落的物品造成他人损害的,由侵权人依法承担侵权责任;经调查难以确定具体侵权人的,除能够证明自己不是侵权人的外,由可能加害的建筑物使用人给予补偿。"

第六,堆放物倒塌、滚落或者滑落造成他人损害,由堆放人就自己没有过错承担举证责任。《民法典》第 1255 条规定:"堆放物倒塌、滚落或者滑落造成他人损害,堆放人不能证明自己没有过错的,应当承担侵权责任。"

第七,在公共道路上堆放、倾倒、遗撒妨碍通行的物品造成他人损害的,由公共道路管理人就已经尽到清理、防护、警示等义务承担举证责任。《民法典》第 1256 条规定:"在公共道路上堆放、倾倒、遗撒妨碍通行的物品造成他人损害的,由行为人承担侵权责任。公共道路管理人不能证明已经尽到清理、防护、警示等义务的,应当承担相应的责任。"

第八,动物园的动物造成他人损害的,动物园应当就已经尽到管理职责承担举证责任。《民法典》第 1248 条规定:"动物园的动物造成他人损害的,动物园应当承担侵权责任;但是,能够证明尽到管理职责的,不承担侵权责任。"

第九,因林木折断、倾倒或者果实坠落等造成他人损害,由林木的所有人或者管理人就自己没有过错承担举证责任。《民法典》第 1257 条规定:"因林木折断、倾倒或者果实坠落等造成他人损害,林木的所有人或者管理人不能证明自己没有过错的,应当承担侵权责任。"

第十,在公共场所或者道路上挖掘、修缮安装地下设施等造成他人损害,由施工人就已经设置明显标志和采取安全措施承担举证责任;窨井等地下设施造成他人损害,管理人就自己已尽到管理职责承担举证责任。《民法典》第 1258 条规定:"在公共场所或者道路上挖掘、修缮安装地下设施等造成他人损害,施工人不能证明已经设置明显标志和采取安全措施的,应当承担侵权责任。窨井等地下设施造成他人损害,管理人不能证明尽到管理职责的,应当承担侵权责任。"

第十一,患者在诊疗活动中受到损害而推定医疗机构有过错的情形,医疗机构可以提出反证证明自己没有过错。《民法典》第 1222 条规定:"患者在诊疗活动中受到损害,有下列情形之一的,推定医疗机构有过错:(一)违反法律、行政法规、规章以及其他有关诊疗规范的规定;(二)隐匿或者拒绝提供与纠纷有关的病历资料;(三)遗失、伪造、篡改或者违法销毁病历资料。"

第十二,个人信息保护法对于个人信息的保护,由个人信息处理者对自己无过错承担举证责任。《个人信息保护法》第69条第1款规定:"处理个人信息侵害个人信息权益造成损害,个人信息处理者不能证明自己没有过错的,应当承担损害赔偿等侵权责任。"

第十三,《证券法》对于普通投资者的保护,由证券公司承担不存在误导、欺诈等情形、由信息披露义务人承担自己没有过错的举证责任。《证券法》第85条规定:"信息披露义务人未按照规定披露信息,或者公告的证券发行文件、定期报告、临时报告及其他信息披露资料存在虚假记载、误导性陈述或者重大遗漏,致使投资者在证券交易中遭受损失的,信息披露义务人应当承担赔偿责任;发行人的控股股东、实际控制人、董事、监事、高级管理人员和其他直接责任人员以及保荐人、承销的证券公司及其直接责任人员,应当与发行人承担连带赔偿责任,但是能够证明自己没有过错的除外。"第89条第2款规定:"普通投资者与证券公司发生纠纷的,证券公司应当证明其行为符合法律、行政法规以及国务院证券监督管理机构的规定,不存在误导、欺诈等情形。证券公司不能证明的,应当承担相应的赔偿责任。"

三是因果关系推定的侵权案件。

第一,因共同危险行为致人损害的侵权案件,由实施危险行为的人就其行为与损害结果之间不存在因果关系承担举证责任。《民法典》第1170条规定:"二人以上实施危及他人人身、财产安全的行为,其中一人或者数人的行为造成他人损害,能够确定具体侵权人的,由侵权人承担责任;不能确定具体侵权人的,行为人承担连带责任。"

第二,环境污染责任的侵权案件,由行为人就其行为与损害结果之间不存在因果关系承担举证责任。《民法典》第1230条规定:"因污染环境、破坏生态发生纠纷,行为人应当就法律规定的不承担责任或者减轻责任的情形及其行为与损害之间不存在因果关系承担举证责任。"

第三,判断是否属于职业病的案件,对因果关系采用推定原则,也就是先推定因果关系的存在,再由对方予以反证推翻。《职业病防治法》第 46 条第 2 款规定:"没有证据否定职业病危害因素与病人临床表现之间的必然联系的,应当诊断为职业病。"

四是其他举证责任倒置的情形。

第一,难以收集证据和举证的诉讼案件。

因新产品制造方法发明专利引起的专利侵权责任案件,举证责任由制造同样产品的单位或个人承担。《专利法》第 66 条第 1 款规定:"专利侵权纠纷涉及新产品制造方法的发明专利的,制造同样产品的单位或个人应当提供其产品制造方法不同于专利方法的证明。"

《公司法》中一人有限责任公司股东财产独立的举证责任,由一人有限责任公司股东承担。《公司法》第 23 条第 3 款规定:"只有一个股东的公司,股东不能证明公司财产独立于股东自己的财产的,应当对公司债务承担连带责任。"

第二,对方妨害举证的诉讼中的举证责任倒置。

《劳动争议调解仲裁法》第 6 条规定:"发生劳动争议,当事人对自己提出的主张,有责任提供证据。与争议事项有关的证据属于用人单位掌握管理的,用人单位应当提供;用人单位不提供的,应当承担不利后果。"第 39 条第 2 款规定:"劳动者无法提供由用人单位掌握管理的与仲裁请求有关的证据,仲裁庭可以要求用人单位在指定期限内提供。用人单位在指定期限内不提供的,应当承担不利后果。"

第三,劳动争议纠纷中的举证责任倒置。

因劳动者对用人单位有一定的人身依附属性,为了平衡劳动者和用人单位之间的利益,在举证责任分配中,实行举证责任倒置。《最高人民法院关于审理劳动争议案件适用法律问题的解释(一)》第 44 条规定:"因用人单位作出的开除、除名、辞退、解除劳动合同、减少劳动报酬、计算劳动者工作年限等决定而发生的劳动争议,用人单位负举证责任。"《劳动争议调解仲裁法》第 6 条规定:"发生劳动争议,当事人对自己提出的主张,有责任提供证据。与争议事项有关的证据属于用人单位掌握管理的,用人单位应当提供;用人单位不提供的,应当承担不利后果。"第 39 条第 2 款规定:"劳动者无法提供由用人单位掌握管理的与仲裁请求有关的证据,仲裁庭可以要求用人单位在指定期限内提供。用人单位在指定期限内不提供的,应当承担不利后果。”《劳动和社会保障部关于确立劳动关系有关事项的通知》规定:“用人单位未与劳动者签订劳动合同,认定双方存在劳动关系时可参照下列凭证:(一)工资支付凭证或记录(职工工资发放花名册)、缴纳各项社会保险费的记录;(二)用人单位向劳动者发放的‘工作证’、‘服务证’等能够证明身份的证件;(三)劳动者填写的用人单位招工招聘‘登记表’、‘报名表’等招用记录;(四)考勤记录;(五)其他劳动者的证言等。其中,(一)、(三)、(四)项的有关凭证由用人单位负举证责任。”《工伤保险条例》第19条第2款规定:“职工或者其近亲属认为是工伤,用人单位不认为是工伤的,由用人单位承担举证责任。”

第四,保险纠纷中关于举证责任倒置。

《最高人民法院关于适用〈中华人民共和国保险法〉若干问题的解释(二)》第6条第1款规定:“投保人的告知义务限于保险人询问的范围和内容。当事人对询问范围及内容有争议的,保险人负举证责任。”

第五,善意取得之“善意”的证明责任倒置。

《最高人民法院关于适用〈中华人民共和国民法典〉物权编的解释(一)》第14条规定:“受让人受让不动产或者动产时,不知道转让人无处分权,且无重大过失的,应当认定受让人为善意。真实权利人主张受让人不构成善意的,应当承担举证证明责任。”

第六,消费者权益保护的举证责任倒置。

《消费者权益保护法》第23条第3款规定:“经营者提供的机动车、计算机、电视机、电冰箱、空调器、洗衣机等耐用商品或者装饰装修等服务,消费者自接受商品或者服务之日起六个月内发现瑕疵,发生争议的,由经营者承担有关瑕疵的举证责任。”

第七,商业秘密侵权中的举证责任倒置。

《反不正当竞争法》第32条第2款规定:“商业秘密权利人提供初步证据合理表明商业秘密被侵犯,且提供以下证据之一的,涉嫌侵权人应当证明其不存在侵犯商业秘密的行为:(一)有证据表明涉嫌侵权人有渠道或者机会获取商业秘密,且其使用的信息与该商业秘密实质上相同;(二)有证据表明商业秘密已经被涉嫌侵权人披露、使用或者有被披露、使用的风险;(三)有其他证据表明商业秘密被涉嫌侵权人侵犯。”

以上是《民法典》《公司法》《证券法》《专利法》《消费者权益保护法》等法律规定得比较明确的举证责任倒置的情形,但是关于举证责任的规定,更多地需要我们从实体法的角度去识别。

另外,2001 年《最高人民法院关于民事诉讼证据的若干规定》第 7 条规定:“在法律没有具体规定,依本规定及其他司法解释无法确定举证责任承担时,人民法院可以根据公平原则和诚实信用原则,综合当事人举证能力等因素确定举证责任的承担。”该条是关于法官分配举证责任的规定,即“公平原则”,在 2019 年修订中删除了该条内容。删除该条内容的理由是举证责任分配具有法定性,实体法律规范本身包含了法律对举证责任分配的内容,原则上举证责任由法律分配而非由法官分配,只有在极为特殊的情况下,按照法律分配的举证责任会导致明显不公平的结果时,才允许法官根据诚实信用原则、公平原则等因素分配举证责任。这也是 2001 年《最高人民法院关于民事诉讼证据的若干规定》第 7 条的本意。但在对 2001 年《最高人民法院关于民事诉讼证据的若干规定》实施情况的调研中,发现在审判实践中随意适用第 7 条的情况比较普遍,仅应在极为特殊情形下适用的法官分配举证责任的规定存在滥用的风险。

因此,在 2019 年对《最高人民法院关于民事诉讼证据的若干规定》修订时不再保留该条内容。实践中如果出现按照实体法律规定确定举证责任分配可能导致明显不公平情形的,由于涉及《最高人民法院关于适用〈中华人民共和国民事诉讼法〉的解释》第 91 条适用问题,可以通过向最高人民法院请示,由最高人民法院批复的方式解决,而不能在个案中随意变更法律所确定的举证责任分配规则。

2. 无须举证的几个情形

一般情况下,当事人自认的于己不利的事实,另一方无须举证。《最高人民法院关于民事诉讼证据的若干规定》第 3 条第 1 款规定:“在诉讼过程中,一方当事人陈述的于己不利的事实,或者对于己不利的事实明确表示承认的,另一方当事人无需举证证明。”《最高人民法院关于适用〈中华人民共和国民事诉讼法〉的解释》第 92 条第 1 款规定:“一方当事人在法庭审理中,或者在起诉状、答辩状、代理词等书面材料中,对于己不利的事实明确表示承认的,另一方当事人无需举证证明。”

另外,《最高人民法院关于适用〈中华人民共和国民事诉讼法〉的解释》第93条第1款列举了当事人无须举证证明的事实:“(一)自然规律以及定理、定律;(二)众所周知的事实;(三)根据法律规定推定的事实;(四)根据已知的事实和日常生活经验法则推定出的另一事实;(五)已为人民法院发生法律效力的裁判所确认的事实;(六)已为仲裁机构生效裁决所确认的事实;(七)已为有效公证文书所证明的事实。”以上无须举证的事实有但书条款:第2项至第4项规定的事实,当事人有相反证据足以反驳的除外;第5项至第7项规定的事实,当事人有相反证据足以推翻的除外。此处要注意足以反驳和足以推翻的概念和区别。

(三)民事诉讼证明标准

我们了解了举证责任的法定分配原则后,在具体的案件中就会很清楚各自应当承担哪些举证证明责任。在将案件的要件事实进行归入整理时,还需要考察证据能否达到民事诉讼的证明标准,从而完成要件事实的证明。

证明标准,又称“证明要求”,是指法律要求的诉讼证明中运用证据证明案件事实所要达到的程度。《最高人民法院关于适用〈中华人民共和国民事诉讼法〉的解释》第108条[1]和第109条[2]之规定,体现了我国民事诉讼证明标准具有多层次的特点,具体可分为两类主体三种证明标准。

1. 负有举证证明责任的当事人的证明标准

(1)一般性证明标准。

“高度盖然性”标准,即达到人民法院确信待证事实的存在具有高度可能性。

---

〔1〕《最高人民法院关于适用〈中华人民共和国民事诉讼法〉的解释》第108条规定:“对负有举证证明责任的当事人提供的证据,人民法院经审查并结合相关事实,确信待证事实的存在具有高度可能性的,应当认定该事实存在。对一方当事人为反驳负有举证证明责任的当事人所主张事实而提供的证据,人民法院经审查并结合相关事实,认为待证事实真伪不明的,应当认定该事实不存在。法律对于待证事实所应达到的证明标准另有规定的,从其规定。”

〔2〕《最高人民法院关于适用〈中华人民共和国民事诉讼法〉的解释》第109条规定:“当事人对欺诈、胁迫、恶意串通事实的证明,以及对口头遗嘱或者赠与事实的证明,人民法院确信该待证事实存在的可能性能够排除合理怀疑的,应当认定该事实存在。”

民事审判中的“高度盖然性”的证明标准,是指基于对证明待证事实的证据依法进行审查判断之结果,并结合其他相关事实,认为待证事实的存在具有高度可能性的,即应当依法认定该事实存在。在现有证据对待证事实的证明无法达到完全还原“客观真实”的情况下,要求审判人员只有确信待证事实的存在具有“高度可能性”,才能认定该事实存在,否则,应当认定该事实不存在。

法律并没有明确规定“高度可能性”的具体标准,但对审判人员证据判断的原则和程序作出了相应规定,审判人员对待证事实作出“高度可能性”判断的过程,本质上就是形成“内心确信”的过程,这个过程称为“自由心证制度”或“内心确信制度”。因此,“自由心证制度”即审判人员在诉讼中进行事实认定之时,按照法定程序,全面、客观地审核证据,依照法律规定,遵循法官职业道德,运用逻辑推理和日常生活经验法则,对证据有无证明力和证明力大小独立进行判断,并最终形成“内心确信”的制度。

“自由心证制度”的法律依据有以下两条规定。

《最高人民法院关于民事诉讼证据的若干规定》第 85 条第 2 款规定:“审判人员应依照法定程序,全面、客观地审核证据,依据法律的规定,遵循法官职业道德,运用逻辑推理和日常生活经验,对证据有无证明力和证明力大小独立进行判断,并公开判断的理由和结果。”《最高人民法院关于适用〈中华人民共和国民事诉讼法〉的解释》第 105 条规定:“人民法院应当按照法定程序,全面、客观地审核证据,依照法律规定,运用逻辑推理和日常生活经验法则,对证据有无证明力和证明力大小进行判断,并公开判断的理由和结果。”

上述两条规定明确了我国民事诉讼中证据判断的原则,包括法官的职业道德,即“良知”;逻辑推理及日常生活经验,即“理性”;独立进行证据判断并公开判断的理由和结果,即“自由”。同时,适用该证明标准认定证据和案件事实时,法官应当公开心证的理由和结果,应当在裁判文书中充分阐述和说明采纳证据和认定事实的理由,即“心证公开”。

值得注意的是,2019 年《最高人民法院关于民事诉讼证据的若干规定》已经将 2001 年《最高人民法院关于民事诉讼证据的若干规定》第 73 条“双方当事人对同一事实分别举出相反的证据,但都没有足够的依据否定对方证据的,人民法院应当结合案件情况,判断一方提供证据的证明力是否明显大于另一方提供证据的证明力,并对证明力较大的证据予以确认。因证据的证明力无法判断导致争议事实难以认定的,人民法院应当依据举证责任分配的规则作出裁判"内容删除,同时,2022 年《最高人民法院关于适用〈中华人民共和国民事诉讼法〉的解释》第 108 条第 2 款规定:"对一方当事人为反驳负有举证证明责任的当事人所主张事实而提供的证据,人民法院经审查并结合相关事实,认为待证事实真伪不明的,应当认定该事实不存在。"

笔者认为,2019 年《最高人民法院关于民事诉讼证据的若干规定》中取消了"争议事实难以认定"的情形,并规定了"待证事实真伪不明应认定该事实不存在",这就要求审判人员必须对案件争议的事实依法进行审查判断,充分运用"自由心证"制度,对争议事实形成"高度可能性"的内心确信。只要依据能够认定的证据对事实的证明程度达到了"高度盖然性"标准,足以让裁判者形成内心确信,即可对该待证事实进行认定。不能动辄轻易断定争议事实"难以认定"或"真伪不明",而简单粗暴地依据举证责任分配的规则作出裁判,从而严重影响案件的公正性。

那么,如何正确运用"自由心证"?首先,法官必须具有良好的法律知识、社会经验、逻辑推理和道德良知,并且建立相应的监督制约机制。其次,法官还应当具有高度的敏锐感,善于发现细节,并穷尽必要的证明手段或方式,最大限度地查明案件事实。再次,必须严格依法确定举证证明责任,准确适用优势证据规则和"高度可能性"的证明标准,准确把握待证事实存在高度可能性的尺度,敢于心证、善于心证。最后,法官必须遵循"心证公开、合议评定、穷尽证据"这三个基本原则,最大限度地发挥"自由心证"的积极作用,以尽可能地接近客观真实,并在判决书中对所有证据所形成的"内心确信"(包括对案件事实和法律适用认证的过程、结论和理由)进行充分阐述和说明,让大众真切感知法律事实的推理认定过程,进而理解裁判、感受到公平正义。

【案例 1-16】

原告仅凭一份银行转账凭证,以借款关系为由起诉被告要求归还借款,被告虽认可收到该笔款项,但辩称原告与其是赠与关系,被告未提供相关证据予以证实。

【评析】在司法实践中一般会有三种裁判观点。第一种观点,原告举证的转账凭证虽不足以证明借款关系成立,但被告认可收到款项,辩称是赠与。那么举证责任应由被告承担,被告应举证证明赠与关系的成立,被告未提供相关证据予以证实的,应支持原告诉请。第二种观点,如原告将案由变更为不当得利,则支持原告的诉讼请求。第三种观点,原告仅凭一份银行转账凭证不能证明借款关系的成立,且被告否认借款关系,因此原告举证不足,应当承担败诉的法律后果。

我们在讨论裁判观点以前,应当充分考虑具体案情、双方举证是否穷尽和法官的"自由心证"。首先,法官应当通过对相关事实的详细询问、证据的穷尽来进一步查明案件事实,达到法官内心的确信,比如:原、被告双方关系亲密度如何?为什么不出具借条?双方之前有没有借款不打借条的交易习惯?对于被告的赠与抗辩,法官应当进一步询问被告,原告为什么要赠与钱财?是否有令人信服的合理理由?赠与的金额是否符合常理?是否有相应的证据证明赠与关系的成立?其次,指导当事人竭尽证明资源及证明方法来完成证明各自的主张。最后,通过法庭的充分调查和双方当事人的举证穷尽,法官运用逻辑推理和日常生活经验法则,审查某一方的证据是否足以构成"高度盖然性"的优势证据,从而达到对待证事实的"内心确信",并据此进行裁判。

如果构成"高度盖然性"的优势证据,则以此认定案件事实。如果双方证据都无法形成优势证据,法官就该案是借款还是赠与无法形成内心确信时,即只有在待证事实在法官面前处于真伪不明的状态时,才能按照《最高人民法院关于审理民间借贷案件适用法律若干问题的规定》第 16 条规定的举证责任分配原则进行裁判。

(2)例外性证明标准。

"排除合理怀疑"标准,即要求对欺诈、胁迫、恶意串通以及口头遗嘱、赠与五类事实,须达到人民法院确信该待证事实存在的可能性且能够排除合理怀疑的程度。

“排除合理怀疑”是刑事定罪量刑的证明标准，实务经验表明，对欺诈、胁迫、恶意串通以及口头遗嘱、赠与五类事实适用“排除合理怀疑”这种较高的证明标准有助于维护私法秩序稳定，因此《最高人民法院关于适用〈中华人民共和国民事诉讼法〉的解释》对以上五类民事待证事实采用了例外性证明标准。需要提出的是，此处的“排除合理怀疑”证明标准显著低于刑事“排除合理怀疑”标准，其准确内涵更为接近“清晰且有说服力”证明标准。

2. 不承担举证证明责任的当事人的证明标准

“事实存疑”标准，要求反驳证据只需要达到令对方主张的待证事实真伪不明的程度。

以下案例可以帮助大家更好地理解举证责任和证明标准以及“自由心证”制度的问题。

【案例 1 – 17】

原告起诉被告要求归还 3 万元借款和利息，并提供了一张 3 万元的借条。被告对借款事实无异议，但辩称此笔借款已经偿还，并称其已委托原告将自己的二手车卖掉，原告未将卖车所得价款 3.5 万元交付给被告，被告认为这 3.5 万元是用来偿还本案 3 万元债务的本息。原告对收到的 3.5 万元卖车款不持异议，但称这 3.5 万元是被告用于偿还其欠自己的另一笔债务，但原告未提供相关证据予以证实。

【评析】该案有以下两种裁判观点。第一种观点是原告胜诉，理由是原告收到了 3.5 万元卖车款，被告称这 3.5 万元是偿还本案 3 万元债务的本金和利息，被告对此应承担举证责任。由于原告收到了 3.5 万元的卖车款这一事实并不能使法官确信这 3.5 万元就是用于偿还本案 3 万元债务的本金和利息，故应由被告承担举证不能的后果，因此，判决被告偿还本案 3 万元债务的本金和利息。第二种观点是被告胜诉，理由是原告得到了 3.5 万元卖车款，并称这 3.5 万元并非用来偿还本案 3 万元的本金和利息，而是偿还双方之间的另一笔债务，但原告对此无证据证明，故由其承担举证不能的后果。因此，应认定该案的 3.5 万元债务已经清偿，判决驳回原告的诉讼请求。

首先,这个案件的核心问题是举证责任的问题,原告对于其主张的借款关系,需要承担两个要件事实的举证证明责任:一是已交付款项,二是借款的合意。该案中被告对借款3万元无异议,也有借条为证,原告已完成请求权基础的全部举证义务。被告的抗辩理由是该案债务已经全部偿还,也就是权利消灭的抗辩,应由被告承担证明已经归还款项的举证责任。被告对于已归还该案款项具有举证责任,属于本证,必须达到高度盖然性证明标准。但该案中,尽管原告承认收到了3.5万元的卖车款,但否认了该款的用途是归还本案的借款本息。原告对被告抗辩事由的否认,不属于新的主张,所以对该笔3.5万元的用途无须举证证明。那么,由于原告的否认,被告未完成该3.5万元是用于偿还本案债务本息的证明责任,那么,应当由被告承担举证不利的后果。

如前所述,在人民法院已经充分给予了当事人法定诉讼权利后,对于双方当事人提供的证据,法官仍然无法形成心证,即待证事实真伪不明,那么法官就可以适用举证责任原则进行判决,根据举证责任分配原则判决一方当事人败诉。这就涉及举证责任的两个适用条件:待证事实真伪不明以及案件审理已尽。那么,该案中,就需要法官通过对相关事实的询问、证据的穷尽、运用逻辑推理和日常生活经验法则来进一步查明案件事实,来达到内心的确信。比如:对于被告的已归还款项的抗辩,可以询问被告当初委托原告卖车时是怎么约定的?既然已还款为什么不收回借条?双方之间到底还有没有其他债权债务?法官还可以进一步询问原告,双方之间其他债务为什么不能披露?是否有令人信服的合理理由?然后指导当事人尤其是被告竭尽证明资源及证明方法来完成举证证明。当然,这个案例比较极端,我们假定法官已经完成了以上步骤仍然不能对该案本息已归还形成内心确信,那么判决支持原告的诉讼请求是正确的。

综上,我们要在认真分析原、被告的请求与抗辩,并理解举证证明责任的原则和证明标准以后,针对请求权基础的要件事实进行收集、整理、归入和论证,完成要件事实的证明。

五、第五步:预判诉讼争点

审判方式改革要求法官在开庭中必须归纳双方的争议焦点,然后在法庭调查和法庭辩论过程中均围绕双方争议的焦点展开。争议焦点的归纳虽然是由法官完成的,但是对争议焦点展开辩论的主体却是诉辩双方。“凡事预则立、不预则废”,既然要对争议焦点展开辩论,就要对此有预判。

预判争议焦点的好处在于可以提前作出完善的、有针对性的诉讼策略,并据此收集和组织相应的证据。预判争议焦点,能够做到有备无患,避免遗漏,避免被对方打一个措手不及。在法官归纳争议焦点有遗漏时,我们应当进行补充并据理力争,把庭审引导回对己方有利的轨道。

因此,作为诉讼代理人,我们在对案件进行分析论证和组织证据的时候,就要充分预判双方的争议焦点。对案件争议焦点的预判,是一个需要逐步认知和经验积累的过程,不可能一蹴而就,一些法律关系较为复杂的案件更是如此。

预判诉讼争点一般有以下三个步骤。

(一)明确诉辩双方主张

所谓争议焦点,就是双方诉辩主张中事实、证据和法律等方面的矛盾、差异、不符之处。

只有明确了原、被告双方的主张后,双方的博弈才能有效建立起来。明确双方的主张,包括原告的诉讼请求以及请求权基础和证据支持,被告可能援用的对原告的诉讼请求进行回应的抗辩,可能是否认要件事实的存在,也可能是行使时效抗辩权、履行抗辩权等。

作为原告代理律师,在对方未提供答辩状或证据以前,为尽早开始案件的准备工作,需要我们站在对方的立场进行思考,预测对方观点,从而预判双方争议焦点。比如,对于原告的请求,被告可能进行以下的对抗:(1)提出反证,否认对方的请求事实;(2)提出反论,否认对方事实和法律的连接,即认为对方的事实不应当得出对方的法律适用意见;(3)提出新的事实,进行抗辩。

预测对方的观点的准确度在很大程度上决定了争议焦点归纳的正确性,这也是预判争议焦点的难点。代理律师除了要根据自己的办案经验和已经得到的对方起诉或应诉材料进行预判以外,还有以下两个方法可参考使用。

第一,通过向己方当事人进行案件事实询问和开展其他调查,了解双方争议的发展过程以及对方可能掌握的证据,进而判断对方可能提出的观点。

第二,可以对与本案相似的案例进行检索,通过检索出的案件中原、被告的主张和抗辩以及法院判决的主要审查点来分析可能出现的对抗。我国虽然不适用判例法,但判例的指导作用是显而易见的,特别是案情相对复杂、法律适用困难的案件,检索并分析类似案例,吸取经验,能更有效地预判争议焦点。需要注意的是,律师在使用这种方法时,必须结合所承办案件的细节,因为相似案件因事实细节不同,在争议焦点上也会存在差异。而且,目前已公开的裁判文书对于争议焦点的归纳有的太过粗糙有的太过细化,这些都需要律师进行识别和梳理,才能比较准确地预判争议焦点,从而有效制定庭审策略。

(二)要件事实证据比对

要准确预判争议焦点,在明确或预判双方的主张后,就要紧扣原告诉求和被告的主要抗辩意见,细分事实构成要件以及法律依据的构成要件,将争议焦点定位在构成要件单元上,从而准确把握与案件判决结果相关的关键争议。

实践中我们可以用双方攻防图,对照请求权基础要件事实和抗辩理由依次排查比对,既包括对事实的比对,也包括对证据的比对,还包括法律规范的比对。

对法律和事实争点进行比对后,还需要对双方的证据尤其是要件事实的证据进行比对,考察是否有足够的证据支撑,能否形成完整的证据链条。那些与要件事实无关或者与案件处理结果无关的争议,不属于争议焦点的范畴。

(三)找出诉讼争点

经过比对,从事实争点到法律争点进行初步分析,双方当事人可能存在争议的问题就应当作为争议焦点。

事实争点即比对案件事实中的时间、地点、主体、事件、起因、发展、结果等内容,双方的主张有哪些不一样,是对于全部事实都有争议,还是只是对于部分事实有争议;法律争点则为分析双方的请求权基础和抗辩权基础,各自对对方的法律依据是否可以适用的争议。

针对双方可能的争点,对方可能的反驳、抗辩,再检视己方的证据是否准备充分,以及对对方观点的驳斥意见。

注意，此阶段我们预判的争议焦点可能不够精确，太笼统或太繁杂，但我们要尽量把对方可能的抗辩找出来，并把握一个原则，即对于对方极可能的抗辩我们要充分准备，对于对方可能忽略的抗辩，我们则可以不提前出示抗辩的证据和理由，等到对方提出后我们再进行抗辩。

如果开庭前我们把争点预判功课做足了，到开庭的时候就会惊喜地发现，对方所有的抗辩、法官归纳的争议焦点和重点调查的事实，都尽在我们的掌握之中，我们可以游刃有余地应对。

【案例 1－18】

甲公司为参加××地标雕塑项目建设投标，委托设计师赵某设计该雕塑，并签订了《建设工程设计合同》，设计费按照甲公司中标价的5%计算，按工程进度比例支付，签订合同时先付2万元。后赵某向甲公司交付了雕塑作品设计方案效果图、设计施工平面图、设计说明。两年后赵某发现该项目地标雕塑是自己设计的作品，经查询甲公司以第一名价格中标，中标价为680万元。之后经追讨，甲公司称赵某的中级职称不满足招标方最终对于设计师高级职称的要求，且设计图不符合要求，遂另行委托具有高级职称的李某作为项目设计人投标，最终完成的实景雕塑不是赵某的设计成果，现仅同意再向赵某支付5万元，双方协商未果。赵某欲提出的诉讼请求为：甲公司向赵某支付设计费32万元（680万元×5%－2万元），逾期付款利息3.3万元。

首先，笔者作为原告代理人，根据办案经验，初步判断被告可能存在的抗辩有：(1)合同无效（因赵某不具有高级职称）；(2)赵某的设计成果不符合要求；(3)实景雕塑并非赵某的设计成果，存在巨大差异性。

合同无效、原告存在重大违约、被告不应当赔偿原告损失、合同计价费率计算有误、损失赔偿额超过因违约所造成的损失、违约金过高等，笔者根据被告这些可能的主张逐一进行分析，并检视、完善己方的证据和驳斥意见。

其次，该建设工程设计合同纠纷案件中，笔者根据原告提供的材料及证据，结合原告请求被告支付设计费及利息的诉讼请求，分析请求权基础的构成要件至少包括以下几点:(1)合同必须要合法有效;(2)原告按照合同约定完整、全面履行了设计的义务;(3)根据合同约定,设计费的付款条件已经成就;(4)被告违约对原告造成了相应的经济损失;(5)主体适格、诉讼时效未过、原告的几项诉讼请求基于同一的法律关系规范。

最后,笔者通过对以上的分析及初步的判断,在调取了被告的答辩状和证据后,发现被告并未提出太多的抗辩事由,综合分析初步确定了双方的争议焦点:(1)涉案合同的效力问题。若无效,那争议焦点即下一步涉及合同无效的过错、责任比例等。(2)原告提起诉讼是否超过诉讼时效。(3)原告是否完整履行了合同约定的义务。(4)原告主张的设计费和逾期付款违约金能否得到支持。

在庭审中,法院归纳的争议焦点与笔者归纳的完全一致。

当然,在诉讼程序的推进过程中,双方争议焦点也在不断明确、细化或变化,如果律师最初就能找到最核心的焦点问题,那么,律师的诉讼策略、证据组织、发问提纲、法庭辩论等都能够紧紧围绕争点组织,做到周全而无遗漏。

六、第六步:制订并实施方案

在经过了以上五个步骤以后,律师最后的工作则为综合分析要件事实的优势、劣势、机会和威胁,全面衡量诉讼请求的收益、成本和可能性,制订合理的诉讼方案并进行有效实施。

(一)制订合理的诉讼方案

1. 制订诉讼方案依据

(1)事实依据,是指为制作诉讼方案分析报告客户所提交全部资料的清单。

(2)法律依据,是指为出具诉讼方案分析报告所依据的法律法规、司法解释、指导案例等。

(3)其他依据,是指通过独立调查获得的资料、信息等。

依据案件需要,团队可以通过独立利用公开信息或向有关部门调查了解与案件相关的信息,也可以向客户的相关人员进行调查,但原则上应当由相关人员签字确认。如果签字确认难以实现,应通过电子邮件进行调查,以保证诉讼方案分析报告的依据有合法的出处。

2. 案件事实

(1)基本事实,即有关案件的基础事实,如合同签订及履行情况等。案件基本事实应当客观真实地依据客户提交的相关证据进行归纳,对于不能通过有效证据证实的事实,应当予以备注。

(2)案件现状,是指争议发生后的现实状况,如合同的履行状态、标的物的占有及权属情况以及价款支付情况等。案件现状应当依据客户提交的资料及相关人员的陈述,并经律师核实后方可确认。

3. 策略分析

(1)可选择策略。

可选择策略是指在理论和实践上可能实现目标的路径。在确认可选择策略时,应当保证逻辑完整,不存在漏项,即使有的选项看似不可行,亦不得遗漏。另外,应主要从诉讼和非诉讼途径的角度考虑。

(2)策略分析。

在进行策略分析时,应当充分预测对手就每一个可选策略可能采取的反制策略,然后依据该预测进行综合分析,并充分考虑每个可选择策略需支付的成本、管辖法院、证据提交风险、可执行性或可操作性等。

应当在以下几个方面对每一个可选择策略进行综合分析:①该策略对客户一方的优势;②该策略对客户一方的劣势;③该策略对客户一方的风险;④该策略对客户一方的机会。

(3)策略选择。

对每一个可选择策略分析完成后,应当对该策略进行综合性评价。综合性评价应当尽可能做到指标量化。依据综合性评价的指标,就全部可选择策略进行比较,然后选出最优策略。最优策略选定后,应当充分说明选择的理由。

(4)策略优化。

进一步分析选定策略的劣势和风险,以及对手可能采取的反制策略,并制定防范措施,以弥补所述定策略的劣势,最大限度地控制其风险。依据策略的优化方案对选定的策略进行优化,并最终确定诉讼策略。

4. 诉讼方案

依据确定的诉讼策略,制订诉讼方案,包括:(1)诉讼请求的设计方案;(2)事实和理由的组织方案;(3)证据提交方案;(4)风险应对方案;(5)诉讼代理方案;(6)案件流程控制方案;(7)费用预算方案,应对因执行最终的诉讼方案需支付、垫付的费用进行预算。费用预算应当列明哪些费用属于客户必须负担的项目,哪些属于客户垫付的费用(最后由败诉一方负担);(8)其他应当具备的内容。

5. 诉讼文书的准备

诉讼方案确定后,应当制作处理该案件所需的全部诉讼文书或法律文书,准备的诉讼文书应当达到即刻启动诉讼程序的程度,包括:(1)起诉状或答辩状、反诉状;(2)证据清单或质证意见;(3)调查令申请书、财产保全申请书等;(4)委托代理手续;(5)应当具备的其他诉讼文书。

(二)精准实施诉讼方案

精准实施诉讼方案贯穿于一审、二审诉讼服务流程精细化当中,详见本书第二章、第三章内容,此处不再赘述。

以上是诉讼精细化之请求权分析法的全部内容,希望大家能掌握诉讼思维的要领,提升办案思路和诉讼能力。

02

第二章

一审诉讼服务流程精细化

律师们按照“诉讼精细化”标准来做诉讼业务，可以将每一个案件真正做成《法律发现》的过程。这无论是对于律师水平的提升，还是当事人合法权益的维护，都不无裨益。在律师界，“诉讼可视化”案例解析成为大家热议和追捧的一种案例解析模式，通过“可视化”解析过程，能为把握事实、证据与法律关系提供简明方案。我们所倡导的“诉讼精细化”，则希望能够贯穿律师办理案件的全过程，而不仅仅是其中的解析过程。

笔者将一审诉讼案件的步骤细分为40步，并对每个阶段的服务内容进行了规范和流程优化。同时，我们将这40步流程嵌入《民商事诉讼精细化手册》，在接到客户咨询后，发送给客户，能见面沟通的，律师会有纸质版的手册交给客户翻阅，告诉客户，律师不仅在接案前就要详细分析案件和证据，而且要做详细的法律法规和案例检索，立案后还会全面收集和组织证据，对主审法官和对手进行大数据调研，甚至搜索获取主审法官过往的庭审视频，分析法官的庭审风格和裁判偏好，做到知己知彼，才能百战不殆。

当然，这40步流程也是需要律师去脚踏实地践行的，律师要养成诉讼精细化的思维，并尽量脚踏实地去完成。

表2-1　一审诉讼服务流程精细化步骤

序号	步　骤
1	第一次接触了解案情
2	利益冲突检索
3	当面沟通并制作《案件沟通记录》
4	提出《初步法律意见》
5	磋商《委托代理合同》条款
6	正式签订《委托代理合同》
7	制作《诉讼案件跟踪记录表》
8	制作《法律关系分析图》和《法律事实时间轴》
9	《法律法规汇编》及《案例检索汇编》
10	内部第一次讨论

续表

序号	步　　骤
11	出具《法律分析报告》
12	收集整理证据材料提供《补充材料清单》
13	出具《诉讼法律服务方案》
14	准备起诉材料及《证据清单》
15	拟定《起诉状》或《答辩状》
16	调查财产并提纲《财产线索清单》
17	拟定《诉前财产保全申请书》
18	协助提供财产保全担保或保函
19	申请诉前财产保全并领取裁定书
20	前往法院立案或领取传票
21	提交证据及《调查取证/调查令申请书》
22	调取工商档案动产及不动产信息
23	诉讼财产保全
24	制作《对手情报分析图》和《主审法官大数据》
25	申请证人出庭
26	调取分析对方证据答辩状
27	内部第二次讨论
28	出具《法律风险评估报告》《法律要件与事实比对报告》
29	拟定《代理词》《证人询问提纲》
30	与当事人及证人庭前沟通
31	庭前准备工作模拟法庭
32	提交《法律法规汇编》和《相关案例汇编》
33	参加庭审做好庭审记录
34	庭后总结复盘
35	提交《代理词》和《代理思维导图》
36	与主审法官保持紧密沟通
37	参与调解或庭外和解
38	领取并分析裁判文书
39	制作案件结案报告、案卷归档
40	向客户移交案卷材料

第一节　第一次接触了解案情

民商事诉讼精细化从第一次与当事人接触了解案情开始，并贯穿于整个诉讼服务。律师提高签单率的关键在于与当事人建立信任、提供合适的方案和报价、展示专业知识和服务能力，并需要不断更新自己的法律知识。

第一次接触是律师与当事人建立委托关系的“敲门砖”，也是律师民商事诉讼业务的起点。当事人对律师的第一印象非常重要，律师只有用自己的专业形象和专业能力取得当事人的信任，才可能进一步建立委托关系，继而开展后续的诉讼代理服务。相对来讲，“老律师”或者“大律师”往往会比年轻律师更容易掌控第一次接触的节奏，他们也都是在一次次的失败或者成功的经历中总结经验。从不同的沟通途径来讲，第一次接触的方式一般分为三种：电话沟通、文字沟通、当面咨询。下文也会针对不同的沟通方式和场景作出一些常用的标准化的处理建议。

有的律师认为对待当事人的咨询，特别是电话咨询或者微信文字咨询，没有必要过于认真，因为此时是否能成案，当事人是否委托律师还处于不确定的状态，如果太认真可能会浪费律师的时间成本。笔者认为，律师们应当摒弃这样的想法，只有认真对待每一次咨询，我们才能获得更多的机会。另外，我们可以在初步了解案情后判断案件成案的可能性，由此选择对应的时间投入，但是无论实际花费了多少时间在处理具体案件的咨询上，都需要以认真的态度去对待当事人，并按照诉讼精细化的标准服务，这样才更容易获得成案的机会。

初次接触以及接案过程的精细化，律师可以从以下几个方面把握。

一、接待方式选择

针对初步预判有成为诉讼案件可能的案件，笔者不建议律师在电话或者微信中对咨询案件作过多、过深的法律分析，最好是约见面谈，为接案创造条件。此外，因不同客户所遇到的案件种类不同，如对某类案件的法律知识不够了解，对案件无法全面了解，迅速回复容易回答错误，建议适当沟通后，以《邀请函》或《预约函》的形式发送给当事人邀请其面谈。《邀请函》或《预约函》应载明会面地址、行车路线、停车地点、接待律师和咨询费用,以及需要携带的基础材料(包括身份证或者营业执照、与案件相关的证据和其他材料),见面地点尽量选在律所。

例如,婚姻家事类电话咨询,当事人喜欢在电话中讲述生活中的琐碎以及对方的缺点,经常滔滔不绝,律师首次与当事人在电话中上沟通时,语气尽量柔和、清晰,切忌死气沉沉,一定要给当事人一种非常专业有经验的感觉。示例2-1以直观的方式将电话咨询转换为当面咨询。

【示例2-1】

当事人王女士通过电话咨询时:"你好,××律师,我是王某,是张三(朋友)把你推荐给我的。"律师接通之后建议先自报家门,"王女士,您好,我是××××事务所××律师,请问有什么我能帮到您的吗?"王女士:"我和我丈夫已经结婚10年了,我们有一个8岁的儿子。最近我怀疑他出轨了,平时家里家务也不做,天天和朋友出去喝酒打牌,孩子也不管……当初结婚的时候,婚礼……彩礼……"

此时,律师需要在当事人无尽的倾诉中拿回主动权:"打断一下,王女士,我们对于婚姻家事处理非常有经验,首先,您要确定离婚是不是最好的选择,您是否考虑过离婚后的财产分割和孩子的抚养权问题?其次,我需要给您简单地介绍一下法律规定,离婚只有协议离婚和起诉离婚两种,你们能协议离婚就把终止婚姻关系、孩子抚养权抚养费、财产债务如何分割商量好,由律师给你们写清楚然后直接去民政局办理离婚;如果不能达成一致意见就只能起诉离婚,起诉离婚以及财产分割、孩子抚养权的问题则比较复杂,建议您到我们律所来当面咨询。"

王女士:"好的,您什么时间方便呢,发一个律所的地址给我吧!"

律师:"好的,我加您手机微信,把邀请函发给您。"

与客户沟通现场面谈后,将一份精美的邀请函发送至客户的微信,邀请函中也写明了前往律所的通行方式、预约咨询时间,以及咨询费的价格,相对于简单的邀约发地址,客户会觉得更精细化,更专业。

虽然笔者主张律师尽量与当事人面谈，但也要注意电话咨询的技巧，应注意职业素养，尽量用能听懂的法言法语与当事人交流。律师既要有一定的热情，又要保持分寸感。可以适当地做一些实体法律初步分析解答，让当事人感受到适当的服务，展示出我们有为他排忧解难的"善意"，只有这样，客户才会决定进一步与律师面谈。

准备材料及注意事项

法律咨询及代写文书

尽量提供完整的书面材料原件或复印件。

1.工作日咨询费：￥500–1500元/小时；

2.节假日咨询费：￥1000–2000元/小时；

3.代写文书、合同修订：￥3000元/份；

4.后续形成专项或委托合同的，咨询费可折抵律师费。

委托律师代理的准备材料

1.委托人身份证件复印件。

2.相关证据材料（原件和复印件）。

团队核心成员

×××律师

简介：××××××××
××××××××
××××××××

×××主任律师

简介：××××××××
××××××××
××××××××

×××律师

简介：××××××××
××××××××
××××××××

联系人：×××律师

电　话：×××××××××××

欢 迎 您

图 2–1　《邀请函》参考文本

二、接待前的准备

当我们与客户完成了见面邀约,首次与客户见面前,律师不宜盲目地约见,需要完成许多准备。发送邀请函后,还需要准备洽谈室、交流提纲等。

1. 律师应着职业装、整洁干练

律师的着装和礼仪非常重要,俗话说“人靠衣服马靠鞍”“佛要金装,人要衣装”,律师的形象也是律师专业的名片,律师的职业搭配上整洁干练的职业装、佩戴律师事务所的所徽,那么当事人对律师的印象将大大加分。如果穿着太过随意甚至不修边幅,无形中会削弱当事人对律师的信任。

2. 律师事务所布置

在律师事务所接待当事人是一个展示律所实力、律所文化的非常重要的途径,律所的洽谈室或会客室应当保持干净、安静,律所一般设有 VIP 会客室、大型会客室、中型洽谈室和茶室,以满足各类客户会谈需求。如果当事人或客户比较重要,我们则优先选择 VIP 会客室会谈,并准备好电子屏欢迎词,提前打开空调,当事人落座后,行政人员及时泡茶送上,视案件复杂程度安排律师及法律秘书参与咨询接待工作。

3. 提前准备交流提纲

针对咨询内容提前做好功课,准备一些问题,以便更好地了解案情。即便遇到处理过非常多次的案件类型,笔者团队仍然会根据客户咨询的内容事先拟订好首次交流的提纲,主要包括当事人的基本信息、诉求,案件的基本情况,纠纷的起因、现状和纠纷发生后的处理过程,以及所涉及的法律问题和可能面临的法律风险。

【示例 2-2】建设工程纠纷案件中律师与施工方的交流提纲

序号	交流提纲
1	了解当事人的基本信息、诉求。
2	双方是否签订《建设工程施工合同》? 签订多少份? 合同签订时间?
3	案涉项目是否经过招标投标流程?
4	施工方是否有对应的施工资质?

续表

序号	交流提纲
5	开工时间？施工方入场施工时间？
6	工程进度情况？停工时间？复工时间？
7	项目是否签订补充协议，是否有互相沟通的函件？
8	项目签证情况如何？
9	项目是否完成部分结算？是否按约支付工程进度款？
10	纠纷发生后的处理过程，是否有过协商、是否有第三方介入等。

三、律师首次现场接待当事人的注意事项

律师需要知道，整个咨询过程应当由律师主导，避免咨询和提问时毫无逻辑、顺序，首次接待一般由当事人讲述案情，当事人讲述完后再由律师根据交流提纲逐一补充提出问题。

1. 懂得倾听当事人的陈述

当事人讲述案情时，倾听是律师了解案情的关键节点，也是律师赢得客户认可的重要环节。倾听中，律师切忌在不清楚案情和客户需求的情况下炫耀自己，自以为是地发表自己的看法。一个懂得聆听的律师，能够在聆听的过程中获得当事人的信任。虽然律师提供的是法律专业知识，但如果在客户第一次咨询的时候，能够善于聆听、当好听众，甚至能感同身受地从专业角度安抚当事人，给当事人提供适当的情绪价值，就能够快速获得当事人的信任。

另外，初次见面，当事人对案件的陈述，是律师获取的第一手信息。尽量让当事人完整地叙述案情，从当事人的陈述中，律师可以更加全面了解案件的法律事实、法律关系和当事人的核心诉求。

2. 引导性地询问

当然，律师在听取当事人叙述的时候，如果当事人叙述的内容偏离了案件的核心内容，律师就要适当引导当事人陈述那些具有法律意义的事实和要点。

例如，当事人咨询借款纠纷时，又聊到当事人与对方之间长期情感、生活中的事情时，律师就需要先询问民间借贷纠纷的要件事实以及与案件主要问题，

比如有没有转款凭证?是否有借贷合意?借款合同或借条约定的利息是多少?约定的利息是否超过了贷款市场报价利率的四倍?借款期限是怎么约定的?债务到期后有没有进行过追讨?对方欠债时有没有配偶?目前所知的对方的可供执行的财产有哪些?有没有约定律师费?这些法律要件事实内容要成为主要的询问点。

又如,当事人咨询遗产纠纷时,讲到被继承人生前的情况,律师就要按照继承案件要件事实进行询问。比如被继承人是否留有遗产?遗产的范围是怎样的?被继承人是否有遗书?被继承人有多少第一顺位继承人?是否有代位继承?继承人中是否存在少分或不分或多分的情形?这些都是需要律师挖掘的事实。

3. 认真清点、核实、复制当事人已有证据、材料;告知和罗列当事人需要另行组织的证据

对于当事人已经提供的证据材料,律师在接待过程中要仔细清点、核实,必要的时候,应该列出清单交由当事人核实。在查阅证据材料的过程中,要注意发现决定成败的细节。同时,在经过简单的证据审查之后,如果能够当场告知当事人还需要准备哪些方面的证据,可以为当事人列出清单,请当事人及时提供。这个过程是不容忽视的,本质也是律师获取当事人信任的过程。

4. 简明扼要解析案情,回应当事人的基本诉求,不做结论性的意见

接案过程的精细化,一方面要求律师应当尽可能全面地考虑各种细节问题,另一方面要求律师对于案涉法律规范,应当了然于胸。

我们经常见到这样的情形:在接案过程中有的律师含糊其词,有的律师则喜欢详细剖析案情并进行详细阐释,甚至直接给出肯定或否定的结论。笔者认为这些都是不可取的。含糊其词、不知所云,难免会给当事人留下不专业的印象;直接否定当事人诉求,会导致当事人后期委托的意愿变得不强烈;认为案子必赢的则可能使当事人对案件胜诉的预期过高。

笔者认为,与客户的初次见面需要表现出律师的专业和认真负责的态度,对案情只作简要分析并提出需要补充的证据和资料,对当事人的基本诉求作出简单清晰的回应即可,最好不要提出结论性的意见。当然,当事人特别迫切的除外,但这种情况是很少发生的。

5. 沟通时的尊重与展示

(1)面谈时需要注意尊重当事人,尽量不要在面谈的时候突然接听其他电话,除非非常紧急或者法院的电话。在需要临时接听非常紧急或者法院的电话时,应当礼貌性征求客户的意见后,在会议室外面接听。

(2)注意不要闲谈。在当事人面前律师就是专业的律师,第一次见面最好只聊专业问题,即便是熟人或者朋友介绍的客户,律师也不宜第一次见面就跟当事人闲聊,否则有可能削弱当事人对律师的信任。

(3)适当引用自己办过的案例,展示自己办案的经验和水平,但注意不要涉及当事人隐私或商业秘密。

(4)沟通前宣传律所和团队品牌和专业优势。客户初次上门的,可以安排律所的行政人员或者团队法律秘书带领客户参观律所,并对律所和团队律师进行介绍,突出律所的品牌优势和律师的专业优势。

6. 沟通过程中做好咨询记录工作,并向客户提交《案件咨询备忘录》,有需要进一步沟通的,提交《补充材料及问卷清单》。

【示例2-3】××××建设工程施工合同纠纷案《案件咨询备忘录》

咨询人员/单位:××总××××××交通建设工程有限公司 联系电话:138××××8888
服务律师姓名:××律师、××律师 咨询时间:××××年××月××日××时至××时 咨询地点/方式:××××律师事务所××会客室 初步案由:建设工程施工合同纠纷
咨询人介绍案件概况:20××年1月18日,发包人××公司与承包人×××××交通公司签订《合同协议书》,就××省××高速公路项目安全设施及预埋管线工程施工达成协议。20××年,双方签订《补充协议》。20××年10月,交通公司完成所有工程并通车,并于10月8日交工验收合格。案涉公路项目至今未办理竣工验收手续。20××年12月25日,双方完成最后一期计量。20××年11月22日,××公司对交通公司完成工程的工程欠款及利息进行了确认签订了书面材料:截至20××年10月15日,××公司欠付交

通公司本金××元,利息××元,截至20××年10月15日,××公司应付交通公司质保金××元,且应于20××年10月15日起计算违约金。之后,××公司分四次向交通公司支付了××元。20××年3月23日,交通公司准备通过诉讼主张工程款及优先受偿权。
咨询人提供的文件:(1)《合同协议书》;(2)《补充协议》。
律师初步意见:根据现有证据,可以主张建设工程欠付的工程款,但××公司应付工程款的时间为20××年11月,交通公司至20××年3月23日向法院主张优先受偿权已经超过此时法律规定的6个月行使期限。考虑工程款数额确定对交通公司行使优先受偿权的实际影响,若20××年11月22日××××公司又对××××公司完成工程的工程欠款及利息进行了确认,自此时开始计算,则可能使交通公司主张优先受偿权未超过法律规定的期限。 (注:以上咨询意见仅供参考!)

备注:	客户(签字): 年 月 日

【示例2-4】××××建设工程施工合同纠纷案《补充材料清单》

致××××××交通建设工程有限公司: 关于贵公司与××××公司之间的 建设工程施工合同 纠纷案件,为了进一步了解本案案情以及补充对应的证据,现需要您根据最新情况提供如下补充材料。 顺致 商祺! 附件:《补充材料清单》 联系人:××律师 电话:139××××8888 ××××律师事务所 年 月 日

附件:《补充材料清单》

序号	材料名称	原告/复印件	份数	备注
第一部分				
1－1	《中期支付证书》	复印件	3	
1－2	《工程结算表》	复印件	1	
1－3	《×××高速交安管线××标工程欠款及利息计算表》20××年××月××日	复印件	1	
第二部分				
2－1	公路工程(××合同段)交工验收证书	复印件	1	
2－2	××省交通运输厅官方网站网页截图(已通车证明)	复印件	1	
……	……	……	……	

说明:对于查明没有本清单列出的某项文件,根据情况标注“无”或“缺失”;对于暂时无法提供但稍后才能提供的文件,请标注“待提供”;鉴于目前我们对贵方的了解程度,本清单中的某些问题或文件可能不适用,请标注“不适用”。

当事人签字或盖章:

年　月　日

【示例2－5】案件咨询备忘录参考文本

××××××××律师事务所案件咨询备忘录

咨询人员/单位:

联系电话:

服务律师姓名:

咨询时间:　　年　　月　　日　　时　　分至　　时　　分

咨询地点/方式:

初步案由:

咨询人介绍案件概况:	
咨询人提供的文件:	
律师初步意见: (注:以上咨询意见仅供参考!)	
备注:	客户(签字): 年　月　日

【示例 2 -6】补充材料及问卷清单参考文本

补充材料及问卷清单

致________________：

关于您与__________之间的______________纠纷案件，为了进一步了解本案案情以及补充对应的证据。现需要您根据最新情况提供如下补充材料并回复如下问题。

顺致

商祺！

附件：《补充材料及问卷清单》

联系人：　　　　　　电话：

××××律师事务所

年　月　日

附件：《补充材料清单》

序号	材料名称	原告/复印件	份数	备注
第一部分				
1 - 1				
1 - 2				
第二部分				
2 - 1				
2 - 2				
第三部分				
3 - 1				
3 - 2				

说明：对于查明没有本清单列出的某项文件，根据情况标注“无”或“缺失”；对于暂时无法提供但稍后才能提供的文件，请标注“待提供”；鉴于目前我们对贵方的了解程度，本清单中的某些问题或文件可能不适用，请标注“不适用”。

附件:《补充问卷清单》

序号	问题	原告/复印件	份数	备注
问题一:				
回答				
问题二:				
回答				
问题三:				
回答				

当事人签字或盖章:

年　月　日

很多律师没有在咨询时进行记录的习惯,他们可能认为只是简单咨询几个问题,不一定会成案,也不必建立档案,就没有必要记录了。但就是这样一份简单的咨询笔录,有时候会给律师带来意外的惊喜。

笔者曾经遇到之前咨询过的当事人,过了很长一段时间后又打电话来咨询,因为有沟通记录留底,我们能快速查阅后予以迅速回应,让当事人感觉律师很靠谱,而且很上心,因此委托我们代理诉讼案件。

7. 首次见面咨询时由律所收取咨询费

另外,在初次咨询时,我们还需要向客户报价并解释律师的费用结构、收费标准和付款方式,让客户了解律师的收费是合理的,并确保客户知道他们将获得物有所值的法律服务。

此时未签订正式的《委托代理合同》,我们按照咨询费标准收取当事人咨询费时,一定注意需要将收取的咨询费交律师事务所并开具发票,律师直接从当事人手中收取咨询费，不符合律师执业规范，在当事人看来也显得律所管理太随意，进而削弱了当事人对律师事务所、对律师的信任。

8. 沟通时特别注意事项

律师在接案过程中，可能会遇到以下几种情况，在此特别说明一下。

（1）对于可能涉嫌虚假诉讼的，应当不予代理。

（2）对于客户拟通过“恶意上访”“曝光”“举报”等非法律手段“配合”民事诉讼的，原则上不予代理。

（3）当事人强调律师要去“找关系”或“勾兑”而不信任案件事实和证据的，建议律师不要代理。

（4）对于当事人询问案件是否有胜诉把握的，应当告知当事人本所律师在该类案件中的实务经验、知识储备以及研究成果等，并且告知客户案件能否胜诉取决于事实、证据以及诉讼策略、诉讼方案等综合因素。此时，我们就可以把事先准备好的律所简介、律师（团队）简介、《民商事诉讼服务手册》交给客户翻阅，告诉客户，律师不仅在接案前就要详细分析案件和证据，而且要做详细的法律法规和案例检索，立案后还要全面收集和组织证据，分析法官的庭审风格和裁判偏好，告知客户律师的精细化服务，这会对案件产生非常有利的影响。如果律师对案件处理结果作出任何承诺，都是不负责任的，也是不符合法律规定的。

（5）对于代理案件的收费，应在团队确定同意代理并评估律师工作量之后，在诉讼方案中或单独以《报价函》的形式告知客户，律师初次见面一般不向客户报价，或者只报一个大致的收费模式和区间。

以上是第一次接待当事人并接触了解案情的全部步骤，也是律师工作的第一步，只有用自己的专业能力和专业形象赢得当事人的信任，才能建立委托关系，继而开展后续工作。

第二节　利益冲突检索

律师在接待当事人完成初步沟通后，已经能够初步确认双方当事人名称以及管辖法院,此时应当首先确认其与律师以及律师事务所是否存在利益冲突,根据司法部《律师执业管理办法》第 26 条的规定,“律师承办业务,应当由律师事务所统一接受委托,与委托人签订书面委托合同,并服从律师事务所对受理业务进行的利益冲突审查及其决定”。因此,只有在没有利益冲突的情况下律师才能与当事人建立委托代理关系、才能办理委托手续。

民事诉讼案件利益冲突的情况主要分为以下几类。

一、身份冲突原则

《法官法》第 36 条规定:“法官从人民法院离任后两年内,不得以律师身份担任诉讼代理人或者辩护人。法官从人民法院离任后,不得担任原任职法院办理案件的诉讼代理人或者辩护人,但是作为当事人的监护人或者近亲属代理诉讼或者进行辩护的除外。法官被开除后,不得担任诉讼代理人或者辩护人,但是作为当事人的监护人或者近亲属代理诉讼或者进行辩护的除外。”即曾经担任法官的律师从人民法院离任后,两年内不能以律师的身份担任诉讼代理人或者辩护人,在离任或被开除后也不能担任原法院办理案件的诉讼代理人或者辩护人。

《律师法》第 11 条第 2 款规定:“律师担任各级人民代表大会常务委员会组成人员的,任职期间不得从事诉讼代理或者辩护业务。”

二、诉讼案件律师绝对利益冲突常见情况

诉讼案件律师绝对利益冲突常见情况主要有以下几种:

(1)律师在同一案件中为双方当事人担任代理人,或代理与本人或者其近亲属有利益冲突的法律事务的;

(2)律师办理诉讼或者非诉讼业务,其近亲属是对方当事人的法定代表人或者代理人的;

(3)曾经亲自处理或者审理过某一事项或者案件的行政机关工作人员、审判人员、检察人员、仲裁员,成为律师后又办理该事项或者案件的;

(4)同一律师事务所的不同律师同时担任同一刑事案件的被害人的代理人和犯罪嫌疑人、被告人的辩护人,但在该县区域内只有一家律师事务所且事先征得当事人同意的除外;

(5)在民事诉讼、行政诉讼、仲裁案件中,同一律师事务所的不同律师同时担任争议双方当事人的代理人,或者本所或其工作人员为一方当事人,本所其他律师担任对方当事人的代理人的;

(6)在非诉讼业务中,除各方当事人共同委托外,同一律师事务所的律师同时担任彼此有利害关系的各方当事人的代理人的;

(7)在委托关系终止后,同一律师事务所或同一律师在同一案件后续审理或者处理中又接受对方当事人委托的;

(8)担任法律顾问期间,为顾问单位的对方当事人或者有利益冲突的当事人代理、辩护的;

(9)担任所在律师事务所其他律师任仲裁员的仲裁案件代理人的;

(10)其他依据律师执业经验和行业常识能够判断为应当主动回避且不得办理的利益冲突情形。

前述是绝对利益冲突的情形,即使当事人同意也不行。

三、诉讼案件律师相对利益冲突常见情况

当遇到相对利益冲突原则的事件,律师应当告知委托人并主动提出回避,但委托人同意其代理或者继续承办的除外,且应由各方当事人签署《律师利益冲突豁免函》。民商事案件相对利益冲突的情况主要有以下几种:

(1)接受民事诉讼、仲裁案件一方当事人的委托,而同所的其他律师是该案件中对方当事人的近亲属的;

(2)同一律师事务所接受正在代理的诉讼案件或者非诉讼业务当事人的对方当事人所委托的其他法律业务的;

(3)律师事务所与委托人存在法律服务关系,在某一诉讼或仲裁案件中该委托人未要求该律师事务所律师担任其代理人,而该律师事务所律师担任该委托人对方当事人的代理人的;

(4)在委托关系终止后 1 年内,律师又就同一法律事务接受与原委托人有利害关系的对方当事人的委托的;

(5)其他与上述第 1 项至第 4 项情况相似,且依据律师执业经验和行业常识能够判断的其他情形。

若律师事务所或者律师未按照要求进行利益冲突检索,将会造成严重的处罚。

【案例 2-1】

广东省茂名市律师协会因杨某安律师违反利益冲突规定,给予其中止会员权利 2 个月的处分。2019 年 2 月 20 日,广东省茂名市律师协会接到茂名市司法局转来的材料,反映广东××律师事务所杨某安律师从法院离任后,2 年内以律师身份担任诉讼代理人或者辩护人。经茂名市律师协会调查认定,杨某安律师从法院辞职后 2 年内,以实习律师身份办理案件 3 宗,以律师身份担任诉讼代理人或辩护人承办案件 10 宗。2019 年 5 月 21 日,茂名市律师协会给予杨某安律师中止会员权利 2 个月的行业纪律处分。

【案例 2-2】

广东××律师事务所许某某律师在担任榕城区某社区法律顾问期间,律师事务所接受该经济联合社委托,指派许某某律师代理周某等多名村民农业承包合同纠纷案,一审、二审共收取律师服务费人民币 25 万元;接受村民周某甲的委托代理与村民周某乙确认合同无效纠纷案。该律师事务所违反了广东省司法厅发布的《村(社区)法律顾问工作基本行为准则(试行)》第 13 条"村(社区)法律顾问参与处理村(社区)内部群众之间、群众与村委会之间的纠纷矛盾,应坚持以独立第三方角色开展调解,不得代理任何一方介入其中"的规定。根据《律师和律师事务所违法行为处罚办法》规定,担任法律顾问期间,为与顾问单位有利益冲突的当事人提供法律服务的,属于《律师法》规定的"违反规定接受有利益冲突的案件"的情形。此后广东××律师事务所因违规接受有利益冲突的案件被处警告,许某某律师因违反利益冲突规定被处警告。

律师利益冲突在《律师法》、《律师执业管理办法》、2010 年《律师和律师事务所违法行为处罚办法》、《律师执业行为规范(试行)》、《律师协会会员违规行为处分规则(试行)》等法律法规、规范性文件中均有规定,在进行利冲检索后如果不存在利益冲突,或者经过当事人的知情并同意,还应当在律师事务所行政部门就该客户进行预备案，锁定案源，尤其是在大所，这个预备案非常有必要，它能够防止造成后续案源纠纷。

【示例2-7】《律师利益冲突豁免函》参考文本

律师利益冲突豁免函

________律师事务所：

关于本人（我司）________与__________________纠纷一案，鉴于本案存在以下______情形，贵所对本人（我司）进行了充分的说明，并明确告知应征得各方委托人的同意方可接受委托。

本人（我司）对存在利益冲突的事实和可能产生的后果已经知悉，但本人（我司）经过认真考虑（研究决定），仍然坚持委托贵所指派__________律师代理本案，同时对贵所双方代理之情形明确豁免，不予追究贵所以及承办律师和律师双方代理之利益冲突责任，由此引起和导致的一切法律后果概由本人（我司）承担。

特此书面豁免！

委托人：

年　月　日

1. 接受民事诉讼、仲裁案件一方当事人的委托，而同所的其他律师是该案件中对方当事人的近亲属的；

2. 同一律师事务所接受正在代理的诉讼案件或者非诉讼业务当事人的对方当事人所委托的其他法律业务的；

3. 律师事务所与委托人存在法律服务关系，在某一诉讼或仲裁案件中该委托人未要求该律师事务所律师担任其代理人，而该律师事务所律师担任该委托人对方当事人的代理人的；

4. 在委托关系终止后1年内，律师又就同一法律事务接受与原委托人有利害关系的对方当事人的委托的；

5. 其他与上述第1项至第4项情况相似，且依据律师执业经验和行业常识能够判断的其他情形。

第三节　当面沟通并制作《案件沟通记录》

与客户沟通时,如果能够在第一次咨询时就迅速签约当然最好,但很多案件往往至少需要与律师沟通两次,许多刚执业的律师没有在与客户进行沟通时进行记录的习惯,认为可以靠大脑记住,但是随着我们承办案件的增加,咨询当事人增加,很多案件细节甚至当事人的名字都可能会忘记,所以在每次沟通时做好记录至关重要,这也是能否将咨询转化成案的关键所在。

无论是第一次还是第二次见面沟通,我们都需要根据客户的需求提出初步法律意见,建议同时提出律师收费区间报价。按照事先拟定好的《案件沟通提纲》和沟通时补充的问题,完整地制作案件沟通记录,并由当事人签字确认。

【案例2-3】

一天上午,××律师接到了一个陌生电话,对方说他是一年多之前来向××律师进行面谈咨询的张先生。张先生称,他的案件的对方当事人目前态度变得很强硬,无法协商,案件变成了僵局,现在需要通过起诉来处理。听了张先生这番话以后,××律师立即将张先生咨询时的案情重复了一遍。××律师惊人的记忆力立即打动了张先生,因此张先生委托其代理此案。而帮助××律师获得张先生信任的正是××律师电脑里保存的《案件沟通记录》。

【案例2-4】

××律师在接待一个客户第二次咨询时,面谈一下午,详细梳理了案情,整理了证据,也提供了初步的诉讼方案和预测诉讼结果的分析,总体来讲谈得非常愉快。但客户询价时,××律师根据当天的沟通效果报价8万元,此时客户突然说之前咨询时报价才6万左右,导致客户瞬间丧失信任,认为律师前后不一,便委托了其他的律师代理。××律师由于第一次沟通时未做《案件沟通记录》,自己未发现前后两次报价不一致,客户因此感到不满。

案例2－3和案例2－4体现了记录案件沟通记录的重要性。案件沟通记录看似不起眼，实际上案件沟通记录的制作是给律师自己建立了一个案件咨询数据库，也能够防止出现不记得曾经报价而胡乱报价或者错误报价的情况。那么，案件沟通记录要记一些什么？如何来记案件沟通记录呢？

《案件沟通记录》记录的要点有：（1）沟通时间、地点；（2）当事人姓名、联系方式；（3）案情介绍；（4）现有证据材料；（5）当事人诉求或目的；（6）初步法律意见（法律分析、律师建议、风险提示、免责条款）；（7）律师代理初步报价区间。

笔录的文档名称通常会用时间（××××年××月××日上午/下午）＋名字＋简单事由命名。以时间和名字事由命名，主要是为了便于将来需要时方便进行检索与查阅。记录咨询人身份时，应当尽量详尽以备之后核实可能产生的利益冲突。

记录案件沟通记录时，也需要将应当提前告知的事项列在内，在双方沟通完案情后向客户作出适当的讲解介绍，但整个案件沟通记录的重点还是案件要件事实。那么记录案件的要件事实时需要注意以下三点：第一，要甄别当事人提供的材料是否真实有效，是否具有法律效力，证据是否有原件或原始载体；第二，律师查看材料时要保持独立性，排除当事人的干扰和诱导；第三，律师观察材料要注意发现决定成败的细节。

【示例2－8】××××证券虚假陈述责任纠纷案《案件沟通记录》

案件沟通记录

时间：20××年××月××日××时××分至××时××分

地点：××××律师事务所×号会议室

谈话律师：×××律师　记录人：×××律师

当事人：张总

谈话律师：请问您的身份信息和联系电话。

当事人：138××××××××

谈话律师：请介绍基本的案情。

当事人：我买了一家公司很多股票，这家公司因为多次财务造假，被披露后股票大跌,现在也被停牌了,公司名字叫×××,在深圳证券交易所上市。公司现在已经收到了中国证监会的行政处罚决定书。公司、公司的董事长、证券公司、会计公司都被处罚了,我现在想追回损失。

谈话律师:目前你有什么证据?

当事人:身份证原件、行政处罚决定书截图、股票账户信息表原件、交易交割单原件。

谈话律师:(查看处罚决定书)处罚决定书上载明该公司2015年至2016年9月通过虚构海外工程项目、虚构国际贸易和国内贸易等手段,累计虚增营业收入约5.8亿元,虚增利润近2.6亿元,您购买股票的时间是多久?

当事人:买入期间是2017年3月30日至5月13日,但是2017年4月8日公司就公告披露了财务造假被调查,股价大幅下跌,2019年5月24日,中国证监会出具行政处罚决定书。

谈话律师:请问您的诉求或目的是什么?

当事人:要求公司赔偿虚假陈述的款项,赔偿股价下跌的损失。

谈话律师:关于初步法律意见(法律分析、律师建议、风险提示、免责条款),根据《证券法》和《最高人民法院关于审理证券市场虚假陈述侵权民事赔偿案件的若干规定》的规定,发行人、证券公司、会计师事务所虚假陈述给投资人造成损失的,投资人可以向虚假陈述的主体主张赔偿。损失的赔偿范围包括投资差额损失、投资差额损失部分的佣金和印花税。初步判断股价下跌的损失大致在100万元左右,具体的投资损失我根据您的交割单再详细计算。

当事人:我咨询了好几个律所了,你们大致怎么收费的?

谈话律师:我们团队收取律师服务费有两种方式:一种是固定收费,按照起诉标的的6%-8%收取;另一种是风险代理,前期2万-5万元,后续按照取得金额的15%收取风险代理费。

谈话律师:如您决定委托我律师事务所律师为您承办事务,应当按规定与律师事务所签订委托协议、委托书,并协商确定委托事项、委托权限,是否清楚?

当事人:清楚。

谈话律师:如您决定委托我律师事务所律师为您承办事务,按规定应当与律师事务所协商收费标准、支付方式,并签订收费协议,直接向律师事务所交费,律师个人不得收取费用,是否清楚?

当事人:清楚。

谈话律师:在委托我律师事务所律师为您承办案件和事务时,您有责任配合承办律师进行工作,比如如实陈述事实、您的真实想法及您知道的情况,如有不实、隐瞒、虚假陈述,则将直接影响办理效果和最后结果,我律师事务所不承担责任,承办律师也有权拒绝办理,是否清楚?

当事人:清楚。

谈话律师:您有义务提供相关的全部证据材料和知道的证据线索,如您迟延或不能提供,可能影响最后的结果,是否清楚?

当事人:清楚。

谈话律师:由于您的案件或事务本身存在的缺陷、不足、瑕疵、不合法、无理的情况,将直接导致最终结果,律师事务所对此不承担责任,承办律师是否为您分析并告知?

当事人:是。

谈话律师:对案件的输赢,本律师事务所和承办律师不承诺、不保证、不预测,但可为您从事实、证据、法律、工作经验等方面进行分析,分析意见不代表律师对你的承诺、保证,是否清楚?

当事人:清楚。

谈话律师:承办律师在承办您的案件时可能正在承办其他案件和事务,承办律师有自己的工作计划和安排,可能无法达到您的要求,您不能要求承办律师只办理您一个人的事务,是否清楚?

当事人:清楚。

谈话律师:对于承办律师在工作中的业务能力、水平、服务质量问题,您应直接向律师事务所主任提出;如有违法、违规问题,可以向律师事务所主任、律师协会、司法局进行投诉处理,是否清楚?

当事人:清楚。

谈话律师:在签订委托后,如受托律师无违法、违纪、过错,委托人需解除委托,则不能退还委托费用,是否同意?

当事人:同意。

谈话律师:委托关系自您签订委托合同、委托书,并按约定付清委托合同约定的当期应支付的全部委托费生效,到案件办理完毕,取得判决书、调解书、裁定书、裁决书等法律文书时终止,是否清楚?

当事人:清楚。

谈话律师:诉讼案件分一审、二审、再审三个阶段,您办理委托和交费时需明确委托的是哪个阶段,如不明确,则一次委托和收费只确立了一个阶段的委托关系,是否明白?

当事人:明白。

谈话律师:您交给律师事务所的委托费,只是律师事务所的收费,包含在成都市区范围内,律师开展工作所需的交通费、通信费、打印费、复印费、资料费、误餐费,不含需向有关部门缴纳的诉讼费、保全费、鉴定费、翻译费、申请执行费、公告费、查询费等,不含超出成都市城区范围的差旅费、交通费、通信费、打印费、复印费、资料费、误餐费,是否清楚?

当事人:清楚。

谈话律师:您应当保证你所提交的证据的真实,您是否清楚?

当事人:清楚。

谈话律师:您咨询解答,您要求律师为您取得证据如超出工作范围的调查您应当另行交纳费用,您是否清楚?

当事人:清楚。

注:本沟通记录与双方所签署之《委托代理合同》约定不一致的,以最终所签署之《委托代理合同》约定为准!

以上谈话记录我本人看过,确认属实、无误!

签章(捺印):

年　月　日

第四节　提出初步法律意见

一、如何向客户解析案件

解析一个案件,是律师法律知识、实务经验与沟通技能的综合体现。从诉讼精细化角度而言,向客户解析案件是其中非常核心的一环,它不仅能体现出律师的专业能力、沟通能力,还能提前向客户提示法律风险点,起到打“预防针”的效果。

在实务中,可能有一些资深的、诉讼经验丰富的律师,认为自己根本不需要有解析案件的过程,甚至很多律师可能对于比较简单或者自己经常办理的案件类型,瞄一眼就知道怎么处理。但笔者仍然要倡导的是,无论对于某类案件有多么熟悉和了解,都要从精细化的角度对案件予以解析,因为尽管某种类型的案件的确存在高度类似,但毕竟案件之间存在差异,因此仍然需要我们认真解析。同时,律师向当事人提交初步法律意见,也可以强化当事人委托律师代理的欲望。从诉讼精细化的角度出发,解析案件的过程从以下两个方面展开。

1. 事实解析

我们都知道“以事实为根据,以法律为准绳”是最为重要的诉讼原则,这里的事实是指有证据证明的法律事实,而不一定是客观事实。听取当事人陈述的主观事实,并通过客观证据予以证实,是我们在解析一个案件时应当有的基本观念。解析案件事实,有助于把握案件事实的各个层面和各个环节。

2. 证据解析

俗话说,打官司打的就是证据,在解析案件的过程中,证据分析是核心。证据解析包括对证据的证据资格与证明力的分析。首先,对证据资格的分析,即分析证据是否具有真实性、合法性和关联性。其次,对证明力的分析,即按照证据的来源、种类、证据与案件事实的关联程度等,来具体分析证据有无证明价值以及价值的大小。一是从证据的来源看,如证人证言,有的证人是现场目击者,其记忆力、道德品质较好,那么,他的证言的可信度较高,证明力较强;而有的证人对案情的了解系传闻、道听途说而来,那么,他的证言的客观性、真实性就会令人怀疑,证明力也会大打折扣。二是从证据的种类看,有的证据材料虽有证据资格,但不一定有证明价值。三是从证据的关联程度和证据之间是否可以互相验证来分析,我们都知道,证据与案件事实的关联度越大,证据对案件事实所发挥的证明作用也越明显;关联度越小,证据对案件事实的证明价值也越弱。证据之间可能存在矛盾,这也是我们在案件中经常遇到的问题。这些证据之间的不一致,需要认真进行审查核实,从而确保证据之间能够基本互相验证。

因此,从诉讼精细化的角度而言,我们需要对当事人的证据进行认真分析和鉴别,哪些事实需要证据加以证明、已有的证据能否足以证明某项事实、某项事实的证据是否需要补强等。同时,特定的事实,是否有证据加以证明?现有的证据能不能证明某一特定事实或者某几项特定事实?这些问题本质上都是对事实和证据之间的对应性进行审查。这种审查,可以为诉讼真实性、庭审质证、法庭辩论做好相应的准备。

二、初步法律意见书拟定的注意事项

经过与当事人的两次沟通和已经掌握的材料,我们基本上可以对案情进行初步分析并提出法律意见,如果这次律师还没有一个初步的法律意见回复客户,客户可能会没有耐心。当然,如果是非常疑难复杂的案件,可以告知客户还需要律所讨论后回复。建议在收取了咨询费的情况下,再给出书面的初步法律意见。

根据笔者多年的执业经验,这个阶段《初步法律意见》的制作比较有技巧,既不能含糊其词,几笔带过,又不能对案件的事实和证据甚至司法判例剖析得非常详尽,毕竟这个阶段律师仅仅收取了少量咨询费甚至可能没有收费,如果花费太多的时间和大篇幅去做一个详尽的法律意见书,不仅浪费时间,而且可能导致当事人的委托意愿下降。总之,需要根据客户委托的意愿和可能性去具体考量怎么撰写法律意见书。

《初步法律意见书》通常由以下几个部分构成:(1)出具本法律意见书的主

要事实依据；(2)出具本法律意见书的主要法律依据；(3)案件基础事实；(4)案件初步法律意见；(5)律师声明与承诺。

【示例2-9】《初步法律意见书》参考文本

××律师事务所关于××公司与××公司××纠纷之初步法律意见书

尊敬的________：

律师事务所为中华人民共和国司法行政机关依法批准、合法设立的在中华人民共和国境内具有从事法律服务资格的律师执业机构。现本所应要求，指派本所律师________就________与________纠纷案的相关问题，出具本初步法律意见书(以下简称法律意见书)。

一、本所律师出具本法律意见书的主要事实依据

1. ……

2. ……

3. ……

二、本所律师出具本法律意见书的主要法律依据

1. ……

2. ……

3. ……

三、事实及理由

1. ……

2. ……

3. ……

四、本所律师发表之初步法律意见

1. ……

2. ……

3. ……

五、声明与承诺

1. 本法律意见书所载事实来源于本法律意见书出具之日前贵司的陈述和贵司提交的相关材料,贵司应保证已向本所律师提供了出具本法律意见书所必需的全部有关事实材料,并且提供的所需文件均真实、合法、有效、完整,无任何虚假记载、误导性陈述或重大遗漏,文件上所有的签名、印鉴均为真实,所有的复印件或副本均与原件或正本完全一致。若在本法律意见书出具后,贵司发现了新的证据材料或者案件有新情况发生,请及时与本所律师联系,本所律师将根据新的证据材料和新的进程重新制作《法律意见书》。

2. 本法律意见书中对有关对账单、财务报告、处理意见报告中某些内容做了引述,这并不表明本所律师对该等内容的真实性、准确性、合法性作出任何判断或保证。

3. 本法律意见书仅根据并依赖于本法律意见书出具之日公布并生效的相关法律、法规,并参照部门规章等出具。本所不能保证在本法律意见书出具之后所公布生效的任何法律、法规、规章对本法律意见书不产生影响。

4. 本所律师已经严格履行了法定职责,遵循了勤勉、尽职、诚信的执业原则,由于本意见书的出具涉及对法官自由裁量权的评价,而法官依据自由裁量权最终作出何种判决并非律师所能掌控。因此,本法律意见书不对本案构成任何形式的承诺或担保。

5. 本文件仅应贵司要求,供贵司参考,切勿外传。

××律师事务所

执业律师:

执业律师:

年　月　日

【示例2－10】证券虚假陈述纠纷案《初步法律意见书》

××律师事务所关于周某与成都××材料股份有限公司、××证券股份有限公司、××会计师事务所(特殊普通合伙)证券虚假陈述纠纷案之初步法律意见书

尊敬的××女士:

××律师事务所为中华人民共和国司法行政机关依法批准、合法设立的在中华人民共和国境内具有从事法律服务资格的律师执业机构。现本所应您的要求,指派本所律师××律师就您与成都××材料股份有限公司、××证券股份有限公司、××会计师事务所(特殊普通合伙)证券虚假陈述纠纷案的相关问题,出具本初步法律意见书(以下简称法律意见书)。

一、本所律师出具本法律意见书的主要事实依据

1. 成都××网络股份有限公司(以下简称××网络)于19××年2月26日在深圳交易所主板上市,证券代码:000××××。20××年5月21日,××网络因连续三年亏损,被深圳证券交易所暂停上市。

2. 20××年11月30日,××网络与首控××集团有限公司、××××××金属有限公司签署《成都××网络股份有限公司重大资产重组之框架协议》。

3. 20××年3月19日,××网络与××证券签署财务顾问协议,聘请××证券担任该次重组的财务顾问。××证券于20××年6月、20××年3月出具《独立财务顾问报告》。

4. 20××年12月,深圳证券交易所作出《关于同意成都××网络股份有限公司股票恢复上市的决定》,决定核准××网络在此次重组完成后恢复上市。××网络与××证券签署恢复上市保荐协议,委托××证券为××网络恢复上市的保荐人。

5. 20××年1月10日,××网络更名为××××恢复上市。

6. 20××年11月24日,××××发布公告:收到中国证监会《调查通知书》,因××××涉嫌证券违法违规,中国证监会决定对××××立案调查。

7. 20××年7月7日××××发布《关于收到中国证券监督管理委员会〈行政处罚及市场禁入事先告知书〉的公告》：××××涉嫌信息披露违法违规一案已由中国证监会调查完毕，中国证监会拟对××××及部分高管作出行政处罚、市场禁入。

8. 20××年1月23日，中国证监会作出（20××）××号《中国证监会行政处罚决定书（××××成都××××材料股份有限公司、××、××等18名责任人员）》，（编号：[20××]8号）对××××及××等人作出行政处罚。

9. 20××年6月19日，中国证监会作出（20××）××号行政处罚决定书（××证券股份有限公司、×××、×××等5名责任人员）。

10. 20××年12月29日，中国证监会作出（20××）×××号行政处罚决定书（××会计师事务所、×××、×××、×××）。

二、本所律师出具本法律意见书的主要法律依据

《中华人民共和国证券法》第63条、第69条、第173条。

《最高人民法院关于审理证券市场因虚假陈述引发的民事赔偿案件的若干规定》（已失效）第5条、第17条、第18条、第19条第4项、第21条、第24条、第30条、第31条、第32条、第33条、第35条。

三、事实及理由

1. ××女士在20××年1月10日至20××年11月24日购买了××××的股票。

2. 20××年11月23日××××收于19.3元/股。20××年11月24日××××跌幅7.51%，最低跌至17.37元/股，收于17.85元/股，同日深证综指涨幅1.39%，深证成指涨幅0.86%。20××年11月25日—29日，××××股票连续上涨。

3. 20××年3月1日，××××停牌，直至20××年3月20日一直处于停牌状态。

4. 20××年3月21日××××复牌，20××年4月28日，××××股票再次停牌。

5. 20××年5月17日，××××发布《关于公司股票进入退市整理期交

易的公告》,退市整理交易起始日为20××年5月27日,整理期为30个交易日,最后交易日为20××年7月8日。20××年6月26日再次停牌,其间每个交易日均为跌停,20××年3月21日复牌交易至20××年7月5日,其间××××股票累计成交量达到××××可流通部分的100%。

6. 20××年7月9日,××××股票终止上市并摘牌。

四、本所律师发表之初步法律意见

1. 根据《最高人民法院关于审理证券市场因虚假陈述引发的民事赔偿案件的若干规定》(已失效)第17条第1款,现中国证监会已作出[20××]×号行政处罚决定书,认定××××构成了《中华人民共和国证券法》第193条第1款所规定的虚假陈述的违法行为。

2. 关于实施日:××××的关联交易行为最早可追溯到20××年9月,××××在20××年1月10日恢复上市,股票重新进入市场流通,实施日为××××恢复上市之日,即20××年1月10日。

3. 关于揭露日:20××年11月24日,××××发布公告:收到中国证监会调查通知书,因××××涉嫌证券违法违规,中国证监会决定对××××立案调查。揭露日应当为20××年11月24日。

4. 基准日和基准价:根据《最高人民法院关于审理证券市场因虚假陈述引发的民事赔偿案件的若干规定》(已失效)第33条,××××虚假陈述揭露日为20××年11月24日,自20××年11月24日至20××年11月30日,××××股票的累计成交量达291,716,276股,达到其可流通股股数的100%。因此基准日为20××年11月30日。根据《最高人民法院关于审理证券市场因虚假陈述引发的民事赔偿案件的若干规定》(已失效)第32条,结合前述确定的揭露日、基准日,计算出本案投资差额损失的基准价格为19.87元。

5. 投资者的损失与××××虚假陈述行为的因果关系问题:根据《最高人民法院关于审理证券市场因虚假陈述引发的民事赔偿案件的若干规定》(已失效)第18条,××女士买入××××股票时间在虚假陈述实施日之后揭露日之前,并在虚假陈述揭露日后基准日之前卖出全部/部分××××股票、基准日后继续持有部分××××股票,因此××女士买卖××××股票的亏损与××××的虚假陈述行为之间具有因果关系。

6. ××女士损失的计算方式、标准及范围:《最高人民法院关于审理证券市场因虚假陈述引发的民事赔偿案件的若干规定》(已失效)第30条第1款规定:“虚假陈述行为人在证券交易市场承担民事赔偿责任的范围,以投资人因虚假陈述而实际发生的损失为限。投资人实际损失包括:(一)投资差额损失;(二)投资差额损失部分的佣金和印花税。”具体损失计算方式为:(买入均价-卖出均价)×揭露日后基准日前卖出股数+(买入均价-基准价)×基准日持有股数=328,849元[具体计算过程本初步法律意见书不再列举。]

7. ××××证券、××会计师事务所在本案中是否应当承担赔偿责任:中国证监会于20××年6月19日、12月29日分别作出××处罚决定书、××处罚决定书对××××证券、××会计师事务所予以行政处罚。二者应当承担连带赔偿责任。

五、声明与承诺

1. 本法律意见书所载事实来源于本法律意见书出具之日前××女士的陈述和提交的相关材料,××女士应保证,已向本所律师提供了出具本法律意见书所必需的全部有关事实材料,并且提供的所需文件均真实、合法、有效、完整,无任何虚假记载、误导性陈述或重大遗漏,文件上所有的签名、印鉴均为真实,所有的复印件或副本均与原件或正本完全一致。若在本法律意见书出具后,您发现新的证据材料或者案件有新情况发生,请及时与本所律师联系,本所律师可根据新的证据材料和新的进程重新制作《法律意见书》。

2. 本法律意见书仅根据并依赖于本法律意见书出具之日公布并生效的相关法律、法规,并参照部门规章等出具。本所不能保证在本法律意见书出具之后所公布生效的任何法律、法规、规章对本法律意见书不产生影响。

3. 本所律师已经严格履行了法定职责,遵循了勤勉、尽职、诚信的执业原则,本意见书的出具涉及对法官自由裁量权的评价,而法官依据自由裁量权最终作出何种判决并非律师所能掌控。

4. 本法律意见书仅供参考，切勿外传。

××律师事务所

执业律师：

执业律师：

年　月　日

三、提出初步法律意见书后的常见问题

1. 如果你提出了法律意见，但客户说"为什么我问了别的律师，和你说的不一样"，这个时候该怎么办？

这种事情是不是常常发生？比如××女士与××××证券虚假陈述纠纷案，××女士也曾问过其他律师，也有的律师认为揭露日应当为其他日期，××女士主张的赔偿损失则更少；其实，我们也能理解，当事人会习惯性地到处咨询律师，并相互比较。为什么不同的律师会对一个案件存在不同的法律意见？一般有三个原因：第一是律师的专业、经验等能力有高低之分，自然就容易出现律师观点不一致的情况；第二是确实有的案件律师难以准确预测结果；第三是有的律师喜欢给出较为乐观的判断结果以增强客户的信心以及委托意愿，而有的律师则更多会从考虑风险的角度给出较为保守的回答。所以，律师观点不同，是非常普遍的情况。

那么，律师怎么应对当事人的这一疑问？有三个处理原则：首先，律师尊重同行，绝不诋毁。否则即使在专业能力的比拼中占了上风，但却输了人品。其次，律师会合理运用沟通技巧。有的结果可能对当事人更不利，律师应当提出有可能的风险，但律师在提出初步法律意见时更应当站在客户的角度考虑问题，尽最大可能为客户主张权益，不能主动放弃主张更多权益，但也不能忽悠客户。最后，可以检索判例让判例说话。律师如果有类似的成功案例，或者经过案例检索后，律师的观点有大量的案例支持，那这个就是"杀手锏"。

2. 收费方式

另外，初步法律意见还可以加上律师代理费的报价，对于一般代理和风险

代理、半风险代理几种代理模式的收费方式,需要综合考虑以下因素来进行初步报价:(1)耗费的工作时间和工作量;(2)案件的标的和难易程度;(3)诉讼地和取证地点的远近;(4)案件胜诉及执行的概率;(5)代理律师的专业水平、工作经验和社会信誉;(6)委托人的经济状况和承受能力。

报价方案包括:案件委托事项→收费参考标准(官方指导价)→律师收费标准→优惠报价→律师费支付方式→差旅费(如有),并将司法局或者物价局的收费标准附后,注明按照官方收费标准确定是否下浮,下浮多少。

其中,重点提示阶段性风险代理:一般的风险代理是两个阶段:第一个阶段是律师基础代理费;第二个阶段是原告收回案款或者被告按照减省金额的10% -18%收费,司法部、国家发展和改革委员会、国家市场监督管理总局出台了关于风险代理的收费规定,需要注意。

阶段性风险代理主要适用于代理原告方包括三个阶段:第一个阶段是律师基础代理费;第二个阶段是判决、裁定或调解书胜诉后确定金额的3% -5%;第三个阶段是收回案款金额的10% -15%收费。这种收费模式,适用于对案件没有什么信心从而给律师基础代理费很少的客户,而律师又有足够的信心和把握打赢官司这种情况。律师帮当事人打赢官司后再收取一定比例的律师费,这个时候当事人一般会比较愿意,但这个比例不能过高,因为后期执行还有一笔律师费。

需要注意的是,不得做风险代理的案件类型包括:刑事案件、行政案件、国家赔偿案件、群体性诉讼案件,婚姻、继承案件,请求给予社会保险待遇或者最低生活保障待遇案件,请求给付赡养费、抚养费、抚恤金、救济金、工伤赔偿、劳动报酬案件。

【示例2-11】《律师代理报价函》参考文本

关于××××与×××××××××××××合同纠纷一案

律师代理报价函

致×××:

感谢贵方的委托邀请,拟委托本所作为×××与××合同纠纷一案的委托诉讼代理人。本所一直崇尚团队合作精神,讲究专业分工,坚守忠诚勤勉、高效尽责的服务宗旨，秉承审慎周密、迅速果断的工作作风，竭诚为您提供优质、高效的法律服务。根据《××省律师法律服务收费行业指导标准》，本所就提供委托代理服务提呈如下固定收费模式和风险代理模式的报价方案供贵方选择：

（一）固定收费模式：一审××万元、二审××万元

本案标的为××万元，根据《××省律师法律服务收费行业指导标准》的规定，关于按照争议标的额分段按比例累加收费，100 万元至 500 万元部分（含 500 万元）为 5% –7%；按照收费标准下限计算一个审理阶段的律师代理费为 26.6 万元。考虑到双方长期友好合作关系，本案优惠报价为一审××万元，二审××万元。

（二）风险代理模式：基础费用××万元（按照起诉标的总额的××% 收取）+ ××% 风险代理费（按照实际取得案款的××% 收取）

注：以上报价含××市范围内差旅费，如有任何疑问，请随时与我们联系。

××律师事务所

年　月　日

附：《××省律师法律服务收费行业指导标准（试行）》（节录）

××省律师法律服务收费行业指导标准（试行）（节录）

二、行业指导价格名录及标准

（一）代理民事诉讼、仲裁案件

1. 不涉及财产关系的，基准收费标准为 5000 元 –30,000 元/件，可合理上浮。

2. 涉及财产关系的，按照争议标的额分段按比例累加收费：

（1）10 万元以下部分（含 10 万元）收费比例为 8% –10%，收费额不足 5000 元的按 5000 元/件收取；

（2）10 万元至 50 万元部分（含 50 万元）为 7% –9%；

(3)50万元至100万元部分(含100万元)为6% -8%;

(4)100万元至500万元部分(含500万元)为5% -7%;

(5)500万元至1000万元部分(含1000万元)为4% -6%;

(6)1000万元至2000万元部分(含2000万元)为3% -5%;

(7)2000万元至5000万元部分(含5000万元)为2% -4%;

(8)5000万元以上部分为1% -3%。

3. 上述两项收费标准是代理民事诉讼案件(民事诉讼案件包括律师作为刑事附带民事诉讼当事人仅就民事部分的代理人的案件)一审阶段的收费标准。单独代理二审、再审案件的,或者代理仲裁案件,或者代理不予执行或撤销仲裁裁决书的,按照上述一审阶段收费标准执行。同一律师事务所再次代理同一案件的不同审理阶段的,可以给予下浮不超过50%的优惠。代理本诉同时代理反诉、反请求案件的,反诉、反请求按标的额以民事诉讼案件一审阶段的收费标准酌减收费。

第五节　磋商委托代理合同条款

我们通过会谈沟通和出具初步法律意见以后,一般能够初步建立与当事人的信任关系,激发当事人的委托意愿,并与律师就案件是否委托律师等代理问题反复进行磋商。此时,律师需要与当事人讨论并解释《案件委托代理合同》的各个条款,确保当事人理解并同意这些条款,主要注意以下内容。

一、应当提前告知诉讼风险

民商事案件代理周期长、专业性比较强,当事人一般会对诉讼的结果抱有比较大的期望,但诉讼结果具有不确定性,如果律师不将风险提前告知当事人,一旦出现了不利于当事人的情况,当事人会难以接受,可能会对律师不满,甚至投诉律师。一般我们会让当事人确认并签署《诉讼案件风险告知书》,内容包括诉讼时效的风险、举证不能的风险、可能败诉的风险、诉讼费、保全费等成本风险,以及诉讼周期的风险,如申请评估、鉴定的风险,申请法院调查收集证据的风险,无正当理由不按时出庭或中途退出法庭的风险,一方没有财产的诉讼风险或无足够财产提供执行等执行可能存在的风险。

二、确定代理范围

在合同中,需要明确律师的代理范围。这是非常重要的,因为这直接关系律师的职责和当事人的权益。当事人和律师需要共同商定哪些案件需要律师代理,以及律师的代理权限。

三、商定费用和支付方式

律师和当事人需要商定代理费用,包括基础费用、额外费用以及支付的时间和方式等。在商定费用时,律师不仅需要考虑案件的复杂程度、所需的工作量等因素,还要考虑到当事人的经济状况。同时要特别注意的是,律师收费一定要合法合规,笔者在《初步法律意见书》中已经提到了报价需要符合司法部、国家发展和改革委员会、国家市场监督管理总局出台的关于风险代理的收费规定,同时部分案件不能采用风险代理模式,部分案件不能超过政府指导价格。不符合规定的收费可能会导致律师以及律所受到处罚。

【案例 2－5】

2018 年 8 月 18 日,重庆××公司与重庆××律师事务所签订《法律事务委托合同》,重庆××律师事务所违反风险代理管理规定收取费用,律师风险代理收费最高收费金额超出了收费合同约定的标的额的 30%,罗某华律师作为重庆××律师事务所负责人存在对该所收费未能履行监管职责的问题。渝中区司法局根据《律师法》第 50 条第 2 款、《律师事务所管理办法》第 67 条之规定,于 2022 年 6 月 16 日对重庆××律师事务所罗某华律师给予警告的行政处罚。

综上,在整个磋商委托代理合同条款过程中,律师需要专业、耐心和收费透明,确保当事人充分理解合同的所有条款,同时也要尊重当事人的决定和意见。

当事人则需要保持开放的心态,积极配合律师的工作,同时也要对自己的权益有清晰的认识。

第六节　正式签订《委托代理合同》

一、常见委托代理合同签订问题

当我们与当事人洽谈好代理费用后,需要迅速签订书面合同。笔者曾遇到一个案件,在与当事人谈好价格后,没有当天签订书面合同,结果第二天当事人又去了其朋友介绍的其他律所,导致案源丢失。

此外,律师与当事人沟通价格时往往不会把全部细节都谈到,后面又为相互不理解产生不快,而这些不理解和误会其实可以在签约时就当场讲清楚,而且这些内容就在合同中。

此时就需要我们准备标准的合同版本,在签订合同时或者刚签约后,向当事人说明一些细节问题。以下以笔者律所所用合同参考文本(示例 2－11)进行举例。

【示例 2－12】《委托代理合同》参考文本

委托代理合同

[　　　]律代字　　号

甲方(委托方):

乙方(受托方):××律师事务所

甲方因与＿＿＿＿＿＿＿＿＿＿之间的＿＿＿＿＿＿＿＿＿纠纷案,现甲方委托乙方选派律师担任其诉讼/仲裁代理人。依据《中华人民共和国民法典》、《中华人民共和国民事诉讼法》和《中华人民共和国律师法》等有关法律法规的规定,甲、乙双方协商一致,特订立本合同,以资共同遵守执行。

第一条　乙方接受甲方委托，委派________律师、________律师为本合同项下案件的代理律师，并可根据案件情况委派律师助理配合完成辅助工作。甲方同意乙方根据案件分工，选派前述任一律师为出庭律师。

第二条　乙方委派律师代理服务范围为：一审（　）；二审（　）；审判监督程序（　）；执行（　）；一审、二审（如有）（　）；一审、二审（如有）、执行（如有）（　）；二审、执行（如有）（　）。

第三条　甲方的权利与义务

（一）甲方有权对乙方提供的法律服务提出意见或建议。甲方基于商业考虑或者未根据乙方承办律师提供的法律意见、建议、方案所作出的决定而导致的损失，由甲方承担其后果。

（二）甲方有权拒绝乙方及承办律师提出的本合同约定之外的其他报酬和费用要求。

（三）甲方应当真实、详尽和及时地向乙方承办律师叙述案情，及时、真实和完整地向乙方提供与本委托事项有关的各种文件、资料或数据的副本或复印件，并确保该复印件与正本（原件）一致。

（四）在乙方向甲方提供法律服务时，甲方应安排专人与承办律师保持联系并积极、主动地配合承办律师的工作。

（五）乙方履行本合同义务过程中若需向第三方表明与甲方的代理关系，甲方应出具证实委托关系的证明材料等。

（六）甲方保证按时、足额向乙方支付律师代理费及差旅费用。

第四条　乙方的权利与义务

（一）乙方承办律师应当严格遵守职业道德和执业纪律，尽职尽责地根据法律、法规的规定，认真负责的履行代理职责，按时参加代理事务的相关活动，在授权委托范围内依法提供法律服务，切实维护甲方合法权益。

（二）乙方承办律师应当根据法律规定的时限、时效，及时提交证据、按时出庭、及时办理接受委托的事务；乙方委派的律师因身体健康、执业机构变动、被暂停执业等原因不能履行代理职责时，乙方应及时通知甲方，甲方同意乙方另行委派代理律师继续提供本合同约定的委托代理事项。

(三)承办律师应当及时告知委托人有关代理工作的情况,对委托人了解委托事项情况的正当要求,应当尽快给予答复。

(四)承办律师应依据法律及甲方陈述事实和证据对案件作出独立判断,向甲方作出必要的法律风险提示,并尊重甲方自行作出的独立判断和决策。

(五)乙方应对甲方提供的证据材料、背景资料以及在履行本合同过程中所接触、知悉的国家秘密、商业秘密及个人隐私负有保密义务;甲方应对乙方的智力成果以及相关文件、合同、方案等工作成果负有保密义务。

(六)乙方在代理甲方案件期间,在涉及甲方的对抗性案件中,未经甲方事先书面同意,不得委派律师同时担任与甲方具有利益冲突的另一方的委托代理人。

第五条　律师收费依据、金额、付款方式

(一)根据《四川省律师服务收费管理实施办法》《××律师事务所服务收费规定》,乙方告知甲方关于律师代理收费的政府指导价后,双方经充分协商,一致同意按第____种方式向乙方计算支付律师代理费:

1. 固定金额方式:甲方在本合同签订之日起____日内,向乙方支付代理费人民币______元。或者

2. 风险代理方式:甲方在本合同签订之日起____日内,向乙方支付基本代理费人民币______元;并按以下方式计算风险代理费。

采取风险方式代理的,若甲方单方终止/解除本合同(含另行委托代理人)或放弃诉讼/仲裁请求或达成调解/和解或撤诉(含相对方撤诉),而未书面告知乙方或未取得乙方认可,则视作乙方已完成本合同约定的全部代理事项,并视为甲方已实现其全部利益,甲方应按实现全部利益向乙方支付风险代理费。甲方不得以风险代理费支付条件不成就拒绝支付风险代理费。

(二)代理费支付方式和时间:________________

(三)乙方收款户名:________________________

开户银行:____________________

账户:________________________

第六条 差旅费及其他费用

(一)乙方委派律师在______范围内办理案件所产生的交通费、食宿费等由乙方承担,超出该范围办案所产生的交通费、食宿费等由______承担。本合同签订后____日内,甲方向乙方支/预付办案差旅费人民币______元。该差旅费按照下列方式结算:包干使用,多付不退、少付不补( );乙方在办结委托事项后____日内提交相应凭证与甲方进行结算,多退少补( )。

(二)有关单位收取的诉讼费/仲裁费、保全费、拍卖费、公告费、鉴定费、公证费、评估费、行政收费等相关费用由甲方承担。

第七条 违约责任

(一)乙方接受委托后不得擅自解除本合同,但如果甲方利用乙方提供的服务从事违法活动,或发现甲方有捏造事实、隐瞒事实真相或提供虚假证据等行为的,乙方有权单方解除本合同,已收取的律师代理费不予退还。

如乙方无故擅自终止/解除或不履行本合同,甲方有权要求乙方退还全部或部分已付的律师代理费。但甲方不得以如下理由要求乙方退费:

1. 甲方就已委托乙方代理的事项单方面另行委托他人代理的;

2. 乙方接受委托后,甲方以乙方收费过高为由要求退费的;

3. 乙方接受委托后,案件一方当事人撤诉或有关当事人和解的;

4. 刑事附带民事的案件中,乙方接受委托后,侦查机关撤销刑事案件,检察机关不予起诉或者撤回案件的;

5. 其他非因乙方或者承办律师的原因,甲方单方解除合同的。

(二)如甲方擅自终止/解除或不履行本合同(包括单方解除对乙方委派律师的委托,或另行委托代理人等),乙方除所收费用不予退还外,如乙方的实际工作量[案件的法律准备占整个律师代理总工作量的20%,案件分析(含当面咨询发表意见、完成诉状/申请书的撰写、证据收集整理,视为完成本阶段工作)占总工作量的40%,诉讼/仲裁方案(含口头发表意见或提供方案)占总工作量的30%,参加诉讼或仲裁占总工作量的10%]应得的律师费(律师费总额与实际工作量比之积)已超过实际付款的部分,应由甲方补足。

(三)如甲方未按本合同约定支付律师费用逾期超过15日的,甲方应按应付律师费数额的每日千分之一向乙方另行支付律师服务费,且乙方有权单方解除合同,终止委托代理关系,已经收取的律师费不予退还。

第八条　合同解除及变更

(一)合同生效后,合同双方无法定事由或约定事由不得单方解除本合同,若单方解除本合同,应向对方赔偿损失,乙方的损失为本合同完全履行后应当收取的全部律师费;甲方损失额计算方式:按甲方直接损失定额计算。

(二)如发生因甲方追加委托事项或因增加诉讼当事人,或当事人一方提出反诉、反请求等事件导致代理事项增多的情况时,乙方有权要求增加律师服务费,由甲、乙双方协商确定。否则,乙方仅在原委托范围内开展代理工作。

第九条　执业过错赔偿责任

乙方承办律师在提供法律服务过程中,如出现《中华人民共和国律师法》规定的重大执业过错而直接造成甲方经济损失的,乙方应予全额赔偿;若乙方投保了律师执业责任保险,甲、乙双方应当配合办理保险理赔事宜。

第十条　联络及文书送达

(一)双方联系方式:________________________________

甲方联系人:________________,联系电话:________________,

电子邮箱:________________,微信:________________,

通讯地址:________________________________。

乙方联系人:________________,联系电话:________________,

电子邮箱:________________,微信:________________,

通讯地址:________________________________。

(二)一方按上述联系方式向对方联系人发出工作指令、交付工作成果或者履行通知义务,即视为适当履行了相应义务。

(三)任何一方需变更联系人或者联系方式,应提前七日书面通知另一方。

(四)本合同履行期间,双方的通知用邮寄方式送达的,邮件到达对方之日视为送达日(无论对方是否签收)。双方通过电子数据沟通交付的内容,沟通交付之时即为送达。

（五）双方因履行本合同产生争议涉诉的，双方所确定的上述通讯地址作为诉讼文书的送达地址。

第十一条　附则

（一）本合同经双方签字或盖章后立即生效，一式三份，甲方执一份，乙方执两份，均具有同等法律约束力。

（二）本合同未尽事宜，如果在附件或相关法律中有强制性规定的，以该强制性规定作为双方的约定，其他未尽事宜由双方另行协商。

（三）双方如发生争议，应当友好协商解决。如协商不成，任何一方可以向××仲裁委员会申请仲裁。

第十二条　其他约定

甲方：	乙方：××律师事务所
代表人：	代表人：
身份证号码：	开户银行：
	账户：

签约日期：　　年　月　日

委托人须知

为保障委托人、律师事务所及律师各方的合法权益，依据《中华人民共和国律师法》及《律师职业道德和执业纪律规范》的有关规定，律师事务所与委托人签署委托合同前，承办律师告知委托人如下事项。

一、律师执业必须遵守宪法和法律，恪守律师职业道德和执业纪律。律师执业必须以事实为依据，以法律为准绳。

二、律师不得以与经办案件的法官、仲裁员、检察官、侦查人员或他们的上级相熟为理由或为前提承接委托人案件，亦不得以保证委托人案件必然胜诉或无罪为前提承接委托人的案件。

委托人不得要求律师通过非正常途径与经办法官、仲裁员、检察官、侦查人员或他们的上级沟通。

三、委托人的案件具有法律风险,委托人的主张及律师的法律意见部分或全部有不被采纳的可能,委托人的案件部分或全部有败诉的可能。

四、委托人应当真实、客观、全面、及时地向承办律师介绍案情,提供与委托代理事项有关的主体资料、证据及其他材料,并保证上述材料的真实性、合法性。

五、律师办案的进程受侦查、检察、审判、仲裁等机构及相关当事方的制约。

六、律师承办业务,须由律师事务所与委托人签订书面委托合同,按有关规定收取律师费。委托人应当按照委托合同的约定,按时、足额支付律师费。

委托人确认:承办律师已告知并充分释明我方上述事项,我方已了解告知书中所提示的内容。

委托人(签字或盖章):

年　月　日

尊敬的当事人:

此"签约须知"是××市司法局统一制作的,请您在与律师事务所签订委托协议之前,认真阅读以下内容,并按要求实事求是地将您选择的内容填在后面的括号内。此签约须知双方各执一份。

当事人聘请律师签约须知

一、您对协议书的内容是否明白?(明白或不明白)

二、律师承诺的事项是否都写在了协议书内?(是或不是)(说明:协议书以外的口头承诺是无效的)

三、律师是否向您承诺包打赢官司?(是或不是)

四、您对律师事务所的收费是否有意见?(有意见或无意见)(说明:如有意见请不要签订聘请律师协议)

五、律师是否告知您诉讼有风险?(已告知或没有告知)

六、律师有没有向您明示或暗示其与承办案件的警察、检察官或法官之间有特殊关系,而且可以通过不正当手段影响司法机关办案人员?(有或没有)

七、当事人不得要求律师从事违反法律规定的活动。

八、律师代理案件由律师事务所依照双方签订协议约定,统一向当事人收取代理费,并出具合法票据。办案律师不得私自向当事人收取任何费用,当事人也不得向办案律师交纳任何费用。

九、协议书编号、案由:

当事人(签名或盖章):　　　　承办律师(签名):

年　月　日

二、委托代理合同的几个设计要点

1. 选派出庭律师

合同约定,"甲方同意乙方根据案件分工,选派前述任一律师为出庭律师"。这一规定主要是为了防止在案件最终开庭的时候,合同约定的律师因客观原因不能出庭而可能导致的违约的情形。

2. 律师代理服务范围

合同第二条约定,"乙方委派律师代理服务范围为:一审(　);二审(　);审判监督程序(　);执行(　);一审、二审(如有)(　);一审、二审(如有)、执行(如有)(　);二审、执行(如有)(　)。

此条款中"如有"如何理解?我们将诉讼分为三个阶段,一审、二审和执行阶段,如果前两个阶段或者后两个阶段,甚至三个阶段一起代理,那么律师费只包括第一个,后面类似于免费代理,这就避免了当事人中途解除委托要求按比例退费的风险。

律师代理诉讼案件,将一审、二审甚至执行阶段一起打包代理的情况常有发生,如果在一审胜诉后对方没有上诉、或者一审调解结案,或者一审败诉后当事人要想更换律师,那么就有退费的风险存在。因为此种收费模式会产生歧义。律师代理费包含了一审、二审和执行,现在律师只代理了一审,如果案件没有二审或者律师没有代理二审,那么当事人主张退还未代理阶段的律师费不无道理。笔者之前也遇到过这样的情况,后来因律师费发生分歧到当地律师协会调解,最终或多或少退了一些代理费。所以,为避免纠纷发生,在关于代理服务范围的条款中增加了"如有",也可以理解为律师的代理费仅包括第一个阶段,一审或者二审,后面的阶段算是附带的工作。

3. 违约责任

合同关于"违约责任"约定,"如甲方擅自终止解除或不履行本合同(包括单方解除对乙方委派律师的委托,或另行委托代理人等),乙方除所收费用不予退还外,如乙方的实际工作量[案件的法律准备占整个律师代理总工作量的20%,案件分析(含当面咨询发表意见、完成诉状申请书的撰写、证据收集整理,视为完成本阶段工作)占总工作量的40%,诉讼仲裁方案(含口头发表意见或口头提供方案)占总工作量的30%,参加诉讼或仲裁占总工作量的10%]应得的律师费(律师费总额与实际工作量比之积)已超过实际已付款的部分,应由甲方补足"。

委托合同赋予了委托人的任意解除权,委托方可以随时单方解除合同,但需要赔偿受托人的损失,而这个损失怎么计算?怎么界定?那就要在合同中约定清楚律师的主要工作内容的权重和占比,合情合理而且清清楚楚,这样在发生纠纷以后,律师的损失就按照合同约定计算。但要注意,律师必须向当事人送达律师各个阶段的工作,邮件或者微信等电子方式都可以。包括:法律准备阶段的工作联系函、咨询沟通函、内部讨论等文书,案件分析阶段需要提供的证据清单、初步法律意见、起诉状或答辩状的初稿、法律法规检索、案例检索等,出具诉讼方案阶段的诉讼分析报告、诉讼服务方案、代理词等。律师最后出庭的权重只有10%,所以律师如果在接受委托后尽快完成前几个部分的工作内容,当事人违约后,律师不退费或者要求赔偿损失的概率就越大。

4. 风险代理条款

风险代理的比例比一般代理高很多,所以律师更要控制好作为代理人的风险:(1)在回收案款以后才支付的全风险代理费的计算依据和支付时间;(2)在胜诉以后就要支付的半风险代理费的计算依据和支付时间;(3)当事人擅自解除合同的违约责任;(4)当事人逾期付款的违约责任;(5)如果前期费用在后续风险费中抵扣，最后说明，风险代理费不足前期费用的，不再退回前期费用；(6)与当事人产生争议的解决方式最好约定仲裁。

合同提交当事人签字或盖章后，应当在当天就盖章、同时及时跟进当事人付款。

三、《诉讼案件风险告知书》

民事诉讼具有极强的专业性，同时诉讼周期较长，案件可能发生与初次沟通之时情况不同的变化，而当事人必定对诉讼结果有较大的期望和寄托，但是民事案件的复杂性也使诉讼结果具有较大的不确定性，如果律师不能提前将风险告知当事人，一旦出现了不利于当事人的情况，当事人往往很难接受。此时，当事人很可能对代理律师不满，甚至会投诉律师。笔者团队从未收到过此类己方当事人的投诉，一定程度上也归功于笔者团队会提前将风险告知当事人，因此律师在接案时应当通过接案笔录或者《诉讼案件风险告知书》的方式履行风险告知义务。

【示例2－13】《诉讼案件风险告知书》参考文本

××律师事务所

诉讼案件风险告知书

尊敬的委托人(甲方)：

为了充分维护您的合法权益，便于您谨慎地选择诉讼手段，降低诉讼成本，减轻诉累，根据有关法律规定，现将诉讼的风险告知如下。

诉讼是一种高成本的救济保障措施，每一个诉讼案件的启动，都意味着国家司法资源的分配与消耗，当事人为此要投入一定的费用，并存在负担诉讼成本的风险，为此，要慎重选择诉讼。

1. 诉讼请求不当的风险。诉讼请求不当，将导致未请求的部分得不到审理，诉讼请求过高的部分不予支持。诉讼请求的增加、变更或提出反诉，应在举证期限内提出，逾期则不予审理。

2. 诉讼主体不明确的风险。诉讼主体不明确，将导致法院不予受理或驳回起诉。

3. 管辖权不明确的风险。如当事人不明确,违反有关级别管辖或地域管辖的规定,被告可能提出管辖权异议,将导致审理时间长、不能尽快结案的风险。

4. 不按时交纳诉讼费用的风险。原告起诉、增加诉讼请求或被告反诉,当事人申请诉讼保全,不按时交纳诉讼费用,将导致不予审理或不予财产保全。当事人如确定的诉讼标的金额过高,未得到支持的部分费用应自行承担。

5. 送达不能的风险。原告提供的被告地址不符或不详导致法院无法送达起诉状副本和法律文书,应当公告,原告拒绝支付公告费用的,原告将承担不利后果,存在被视为撤诉甚至存在败诉的风险。

6. 诉讼时效超期或中断待定的风险。当事人自认诉讼时效未超期或时效中断待定,可能因时效问题败诉。

7. 超时提供证据的风险。超过举证期限提供证据的对方当事人不同意质证的,举证方应承担所主张事实不能认定,甚至败诉的后果。

8. 提交证据不真实的风险。如当事人提交虚假证据或变造、毁灭重要证据的,该证据除不被法院采信外,当事人还将承担败诉风险,还将因妨害民事诉讼被法院采取罚款、拘留等强制措施,情节严重的,可能构成犯罪。

9. 不能充分提供证据的风险。原告起诉或被告反诉,对自己提出的诉讼请求所依据的事实或反驳对方的诉讼请求所依据的事实有责任提供证据,没有证据或证据不足的,由负有举证责任的当事人承担不利甚至败诉的后果。

10. 不能提供原始证据的风险。向法院提供证据应当提供原件或原物,若证据系在境外(含港、澳、台地区),还应履行相应的证明手续,否则将导致证据无效的后果,提供证人证言的,证人须亲自出庭作证(除证人确有困难不能出庭的五种情形外),否则将导致证人证言不予采信的后果。

11. 申请评估、鉴定的风险。申请评估、鉴定的当事人,不按举证通知书的要求在规定期限内提出申请或不预交评估、鉴定费用或不提供相关材料的将承担不利或败诉的后果。

12. 必须亲自到庭的,开庭不按时出庭的风险。不按时参加法庭审理活动的,原告承担被视为撤诉的后果:被告承担缺席审理、举证不能的后果。

13. 申请法院调查取证的风险。申请法院调查收集证据的各方当事人,不按举证通知书的要求、不在规定期限内提出申请的,或经申请法院调取的证据不能证明申请人主张的,将承担不利甚至败诉的后果。

14. 一方下落不明的诉讼风险。一方下落不明,将导致审理时间延长、不能尽快结案的风险,还可能因无法当庭质证导致难以查清事实,甚至导致原告诉讼请求无法获得支持的风险。一方下落不明,有可能导致没有财产可供执行、又要承担诉讼费用的风险。

15. 一方没有财产的诉讼风险。一方没有财产,将导致财产保全不能实现而保全费用不退的风险,还会导致无财产可供执行的风险。

16. 单方解除或终止委托代理合同不退还律师费的风险。非因代理律师的原因委托人解除或终止委托代理合同或出现案外和解、撤诉等情况时,律师代理费不予退还。

17. 其他诉讼风险(由承办律师根据案件的实际情况口头告知委托人)。

18. 本所及律师不得收取证据原件,请委托人妥善保存。

19. 本所禁止律师私自收费或者在代理合同约定之外另行收取任何费用。

20. 本案可能发生的其他风险。

在告知您上述风险以后,如您愿意委托本所律师代理您的案件,本所律师将依据案件事实、证据、法律依法为您代理案件。律师对案件的诉讼结果不作任何承诺和担保。

上述提示,旨在提醒您,慎重运用诉讼手段,以减少不必要的诉累及经济损失。在委托代理合同签订前,您须认真阅读以上条款。

委托人仔细阅读后签字或盖章:

委托人(甲方):

年　月　日

第七节　案件建档并制作《诉讼案件跟踪记录表》

在与客户签订了《委托代理合同》后,双方委托关系正式建立,合同约定选派的代理律师需要进行分工协作,并为当事人建立案件档案。

一、组建诉讼案件专案组

在非诉业务中,经常组成各式各样的项目组。对于诉讼案件,也可以按照项目管理的方式去操作,用团队的力量去办案。诉讼案件专案组,可以考虑由主办律师、协办律师、法律秘书等以及当事人组成。

其中,主办律师由比较资深的律师担任,主要负责制定诉讼策略、出庭;协办律师主要负责梳理案件事实、法律检索、制作诉讼法律文书、与法院对接;法律秘书负责日常联络、资料整理和案件归档工作。

二、建立档案并制作《诉讼案件跟踪记录表》

基于诉讼精细化需要,诉讼案件项目组需要为客户建立详细的档案。首先,律师团队将全部诉讼案件采用电子档 + 纸质档结合的方式存档,双方主体材料、法院文书、起诉状/上诉状、答辩状、证据清单、证据扫描件、庭审笔录、代理词、各类申请文书、判决书均会扫描成 PDF(Portable Document Format,一种广泛应用的文档格式)电子档的形式存在电脑中,方便日常使用时查阅。其次,建立《诉讼案件跟踪记录表》。在制作结案材料时,也需要该表中的服务时间和服务内容。

【示例 2 - 14】《诉讼案件跟踪记录表》参考文本

诉讼案件跟踪记录表

合同编号			
案由		当事人	

续表

诉讼地位		联系电话	
管辖法院		审理程序	
立案时间		案号	
承办法官		法官电话	
举证期限		开庭时间	
开庭地点		出庭律师	
是否保全		是否公告	
办案思路	诉讼请求： 诉讼思路：		
起诉准备	办理事项：		
一审程序	办理事项：		
判决结果			
二审程序	办理事项：		
判决结果			
执行程序	办理事项：		
执行结果			
备注	办理事项：		

随着市场上各类法律管理应用系统层出不穷,有些律师事务所还有自己的OA(Office Automation,办公自动化)系统,极大便利了诉讼案件档案管理和团队项目协作,律师事务所案件管理中心在管理系统上对诉讼案件新建项目后,法律秘书随即进入项目完善案件信息,通过详细记录案件的审判信息、案件的关键期限、办理案件的律师团队,以及律师处理案件的进度,律师代理案件的每一个情况可以"一目了然""有迹可查",律师可以以此向委托人汇报案件进度,也可以进行内部案件转接,还可以进行案件复盘。

1. 录入信息

逐一录入委托人信息和案件审判信息:委托人的姓名/名称、联系电话、联系人等;案件审判信息,如管辖法院、案号、案由、审判人员信息、委托人诉讼地位等。

2. 导入诉讼项目参考文本

考虑到不同诉讼类型办案流程存在的差别,以及代理处于不同诉讼地位的当事人,其业务流程也存在差异,我们分别形成了"民事诉讼一审(原告)代理流程""民事诉讼一审(被告)代理流程""民事诉讼二审(上诉人)代理流程""民事诉讼二审(被上诉人)代理流程"。

法律秘书可根据案件类型、委托人诉讼地位选择并导入对应的诉讼项目参考文本。由于案件的差异性,若代理工作增加,则由项目负责人在该项目下的相应环节增加任务组及任务,如在民事诉讼一审程序中代理被告方时,被告方提起反诉。

3. 分类新建项目文件夹

区分案件事实材料、法律检索材料、案件程序性材料、律师办案材料分别新建文件夹,团队成员随时将代理案件过程中形成的材料按类别归档,以便查看案件材料。

关于办理案件的流程,在项目下导入诉讼流程参考文本后,团队成员对处理该诉讼案件的工作计划、工作流程更明确、清晰。

关于记录完成时间、完成内容,根据团队成员的分工,项目下细分的"任务"相应分配给不同团队成员,主办律师(在项目中可被称为或者任命为项目负责人)在"任务"中指定执行人的时候,同时确定完成任务的截止时间,主办律师即可以随时掌握团队成员是否完成任务、何时完成任务、完成哪些任务。任务执行人完成单个“任务”后勾选任务时，项目中会自动形成任务完成动态，同时任务分派人的手机等设备上也可以立即收到“任务完成”通知。

三、在与当事人正式建立委托关系后，如何维护好与当事人之间的关系

针对如何维护当事人关系的问题，笔者从实操层面简单归纳如下：

诉讼案件项目组组建后，主办律师会立即建立一个微信工作群，工作群里有1－2名协办律师和1－2名律师助理或法律秘书，群名称可以是“××纠纷专案组”或者“××案件工作组”。

建群要注意，只能有案件的当事人在群里，不要接受当事人邀请的其他人员进群。笔者曾经遇到过有的当事人把自己的亲友都邀请进群，一件事情多人讨论，甚至每天都有人询问案情，或者咨询问题，给律师增加很多不必要的工作量。真正面临决策的时候，大家意见不统一，当事人又不明确表态，给律师的工作造成了很大的障碍。

另外，有任何问题律师都要在微信工作群里沟通，特别是协办律师/法律秘书一般不要跟当事人私下聊案件相关信息，以免主办律师和助理或者法律秘书之间的信息不对称，当事人有任何询问或疑问，律师都要第一时间回复。

微信工作群可以说是律师与当事人联系的主要渠道，而律师建立和维持与当事人的信任关系基本上都是在代理案件过程中的接触和沟通中形成的，所以律师要特别注意在与当事人的沟通中表现律师的专业、敬业和效率，要让当事人感觉案子虽然不大，但律师一样的重视，一点也没有怠慢，甚至有好几位律师在尽心尽力服务，而且在服务的过程中，律师会严格按照精细化流程给当事人提供服务。比如：精细化流程中的每一项书面报告律师都会通过微信发送，等到有机会跟当事人见面的时候会让他们补签纸质文件。律师每一次内部讨论或者模拟法庭、调查取证、证据交换、参加庭审、庭后复盘也都会拍照同步发送给当事人，这个工作律师一般会安排律师助理或者法律秘书来做，让当事人知晓案件的进展情况。让当事人感觉律师在尽心尽力地为他服务，当事人才会感觉这个钱是花得值得的。一方面，只有这样，才能让律师的当事人看到律师做了多少事，并不像他们认为的律师不过就是去法院立个案、开个庭那么简单；另

一方面,如果将来发生纠纷,律师有充分的证据证明律师的委托代理工作是按约保质保量完成的。

当然,在群里律师一定要注意自己的言辞,不能有任何有违律师职业道德的言论,比如承诺结果、包打赢、“勾兑”法官或者疏通关系、与对方当事人联系等,否则,这也会为律师埋下“地雷”。

在整个诉讼服务的过程中,代理律师一定要重视当事人的服务体验感,提升当事人的感知质量,按照以下原则进行诉讼代理服务:(1)站在当事人的角度去看待问题,同情当事人的遭遇;(2)善于帮助当事人疏导负面情绪,让当事人有安全感和信任感;(3)在接待当事人和形成委托后律师态度要始终如一;(4)要经常与当事人沟通案件实体与程序方面的问题;(5)面对当事人的疑问应当及时回应并耐心解答;(6)让当事人随时知晓案件的推进过程和面临的新的问题和风险;(7)让当事人时刻感受到律师尽职尽责、尽心尽力的服务。

以上是在签订委托代理合同后建立微信工作群的一些办案规则和注意事项。委托人可随时单方解除合同,就需要我们进一步与当事人维持信任关系,因为这直接关系律师与当事人的合作能否顺利进行。

第八节　制作法律关系分析图和法律事实时间图

法律关系和法律事实是律师办理每一个案件的法律分析中首要的工作内容。但各个案件的情况不同,有的案件涉及的当事人人数众多,法律关系错综复杂,有的案件时间跨度较大,且在一定时间维度内都发生着许多足以影响案件的行为或事件。对于法律关系或法律事实,律师可能需要花费较多的时间才能将其清晰地呈现出来,但是,诉讼过程中,我们不仅要自己分析透彻,还要将这些内容陈述出来,特别是在庭审过程中在短时间内说服法官。对于较为复杂的案件,往往难以用语言、文字的方式高效快捷地达到目的。甚至律师本人研究透彻之后,稍过一段时间也会有所遗忘,再次梳理会浪费宝贵的时间成本。

笔者办理每一个案件都会制作可视化图表,这是一种化繁为简的思维方式。可视化图表能够通过图文结合的方式将复杂的法律关系表达出来。因为图表的表达往往比文字更容易让人理解和接受,对于繁杂的案件信息及复杂的法律关系或交易结构,或者证据复杂混乱、需要展现时间逻辑等情形,都可以通过可视化将内容直观明了化。

笔者在庭审时会将制作的可视化图表提交给法官,有的法官会一直将图表放在手上仔细地查看,并不时地对着图表翻阅卷宗、询问事实。甚至很多法官在审理案件时,自己也会简单地画出当事人之间的法律关系和事件的时间顺序。如果代理律师能为主审法官提前准备一份清晰的案件基本事实图、法律关系图并注明事实依据,这不仅会大大节省法官的阅卷时间,更可以直接通过图表向主审法官清晰地阐述案件事实以及代理意见,在赢得法官尊重和好感的同时,更为自己的当事人赢得更多的胜诉可能。

一、法律关系分析图

确定法律关系,是制定诉讼策略的第一步。在许多侵权纠纷、合同纠纷、婚姻家庭纠纷等案件中,随着案件的发展,会出现许多不同的当事人,也会产生不同的事实和法律关系。法律关系图则是将复杂的内容通过可视化图表的方式呈现出来,让人一目了然,能够帮助法官快速了解案情、锁定案件核心证据,尤其是对于案情、法律关系极为复杂的案件。

每一个案件都具有差异性,律师需要根据案件特殊性创作出适合的可视化呈现方式,故法律关系图没有固定的绘图模式,其目的是让法官看懂,并简化、清晰表达案件法律关系,将己方想表达的观点和核心证据在客观的图表中呈现。法律关系分析图中最重要的两项要素为法律主体要素和法律关系要素。

1. 确定法律主体要素

法律主体是每一个案件事实的重要内容,各主体在不同法律事件中必然会产生联系,由此产生不同的事实和法律关系。在制图时,需要将所有法律主体名称或代号按照核心顺序向下或向右延展,由此画出定点。要注意在同一张法律关系分析图中,在构画法律主体时应当尽量避免同一主体重复出现,否则法律关系图会显得过于复杂,且效率更低。

2. 确定法律关系要素

梳理案件全部事实,将法律主体(不限于案件当事人)、案件主要事实(不限于要件事实)和各方法律关系梳理出来。例如,借贷关系中可能存在的借款关系、保证关系、抵押关系;在代位受偿关系中存在的各级债权债务关系、建设工程关系中的承包关系、转包关系以及分包关系等。

根据已整理出的案件事实,将存在联系的各法律主体用线条串联起来,并用简单的文字解释此线条所代表的含义。例如支付借款、转让股权、提供担保、交付房屋等。

3. 连线+文字说明

首先,兼顾法律事实和时间顺序,用线条连接各个主体之间的法律关系,连线要注意减少框线的交叉和曲折,做到简洁明了、清晰美观。其次,可视化图表一定要与文字相结合,将重要信息(法律关系、时间、状态、金额、份额等)用简短的文字表述出来,全面展现案件的法律事实,便于受众快速理解。最后,进行美化和优化,将图示所要表达的内容更清晰、简洁地展现出来。这势必需要多次练习,方可培养可视化思维、提升可视化技术。

【案例2-6】

A公司通过起诉甲确定了A公司对甲享有280万元的债权,法院尚未执行到财产。A公司调查发现,甲在执行之前,将自己在××科技公司持有的70%股权(价值300万元)以1元的价格转让给了自己的母亲乙,并办理了登记手续。A公司认为甲、乙之间的行为侵害了自己作为债权人的利益,向法院起诉撤销他们的股权转让协议。

甲辩称:其与乙的行为没有侵害原告的利益,因为其向乙转让股权的行为实际上是以300万元的价格将股权转让给自己的哥哥丙,用于清偿其对丙应承担的300万元借款债务。甲、丙双方签署了《股权转让协议》和《债权抵偿股权款协议》,价格是公允的,不存在低价转让的情形。而股权转让后登记于乙名下是因为双方约定由乙代丙持有股权,丙为实际受让方。因为丙本来持有××科技公司30%股权,为避免××科技公司在70%股权转让后成为个人独资企业,故丙与乙签署了《股权代持协议》。

案件审理过程中，甲向人民法院申请追加丙为共同被告，追加标的公司为第三人。为了让法官同意追加申请，律师制作法律关系图向法官提交，可以让法官更快速地了解案件新事实。最终，法官同意了追加被告和第三人（见下图）。

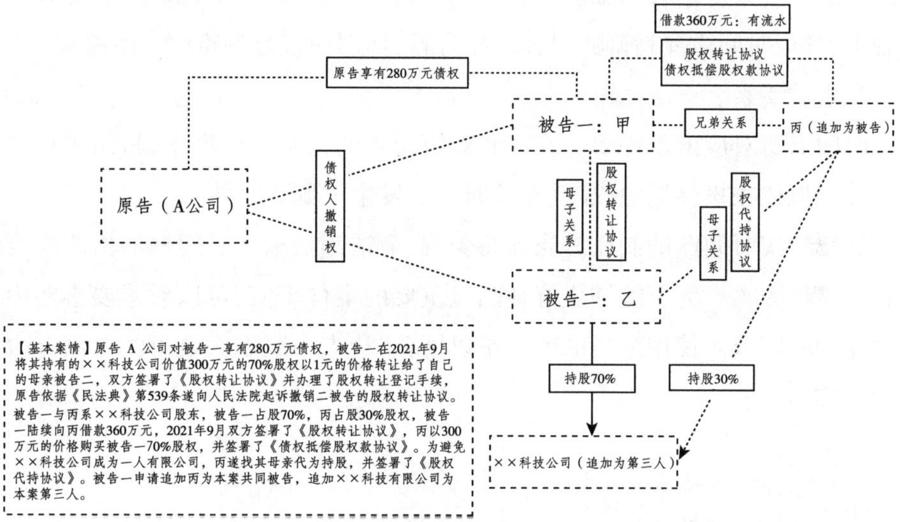

案例2－6 法律关系分析图

二、法律事实时间图

时间要素是案件的核心要素，事件、行为发生的时间点或先后顺序与许多案件的争议焦点密切相关，并且关系诉讼请求中的实体内容，如合同纠纷中违约金的起始时间点，租赁纠纷中租金支付的时间点、房屋占用费起始时间段，合同解除的时间节点，诉讼时效相关问题的判定等。

所以，笔者认为在民事诉讼案件中，律师需要制定法律事实时间图，将人物和事件按照时间顺序串联起来，形成一套完整的记录体系，从而将不同事实或法律关系的时间维度呈现出来，将疑难、复杂案件事实更简单、更清晰地呈现在法官或当事人面前。

法律事实时间图的构成相对简单，并未涉及太多复杂步骤。简单来说，主要是通过“时间轴线”将各个事件或关键事实根据先后顺序串联起来，从而构成一张清晰明了的法律事实时间图。法律事实时间图主要包含两项要素:轴线要素和事件要素。

1. 轴线要素

轴线可以是横线或是竖线,将抽象的时间概念以线条的形式展示出来,用轴线代表整个案件的时间轴。同时,应当将各个时间点按照先后顺序分布在时间轴上,各个时间点要精确到具体的年月日,切勿因进行省略而产生混淆。

2. 事件要素

时间点所对应的事件要填充在其对应位置的构画事件框中,将该事件以简洁的文字概述在事件框内,表明在该时间点发生了哪些事件。

法律事实时间图的制作应当保持美观、简洁和清晰。时间框的格式应当统一且以矩形为主。为了能够更好地凸显重要的案件事实,可以对重要事实内容及对应的时间节点使用醒目的颜色予以区分,让人一眼看去就可注意到其中的关键事实。

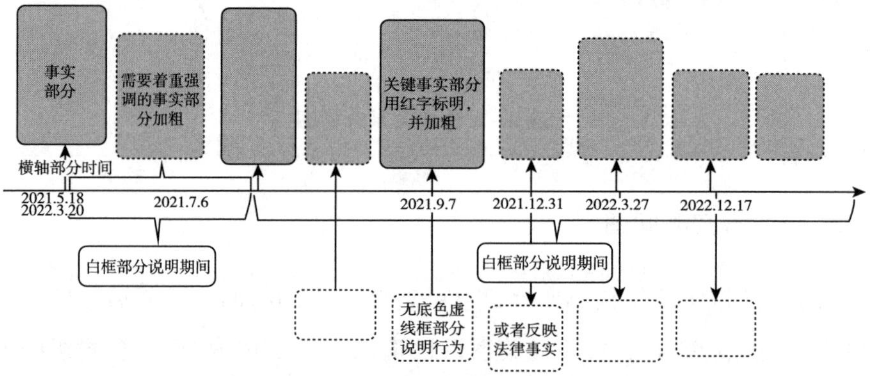

图 2-2　××××诉××××纠纷案法律事实时间图

【案例 2-7】

A 公司委托 B 公司建设某工程,双方签署了《施工框架协议》,确定 A 公司为发包人,B 公司为承包人,工程总造价暂计 2.2 亿元,建设工期为 420 日。协议签署后,B 公司随即进场施工,待土石方平场工程结束后,A 公司进行招投标，最终确定 B 公司中标，双方签署《建设工程施工合同》。B 公司已完成大部分工程建设后，A 公司未按照合同约定支付工程进度款，导致工程多次停工，遂 B 公司向人民法院提起诉讼，主张 A 公司未按照规定进行招投标，要求确认 B 公司提前施工的行为违反了法律、法规强制性规定，双方签署的《建设工程施工合同》系无效合同，A 公司应当向 B 公司支付已完工部分的全部工程价款，并承担违约金和停工损失赔偿金（见下图）。

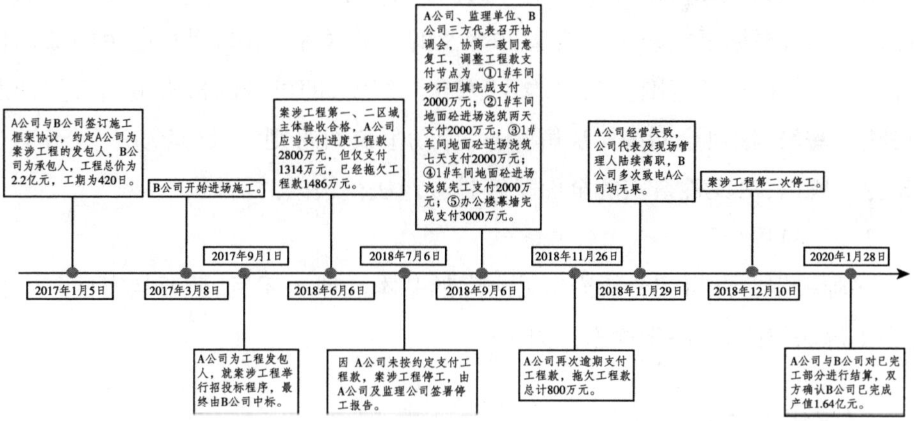

A 公司与 B 公司建设施工合同纠纷案法律事实时间图

第九节　法律法规汇编及案例检索报告

法律检索工作主要包括法律法规检索和案例检索。法律检索可以说是律师最基础、最重要的技能，在处理诉讼案件全过程中都能发挥极为重要的作用。

“工欲善其事，必先利其器。”学会对法律法规研究和案例检索是律师成长必经之路。法律检索对总结现有裁判观点、评估案件风险起到极大的帮助，可以更快速、更直观清晰地确定代理思路，而且能够判断案件的走向，对请求权基础、争议焦点、判决结果的预判能达到 80% 以上的准确率，甚至还能从法律检索中寻得新的案件突破点。

随着科技水平的发展,在当前"互联网+"时代,优秀的诉讼律师不再只依赖长期的办案经验,而是需要掌握多种办案技能和技巧。其中,法律检索能力和法律思维方式应当是律师成长的必修课。

一、法律法规检索

1. 整理事实

法律法规检索前,律师需要了解、挖掘案件事实。首先应当对案件事实进行全面了解,根据事实初步分析案件涉及的法律关系,据此判断适用的法律体系,确定法条检索的范围。例如,案件系合同纠纷,即可判断检索范围必然涉及《民法典》及民法典合同编司法解释;系劳动争议纠纷则涉及《劳动法》《劳动合同法》。所以,对案件事实的全面了解是进行法律检索的前提。

2. 识别问题

律师根据案件事实分析当事人之间的基本法律关系后,还要从案件基本情况中提炼法律问题,决定检索方向。

【案例2-8】

中扶公司与金龙公司达成协议,由中扶公司承包金龙公司安置房项目,中扶公司于2012年12月进场施工。依规定该项目属于必须招投标的建设工程项目。2013年9月,金龙公司对涉案项目进行招标,中扶公司中标,并签订建设工程施工合同。施工过程中因金龙公司长期拖欠工程款并导致工程停工。2015年5月,金龙公司以中扶公司拖延工期为由,通知中扶公司解除施工合同。

该案是典型的建设工程施工合同纠纷,中扶公司拟起诉并主张全部工程款及损失,假设作为中扶公司的代理律师,需要识别案件相关问题包括:(1)确定诉讼参与人是否具备诉讼主体资格;(2)确定案件的管辖;(3)建设工程施工合同的效力问题;(4)金龙公司是否享有合同解除权;(5)合同解除或无效后如何主张工程款和损失;(6)关于在建工程的优先受偿权问题。[1]

---

〔1〕 参见(2017)最高法民终766号。

3. 法条检索

检索内容不仅包括法律、行政法规、司法解释、各类司法文件(会议纪要、司法观点、答问),还包括地方性法规、部门规章、审判指导意见等。对于特定类型的案件,还应当检索行业协会的规定,例如,产品质量案件涉及的相关国家质量认定标准和行业标准,金融证券案件涉及的国家金融监督管理总局和各银行的监管政策、管理办法和内部工作流程规定等。

常见的检索工具有:北大法宝法律数据库、Alpha 法律数据库、无讼网案例库等。也可以提炼问题在微信平台内搜索,或者在百度等搜索引擎检索相关解答和文章,从中梳理并汇总相关的法律规定。

4. 形成汇编

律师查询或检索完案件有关的法律规定后,需要甄别其有效性,核查其时间效力是否与本案相符,然后提炼出与本案有关的具体条文进汇编。汇编过程中应当按照法律、行政法规、司法解释、地方性法规、审判指导意见等效力级别逐一编排,最终形成本案的法律法规汇编。

【示例 2-15】《法律法规整理汇编》参考文本

××××××与××××××之间×××××纠纷案
法律法规整理汇编

××××××人民法院:

贵院受理的××××××与××××××之间的×××××纠纷案,为方便贵院审理,现将本案所涉法律法规初步整理如下,以供贵院参考。

一、法律

1. ________________________________

2. ________________________________

二、行政法规

1. ________________________________

2. ________________________________

三、司法解释

1. ________________________________

2. ________________________________

四、部门规章、地方性法规

1. ________________________________

2. ________________________________

【案例2-9】

万泰可思公司是三款建筑设计计算机软件VertexBDV24.0、VertexBDV25.0、VertexBDV26.0的著作权人,Vertex软件系统正式在中国市场发布销售后,市场上暂无可替代软件产品,售价约17万元/套。万泰可思公司调查发现,一家名为"深圳市龙岗区加密狗科技商贸行"的阿里巴巴网上店铺未经其允许在网上低价批发该类建筑设计软件,价格在100-15000元。该店铺系个体工商户,经营者为贺某某。VertexCAD/PDMSystemsPtyLtd授权万泰可思公司对计算机软件维权,公证了相关侵权行为并向法院提起诉讼,要求贺某某立即停止侵权,并赔偿损失100万元。[1] 以此为例制定法律法规汇编。

万泰可思公司与贺某某侵害计算机软件著作权纠纷案
法律法规适用条款整理

深圳市中级人民法院:

贵院受理的万泰可思公司与贺某某侵害计算机软件著作权纠纷一案,为方便贵院审理,现将本案所涉法律法规初步整理如下,以供贵院参考。

一、法律

1.《中华人民共和国著作权法》(2020年11月11日修正)

---

〔1〕 参见(2021)最高法知民终1442号。

施行日期:2021 年 6 月 1 日

……

第三条　本法所称的作品,是指文学、艺术和科学领域内具有独创性并能以一定形式表现的智力成果,包括:

(一)文字作品;

(二)口述作品;

(三)音乐、戏剧、曲艺、舞蹈、杂技艺术作品;

(四)美术、建筑作品;

(五)摄影作品;

(六)视听作品;

(七)工程设计图、产品设计图、地图、示意图等图形作品和模型作品;

(八)计算机软件;

(九)符合作品特征的其他智力成果。

……

第十条　著作权包括下列人身权和财产权:

(一)发表权,即决定作品是否公之于众的权利;

(二)署名权,即表明作者身份,在作品上署名的权利;

(三)修改权,即修改或者授权他人修改作品的权利;

……

(六)发行权,即以出售或者赠与方式向公众提供作品的原件或者复制件的权利;

(七)出租权,即有偿许可他人临时使用视听作品、计算机软件的原件或者复制件的权利,计算机软件不是出租的主要标的的除外;

……

著作权人可以许可他人行使前款第五项至第十七项规定的权利,并依照约定或者本法有关规定获得报酬。

……

第五十二条　有下列侵权行为的,应当根据情况,承担停止侵害、消除

影响、赔礼道歉、赔偿损失等民事责任:

(一)未经著作权人许可,发表其作品的;

(二)未经合作作者许可,将与他人合作创作的作品当作自己单独创作的作品发表的;

(三)没有参加创作,为谋取个人名利,在他人作品上署名的;

(四)歪曲、篡改他人作品的;

(五)剽窃他人作品的;

(六)未经著作权人许可,以展览、摄制视听作品的方法使用作品,或者以改编、翻译、注释等方式使用作品的,本法另有规定的除外;

(七)使用他人作品,应当支付报酬而未支付的;

(八)未经视听作品、计算机软件、录音录像制品的著作权人、表演者或者录音录像制作者许可,出租其作品或者录音录像制品的原件或者复制件的,本法另有规定的除外;

(九)未经出版者许可,使用其出版的图书、期刊的版式设计的;

(十)未经表演者许可,从现场直播或者公开传送其现场表演,或者录制其表演的;

(十一)其他侵犯著作权以及与著作权有关的权利的行为。

第五十三条　有下列侵权行为的,应当根据情况,承担本法第五十二条规定的民事责任;侵权行为同时损害公共利益的,由主管著作权的部门责令停止侵权行为,予以警告,没收违法所得,没收、无害化销毁处理侵权复制品以及主要用于制作侵权复制品的材料、工具、设备等,违法经营额五万元以上的,可以并处违法经营额一倍以上五倍以下的罚款;没有违法经营额、违法经营额难以计算或者不足五万元的,可以并处二十五万元以下的罚款;构成犯罪的,依法追究刑事责任:

(一)未经著作权人许可,复制、发行、表演、放映、广播、汇编、通过信息网络向公众传播其作品的,本法另有规定的除外;

(二)出版他人享有专有出版权的图书的;

(三)未经表演者许可,复制、发行录有其表演的录音录像制品,或者通

过信息网络向公众传播其表演的,本法另有规定的除外;

（四）未经录音录像制作者许可,复制、发行、通过信息网络向公众传播其制作的录音录像制品的,本法另有规定的除外;

（五）未经许可,播放、复制或者通过信息网络向公众传播广播、电视的,本法另有规定的除外;

（六）未经著作权人或者与著作权有关的权利人许可,故意避开或者破坏技术措施的,故意制造、进口或者向他人提供主要用于避开、破坏技术措施的装置或者部件的,或者故意为他人避开或者破坏技术措施提供技术服务的,法律、行政法规另有规定的除外;

（七）未经著作权人或者与著作权有关的权利人许可,故意删除或者改变作品、版式设计、表演、录音录像制品或者广播、电视上的权利管理信息的,知道或者应当知道作品、版式设计、表演、录音录像制品或者广播、电视上的权利管理信息未经许可被删除或者改变,仍然向公众提供的,法律、行政法规另有规定的除外;

（八）制作、出售假冒他人署名的作品的。

第五十四条　侵犯著作权或者与著作权有关的权利的,侵权人应当按照权利人因此受到的实际损失或者侵权人的违法所得给予赔偿;权利人的实际损失或者侵权人的违法所得难以计算的,可以参照该权利使用费给予赔偿。对故意侵犯著作权或者与著作权有关的权利,情节严重的,可以在按照上述方法确定数额的一倍以上五倍以下给予赔偿。

权利人的实际损失、侵权人的违法所得、权利使用费难以计算的,由人民法院根据侵权行为的情节,判决给予五百元以上五百万元以下的赔偿。

赔偿数额还应当包括权利人为制止侵权行为所支付的合理开支。

……

2.《中华人民共和国民事诉讼法》(2023 年 9 月 1 日修正)

施行日期:2024 年 1 月 1 日

第七十二条　经过法定程序公证证明的法律事实和文书,人民法院应当作为认定事实的根据,但有相反证据足以推翻公证证明的除外。

二、司法解释

《最高人民法院关于审理著作权民事纠纷案件适用法律若干问题的解释》(2020 年 12 月 29 日修正)

施行日期:2021 年 1 月 1 日

第二条　著作权民事纠纷案件,由中级以上人民法院管辖。

……

第四条　因侵害著作权行为提起的民事诉讼,由著作权法第四十七条、第四十八条所规定侵权行为的实施地、侵权复制品储藏地或者查封扣押地、被告住所地人民法院管辖。

……

第二十四条　权利人的实际损失,可以根据权利人因侵权所造成复制品发行减少量或者侵权复制品销售量与权利人发行该复制品单位利润乘积计算。发行减少量难以确定的,按照侵权复制品市场销售量确定。

第二十五条　权利人的实际损失或者侵权人的违法所得无法确定的,人民法院根据当事人的请求或者依职权适用著作权法第四十九条第二款的规定确定赔偿数额。

人民法院在确定赔偿数额时,应当考虑作品类型、合理使用费、侵权行为性质、后果等情节综合确定。

……

三、行政法规

《计算机软件保护条例》(2013 年 1 月 30 日修订)

施行日期:2013 年 3 月 1 日

第七条　软件著作权人可以向国务院著作权行政管理部门认定的软件登记机构办理登记。软件登记机构发放的登记证明文件是登记事项的初步证明。

……

第八条　软件著作权人享有下列各项权利:

（一）发表权，即决定软件是否公之于众的权利；

（二）署名权，即表明开发者身份，在软件上署名的权利；

（三）修改权，即对软件进行增补、删节，或者改变指令、语句顺序的权利；

（四）复制权，即将软件制作一份或者多份的权利；

（五）发行权，即以出售或者赠与方式向公众提供软件的原件或者复制件的权利；

……

软件著作权人可以许可他人行使其软件著作权，并有权获得报酬。

软件著作权人可以全部或者部分转让其软件著作权，并有权获得报酬。

第二十四条　除《中华人民共和国著作权法》、本条例或者其他法律、行政法规另有规定外，未经软件著作权人许可，有下列侵权行为的，应当根据情况，承担停止侵害、消除影响、赔礼道歉、赔偿损失等民事责任；同时损害社会公共利益的，由著作权行政管理部门责令停止侵权行为，没收违法所得，没收、销毁侵权复制品，可以并处罚款；情节严重的，著作权行政管理部门并可以没收主要用于制作侵权复制品的材料、工具、设备等；触犯刑律的，依照刑法关于侵犯著作权罪、销售侵权复制品罪的规定，依法追究刑事责任：

（一）复制或者部分复制著作权人的软件的；

（二）向公众发行、出租、通过信息网络传播著作权人的软件的；

（三）故意避开或者破坏著作权人为保护其软件著作权而采取的技术措施的；

（四）故意删除或者改变软件权利管理电子信息的；

（五）转让或者许可他人行使著作权人的软件著作权的。

……

第二十五条　侵犯软件著作权的赔偿数额，依照《中华人民共和国著作权法》第四十九条的规定确定。

二、案例检索报告

在民事诉讼中,司法案例是标尺,是方法,是说服力。近年来,最高人民法院一直在强调类案检索的重要性,陆续出台了《关于进一步全面落实司法责任制的实施意见》《关于健全完善人民法院审判委员会工作机制的意见》《关于统一法律适用加强类案检索的指导意见(试行)》《关于建立法律适用分歧解决机制的实施办法》等审判指导规范,表明最高人民法院越来越重视案例检索,让法院对同等情形的案件审理能够同案同判,实现法律适用的统一。

1. 案例检索的重要性

(1)通过案例检索,可以弥补经验的不足,避免案件导向错误。

年轻律师在第一次接触某类案件时,缺乏相关办案经验,难以把法律知识与案件融合在一起,对案件风险预测和质量难以把控。那么,通过案例检索可以弥补经验的不足,避免对案件的导向错误。

(2)通过案例检索,可以对案件风险进行评估。

对检索的类案裁判观点的总结,可以较为明确地评估在办案件本身的风险,在全面细致的检索下梳理出各种于己有利与不利之处,对于案件代理者而言,能够较为全面地掌握案件存在的各种可能性;对于当事人而言,能使其较为清醒地认识自身案件存在的各种风险,从而不至于对承办律师作出各种相对无理的要求。

(3)通过案例检索,能够帮助律师明确代理思路和组织证据。

通过对各级法院对某一事实及法律问题的认定和解决方式进行梳理,可以较为快速地掌握涉案问题的最新裁判思路,寻找有利的法律与裁判观点,形成可行的案件代理思路,并组织相关证据。

(4)案例检索报告可以作为庭审辅助材料。

庭审前或开庭时向法院提交详尽的案例检索报告,在法庭调查及辩论时当庭简述与涉案问题有关的检索结论,在向法官提供案件裁判思路参考的同时,也提高了法官对承办律师的专业能力认可度。

2. 案例检索的来源

案例来源通常是网络公开信息平台,首先是裁判文书网,这是全国法院公布裁判文书的权威平台。另外，还有一些其他检索较为方便的市场化数据平台，如笔者推荐使用的北大法宝法律数据库、Alpha 法律数据库、无讼网案例库等。为了能够更加了解裁判文书作出的背景或法官的庭审风格，还可以通过中国庭审公开网观看案件的庭审过程。

3. 案例检索方法

(1)通过关键词检索案例。律师在熟悉材料后，首先要知晓案件的案由和案件的基本问题，这些问题当中往往蕴含着检索的关键词。关键词检索时首先输入案由关键词，再输入事实关键词。

【案例 2 -10】

李某与天权星公司签订了劳动合同，李某根据天权星公司的安排开展广告策划等工作。当事人与天权星公司签订合同后，天权星公司安排其通过直播或者抖音拍摄短视频等方式进行推广。李某工作时间不固定，天权星公司根据需要安排李某本人出镜，其余时间公司对其没有工作安排和工作要求。关于工资发放情况，天权星公司为其缴纳职工社保并按月发放工资。每月工资构成为底薪 + 提成，底薪 3000 元，提成为当月广告收入合同毛利的 50%。因天权星公司拖欠李某工资，故李某发函终止合同关系并起诉天权星公司支付工资及赔偿金。[1]

该案系劳动争议纠纷，案件的基本问题是关于网络主播与传媒公司之间法律关系的认定。对此类案件在检索类案时应当围绕是否属于劳动关系的认定在案件信息中提取关键词，如“案由：劳动争议”“主播”“直播”“传媒公司”“经纪合同”“劳动关系”“缴纳社保”“经济补偿金”等。

(2)通过法律规定检索。有些案件在查询案例时，律师已经检索了法律法规汇编，或者通过关键词检索案例确定了本案适用的核心法条。此时可以直接检索引用过该法条的案例。当然也可以通过关键词与法律条文相结合的方式缩小精确的检索范围。

---

〔1〕 参见(2021)渝 01 民终 5766 号。

【案例 2 - 11】

龙运天祥保洁服务有限公司(以下简称龙运天祥公司)与远融物业服务有限公司(以下简称远融物业公司)服务合同纠纷,经法院调解,远融物业公司向龙运天祥公司支付保洁费用 132,100 元。2019 年,龙运天祥向法院申请强制执行,但因远融物业公司无财产可供执行,裁定终结本次执行。远融物业公司的注册资本为 500 万元,张某柳认缴 300 万元,马某芬认缴 200 万元,出资期限为 2065 年 10 月 20 日。龙运天祥公司以远融物业公司的股东张某柳、马某芬未实缴出资为由,起诉追加二股东为被执行人。[1]

该案是申请人执行异议之诉,案件的基本问题是注册资本认缴制下未届出资期限股东的责任承担。对此在检索时可以直接引用法条进行检索,例如,"《最高人民法院关于民事执行中变更、追加当事人若干问题的规定》第十九条""《全国法院民商事审判工作会议纪要》第六条"。

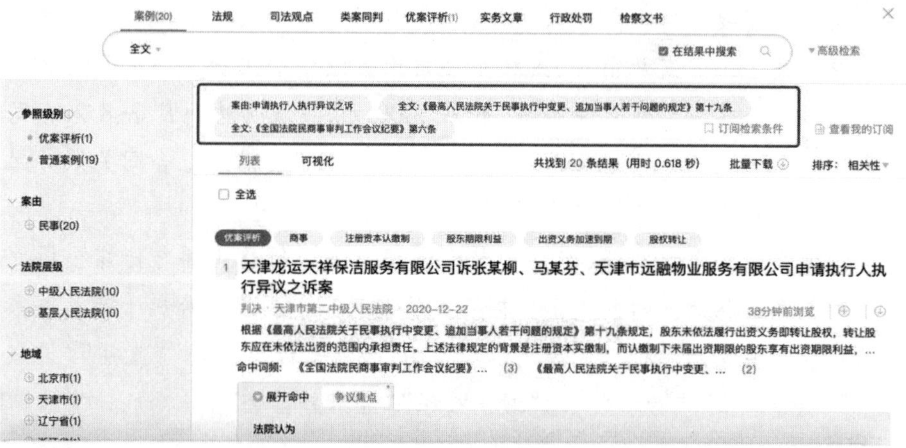

通过法律规定检索示例图

(3)关键词和法条检索是类案查询的核心内容,为了进一步精确检索范围和尽量减少与本案的差异,还可以根据需求通过检索工具对案例检索中的裁判

[1] 参见(2020)津 02 民终 5092 号。

地域、年份、审理程序、文书类型进行筛选，甚至可以具体检索某特定法院、某位承办法官审理过的类案。

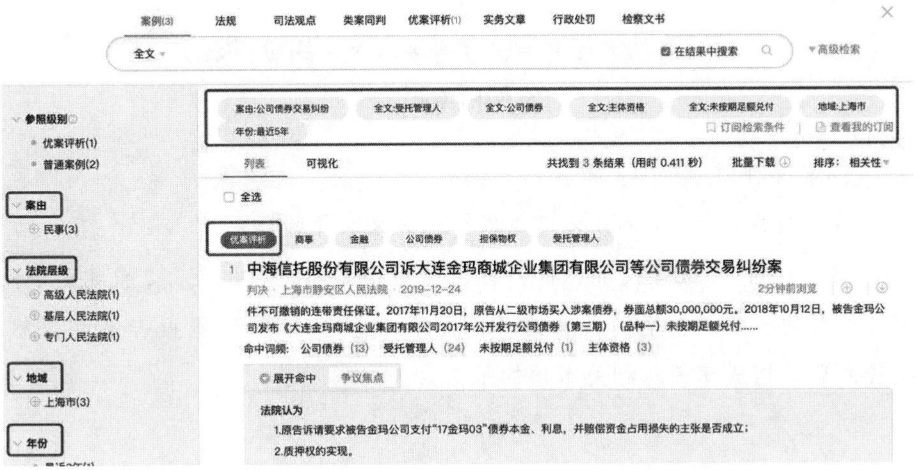

图 2－3　通过检索工具筛选类案示例图

4. 案例的选取注意要点

(1)案例要有针对性。选取案例第一标准是案例要有针对性，案例中的案件事实与待解决问题的要件事实要吻合，且案例的观点系完全对己方有利的观点。

(2)案例应已生效且未被撤销。检索报告呈现的案例必须是最终生效的案例，要特别注意的是，二审法院的案例不一定是生效案例，因为其可能已经经历了再审程序。

(3)应筛选对本案法院最有说服力的案例。优先选择公报案例、指导案例，然后选择上级人民法院的案例，以及审判法院曾作出判决的案例。如果此类案例数量较多，就需要进行筛选；如果案例数量适当，在制作检索报告时律师要对这些案例进行排序。无论何时，律师都要筛选出对审理法院最有说服力的案例。

5. 形成《案例检索报告》

【示例2-16】《案例检索报告》参考文本

××××与××××××××××纠纷一案

案例检索报告

一、检索主体及声明

(一)检索主体:××××律师事务 ×××律师

(二)声明:本报告仅供为贵公司研究讨论本案之目的使用,不得用作任何其他目的。鉴于各案例具有诸多不同事实等客观情况,本报告仅供参考,报告内容不构成律师对相关事项的承诺。

二、检索平台

(一)中国裁判文书网

(二)……

三、检索基准日

202×年××月××日

四、检索方法

(一)检索案由

(二)检索关键词

(三)检索法律条文

1. 法律法规

2. 地方性政府规章

3. 其他规范性文件

(四)检索地域:全国范围

(五)审理程序:×审程序

(六)文书类型:判决书

五、检索结果

六、案例支撑

序号	原告/上诉人	被告/被上诉人	案号	事实部分	法院认为	判决结果

附：案例判决书原文（略）

【示例2－17】《案例检索报告》

××××公司与王××、李×股东损害公司
债权人利益责任纠纷案案例检索报告

一、检索主体及声明

（一）检索主体：××××律师事务　×××律师

（二）声明：本报告仅供为贵公司研究讨论本案之目的使用，不得用作任何其他目的。鉴于各案例具有诸多不同事实等客观情况，本报告仅供参考，报告内容不构成律师对相关事项的承诺。

二、检索平台

（一）中国裁判文书网

（二）无讼网案例库

（三）Alpha法律数据库

三、检索基准日

2022年12月5日

四、检索方法

（一）检索案由

股东损害公司债权人利益责任纠纷

（二）检索关键词

人格混同　法人人格否定　股东　连带清偿责任

(三)检索法律条文

1. 法律法规

《中华人民共和国公司法》第二十条　公司股东应当遵守法律、行政法规和公司章程,依法行使股东权利,不得滥用股东权利损害公司或者其他股东的利益;不得滥用公司法人独立地位和股东有限责任损害公司债权人的利益。公司股东滥用股东权利给公司或者其他股东造成损失的,应当依法承担赔偿责任。公司股东滥用公司法人独立地位和股东有限责任,逃避债务,严重损害公司债权人利益的,应当对公司债务承担连带责任。

2. 地方性政府规章

无相应规定

3. 其他规范性文件

无相应规定

(四)检索地域:全国范围

(五)审理程序:二审程序

(六)文书类型:判决书

五、检索结果

认定公司人格与股东人格是否存在混同,最根本的判断标准是公司是否具有独立意思和独立财产,最主要的表现是公司的财产与股东的财产是否混同且无法区分。

财产混同,即股东和公司之间存在资金混同、财务管理不作清晰区分、债权债务不区分等情形。

业务混同,即股东和公司之间存在业务范围重合或大部分交叉,公司的交易行为、交易方式、交易价格等均由控制股东支配等情形。

人员混同,即股东和公司之间存在法定代表人、董事、监事、高管或其他管理人员相互兼任,员工大量重合等人事混同情形。

法院在认定股东与公司之间是否存在人格混同情形时,会综合考量以上三个因素,当关联企业人格混同严重到难以区分关联企业彼此时,法院会判决构成人格混同的公司对债务承担连带责任。

六、案例支撑

1. 朱××诉上海盛途二手车经纪有限公司股东损害公司债权人利益责任纠纷案[(2016)沪0106民初8467号]

法院认为:我国《公司法》通过第20条与第64条对公司法人人格否认制度予以规定,从实践来看,滥用公司法人独立地位和股东有限责任的情况多种多样,最普遍的现象之一就是本案所涉的股东人格与公司人格混同,这种混同不仅包括人员、机构、业务、财务、财产等的混同,还包括办公地址、办公用纸、电话或传真号码、网址、电子邮件地址等的混同,即通常所说的"一套班子,两块牌子"。具体到本案,原告的购车过程、被告与第三人的住所地、法定代表人、被告与第三人之间存在较频繁的基础关系不明的款项往来、由被告提交缺席庭审的第三人的财务信息等种种细节均显示被告与第三人存在明显的人格混同。

2. 原告北京斯普乐电线电缆有限公司诉被告德州锦城电装股份有限公司、第三人天津市日拓高科技有限公司股东损害公司债权人利益责任纠纷案[(2019)京03民终2577号]

法院认为:公司的人格独立和股东的有限责任是公司法制度的基石。但是公司作为法律拟制的主体,其自身意思表示的形成必须借助于履行特定程式的多数决。既然有规则遵循,就无法避免规则被滥用。控股股东利用其优势地位滥用有限责任制度,影响公司正常意思形成,使公司变为其自身人格的外观表达,如设立空壳公司、脱壳经营、虚假出资、母公司对子公司的人格滥用等,均会严重损害公司外部债权人利益。因此催生出公司人格否认制度对上述问题进行个案规制,揭开公司面纱,否认股东与公司各自独立的人格,让股东对公司债务承担共同连带责任。

公司法人格否认在适用标准上主要包括资本显著不足、人格混同、过度控制、公司形骸化,人格混同又细分为财产混同、业务混同和人事混同、场所混同。在理论上,过度控制,也有表述为"滥用控制权""不当控制"等,具体是指"公司完全由其背后的股东(包括个人股东和公司股东)控制或者支配,控制股东将自己的意思强加于公司之上,把公司视为实现自己目标的工具,其独立意思完全被股东个人或者母公司的意思取代,使公司丧失了自我意志、自我决策能力,成为完全没有自主行动的工具”。

3. 国发节能环保发展集团有限公司(以下简称国发节能公司)、北京国发机关后勤服务有限公司(以下简称国发后勤公司)等与国电光伏有限公司(以下简称国电光伏公司)股东损害公司债权人利益责任纠纷案[(2019)苏民终1528号]

法院认为:《公司法》第20条第3款规定,公司股东滥用公司法人独立地位和股东有限责任,逃避债务,严重损害公司债权人利益的,应当对公司债务承担连带责任。

国发节能公司、国发后勤公司与国发华企公司存在人格混同,应对国发华企公司对国电光伏公司的案涉债务承担连带清偿责任。首先,国发节能公司、国发后勤公司、国发华企公司的住所地、联系方式、高管人员、业务范围等存在混同或交叉的情形。其次,认定公司人格与股东人格是否存在混同,最根本的判断标准是公司是否具有独立意志和独立财产,最主要的表现是公司的财产与股东的财产是否混同且无法区分。从一审法院调取的国发华企公司五个银行账户的往来明细能够反映国发华企公司与国发节能公司、国发后勤公司之间存在大量资金往来,多数仅标注为转账、汇兑业务或往来款,未注明资金真实用途。国发华企公司收入被频繁、大额转出给国发节能公司、国发后勤公司。一审法院采信国电光伏公司对银行流水的核查意见符合客观情况,认定三公司财务混同并无不当。

附:案例判决书原文(略)

第十节　内部第一次讨论

内部讨论的目的是发挥团队优势,集思广益,提高为客户服务的水平和质量,避免案件办理过程中的风险和过错,特别是对于年轻律师来说,也是难得的学习方式。

一、会议召开前的工作

案件承办律师需要对案件的起诉状/答辩意见、代理意见等诉讼文书,证据资料,法律法规汇编,案例报告等资料进行归类整理,并提前将案件全部材料发给团队成员。同时需要简要归纳案件的争议焦点和需要讨论的问题,让团队成员先独立思考。

承办律师应提前拟定案件讨论提纲,提纲应当包括以下主要内容:(1)案情简介;(2)案件的主要争议焦点;(3)承办律师的代理思路;(4)需讨论解决的问题。

【示例2-18】

张某某诉周某1生命权、健康权、身体权纠纷案内部讨论提纲

一、案情简介

被告周某1系周某父亲。张某与周某系夫妻关系,两人于2018年登记结婚,张某与周某生育一女周某2。张某和周某带着周某2居住在位于某村庄的宅基地,周某1居住在涉案鱼池边的平房内,周某1有时也会带着年幼的周某2到自己家里照看。2019年某天,周某1将周某2带至涉案鱼池旁小院内,周某1在小院门口掰豆角,10多分钟回屋后发现孙女不见了,后在鱼池内发现孙女溺水。周某1发现后进行急救,终经抢救无效身亡。张某向法院起诉,要求周某1赔偿死亡赔偿金679,900元、精神损害抚慰金50,000元。[1] 律师将作为本案被告周某1的代理人参加诉讼。

二、主要争议焦点

(1)张某将周某2委托给周某1看护的行为是否构成委托监护关系?

(2)如构成委托监护关系,周某1的行为是否侵权?

(3)近亲属之间的侵权责任应当如何承担?

---

〔1〕 参见(2020)京0113民初427号。

三、代理思路

(1)法定监护人将未成年人委托给近亲属看护的行为构成委托监护关系,但法定监护职责并不因委托监护而发生转移。法定监护人对其他受委托监护人致被监护人伤害或死亡的,应当根据受托监护人的过错程度承担侵权赔偿责任。

(2)本案系近亲属间侵权案件,并非一般的侵权关系案件,而是基于家庭成员之间特殊身份关系的一种特殊的侵权关系。家庭成员之间以永久共同生活为目的,要求彼此之间互相帮助、互相关爱,同时应该对彼此的行为有一定的宽容与谅解,对家庭成员之间的侵权行为不能适用一般侵权责任中对主观过错的判断标准,而应严格限定在故意或重大过失情形下。

(3)在委托近亲属监护法律关系中,不能过分地增加受托人的责任而免除父母的责任。对于在委托监护期间造成被监护人死亡的后果,法定监护人自身应承担监护人责任。

四、需讨论解决的问题

(1)周某1在侵权过程中过错认定的衡量标准。

(2)致害行为发生时,周某1是否存在重大过失。

二、会议讨论程序

案件承办律师向参会成员介绍案情,详细讲述案件的事实经过及相关事项。各成员对与案情相关需要进一步了解的事实情况进行提问,承办律师对此进行补充。

案件承办律师向各成员汇报本案的诉讼策略、法律关系、诉讼思路以及证据运用情况,将归纳的案件争议焦点、案件难点以及需要讨论的问题告知各成员。

参会成员按照承办律师汇报的内容逐一发表意见,包括对承办律师总结的诉讼策略、诉讼思路、举证质证意见中存在的不同意见、存在的问题以及尚需补充的内容发表各自的意见,由大家共同讨论并得出结论。

经参会成员讨论,确定会后开展的工作安排,并落实相应工作的负责人。

案件承办律师要做好讨论过程中的书面记录。讨论结束时,也要将案件讨论结论记录下来，作为案件重要材料附卷归档。

三、会议召开后

承办律师将形成的《案件研讨会议记录》初稿发给各参会成员查阅、补充。参会成员将修改意见发给案件承办律师汇总调整后发由各参会成员签名，附卷保存。同时，在内部讨论案件后也应将会议照片及会议记录同步发送给案件当事人，以获得当事人的信任和认可。

【示例2－19】第一次案件研讨会议记录参考文本

××××××××与××××××××纠纷一案
第一次研讨会议记录

时间：　　年　月　日
地点：律所会议室
参会人员：
研讨内容：
一、关于案件事实
1. 案情介绍（简要描述案情）

2. 案情提问
问题一：
回答：
问题二：
回答：
二、案件的主要争议焦点和难点
1. 主要争议焦点

2. 难点

三、承办律师的思路

四、需要讨论解决的问题
问题一:
回答人及回答:
问题二:
回答人及回答:
五、总结:

六、会后工作安排
1.

负责人:

2.

负责人:

参会人员签字:

年　月　日

【示例2-20】第一次案件研讨会议记录

于某某诉北京太安居业房地产经纪有限公司
(以下简称太安居业公司)合同纠纷案
第一次研讨会议记录

时间:2020年11月30日
地点:律所会议室

参会人员:王××律师、李××律师、刘××律师、林××律师、蒋××律师

研讨内容:

一、关于案件事实

1. 案情介绍

2019年9月,于某某前往××公司的销售中心进行咨询,现场的销售人员告知于某某,××公司正在开发位于北京市大兴区的"南现代城"项目,上述项目的房屋正在预售,于某某缴纳服务费后可享受多项优惠。于某某以656,035元的价格购买上述房屋。后于某某在销售人员的帮助下签订《招商合同》,并向太安居业公司支付服务费20万元。之后,于某某得知上述项目中的房屋不可上市交易,不能分割成住宅对外出售。于某某要求太安居业公司退还已支付的服务费,遭到拒绝。因此诉至法院,请求判令撤销于某某与太安居业公司签订的《团购服务协议》,退还服务费20万元及利息损失。本案律师系在于某某起诉立案之后作为于某某的代理人。

2. 案情提问

问题一:房屋不能对外销售的具体原因是什么?

回答:房屋的建筑使用性质是工业厂房,非居民用房,不能分割成住宅对外出售,且未取得预售许可证。

问题二:于某某支付的服务费10万元是否属于购房款项?由居间公司收取还是开发商收取?

回答:服务费10万元不属于购房款,是销售中介公司收取的居间服务费。于某某向开发商支付了购房款656,035元,已与开发商达成调解。

二、案件的主要争议焦点和难点

1. 关于居间合同的效力问题,目的合同无效的情况下居间合同是否有效。

2. 若合同无效,居间人的责任承担方式是什么?若合同有效,于某某是否有权撤销合同?

三、承办律师的思路

1. 于某某与××公司签订《团购服务协议》,由××公司为于某某提供签订《招商合同》优惠服务,双方之间成立居间服务法律关系。但双方居间服务

的标的房屋属于建设在工业用地的工业厂房,不可上市交易,不能分割成住宅对外出售,法院认定上述房屋不符合商品房预售条件。房屋中介机构为没有取得商品房预售许可的房屋提供居间服务的,该居间行为实际损害了公共利益,故认定涉案《团购服务协议》无效。

2. 合同无效后,因该合同取得的财产,应当予以返还;不能返还或者没有必要返还的,应当折价补偿。有过错的一方应当赔偿对方因此所受到的损失,双方都有过错的,应当各自承担相应的责任。太安居业公司将未取得房屋预售许可证的房屋居间介绍给于某某购买,其对《团购服务协议》无效存在明显过错,××公司应退还团购费用并赔偿因合同无效而遭受的损失。

四、需要讨论解决的问题

问题:目的合同无效的情况下居间合同是否有效。

观点一:王律师、李律师认为居间合同有效。第一,居间合同是独立的有名合同、诺成性合同,与目的合同之间没有从属性,其成立与否并不以促成双方签订房屋买卖合同为要件。《合同法》(本案适用《合同法》)第52条规定了合同无效的5种情况,居间合同是否有效应该严格依照该条规定进行认定,即只要不违反法律法规禁止性规定,就不应轻易否认其效力。第二,居间合同成立以促成交易为要件,房产中介促成交易双方签订房屋买卖合同,居间即成功,可行使报酬请求权;房屋买卖合同最终是否履行与中介公司并无关系,因此居间合同有效。

观点二:刘律师、林律师认为居间合同无效。房屋交易程序复杂,房屋买卖合同的签署并不意味着房屋交易必然能够履行完毕。认定居间成功的条件:一是房产中介的居间行为直接使双方签订了房屋买卖合同,也就是行为与结果之间具有因果关系;二是交易双方签订的房屋买卖合同是真实有效的合同。如果房屋销售中介方不审查房屋出售方的情况,随意将房源介绍给买方,从表面上看,中介方完成了居间服务,一旦房屋出售方不具备资格,那么直接导致该居间合同、买卖合同无效。

蒋律师认为居间合同无效,目的合同无效分为相对无效和绝对无效两种情形。(1)如果目的合同损害国家利益、社会利益或者违反法律、行政法规的强制性规定，则该目的合同绝对无效、自始无效。此种情况下，居间合同亦涉及损害国家利益、社会利益或者违反法律、行政法规的强制性规定的相关因素，应认定为无效。(2)如果签订目的合同的双方恶意串通，损害特定第三人的利益，则属于相对无效合同。此时，目的合同的无效性并不必然及于居间合同，其效力判断应根据居间人的参与情况进行综合考量。在本案中，因双方签订的房屋买卖合同标的为未取得商品房预售许可的小产权房，其行为侵害公共利益，所签订的合同属于绝对无效合同，其居间合同标的亦是该小产权房，所以属于无效合同。

五、会后工作安排

1. 查询目的合同无效情形下居间合同是否有效的相关案例。

负责人：刘律师

2. 与当事人再次沟通并组织补充证据，向相关行政部门调取案涉房屋用地性质及未取得预售许可证据。

负责人：王律师、李律师

参会人员签字：

年　月　日

第十一节　根据诉求提供法律分析报告

民商事诉讼代理中，律师出具的法律分析报告能够便于当事人了解案件的法律性质、可能的法律风险和可能的诉讼结果，往往关乎着当事人的重大利益决策。因此，律师在起草法律分析报告时应当慎重，一定要收集详细案件材料，经过充分调查论证。必要时依基础事实作出假设，规避风险。但不得出具存在虚假事实、存在严重误导性内容或者有重大错误、重大遗漏、适用法规不当的法律意见。

出具一份高质量的法律分析报告，不仅需要律师具备审慎负责的工作态度,还需要律师进行科学合理的谋篇布局,需要律师在收集整理详尽的案件材料的基础上进行事实认定,依基础事实作出假设、风险预测、法律论证等,最终出具相关的法律分析报告。法律分析报告主要由以下五部分内容组成。

1. 案情概述

律师需要对案件的基本情况进行详细描述,包括案件的主要事实、当事人的主要诉求、案件的法律性质等,案情概述的书写应充分反映案件事实的真实性,力求全面,案情中的时间、地点、人物、事件等不可遗漏。这是法律分析报告的基础,也是律师进行法律分析的出发点。

2. 主要事实依据

注重案情的事实细节并予以全面分析,分析案件材料中的关键事实,并以此分析事实与当事人的诉求及相关法律规定、法律理论之间的逻辑关系。

3. 主要法律依据

律师根据案件的事实,查阅与案件情况、当事人诉求及法律关系具有密切联系的相关法律法规、司法解释、判例等。

4. 法律分析意见

对案件的法律分析能帮助当事人了解律师清晰的办案思路、准确把握案件的处理结果。在对诉讼案件进行深入的法律分析时,应当围绕当事人提出的诉求开展,根据事实依据和法律依据论证当事人的诉讼主张是否具有充足的依据。同时应当对案件可能存在的法律风险进行提示,包括案件的证据问题、法律适用问题、诉讼程序问题等。在分析时,应当先将不同的论点、难点进行单独罗列再开展法律分析、论证,并提出相应的应对策略。应对策略包括证据收集和保全、诉讼程序选择、诉讼请求的提出等,并根据当事人的诉求和案件的具体情况,提出最符合当事人利益的诉讼策略。

5. 律师声明

律师需要对法律分析报告的真实性、合法性进行声明,律师声明的内容通常包括免责声明、关于所涉法律依据的声明、履责的声明、有关资料情况的声明以及使用目的的声明等各类声明。根据《律师执业管理办法》第 32 条的规定,律师出具法律意见,应当严格依法履行职责,保证其所出具意见的真实性、合法性,并就法律分析报告使用产生的责任承担予以限制或者说明。

总的来说，民商事诉讼代理中律师的法律分析报告是律师为当事人提供法律服务的重要环节。律师需要根据当事人的诉求，提供全面、准确、专业的法律分析报告，以便当事人了解案件的法律性质、可能存在的法律风险和可能发生的诉讼结果，从而作出最符合其利益的决策。

【示例2－21】法律分析报告参考文本

××××××与××××××的××××××××合同纠纷一案

法律分析报告

尊敬的××××：

××××律师事务所为中华人民共和国司法行政机关依法批准、合法设立的在中华人民共和国境内具有从事法律服务资格的律师执业机构。现本所应要求，指派本所律师×××就××××××与××××××纠纷案的相关问题，出具本初步法律分析报告。

一、本所律师出具本报告的主要事实依据

（一）

（二）

（三）

二、本所律师出具本报告的主要法律依据

（一）

（二）

（三）

三、事实及理由

（一）

（二）

（三）

四、本所律师发表之初步法律分析意见

（一）

（二）

(三)

五、声明与承诺

(一)本报告所载事实来源于本报告出具之日前贵司的陈述和贵司提交的相关材料。贵司应保证,已向本所律师提供了出具本报告所必需的全部有关事实材料,并且提供的所需文件均真实、合法、有效、完整,无任何虚假记载、误导性陈述或重大遗漏,文件上所有的签名、印鉴均为真实,所有的复印件或副本均与原件或正本完全一致。若在本报告出具后,贵司发现新的证据材料或者案件有新情况发生,请及时与本所律师联系,本所律师将根据新的证据材料和新的进程重新制作法律分析报告。

(二)本报告中对有关对账单、财务报告、处理意见报告中某些内容的引述,并不表明本所律师对该等内容的真实性、准确性、合法性作出任何判断或保证。

(三)本报告仅根据并依赖于本报告出具之日前公布并生效的相关法律、法规,并参照部门规章等出具。本所不能保证在本报告出具之后所公布生效的任何法律、法规、规章对本报告不产生影响。

(四)本所律师已经严格履行了法定职责,遵循了勤勉、尽职、诚信的执业原则,由于报告的出具涉及对法官自由裁量权的评价,而法官依据自由裁量权最终作出何种判决并非律师所能掌控。因此,本法律分析报告不对本案构成任何形式的承诺或担保。

(五)本文件仅应贵司要求,供贵司参考,切勿外传。

××××律师事务所

执业律师:

执业律师:

年　月　日

【示例2－22】《法律分析报告》

中海信托股份有限公司与大连金玛商城企业集团有限公司（以下简称金玛公司）之间的债券交易纠纷一案法律分析报告

尊敬的中海信托股份有限公司：

××××律师事务所为中华人民共和国司法行政机关依法批准、合法设立的在中华人民共和国境内具有从事法律服务资格的律师执业机构。现本所应中海信托股份有限公司要求，指派本所律师×××律师、×××律师就本案××××纠纷案的相关问题，出具本初步法律分析报告（以下简称法律分析报告）。

一、案件概述

2017年10月，金玛公司发行“17金玛03”债券，起息日为2017年10月12日，兑付日为2021年10月12日，年利率7.3%，实际发行金额共计3.15亿元，按年计息，到期一次还本，光大证券公司系受托管理人。中海信托股份有限公司从二级市场买入该涉案债券，券面总额30,000,000元。2018年10月12日，第一次兑付日金玛公司未能按约支付系争债券利息。嗣后，光大证券公司召开债券持有人会议，全体债券持有人授权光大证券公司代表其行使担保权。光大证券公司与金玛公司签订《股权质押合同》，约定金玛公司为“17金玛03”债券提供股权质押担保，质押权人为光大证券公司。后金玛公司一直未能按约支付到期利息。债券持有人中海信托股份有限公司（以下简称中海信托）拟对发行人金玛公司提起诉讼。

二、出具本报告的主要事实依据

（一）2017年11月20日，中海信托买入涉案债券，券面总额30,000,000元。

（二）《募集说明书17－03》约定“17金玛03”债券，起息日为2017年10月12日，按年计息。“17金玛03”债券应于2018年10月12日支付2017年10月12日至2018年10月11日利息（第一期利息），但金玛公司未能按约支付系争债券利息。

（三）管理人光大证券公司召开债券持有人会议，通过《关于宣布“17金玛03”债券本息立即到期应付的议案》等议案,该期全体债券持有人授权第三人代表其行使担保权。

(四)在债券违约事项发生后,管理人光大证券公司代表全体债券持有人对金玛公司及其股东王某和其所持有的大连振富房屋开发有限公司、大连亿享生活商业有限公司、大连金玛康养旅游管理有限公司、大连金石唐风国际温泉会馆有限公司、大连金玛商品批发城有限公司、大连宏运峰房地产开发有限公司、大连金鼎置业有限公司的部分或全部股权作了质押登记,光大证券公司为质押权人。

三、出具本报告的主要法律依据

(一)《民法典》第577条规定:当事人一方不履行合同义务或者履行合同义务不符合约定的,应当承担继续履行、采取补救措施或者赔偿损失等违约责任。

(二)《民法典》第584条规定:当事人一方不履行合同义务或者履行合同义务不符合约定,造成对方损失的,损失赔偿额应当相当于因违约所造成的损失,包括合同履行后可以获得的利益;但是,不得超过违约一方订立合同时预见到或者应当预见到的因违约可能造成的损失。

(三)《全国法院审理债券纠纷案件座谈会纪要》第18条规定:登记在受托管理人名下的担保物权行使。根据《最高人民法院关于〈国土资源部办公厅关于征求为公司债券持有人办理国有土地使用权抵押登记意见函〉的答复》的精神,为债券设定的担保物权可登记在受托管理人名下,受托管理人根据《民事诉讼法》第196条、第197条的规定或者通过普通程序主张担保物权的,人民法院应当予以支持,但应在裁判文书主文中明确由此所得权益归属于全体债券持有人。受托管理人仅代表部分债券持有人提起诉讼的,人民法院还应当根据其所代表的债券持有人份额占当期发行债券的比例明确其相应的份额。

(四)《最高人民法院关于适用〈中华人民共和国民法典〉有关担保制度的解释》第4条规定:有下列情形之一,当事人将担保物权登记在他人名下,债务人不履行到期债务或者发生当事人约定的实现担保物权的情形,债权人或者其受托人主张就该财产优先受偿的，人民法院依法予以支持：(1)为债券持有人提供的担保物权登记在债券受托管理人名下；(2)为委托贷款人提供的担保物权登记在受托人名下；(3)担保人知道债权人与他人之间存在委托关系的其他情形。

四、初步法律分析意见

(一)中海信托有权起诉要求支付“17金玛03”债券本金、利息，并赔偿资金占用损失。

金玛公司未能按约支付利息，依据《募集说明书》“发行人未能按约支付债券本息，认购人有权要求发行人提前清偿全部债权本息”的约定，中海信托有权要求被告金玛公司提前履行还本付息的义务。同时，债券持有人会议通过的议案已经宣布系争债券项下全部本息自议案通过之日起立即到期，要求清偿本息。该议案的内容是全体债券持有人共同向金玛公司主张权利，要求构成违约的债券发行人提前履行还本付息义务，并不违反法律的规定。对于涉案债券提前到期后，因被告金玛公司不能清偿本息而继续占用资金所造成的损失，债券持有人可以向金玛公司主张。

《全国法院审理债券纠纷案件座谈会纪要》确定债券违约合同纠纷案件，应当以债券受托管理人或者债券持有人会议推选的代表人集中起诉为原则，以债券持有人个别起诉为补充。本案中，债券持有人会议通过的决议特别约定，任何债券持有人对受托管理人的授权，不影响其他债券持有人以自身名义采取相关行动。因此，本案原告作为案涉债券的持有人，可以以自己名义单独采取相关行动，其具备诉讼主体的资格。

(二)关于质押权的实现。

根据《股权质押合同》的约定，金玛公司未能按约偿还债券本息，作为质押权人的管理人有权依法处分质押股权及其他派生权益，所得款项及权益用于清偿“金玛债券”持有人的债券本金、利息及其他应付款项，该约定符合法律规定。涉案股权出质登记的质权人均为管理人光大证券公司，故光大证券公司有权依法处置质权，以所得款项及权益按比例优先清偿“金玛债券”持有人的债券本金、利息及其他应付款项。在公司债券交易中，因债券持有人众多难以登记等情况,将担保物权登记于受托管理人名下系该行业的一种常见商业模式。根据《最高人民法院关于适用〈中华人民共和国民法典〉有关担保制度的解释》第4条"有下列情形之一,当事人将担保物权登记在他人名下,债务人不履行到期债务或者发生当事人约定的实现担保物权的情形,债权人或者其受托人主张就该财产优先受偿的,人民法院依法予以支持:(一)为债券持有人提供的担保物权登记在债券受托管理人名下……"之规定,法律对于担保物权委托"代持"予以了肯定,在债券持有人(即实际担保物权人)自行起诉时,其亦有权依法主张担保物权,并就所得价款优先受偿。故中海信托有权以其所持有的"17 金玛 03"债券本金占质押物所担保的全部"金玛债券"本金的比例(即1.5%)要求在处置质权所得款项及权益时以该比例优先清偿债券本息。

五、律师声明

(一)本法律分析报告所载事实来源于贵司的陈述和贵司提交的相关材料。贵司应保证,已向本所律师提供了出具本法律分析报告所必需的全部有关事实材料,并且提供的所需文件均真实、合法、有效、完整,并无任何虚假记载、误导性陈述或重大遗漏,文件上所有的签名、印鉴均为真实,所有的复印件或副本均与原件或正本完全一致。若在本法律意见书出具后,贵司发现新的证据材料或者案件有新情况发生,请及时与本所律师联系,本所律师将根据新的证据材料和新的进程重新制作法律分析报告。

(二)本法律分析报告中对有关证据中某些内容的引述,并不表明本所律师对该等内容的真实性、准确性、合法性作出任何判断或保证。

(三)本法律分析报告仅根据并依赖于本法律分析报告出具之日前公布并生效的相关法律、法规,并参照部门规章等出具。本所不能保证在本法律意见书出具之后所公布生效的任何法律、法规、规章对本法律意见书不产生影响。

(四)本所律师已经严格履行了法定职责,遵循了勤勉、尽职、诚信的执业原则,由于本意见书的出具涉及对法官自由裁量权的评价,而法官依据自由裁量权最终作出何种判决并非律师所能掌控。因此,本法律意见书不对本案构成任何形式的承诺或担保。

（五）本报告仅应贵司要求，供贵司参考，切勿外传。

××××律师事务所

执业律师：×××律师

执业律师：×××律师

年　月　日

第十二节　收集整理证据材料

在民商事诉讼中，证据的收集和整理是决定案件胜负的关键因素之一。官司的输赢，诉讼的成败，往往取决于当事人双方证据的较量。因此，证据的收集、整理和运用成了诉讼中一项极为重要的工作。但证据从来不会从天而降，所以律师在接受委托后，首要的工作就是全面了解案情，并根据当事人的诉求和自己制定的诉讼策略，科学、合理地收集和整理证据，以保障当事人的合法权益。

一、民事诉讼案件证据收集的五个原则

围绕诉讼请求或抗辩理由、法律关系、特殊要求收集证据，借助司法救济手段收集证据，同时，预先设计庭审发问，以补救己方欠缺的证据。

（1）客观性原则。证据的收集必须客观真实、全面完整，应当真实反映事实，不得捏造、篡改或者歪曲事实。

（2）合法性原则。证据的收集必须在法律允许的范围内进行，不能侵犯他人的合法权益，也不能违反法律规定。

（3）关联性原则。收集的证据必须与案件事实相关，与案件无关的证据不能作为证据使用。

（4）程序性原则。收集和提供证据必须符合法定程序要求。

(5)及时性原则。证据的收集应当及时进行,不能拖延时间,以免证据丢失、损坏或者失去效力。

二、民事诉讼案件的证据种类及收集证据的注意事项

证据的法定种类即《民事诉讼法》第66条明确规定的证据种类。我国民事诉讼的法定证据包括当事人陈述、书证、物证、视听资料、电子数据、证人证言、鉴定意见和勘验笔录,收集这八类证据的注意事项笔者归纳为以下几个方面。

1. 当事人陈述

当事人陈述是指当事人在民事诉讼中向法院所作的与案件事实有关的言辞或陈述,属于证据的范畴。但从证明力的角度来看,当事人的陈述作为一种证据,其证明力较小,不能单独作为定案根据。如果案件仅有当事人的陈述而没有其他证据证明,并且对方当事人也没有作出认可,则其主张将无法获得支持。

2. 书证

书证是指以文字、符号、图案等记载和表述的思想内容来证明案件事实的证据。在民事诉讼中,书证具有较强的证明力,是最主要的证据。其往往是在民事行为过程中形成的,能够有效、直接地证明客观事实,如结婚证、公证书、书面约定、保证书、借条、合同、票据、往来函件等。而且,大多数书证会有双方签字、盖章等方式予以确认,因此书证的可信度较高,是最直观的证据类型。

在收集书证时,应当遵照原件优先原则执行,要求当事人提供书证原件,根据2019年《最高人民法院关于民事诉讼证据的若干规定》第90条的规定,无法与原件、原物核对的复制件、复制品不能单独作为认定案件事实的根据。而在法定例外情形下提交的书证复印件,其证明力也会受到影响。

【案例2-12】

再审申请人陶某与被申请人安侨置业公、同越公司劳务合同纠纷一案,在一、二审诉讼过程中,提交了安侨置业公司自愿代同越公司支付民工工资

的声明作为证据,要求安侨置业公司支付民工工资,但其仅提交了声明的照片打印件。因未提交原件核对,原审认为该证据不能作为认定案件事实的证据,驳回了陶某的主张。陶某申请再审过程中,提交了声明原件作为新证据,再审法院认为足以影响二审判决认定的事实,裁定再审本案。[1]

3.物证

物证是利用物的外在特征如形状、质量、痕迹等物理特征来证明案件事实的证据,外在特征包括物理存在、形状、痕迹、质量等物理特征。在证据提交规则方面,物证与书证相同,应当提交原物。在诉讼中,物证的提供,有时可能存在证据形式转化的情形,如:2019年《最高人民法院关于民事诉讼证据的若干规定》第12条规定,以动产作为证据的,应当将原物提交人民法院。原物不宜搬移或者不宜保存的,当事人可以提供复制品、影像资料或者其他替代品。人民法院在收到当事人提交的动产或者替代品后,应当及时通知双方当事人到人民法院或者保存现场查验。2019年《最高人民法院关于民事诉讼证据的若干规定》第13条规定,以不动产为证据的,应当向人民法院提供该不动产的影像资料。人民法院认为有必要的,应当通知双方当事人到场进行查验。

4.视听资料

视听资料分为录音资料和影像资料,如×光片。录音笔、MP3、数码相机、手机、监控录像等记录下来的录音、录像等都属于视听资料。首先,需要保存好视听资料的原始存储载体。其次,尽管民事诉讼法律及司法解释没有要求将视听资料中的音频内容附带翻录文字,但在实践中,将视听资料的内容以文字记录的方式翻译下来且在重点部分加粗高亮并向法院提交,往往具有更好的证明效果。

在视听资料的收集过程中,难免会出现未经对方同意私自录制视听资料的情况,那么偷拍偷录的视听资料是否属于合法证据呢?2022年《最高人民法院关于适用〈中华人民共和国民事诉讼法〉的解释》第106条规定:"对以严重侵害

---

〔1〕 参见(2021)鲁民申11204号。

他人合法权益、违反法律禁止性规定或者严重违背公序良俗的方法形成或者获取的证据,不得作为认定案件事实的根据。”根据最高人民法院判例,未经对方同意私自录制的视听资料原则上可以作为证据使用。但是,若是以窃听方式、或者明令禁止使用的针孔摄像机、或者侵犯他人隐私权利而取得的视听资料,则属于违反法律禁止性规定或者严重违背公序良俗的方法形成或者获取的证据,不能作为证据使用。

【案例2-13】

本案再审过程中,再审申请人张某武向法院提交其女儿张某录制的张某武与陈某雄于2012年6月16日下午2时50分在广东省深圳市洲宾馆一楼大堂咖啡厅的谈话录音。关于张某武提交的录音证据及证人证言能否采信问题,法院认为,该份录音证据是张某武与陈某雄就《合作协议》相关款项的支付产生争议后双方沟通谈话的真实记录,其取得并未侵害陈某雄或其他人的合法权益,也未有违反法律禁止性规定或违背公序良俗的情形。故该录音证据可以作为认定本案相关事实的依据。[1]

【案例2-14】公司在向员工配发的手机中安装窃听装置

员工江某于2019年7月入职,仅仅2个月就提出离职。这家公司向劳动争议仲裁委员会申请仲裁,要求江某赔偿其商业经济损失、培训费用损失等共计16万余元,仲裁委员会裁决,江某支付公司14万余元的损失。江某不服,向一审法院起诉请求其无须支付。公司认为,江某存在“飞单”的行为,也就是说,江某通过公司拿到订单后放在别的公司做。成交金额为36万元,造成了公司的利益损失,按照员工手册的规定,应按成交价的40%追究赔偿责任,公司向法院提交了通话录音、微信聊天记录,因为江某工作使用的手机是公司配置的,公司事先安装了窃听装置。一审、二审法院认为,公司的确享有工作手机的所有权,但是并未明确告知江某公司对运用该手机的通话进行了录音并恢复了手机数据,故对该证据的合法性不予认可。同时,法院认为,即便公司已经告知并取得了江某的同意进行录音,但恢复

---

〔1〕 参见最高人民法院(2015)民提字第212号。

的电话录音仅为部分内容。录音中的确存在江某要“飞单”的言语，但在没有其他佐证材料的情况下，该录音尚不足以证明江某确实存在“飞单”的行为且给公司造成了严重损失。

5. 电子数据

电子数据是指通过电子邮件、电子数据交换、网上聊天记录、博客、微博客、手机短信、电子签名、域名等形成或者存储在电子介质中的信息。2019 年《最高人民法院关于民事证据的若干规定》第 14 条规定，电子数据包括下列信息、电子文件：(1)网页、博客、微博客等网络平台发布的信息；(2)手机短信、电子邮件、即时通信、通讯群组等网络应用服务的通信信息；(3)用户注册信息、身份认证信息、电子交易记录、通信记录、登录日志等信息；(4)文档、图片、音频、视频、数字证书、计算机程序等电子文件；(5)其他以数字化形式存储、处理、传输的能够证明案件事实的信息。

由于手机的普及，微信已经成为重要的联系方式，很多当事人以手机短信或微信聊天记录、微信或支付宝转账记录、电子邮件等作为呈交法院的证据，这类证据也属于电子数据。在对此类证据进行收集时，建议对用户个人信息界面进行截图固定，包括当事人本人及对方；包含图片、文本文件的，建议提交图片、文本文件的打印件，图片最好采用彩色打印，这样更能还原现场。在开庭时，还应当提交原始载体。基于电子数据易修改、易编辑的特性，同时还易受网络、环境、技术等多方面的影响而出错，故还应当提前对电子数据进行公证保全。

6. 证人证言

《民事诉讼法》第 75 条规定：“凡是知道案件情况的单位和个人，都有义务出庭作证。有关单位的负责人应当支持证人作证。不能正确表达意思的人，不能作证。”司法实践中，证人证言这一证据形式广泛存在于民事诉讼中，证人作证应当出庭，并接受审判人员和当事人的询问。切记申请证人出庭作证，应当在举证期限届满前向人民法院提交申请书。申请书应当载明证人的姓名、职业、住所、联系方式，作证的主要内容，作证内容与待证事实的关联性，以及证人出庭作证的必要性。

如果证人因健康原因或路途遥远,交通不便,或自然灾害等不可抗力等正当原因不能出庭作证,可以向人民法院申请以书面证言、视听传输技术或者视听资料等方式作证。

7. 鉴定意见

鉴定意见也是民事诉讼中十分重要的证据形式,具有重要地位。民事诉讼中,涉及的鉴定内容多,范围广,有单方委托鉴定、申请委托鉴定、法院依职权委托鉴定,鉴定材料质证、委托鉴定程序、鉴定费用、对鉴定书异议、重新鉴定、鉴定人出庭等诸多方面。

鉴定要严格依照法定程序进行,当事人申请鉴定及对鉴定书提出异议均应在人民法院指定的期间内以书面方式提出,并且对于鉴定的问题,法官应当行使释明权,逾期无正当理由不提出鉴定申请或者不预交鉴定费用,或者拒不提供相关材料,致使待证事实无法查明的,应当承担举证不能的法律后果。

另外,单方鉴定的证据材料需要注意其合法性和有效性。鉴定意见应当是由人民法院依当事人申请或依职权委托而形成。依据 2019 年《最高人民法院关于民事诉讼证据的若干规定》第 41 条的规定,"对于一方当事人就专门性问题自行委托有关机构或者人员出具的意见,另一方当事人有证据或者理由足以反驳并申请鉴定的,人民法院应予准许"。当事人单方委托的鉴定意见在对方当事人没有反驳且无新的鉴定意见予以推翻的情况下,应当作为认定案件事实的依据。

特别提醒:鉴定的问题在建设工程纠纷案件中运用得较多,并且对事实的认定起着关键作用。但存在以下情形时,便无须再申请鉴定:(1)当事人约定按照固定价结算工程价款;(2)当事人在诉讼前已经对建设工程价款结算达成协议;(3)当事人在诉讼前共同委托有关机构、人员对建设工程造价出具咨询意见,双方当事人明确表示受该咨询意见约束。

8. 勘验笔录

勘验笔录是人民法院为查明案件事实,指派的勘验人员对与案件事实有关的物证和现场进行勘察检验后所作的记录。勘验笔录主要针对案件现场或物品静态的状态,现场笔录着重于对执法过程和处理结果的记录。勘验笔录和现场笔录的制作必须符合以下法定的形式要件:(1)勘验的启动方式可以依照当事人申请或法院依职权;(2)应当制作笔录,记录勘验的时间、地点、勘验人、在场人、勘验的经过、勘验的结果,由勘验人、在场人签名或者盖章;(3)勘验笔录的制作主体是审判人员或其指定人员。

三、民事诉讼案件证据收集的八种方法

在办案实践中,对于证据的收集主要是以当事人自己收集为主,法院依职权收集为辅相结合的方式进行。一般而言,根据《民事诉讼法》第 67 条、第 68 条的规定,当事人对自己提出的主张有责任提供相应的证据。在特殊情况或自己收集证据存在困难的情况下,可以向法院申请依职权调取证据。证据收集的八种方法大致如下所列。

1. 阅看材料

这是收集证据最主要最基础的方法,阅看材料有几点要求:第一,告知当事人全面提供材料的重要性;第二,去引导当事人全面回忆,全面整理,尽可能一次性地向律师全面提供与案件相关的所有材料;第三,从律师的角度,全面查阅当事人提交的所有材料;第四,阅看全部材料时,一般先快速阅读,在确定这些材料是与案件事实相关的材料后,再有重点地仔细阅看;第五,阅看材料时,不仅要关注已有的材料,而且还要思考,通过这些材料是否还可以发现其他有用的证据线索。

2. 开会交流

这也是律师收集证据的最主要方法之一,开会交流包括律师与当事人或者某个知晓案件事实和证据的部门或某个人员交流。根据当事人的陈述及已提供的材料分析,全面了解案件事实,向当事人收集案件所需的必备证据,告知当事人全面提供材料将影响案件走向。

3. 察看现场

察看现场也是律师收集证据的最主要的方法之一,尤其遇到有现场的案件,一定要有看现场的习惯,如建设工程施工合同纠纷的施工现场,房地产合作开发合同纠纷的房地产开发现场,设备制造安装承揽合同纠纷的设备现场,买卖合同质量纠纷的标的物存放现场等。察看现场对证据收集和案件代理能起到以下几点很好的作用。第一,我们能够形象地感知案件事实,能更清楚更全

面地了解和把握案件事实。第二,我们能形象地感知案件事实并在脑海中形成画面,有利于代理律师向合议庭、仲裁庭形象地介绍案件的事实。第三,察看现场方便律师团队更全面地收集案件证据。另外,现场的工程、房产、土地、设备、买卖标的物本身可以作为物证提交给法院。根据2019年《最高人民法院关于民事诉讼证据的若干规定》,对不宜搬移或不宜保存的动产物证,当事人可以提供复制品、影像资料或其他替代品;当事人提交不动产作为证据的,应当提交这些不动产的影像资料。因此,察看现场,对现场的工程、房产、土地、设备、买卖标的物进行拍照或录制视频形成影像资料,可以以影像资料的形式将这些物证作为证据提交给人民法院。第四,我们通过察看现场,可以进一步了解其他证据的相关线索,方便进一步收集其他证据。

4. 发送函件

给当事人发送《证据核实函》《补充材料清单》等函件,既满足了律师工作的严谨要求,又有利于提高取证的工作效率。比如对合同纠纷案收集证据的材料清单,可以重点引导当事人提交,具体包括:合同签订前的相关证据、合同及全部补充协议、双方往来的函件和会议纪要、财务付款凭证、合同履行的相关证据、损失的相关证据等。

通过与案件对方当事人发送函件的方式,主动生成相应证据。可以通过双方的函件往来获取关键信息从而形成证据,即使对方当事人未予回复。发送的函件可以作为催告、督促以及通知文件。特别是对于合同纠纷案件,约定解除合同通常会要求以函件的形式通知对方。

【示例2-23】《证据核实函》参考文本

证据核实函

致×××:

关于您与×××之间的×××纠纷案,律所律师拟收取贵方提供的下列证据,请贵方予以确认。

顺致

商祺!

附件:初步证据核实清单

联系人:　　　　　　电话:

××××律师事务所

年　月　日

附件:初步证据核实清单

序号	材料名称	能否提供	原件/复印件	律师确认	当事人确认
第一部分					
1.1					
1.2					
1.3					
第二部分					
2.1					
2.2					
2.3					
第三部分					
3.1					
3.2					
3.3					

年　月　日

【示例2-24】《补充材料清单》参考文本

补充材料清单

致×××:

关于您与×××之间的×××纠纷案,现将向人民法院起诉/进行答辩,尚有部分证据材料需要补充。因此,现需要您根据最新情况准确、真实、完整地提供说明及相应的文件和资料。

顺致

商祺!

附件:补充材料清单

联系人: 电话:

××××律师事务所

年 月 日

附件:补充材料清单

序号	材料名称	原件/复印件	份数	备注
第一部分				
1.1				
1.2				
1.3				
第二部分				
2.1				
2.2				
2.3				
第三部分				
3.1				
3.2				
3.3				

说明：对于查明没有本清单列出的某项文件，根据情况标注“无”或“缺失”；对于暂时无法提供但稍后才能提供的文件，请标注“待提供”；鉴于目前我们对公司的了解程度，本清单中的某些问题或文件可能不适用，请标注“不适用”。

5. 向第三方取证

向第三方收集证据，比如查询工商登记信息、查询户籍信息、查询房屋产权信息、查询通信记录等，或者由有关单位对案件事实出具证明。若在调取证据时因权限受限等客观原因被阻碍，可以向法院申请调查令予以调取证据。

6. 固定证人证言

在缺失书证、物证等证据的案件中，证人证言是其众多案件至关重要的证据。固定证人证言需进行选择证人、听取证人的介绍、固定证言、准备庭审中证人询问提纲这些工作。在向证人取证时，应当先听取证人的介绍，为避免证人在法庭上出尔反尔，可以事先做好证言的固定，包括证人自己书写书面证言、给证人做调查笔录、证人口述录音等方式。在制作证人笔录时，还应当由两名律师进行。

7. 网络检索

网络检索的内容主要包括：双方当事人的主体信息、对方当事人的资信信息、与案件事实有关的各类物品的市场价格、与案件有关的事实信息等。比如：房产市场价、知识产权案件中的公开信息检索、金融案件中各项证券或基金的备案检索等证据。

8. 公证保全

对于可能灭失或难以取得的证据，我们需要通过公证来加以固定和保管。主要包括：(1)确定无法出庭的证人出具的证人证言；(2)对正在发生的侵权行为进行公证保全，如对侵权销售行为或侵权使用行为进行公证保全；(3)对可能灭失或对方当事人可能删除的相关网页、页站或有关内容进行公证保全；(4)对现场取证的拍摄、录音和录像等进行公证保全；(5)对电子邮件进行公证，对微信、短信等通信记录进行公证等。

【示例2-25】《证明力分析报告》参考文本

××××××××与××××××××××纠纷案

证明力分析报告

尊敬的××××:

××××律师事务所(以下简称我所或本所)接受贵司委托,就贵司拟提请诉讼的与××××之间的×××纠纷案中所提供的证据材料进行分析,并出具本证明力分析报告。

一、本案事实一(简要描述事实)的证据材料

证据一:

证据类型:　　　　(书证/无证/证人证言/视听资料等)

是否原件:

证据来源:

证明事实:

关联性:

证明力度:

证据风险:

是否需要补充证据:　　　　　　;补充证据:

证据二:

证据类型:　　　　(书证/无证/证人证言/视听资料等)

是否原件:

证据来源:

证明事实:

关联性:

证明力度：

证据风险：
是否需要补充证据：　　　　　　　　；补充证据：
证据三：
证据类型：　　　　　（书证/无证/证人证言/视听资料等）
是否原件：
证据来源：
证明事实：

关联性：
证明力度：

证据风险：
是否需要补充证据：　　　　　　　　；补充证据：

二、本案事实二（简要描述事实）的证据材料
证据一：
证据类型：　　　　　（书证/无证/证人证言/视听资料等）
是否原件：
证据来源：
证明事实：

关联性：
证明力度：

证据风险：
是否需要补充证据：　　　　　　　　；补充证据：

证据二:

证据类型:　　　　(书证/无证/证人证言/视听资料等)

是否原件:

证据来源:

证明事实:

关联性:

证明力度:

证据风险:

是否需要补充证据:　　　　　　;补充证据:

证据三:

证据类型:　　　　(书证/无证/证人证言/视听资料等)

是否原件:

证据来源:

证明事实:

关联性:

证明力度:

证据风险:

是否需要补充证据:　　　　　　;补充证据:

以上是我所就本案纠纷拟就贵司提供证据材料的证明力分析,供贵司参考,具体细节问题双方可进一步探讨协商或补充相关证据材料!

律师事务所

年　月　日

第十三节 出具《诉讼法律服务方案》

俗话说“不打无准备之仗”,诉讼策略,在复杂诉讼案件中十分重要,也是比较体现律师提供的法律服务技术含量的地方。前文讲述过向当事人出具的《法律分析报告》已经对案件的法律事实、法律关系、请求权类型等事宜进行了完整的梳理与分析。《诉讼法律服务方案》重点要解决的是诉讼策略问题,即在代理过程中应当通过何种方式、流程维护客户权利及明确权利具体内容。诉讼服务方案主要包括以下几方面的内容。

一、案件基本事实

简要介绍案件基本事实以及本案重要的证据材料。

二、法律问题研究

包括主体、管辖、法律分析、诉讼请求、诉讼时效、证据分析、争点预判七个方面的法律问题研究。

1. 诉讼主体

(1)原告资格的判断。对当事人主体资格的考察与判断是必不可少的环节,包括《民事诉讼法》第122条规定的“直接利害关系的判断”,第55条规定的“必要共同诉讼和普通共同诉讼的原告的判断”。

(2)被告的选择与确定。如果不能确定适格的被告,可能面临起诉被驳回或败诉的风险。确定被告的依据,考察被告是否适格,就是要看被告是否为原告所提起的实体法律关系中所要求的相对方,包括同一法律关系的主体,或是否属于连带主从法律关系的主体。审查共同被告之间的法律关系,包括在普通共同诉讼中根据原告提出申请法院许可追加的共同被告,和必要共同诉讼中法院依职权追加的共同被告。

(3)第三人的确定。第三人包括有独立请求权的第三人和无独立请求权的第三人。

确定好诉讼主体以后，建议代理律师对诉讼主体的工商信息、股东信息、资产和涉诉情况进行查询，并将《诉讼主体查询报告》发送当事人，从而有助于全面把握诉讼各方当事人的涉诉和信用情况，对诉讼方案的拟订具有指导意义。

【示例 2 - 26】《诉讼主体信息查询报告》参考文本

诉讼主体信息查询报告

一、被调查人企业经营状况

1. 工商信息

企业名称	
统一社会信用代码	
经营状态	
所属行业	
成立日期	
公司类型	
营业期限	
法定代表人	
核准日期	
注册资本	
登记机关	
注册地址	
经营范围	

2. 股东信息

序号	股东名称	出资比例	认缴出资	出资时间
1				
2				
3				

二、被调查人企业资产状况

1. 对外投资

序号	被投资企业名称	投资数额	投资占比	注册时间	状态	法定代表人
1						
2						
3						

2. 股权质押

序号	公告时间	登记编号	出质人	质权人	状态

3. 动产抵押

序号	登记日期	登记号	被担保债权类型	被担保债权数额	登记机关	状态

4. 司法协助

序号	被执行人	股权数额	执行法院	执行通知文号	类型/状态

5. 司法拍卖

序号	拍卖公告	公告日期	执行法院	拍卖标的

三、被调查人涉诉情况

1. 涉诉情况

截至本报告出具之日，该企业存在××起作为原告参与的诉讼，涉诉金额合计为×××元；该企业存在××起作为被告参与的诉讼，涉诉金额合计为××元；其他类型的诉讼××起，涉诉金额×××元。

(1)涉诉案件概览

序号	诉讼时间	对方当事人	涉诉案由	标的额	裁判结果
1					
2					

(2)涉诉对方当事人统计

序号	对方当事人名称	案件数量
1		
2		
3		
4		

2. 被执行人信息

序号	立案时间	执行标的	案号	执行法院

3. 失信人信息

序号	立案时间	案号	执行法院	履行状态	执行依据文号

2. 确定管辖

包括级别管辖与一般地域管辖、移送管辖与指定管辖、管辖的特别规定;专属管辖;共同管辖和协议管辖。这些都是需要检索和分析的问题。

(1)一般情况下的管辖法院。级别管辖与一般地域管辖,移送管辖与指定管辖,管辖的特别规定。比如,军人或军队单位的由军事法院管辖;已离婚的中国公民双方均定居国外仅就国内财产分割提起诉讼的,由主要财产所在地法院管辖;合同约定履行地点的,以约定的履行地点为合同履行地;财产保险合同、票据纠纷、侵权行为、铁路公路水上航空事故请求损害赔偿的以及船舶海事纠纷的根据特殊的管辖规定处理)。专属管辖,是指不允许当事人协议变更的管辖制度,比如因不动产提起的纠纷、港口作业纠纷、遗产继承纠纷。

(2)共同管辖。两个以上法院对同一民事案件都享有管辖权,当事人可以选择其中一个法院起诉。共同管辖是选择管辖的基础,选择管辖是当事人行使诉权的象征。但要注意《民事诉讼法》和有关司法解释的规定,比如由最先立案的法院管辖、先立案的不得移送给另一个有管辖权的法院、分别立案的后立案的应在得知另一法院先立案之日起7日内裁定移送等。

(3)协议管辖。又称约定管辖,《民事诉讼法》第35条规定的生效要件包括:只限于合同纠纷;只能选择第一审法院;不得违反级别管辖、专属管辖的规定;管辖法院必须与案件有实际联系,可约定两个以上的法院管辖;必须书面形式,口头协议无效。

3. 法律分析

包括法律关系的竞合与选择:判断哪种诉讼请求更有利于当事人的利益,包括赔偿范围的不同、诉讼时效的不同、举证责任的不同等,都需要充分考虑。

4. 诉讼请求的确定

首先确定是给付之诉,确认之诉,还是形成之诉?提出具体诉讼请求时应考虑以下因素:(1)当事人的要求;(2)合法性限制;(3)诉讼策略;(4)已获得的证据材料;(5)诉讼成本。

5. 审查是否已超过诉讼时效

如果已经超过诉讼时效,应当将可能造成的影响和风险及时向当事人披露。

6. 证据分析

根据要件事实分析对诉辩双方的证据逐一进行分析。

7. 争点预判

按照请求权基础分析法,对案件争点进行预判。

三、诉讼策略分析

从本案争议焦点预判、诉讼结果分析和诉讼风险进行分析,并确定起诉或应诉策略方案,分析影响案件能否胜诉的关键节点(法律适用问题还是事实认定问题),对不利之处提出解决办法。

四、律师声明

诉讼风险告知、成本分析、调解思路、可执行分析、周期分析。最后还需要加上律师声明,避免律师的执业风险。

【示例2-27】《诉讼法律服务方案》参考文本

××××××与××××××纠纷一案

诉讼法律服务方案

尊敬的××××:

事务所(以下简称本所)接受贵司代理邀请,就贵司拟提请诉讼的与×××××之间的×××纠纷案进行分析论证。下面就本所针对该案的初步诉讼服务方案(以下简称诉讼服务方案)作简要介绍,供贵司领导/您决策时参考。

一、本案基本事实(案情事实描述)

二、法律问题研究

(一)诉讼主体资格确认

1. 原告主体资格分析

2. 被告选择与确定

3. 申请追加第三人(如有)

（二）确定诉讼请求

1. 本案诉讼请求

2. 诉讼请求的论证

（三）法律关系分析

（四）诉讼时效分析

（五）管辖法院

三、诉讼策略分析

（一）本案争议焦点预判

（二）诉讼结果分析

（三）诉讼风险分析

四、律师声明

（一）本诉讼服务方案所载事实来源于贵司的陈述和贵司提交的相关材料，贵司应保证，已向本所律师提供了出具本方案所必需的全部有关事实材料，并且提供的所需文件均真实、合法、有效、完整，并无任何虚假记载、误导性陈述或重大遗漏，文件上所有的签名、印鉴均为真实，所有的复印件或副本均与原件或正本完全一致。若在诉讼服务方案出具后，贵司发现新的证据材料或者案件有新情况发生，请及时与本所律师联系，本所律师将根据新的证据材料修正本方案。

（二）本方案中对有关证据中某些内容的引述，并不表明本所律师对该等内容的真实性、准确性、合法性作出任何判断或保证。

（三）本方案仅根据并依赖于本方案出具之日前公布并生效的相关法律、法规，并参照部门规章等出具。本所不能保证在本诉讼服务方案出具之后所公布生效的任何法律、法规、规章对本方案不产生影响。

（四）本所律师已经严格履行了法定职责，遵循了勤勉、尽职、诚信的执业原则，由于本诉讼服务方案的出具涉及对法官自由裁量权的评价，而法官依据自由裁量权最终作出何种判决并非律师所能掌控。因此，本诉讼服务方案不对本案构成任何形式的承诺或担保。

以上为本所就本案纠纷拟为贵司提供的诉讼服务方案，供贵司参考，并在律师的指导下实施，具体细节问题双方可进一步探讨协商！

××律师事务所

年　月　日

【示例 2-28】

周某华与钜洲公司、钜派公司委托理财合同纠纷一案
诉讼法律服务方案

尊敬的周某华先生：

律师事务所接受贵司代理邀请，就贵司拟提请诉讼的与钜洲公司、钜派公司委托理财合同纠纷案进行分析论证。下面就本所针对该案的初步诉讼法律服务方案（以下简称诉讼服务方案）作简要介绍，供贵司领导决策时参考。

一、本案基本事实

钜洲公司为“钜洲智能制造 2018 私募股权投资基金”的基金管理人，招商证券为基金托管人，钜派公司实际是案涉基金销售、管理方。2016 年 6 月，周某华作为投资者与作为基金管理人的钜洲公司、作为基金托管人的招商证券签订了涉案《私募基金合同》，支付了基金认购款 3,000,000 元、认购费 30,000 元。2016 年 6 月 29 日，钜派公司出具了《资金到账确认函》。2016 年 7 月 15 日，涉案私募基金在中国证券投资基金业协会进行备案。

《私募基金合同》约定，基金募集资金主要投资于由钜洲公司代表本基金作为有限合伙人，与普通合伙人国投明安、汇垠澳丰作为执行事务合伙人发起设立的明安万斛的有限合伙人份额，再由明安万斛对标的企业卓郎智能进行股权投资，达到周某华间接持股卓郎智能的投资目的。直至 2019 年 10 月 28 日，钜洲公司告知国投明安及其实际控制人通过伪造交易法律文件、投资款划款银行流水、投后管理报告、部分资金已到账的银行网页及视频，恶意挪用基金资产。由此导致基金无法完成回款，给周某华造成巨额经济损失。

二、法律问题研究

（一）诉讼主体资格确认

1. 原告主体资格分析

周某华系"钜洲智能制造 2018 私募股权投资基金"投资人，系《私募基金合同》合同主体，具有合法有效的原告主体资格。

2. 被告选择与确定

（1）钜洲公司为本案被告

钜洲公司为基金合同相对人以及基金管理人。在基金投资阶段，根据约定，钜洲公司作为基金管理人应当根据约定勤勉尽责管理基金财产，对投资范围内的投资标的进行详细调查。但钜洲公司对明安万斛是否将基金款项用于受让上市公司卓郎智能股权未尽审慎审核义务，存在明显过错，应当承担赔偿责任。

法律依据：《证券投资基金法》第 145 条第 2 款规定：基金管理人、基金托管人在履行各自职责的过程中，违反本法规定或者基金合同约定，给基金财产或者基金份额持有人造成损害的，应当分别对各自的行为依法承担赔偿责任。

（2）钜派公司为本案被告

钜派公司作为案涉基金承销方，在基金募集销售阶段未对投资人进行风险测评,违反投资人适当性审查义务,应当承担连带赔偿责任。

法律依据:《全国法院民商事审判工作会议纪要》第72条中规定,在推介、销售高风险等级金融产品和提供高风险等级金融服务领域,适当性义务的履行是“卖者尽责”的主要内容,也是“买者自负”的前提和基础。第74条中规定,金融产品发行人、销售者未尽适当性义务,导致金融消费者在购买金融产品过程中遭受损失的,金融消费者既可以请求金融产品的发行人承担赔偿责任,也可以请求金融产品的销售者承担赔偿责任,还可以请求金融产品的发行人、销售者共同承担连带赔偿责任。

(二)法律关系分析

涉案私募基金系契约型私募基金。在签订基金合同之后,各方建立了委托理财合同法律关系,基金持有人成为基金合同的当事人,系委托理财关系中的委托人,而管理人和托管人依约成为受托人,分别履行运营基金财产和保管基金财产的职责。信义义务是管理人应尽的法定义务。根据《证券投资基金法》第9条第1款,基金管理人、托管应尽诚实信用、谨慎勤勉义务,是管理人的法定义务;涉案《私募基金合同》约定钜洲公司应尽诚实信用、勤勉尽责的管理义务,则是管理人的约定义务,基金管理人均应当严格履行其义务。

(三)确定诉讼请求及论证

(1)本案诉讼请求:要求钜洲公司赔偿周某华基金投资款损失3,000,000元、认购费损失30,000元以及资金占用损失(以3,000,000元为基数,按全国银行间同业拆借中心公布的同期贷款市场报价利率自2016年6月20日计算至支付完毕之日)。

论证分析:钜洲公司未能妥善履行将适当的产品销售给适合的投资者的适当性义务,未对投资范围内的投资标的进行详细调查,对明安万斛是否将基金款项用于受让上市公司卓郎智能股权未尽审慎审核义务,轻信国投明安告知的上市公司股权代持及合同锁定收益的说辞,且对股权代持的法律风险未作披露和核实,基金到期后轻信国投明安资金回款事实,在基金募集、投资、管理阶段,均存在严重违反监管规定及管理人职责的行为。

因明安万斛并未受让卓郎智能股权,涉案私募基金未能按约进行收益分配,周某华未取得基金投资份额收益分配的损失已经实际发生,周某华客观上存在经济损失的事实应予以认定。钜洲公司的严重违规违约行为和周某华的财产损失之间存在相当因果关系,应就其未履行法定及约定义务向周某华承担赔偿责任。

(2)本案诉讼请求:钜派公司对钜洲公司上述赔偿义务承担连带责任。

论证分析:适当性义务要求金融产品发行人、销售者将适当的产品销售给适当的客户。涉案私募基金具有高收益、高风险的风险收益特征,钜派公司作为基金直销机构,根据《证券投资基金法》第87条、《私募投资基金监督管理暂行办法》第16条的规定,其应当在识别合格投资者的基础上,采取问卷调查等方式,对投资者的风险识别能力和风险承担能力进行评估,由投资者书面承诺符合合格投资者条件,并应当制作风险揭示书,由投资者签字确认。

但钜派公司在销售过程中,没有向投资者进行风险测评,亦未对投资者的风险识别能力和风险承担能力进行评估。因此,钜派公司在销售过程中未能妥善履行将适当的产品销售给适合的投资者的适当性义务,根据《全国法院民商事审判工作会议纪要》第74条"金融产品发行人、销售者未尽适当性义务,导致金融消费者在购买金融产品过程中遭受损失的,金融消费者既可以请求金融产品的发行人承担赔偿责任,也可以请求金融产品的销售者承担赔偿责任,还可以请求金融产品的发行人、销售者共同承担连带赔偿责任"之规定,钜派公司应当承担连带赔偿责任。

(四)诉讼时效分析

2019年10月28日,钜洲公司公告投资者:在涉案私募基金募集及存续期间,明安万斛基金管理人国投明安及其实际控制人通过伪造交易法律文件、投资款划款银行流水、投后管理报告、部分资金已到账的银行网页及视频,恶意挪用基金资。自公告之日起,周某华才知晓钜洲公司在基金投资、管理阶段均存在严重违反合同约定及法定义务的情形。根据《民法典》第188条"向人民法院请求保护民事权利的诉讼时效期间为三年。诉讼时效期间自权利人知道或者应当知道权利受到损害以及义务人之日起计算”之规定,本案尚未超过诉讼时效。

(五)管辖法院

《基金合同》对管辖法院作出约定,本案适用协议管辖。根据《基金合同》第26条的约定,本案诉讼管辖法院为钜洲公司所在地人民法院,即上海市浦东新区人民法院。

三、诉讼策略分析

(一)本案争议焦点预判

1. 钜洲公司是否完全履行了基金管理人的法定及约定义务。

2. 钜洲公司是否应对周某华的损失承担法律责任。

3. 钜派公司是否应当承担连带赔偿责任。

(二)诉讼结果预判

1. 钜洲公司赔偿周某华投资款损失3,000,000元、认购费损失30,000元。

2. 钜洲公司赔偿周某华资金占用损失。

3. 钜派公司对钜洲公司上述第1、2项赔偿义务承担连带责任。

(三)诉讼风险分析

本案中关于钜派公司是否承担连带赔偿责任的问题,根据目前证据,钜派司出具的确认函并载明“钜派投资理财师在遵循诚实守信原则前提下,为您推荐了[钜洲智能制造2018私募股权投资基金]”。但还需补充相关销售、推介的相关证据来证明钜派公司为案涉基金产品销售机构,应由其对未尽适当性审查义务承担连带赔偿责任,否则将要求其承担连带赔偿责任存在不利的风险。同时,如钜派公司存有已经填写的《投资者风险适应性调查问卷》,能证明其已经履行了适当性审查义务,要求其承担连带赔偿责任的诉求可能无法得到法院支持。

四、律师声明

(一)本诉讼服务方案所载事实来源于贵司的陈述和贵司提交的相关材料,贵司应保证,已向本所律师提供了出具本方案所必需的全部有关事实材料,并且提供的所需文件均真实、合法、有效、完整,无任何虚假记载、误导性陈述或重大遗漏，文件上所有的签名、印鉴均为真实，所有的复印件或副本均与原件或正本完全一致。若在诉讼服务方案出具后，贵司发现新的证据材料或者案件有新情况发生，请及时与本所律师联系，本所律师将根据新的证据材料修正本方案。

（二）本方案中对有关证据中某些内容的引述，并不表明本所律师对该等内容的真实性、准确性、合法性作出任何判断或保证。

（三）本方案仅根据并依赖于本方案出具之日前公布并生效的相关法律、法规，并参照部门规章等出具。本所不能保证在本诉讼服务方案出具之后所公布生效的任何法律、法规、规章对本方案不产生影响。

（四）本所律师已经严格履行了法定职责，遵循了勤勉、尽职、诚信的执业原则，由于本诉讼服务方案的出具涉及对法官自由裁量权的评价，而法官依据自由裁量权最终作出何种判决并非律师所能掌控。因此，本诉讼服务方案不对本案构成任何形式的承诺或担保。

以上为本所就本案纠纷拟为贵司提供的诉讼服务方案，供贵司参考，并在律师的指导下实施，具体细节问题双方可进一步探讨协商！

××律师事务所

年　月　日

第十四节　准备起诉材料及证据清单

一、民事诉讼起诉阶段应准备的材料

《民事诉讼法》第122条规定，民事诉讼案件起诉必须符合下列条件：(1)原告是与本案有直接利害关系的公民、法人和其他组织；(2)有明确的被告；(3)有具体的诉讼请求和事实、理由；(4)属于人民法院受理民事诉讼的范围和受诉人民法院管辖。因此，在起诉阶段应当严格按照以上要求准备材料。

1. 民事起诉状原件

在民事诉讼起诉阶段,书面的起诉状原件是必备材料,诉状中起诉人处应当由原告亲笔签字并捺印。立案时,应当准备“N + 1”份数量(N:被告人数)。起诉状的内容必须包含以下几点内容。

(1)原告与被告基本情况。如当事人是自然人,应当写明姓名、性别、身份证号码、出生时间,民族,职业、住所以及该当事人最便捷的联络方式;如当事人是法人或其他组织,应当写明该法人或其他组织的名称、企业代码、住所地、法定代表人或主要负责人的姓名和职务以及该当事人最便捷的联络方式。

(2)具体的诉讼请求。详细、准确写明提请解决的具体事项、具体金额。

(3)相关事实及理由。简要说明相关事实及支持诉讼请求的相关法律依据。

2. 当事人主体资格证明材料

(1)当事人是自然人的,应当准备当事人居民身份证、户口簿等经与原件核对无误的复印件;限制民事行为能力人或无民事行为能力人提起诉讼的,还应提交法定代理人的身份信息和住址信息。

当事人的经常居住地与身份证、户口簿中的户籍地不一致的,还应提交由居住地的居(村)委会或公安局派出所出具的居住证明,证明当事人居住在本辖区且居住已满 1 年,依据这些证明将能够确定案件应由受诉人民法院管辖。

(2)当事人是法人或个体工商户的,首先应当准备当事人的营业执照复印件或工商注册登记查询证明;其次需要准备当事人法定代表人(或负责人)身份证明文件原件,以及法定代表人(或负责人)身份证复印件。

3. 委托诉讼代理人授权委托材料

《民事诉讼法》第 61 条规定了当事人可以委托 1 至 2 人作为诉讼代理人。其中具有被委托为诉讼代理人资格的人有:(1)律师、基层法律服务工作者;(2)当事人的近亲属或者工作人员;(3)当事人所在社区、单位以及有关社会团体推荐的公民。

当事人委托他人代为诉讼的,必须向人民法院提交由委托人签名或者盖章的授权委托书。授权委托书必须记明委托事项和权限。如果诉讼代理人有权代为承认、放弃、变更诉讼请求,进行和解,提起反诉或者上诉,授权委托书务必注明授权权限为特别授权。值得注意的是，授权委托书仅写“全权代理”而无具体授权的，诉讼代理人无权代为承认、放弃、变更诉讼请求，进行和解，提出反诉或者提起上诉。如果是侨居在国外的中华人民共和国公民从国外寄交或者托交的授权委托书，必须经中华人民共和国驻该国的使领馆证明。

【案例 2－15】

授权委托书非当事人签字，尽管开庭时予以追认，但仍被驳回起诉。

民事诉讼起诉时，应当向法院递交起诉状，由具状人进行签名或盖章。委托他人代为诉讼，必须向人民法院提交由委托人签名或者盖章的授权委托书。而在该案中，[1]起诉状具状人处的签名为原告女儿所签，其相应的授权委托书中委托人处的签字亦由原告女儿所签，上述行为显然不具备起诉的形式要件。此后，原告虽在庭审中对起诉状、授权委托书中的内容予以认可，但该种行为属于对冒名起诉行为的追认。

法院认为，追认权的行使条件之一是在民事法律行为中，是在本人、行为人、相对人之间引起私法上的法律后果。而起诉是诉讼行为，并非民事行为，其引起的是公法上的法律后果。起诉是诉讼的开始，指当事人请求法院予以救济的行为。其目的不是要与对方建立民事法律关系，而是请求居间的公权力对既存却被破坏的法律关系进行修复，因此并不适用私法中的追认制度。所以法院以本次起诉不符合法定的起诉条件为由驳回起诉。

【案例 2－16】

李某系案件原告的代理人，在一审诉讼中与被告达成调解并形成了民事调解书。调解书生效后，被告并未按照约定执行，且以李某在调解时没有代理权限为由向兰州市中级人民法院提起再审。法院审理认定，李某的委托代理授权书中代理权限为“全权处理”，根据相关法律规定，委托书仅写“全权代理”，而无具体授权事项，应为一般代理，一般代理只能进行一般性诉讼权利的代理，如代理起诉、提供证据等，不可以处理实体上的权利。根

〔1〕 参见(2022)吉 0402 民初 1224 号。

据《民法典》第171条第1款"行为人没有代理权、超越代理权或者代理权终止后,仍然实施代理行为,未经被代理人追认的,对被代理人不发生效力"的规定,故裁定再审,中止调解书的强制执行。[1]

【示例2-29】《授权委托书》参考文本

授权委托书

委托人×××因与×××之间的××纠纷案,现委托××××律师事务所的×××律师担任我方×××审诉讼代理人。

代理律师×××的代理权限为特别代理,包括但不限于:

1. 代为提出、变更、放弃诉讼请求。
2. 代为就被告的反诉进行答辩。
3. 代为进行协商、和解、调解。
4. 代为起草、签收、转递法律文书,或就起草、签收、转递法律文书转委托于他人办理。
5. 代为申请延期举证。
6. 代为申请、变更或撤销证据保全或财产保全,并参加前述保全程序;代为申请、办理与案件有关的鉴定事宜。
7. 代为出庭。
8. 代为就案件程序及实体问题发表口头或书面代理意见/申请/异议。
9. 代为申请执行。

代理律师×××的代理权限为一般代理。

委托人(签章):

年　月　日

[1] 参见(2022)甘01民申27号。

诉讼代理人参与诉讼，除了授权委托书外还应当提交代理人资格证明材料。以律师身份参与诉讼的，应当提交律师事务所出庭函原件，以及经核对的执业证复印件。

4. 主要证据

在起诉阶段应当提交案件已收集的主要证据资料，同时填写证据材料清单，并详细列明所提交材料的名称、页数及份数，并在备注栏注明各项材料是原件或复印件及证明目的。

证据资料中的书证建议整理成册，提供份数为“N + 1”份（N：被告人数）；录音及视频资料应录入光盘，将光盘作为载体提交，同时提交录音文字材料；电子邮件、网上聊天记录、手机短信等电子数据证据资料应当以截图形式提交，若已对该证据进行公证，应当提交公证书。

二、制定证据清单

证据清单，也称证据目录，即把所有的证据按照一定的逻辑顺序进行分组、编号和排序，同时写明证明目的的清单。笔者执业 20 年，始终认为证据的收集、组织、评价和编制是案件胜诉的关键。而在举证中，最大的忌讳就是将所有的证据没有分类和说明全部提交法院，这不仅会让人毫无头绪，难以把握拟证明的对象和重点，还往往会将最能证明案件事实、最有证明力的证据“淹没”在一般证据之中，从而影响证据的证明力。

1. 证据清单的作用

证据清单具有信息汇总归集、导向指引的基本作用。制作好证据清单，有助于法官对提交的所有证据形成整体概念，并且能够迅速定位具体证据的位置。证据清单还具有帮助向法庭呈现案件事实与法律观点的重要作用。为突出重点，起诉状、上诉状、答辩状等文书一般需要控制篇幅，因此与证据相关的、未能在前述文书中表达的内容可以利用证据清单进行重点阐述。

2. 证据清单的编制要点

（1）确定证据清单的基本要素。2019 年《最高人民法院关于民事诉讼证据的若干规定》第 19 条第 1 款规定：“当事人应当对其提交的证据材料逐一分类编号，对证据材料的来源、证明对象和内容作简要说明，签名盖章，注明提交日期,并依照对方当事人人数提出副本。”结合笔者实践经验,证据清单的基本要素包括:标题、案件名称、案号(如有)、当事人地位、证据序号、证据名称、证据内容与证明对象、证据页码、提交人、提交日期。

(2)根据律师预判的案件争议焦点进行分组。证据编排时首先应对证据进行分组,以保证各个板块之间原则上相互独立,无重叠、交叉,以此确保举证的完整性、严密性、逻辑性。每组证据原则上对应一个争议焦点,每组证明对象互为平行、并列关系,相互之间又有逻辑关系。

(3)按证据重要性递减排序。将具有最高证明力的核心证据排序在前,辅助证据放到核心证据之后排列。

(4)尽量罗列每项证据来源、形成时间、证明目的和页码,同时也要将证据中的要点用荧光笔标注,以提醒法官注意。

【示例 2 -30】《一审证据清单》参考文本

××××××××与××××××之间的××××纠纷案

一审证据清单

编号	证据名称	证据来源	证明对象及内容精要	页码
第一组	证明目的			
1 -1				
1 -2				
1 -3				
第二组	证明目的			
2 -1				
2 -2				
2 -3				
第三组	证明目的			
3 -1				
3 -2				

续表

编号	证据名称	证据来源	证明对象及内容精要	页码
第四组	证明目的			
4－1				
4－2				

提交人(盖章或签字):

年　月　日

【案例 2－17】

原告北京优朋公司享有影视作品《七号差馆》的独占性信息网络传播权。在原告北京优朋公司的授权期限内,被告上海宽娱数码公司未经许可,擅自在其经营的网站向用户提供在线播放,原告对此进行了证据保全公证。认为被告将该作品通过互联网进行传播的行为,侵犯了原告对该作品享有的信息网络传播权,损害了原告合法权益,给原告带来了极大的经济损失。原告根据《著作权法》及《信息网络传播权保护条例》等规定向法院提起诉讼,要求停止侵权。

北京优朋公司诉上海宽娱数码公司侵害作品

信息网络传播权纠纷案一审证据清单

编号	证据名称	证明对象及内容精要	页码
第一组	证明目的:原告享有涉案影视作品的独占性信息网络传播权,并有权提起诉讼。		
1－1	《版权声明及授权书》	证明:天马电影出品有限公司对授权的电影拥有充分、合法及有效的版权,并授权北京优朋公司行使授权节目的专有独占性信息网络传播权。授权期限 5 年,自 20××年 5 月 31 日起至 20××年 6 月 1 日止。	1－4
1－2	《授权节目清单》	证明:授权节目《生死速递》等 88 部影片,序号第 58 部《七号差馆》为案涉侵权影片。	5－8

续表

编号	证据名称	证明对象及内容精要	页码
1－3	《香港影业协会出具的发行权证明书》	证明:东方电影出品公司是电影作品《七号差馆》的原始版权人。后经授权,天马电影出品公司享有电影《七号差馆》在全世界范围内的专有独占性信息网络传播权及转授权。后经天马电影出品公司授权。	9－10
第二组	证明目的:被告未经许可在其主办的网站上使用了涉案影视作品,侵犯了原告信息网络传播权。		
2－1	(2017)京长安内经证字第9620号公证书	证明:公证处对被告互联网页浏览并使用屏幕录像专家软件对相关内容进行同步录制的过程保全证据。在被告网页中可以直接查询涉案影视作品内容,以及出品方、演职人员等内容,并能够播放影片。	11－45
2－2	(2017)京长安内经证字第9491号公证书	证明:工业和信息化部ICP/IP地址/域名信息备案管理系统页面显示,该网页主办单位名称为上海宽娱数码科技有限公司,网站备案/许可证号:沪ICP备13002172号－3,网站名称:哔哩哔哩弹幕网,网站首页网址:www. bilibili. com。	46－52
第三组	证明目的:原告主张相关直接经济损失。		
3－1	北京市长安公证处出具的票据	证明:因被告侵权原告北京优朋公司申请证据保全而发生的直接损失。	53－56

提交人(盖章):北京优朋公司

202×年××月××日

第十五节　拟定起诉状或答辩状

起诉状、答辩状是诉讼中常见的文书,也是"诉讼精细化"的文本体现之一。

一、民事起诉状

起诉状是诉讼中最常见的文书,但很多律师忽略了起诉状的重要性,一份专业的起诉状能最大限度地保护当事人的合法权益。

1. 起诉状的内容

起诉状应包括以下内容:(1)当事人的基本情况。(2)列明案由。(3)有具体明确的诉讼请求。(4)有起诉所依据的事实与理由。事实部分,明确双方纠纷的原因、经过、现状;理由部分,针对事实分清是非曲直,明确责任,引用相关法条。(5)写明致送法院名称。(6)当事人签名盖章和签署的日期。

最高人民法院、司法部及中华全国律师协会于2024年联合发布了《关于部分案件民事起诉状、答辩状示范文本(试行)的通知》。该通知针对金融借款、民间借贷、劳动争议等11类常见且多发的民事案件,提供了起诉状的示范文本,并以表格形式系统地整理了这些案件类型中常见的诉讼争议要素。律师在处理这11类案件时,应优先考虑使用这些示范文本。然而,若案件情况不适宜采用示范文本中的表格,或者采用其他形式更能凸显诉讼请求、争议焦点及事实依据时,律师亦可选择其他形式的起诉状。

【示例2-31】《民事起诉状》参考文本

民事起诉状

原告:________,性别:____,________年____月____日出生,住址:____________,身份证号码:____________。

委托代理人:________律师事务所______律师,联系电话:________

委托代理人:________律师事务所______律师,联系电话:________

被告:________,住所地:______________________,统一社会信用代码:____________,法定代表人:________,性别:____,________年____月____日出生,身份证号码:____________,联系电话:____________。

案由:________________纠纷

诉讼请求:

一、

二、

三、

事实与理由:

综上所述,原告为维护自身合法权益,特向贵院提起诉讼,望判如所请!

此致

人民法院

具状人:

年 月 日

附:证据清单及证据材料(略)

【示例2-32】民间借贷纠纷民事起诉状参考文本

民事起诉状

(民间借贷纠纷)

说明:

为了方便您参加诉讼,保护您的合法权利,请填写本表。

1. 起诉时需向人民法院提交证明您身份的材料,如身份证复印件、营业执照复印件等。

2. 本表所列内容是您提起诉讼以及人民法院查明案件事实所需,请务必如实填写。

3. 本表所涉内容系针对民间借贷纠纷案件,有些内容可能与您的案件无关,您认为与案件无关的项目可以填"无"或不填;对于本表中勾选项可以在对应项打"√";您认为另有重要内容需要列明的,可以在本表尾部或者另附页填写。

★特别提示★

《中华人民共和国民事诉讼法》第十三条第一款规定:"民事诉讼应当遵循诚信原则。"

如果诉讼参加人违反上述规定,进行虚假诉讼、恶意诉讼,人民法院将依法追究责任。

当事人信息	
原告(自然人)	姓名: 性别:男□ 女□ 出生日期: 年 月 日 民族: 工作单位: 职务: 联系电话: 住所地(户籍所在地): 经常居住地: 证件类型: 证件号码:

续表

原告(法人、非法人组织)	名称: 住所地(主要办事机构所在地): 注册地/登记地: 法定代表人/主要负责人:　　职务:　　联系电话: 统一社会信用代码 类型:有限责任公司□　股份有限公司□　上市公司□　其他企业法人□ 事业单位□　社会团体□　基金会□　社会服务机构□ 机关法人□　农村集体经济组织法人□　城镇农村的合作经济组织法人□　基层群众性自治组织法人□ 个人独资企业□　合伙企业□　不具有法人资格的专业服务机构□ 国有□(控股□　参股□)民营□
委托诉讼代理人	有□ 姓名: 单位:　　职务:　　联系电话: 代理权限:一般授权□　特别授权□ 无□
送达地址(所填信息除书面特别声明更改外,适用于案件一审、二审、再审所有后续程序)及收件人、电话	地址: 收件人: 电话:
是否接受电子送达	是□　方式:短信________　微信________　传真________ 邮箱________　其他________ 否□
被告(自然人)	姓名 性别:男□　女□ 出生日期:　年　月　日　　民族: 工作单位:　　职务:　　联系电话: 住所地(户籍所在地): 经常居住地:
被告(法人、非法人组织)	名称: 住所地(主要办事机构所在地): 注册地/登记地: 法定代表人/主要负责人:　　职务:　　联系电话: 统一社会信用代码: 类型:有限责任公司□　股份有限公司□　上市公司□　其他企业法人□ 事业单位□　社会团体□　基金会□　社会服务机构□ 机关法人□　农村集体经济组织法人□　城镇农村的合作经济组织法人□

续表

	基层群众性自治组织法人□ 个人独资企业□　合伙企业□　不具有法人资格的专业服务机构□ 国有□(控股□　参股□)　民营□
第三人(自然人)	姓名: 性别:男□　女□ 出生日期:　　年　月　日　　　　民族: 工作单位:　　　　职务:　　　　联系电话: 住所地(户籍所在地): 经常居住地:
第三人(法人、非法人组织)	名称: 住所地(主要办事机构所在地): 注册地/登记地: 法定代表人/主要负责人:　　　职务:　　　联系电话: 统一社会信用代码: 类型:有限责任公司□　股份有限公司□　上市公司□　其他企业法人□ 事业单位□　社会团体□　基金会□　社会服务机构□ 机关法人□　农村集体经济组织法人□　城镇农村的合作经济组织法人□　基层群众性自治组织法人□ 个人独资企业□　合伙企业□　不具有法人资格的专业服务机构□ 国有□(控股□　参股□)　民营□
诉讼请求和依据	
1. 本金	截至　　年　月　日止,尚欠本金　　　元(人民币,下同;如外币需特别注明)
2. 利息	截至　　年　月　日止,欠利息　　　元;计算方式: 是否请求支付至实际清偿之日止:是□　否□
3. 是否要求提前还款或解除合同	是□　提前还款(加速到期)□/解除合同□ 否□
4. 是否主张担保权利	是□　内容: 否□
5. 是否主张实现债权的费用	是□　明细: 否□
6. 其他请求	
7. 标的总额	
8. 请求依据	合同约定: 法律规定:

续表

约定管辖和诉讼保全	
1. 有无仲裁、法院管辖约定	有□　合同条款及内容： 无□
2. 是否申请财产保全措施	已经诉前保全：是□　保全法院：　　　　保全时间： 否□ 申请诉讼保全：是□ 否□
事实和理由	
1. 合同签订情况（名称、编号、签订时间、地点等）	
2. 签订主体	贷款人： 借款人：
3. 借款金额	约定： 实际提供
4. 借款期限	是否到期：是□　否□ 约定期限：　　年　月　日起至　　年　月　日止
5. 借款利率	利率□　　%／年（季／月）（合同条款：第　　条）
6. 借款提供时间	年　月　日，　　　元
7. 还款方式	等额本息□ 等额本金□ 到期一次性还本付息□ 按月计息、到期一次性还本□ 按季计息、到期一次性还本□ 按年计息、到期一次性还本□ 其他□
8. 还款情况	已还本金：　　　元 已还利息：　　　元，还息至　　年　月　日
9. 是否存在逾期还款	是□　逾期时间：　　　　　至今已逾期 否□
10. 是否签订物的担保（抵押、质押）合同	是□　签订时间： 否□
11. 担保人、担保物	担保人： 担保物：

续表

12. 是否最高额担保(抵押、质押)	是□ 否□ 担保债权的确定时间: 担保额度:
13. 是否办理抵押、质押登记	是□　正式登记□ 　　　预告登记□ 否□
14. 是否签订保证合同	是□　签订时间:　　　　　保证人: 　　　主要内容: 否□
15. 保证方式	一般保证□ 连带责任保证□
16. 其他担保方式	是□　形式:　　　　　签订时间: 否□
17. 其他需要说明的内容(可另附页)	
18. 证据清单(可另附页)	

具状人(签字、盖章):

日期:

2. 民事起诉状撰写要点

作为首先映入法官眼帘的文书,一份好的民事起诉状可以起到事半功倍的效果,所以律师要认真对待起诉状。

(1)准备工作。

①了解案件事实,对于案件基本事实的准确把握,是写好民事起诉状的前提条件。

②分析法律关系,在了解案件事实的基础上,需要对该事实进行法律上的分析。

③案由虽然不是民事起诉状的必备部分,但在立案的时候,法院往往会要求原告明确,所以律师有必要事先弄清楚。

④在固定案件事实和准确把握了法律关系后,需要检索大前提法律基础规

范，也就是请求权基础，并对构成要件进行分解。

⑤对诉讼请求的竞合和聚合进行分析，确定准确完整的诉讼请求。

【案例 2－18】

律师在接到借名买房纠纷案件后，需要帮助借名人找到请求权基础，并找出要件事实，从而准备起诉状的拟定。

关于借名买房纠纷案件案由，在司法实践中，各地法院所立的案由可以说是名目繁多，主要案由有合同纠纷、房屋买卖合同纠纷、所有权确认纠纷、委托合同纠纷等。从笔者处理类似案件的经验来看，笔者认为委托合同纠纷更妥当。当然，这类案件案由不同也不影响实体的判决，因为此类案件最终审查的是借名买房合同是否合法有效。

另外，借名买房纠纷中原告的诉讼请求也是五花八门，有确认之诉，也有给付之诉，主要分为以下三种：(1)仅确认房屋归借名人所有；(2)仅请求法院判令出名人协助将房屋过户至借名人名下；(3)确认房屋归借名人所有并要求出名人协助办理过户。主要争议在于可否援引《最高人民法院关于适用〈中华人民共和国民法典〉物权编的解释(一)》第 2 条规定直接予以确权。

对于这类案件的诉讼请求与判决结果区别如下：

案号	案由	诉讼请求	判决结果
(2019)皖 0706 民初 3252 号	所有权确认纠纷	(1)确认原告为义安区顺安镇世纪新城××××的实际购买人；(2)确认原告对义安区顺安镇世纪新城××××房享有占有、使用及收益的权利；(3)判令被告于义安区顺安镇世纪新城××××房产权转移登记条件成就之日协助原告办理房屋产权转移过户登记。	(1)确认原告徐某荒为铜陵市义安区顺安镇世纪新城××××房屋的实际购买人；(2)确认原告徐某荒对铜陵市义安区顺安镇世纪新城××××房屋享有占有、使用及收益的权利；(3)被告刘某秀及被告汪某于铜陵市义安区顺安镇世纪新城××××房屋房地产权转移登记条件成就之日起 30 日内协助原告徐某荒办理将该房屋房地产权转移至原告徐某荒名下的登记手续。

续表

案号	案由	诉讼请求	判决结果
(2020)皖0403民初3546号	合同纠纷	(1)依法判令被告立即协助两原告办理田家庵区的房屋过户手续;(2)本案诉讼费由被告承担。 2020年9月2日,经法院示明后,原告将诉讼请求第1项变更为:判决确认位于田家庵区的房屋归原告刘某东、朱某莉所有。	确认位于安徽省淮南市田家庵区的房屋归原告刘某东、朱某莉所有。
(2020)京0106民初2145号	确认合同效力纠纷	要求确认吴某明与吴某生之间就位于北京市海淀区××房屋存在借名买房关系。	确认吴某明与吴某生之间就位于北京市海淀区××房屋存在借名买房的合同关系。
(2021)粤2072民初5784号	委托合同纠纷	(1)请求依法解除雷某秋、周某强之间于2006年8月1日签订的《委托代理协议》,解除双方之间的借名买房关系;(2)判令周某强返还雷某秋支付的关于中山市石岐区××的首付款67,248元以及利息损失;(3)判令周某强返还雷某秋支付的关于中山市石岐区×××××的契税4004元、合同印花税67元、测绘费26元、房屋所有权登记费160元、印花税15元、工本费20元、分图与房产费396元及产权证明费30元,合计4718元以及利息损失;(4)判令周某强返还雷某秋支付的关于中山市石岐区××的供楼款107,800元以及利息损失;(5)判令周某强返还雷某秋支付的关于中山市石岐区×××的装修款10万元以及逾期利息。	(1)原告雷某秋与被告周某强于2006年8月1日签订的《委托代理协议》于2021年3月26日解除;(2)被告周某强于判决发生法律效力之日起7日内向原告雷某秋返还首付款67,248元及供楼款107,800元;(3)驳回原告雷某秋超出上述判项的其他诉讼请求。

从案例2-18的对比中我们可以看出,根据原告的诉讼请求不同,法院确定的案由不同,形成的判决内容亦有所不同,涉及确认合同效力、确认法律关系

的诉讼，因不涉及物权变动，故不涉及所有权的相关确认；涉及所有权的相关确认时，即便是合同纠纷，法院也将进行释明并要求当事人变更。有了对这类“案由—诉讼请求—判决结果”的基本认知，才能从当事人角度出发，选择最优的诉讼请求，达到诉讼效果。

笔者认为，对于借名人而言，其核心诉求应该是判令出名人协助其将房屋过户至其名下。那么，前提是需要审查借名买房关系是否存在，然后再看《借名买房协议》是否有效。根据《民法典》的规定，合同无效的三个事由是：行为人不具有相应的民事行为能力，虚假的意思表示，违反法律法规的强制性规定或违背公序良俗。

因此，要认定借名买房合同存在且有效，需要律师在梳理案件事实的时候，将焦点放在是否违反法律强制性规定和违背公序良俗这个方面，需要厘清以下几个问题。①借名人和出名人的关系？②借名买房的原因是什么？是不是为了购买政策性保障住房？因为此类情况可能会被认定为损害社会公共利益违背公序良俗而无效。③是否有证人或通话录音、聊天记录等证据证明借名买房关系的存在。④购房款实际支付及贷款偿还是不是由借名人在支付？如果出名人抗辩是借款或赠与关系，借名人是否有进一步的抗辩理由。⑤借名人是否实际占有或者控制房屋？

律师只有把这些问题梳理清楚，才能做好起诉状的起草工作，案件请求权基础的核心问题和关键事实，律师都要在起诉状中明确，当然，出于诉讼策略考虑，可以不用写得太具体，但基本事实最好写清楚，给法官一个好的印象。

（2）起草工作。

①原被告、第三人主体信息一定不能出现错误，需要仔细核对及检查，有的律师曾经遇到过因为身份证号码写错而被法院要求撤诉的尴尬情况，所以一定要核对清楚。

②对于诉讼请求，首先，应当根据诉的类型确定诉讼请求事项。比如，提起给付之诉的，一定要有被告履行给付义务的内容；提起确认之诉的，一定要有要求确认何种事实或者权属的事项。另外，诉讼请求的表述要明确、具体，比如，在合同纠纷中，违约金和赔偿金要分清，利息和逾期付款违约金也要分清，因为违约金和赔偿金可能适用的法律规范是不同的，利息很多时候会被认定为损

失,与违约金是不同的概念。

其次,诉讼请求一定要精确、言简意赅,并认真校对诉讼请求所列的各项内容,以免由于笔误给委托人带来不利后果。

诉讼请求要全面、合理,既要考虑到可执行性,也要考虑到现有的证据在多大程度上可以支持诉讼请求。

诉讼请求中的金额要反复核对。另外,向法院提交诉状前一定要再次确认被告的还款或付款情况,在诉讼过程中如果被告有支付款项,要及时变更诉讼请求。

③事实与理由是起诉状的核心内容,应尽量按照时间顺序用简练的语言把争议的事实经过叙述清楚,并通过事实的叙述对纠纷的性质作出准确的分析。理由部分的描述,一定要把法律依据写明确。

【案例 2 -19】

民事起诉状

原告:××××建筑集团有限公司

地址:××××××　法定代表人:×××

委托代理人:××律师事务所×××律师　联系电话:×××

被告:某房地产开发有限公司

地址:××××××法定代表人:×××

案由:建设工程施工合同纠纷

诉讼请求:

一、请求人民法院依法判令解除原被告签订的《建设工程施工合同》;

二、请求人民法院依法判令被告立即向原告支付已完成工程量的对应工程款××××元(暂计金额,最终以鉴定机构认定的金额为准);

三、请求人民法院依法判令被告立即向原告支付工程款利息损失[以未付工程款××元(暂计金额)为基数,2020 年 11 月 19 日至 2020 年 12 月 18

日按照年利息12%计算,2020年12月19日起按照年利息18%计算至该款项全部支付之日止,暂计算至2022年4月22日为××元];

四、请求人民法院判令被告立即向原告赔偿损失××元(其中停工损失暂计为××元,最终以鉴定机构认定的金额为准);

五、请求人民法院判令原告对其施工的位于××的"××××"项目在建工程在折价、拍卖、变卖的价款中享有优先受偿权;

六、请求人民法院判令被告承担本案的诉讼费、鉴定费、保全费。

事实与理由:

2018年7月18日,被告与原告签订《建设工程施工合同》约定由原告承建被告××××项目,工程内容为总建筑面积约为37万平方米的基础、主体建筑、装饰、安装工程及室外附属配套工程(不包括但不仅限于弱电系统工程、高低压配电系统、水电气户表工程及室外景观,但强、弱电工程,管,洞,盒以及发包方分包的安装工程安装后的工程修补、嵌缝、补洞等除外),建筑装饰安装工程的施工内容及施工工艺以商品房常规交房标准为准,具体交房标准所涉及的工程内容以发包方出具的变更通知为准。含13、15、16、17号楼及相应地下车库,18、19号楼及纯商业和酒店的13-21号楼及地下停车库,工期总日历天数为1470天,签约合同金额为6亿元,合同价格形式为固定单价。合同专用条款第10.4.1条约定该合同按照《建设工程工程量清单计价规范》(GB 50500-2013)及相应的计量规范、2014年《四川省建设工程工程量清单计价定额》及其配套文件计价。项目的监理单位为××××有限公司。

同日,被告与原告签订《补充协议(一)》,约定该项目的总建筑面积约为37万平方米,共计14栋楼,其中一期共4栋楼,全为高层住宅加商业和车库(13、15、16、17号楼),二期共10栋楼,其中高层2栋(18、19号楼),酒店1栋(19号楼),独立商业共7栋(13、15、16、17、18、19、20号楼)。

上述合同签订后,原告于2018年7月23日进场开始进行施工前期准备工作并准备正式开工,13号楼于2018年8月18日正式开工。

2019 年 4 月,被告因与案外人××××的纠纷被成都市中级人民法院、四川省高级人民法院采取保全措施,项目土地使用权被查封,同时法院冻结了某公司银行账户存款,因工程进度款来源无法得到保障,原告为防止损失进一步扩大,于 2019 年 7 月 11 日停工。

项目停工后引起当地政府部门关注,在政府工作组协调之下,原告于 2020 年 6 月 24 日复工。2020 年 6 月 27 日,原、被告双方签订了《补充协议》,再次调整了计量周期和工程进度款的付款周期,将进度款支付"由同一批次垫资到节点支付进度款"变更为"单栋垫资到节点支付进度款",具体修改后的内容为:第 12.4.1(1)条规定,承包方单栋楼(以高层为准)垫资修建完成至主体结构 25 层后,经审核的合格工程量造价的 75% 向承包方进行支付,主体封顶后,经审核的合格工程量造价的 75% 向承包方进行支付,将第 12.4.4 条变更为:发包人超过约定的支付时间不支付工程进度款,承包人可向发包人发出催款的通知,发包人收到承包人催款通知后 60 日内未支付的,不计息,延迟 3 个月支付的,其第 3 个月应支付而未支付的下差款按年息 12% 支付违约金,3 个月以后应支付而未支付的下差款,从第 4 个月起按年 18% 支付违约金。

2020 年 9 月 18 日,本项目 13 号楼主体结构施工至 25 层,但被告仍未按照合同约定支付工程进度款,也未解决土地查封问题,导致案涉项目无法对外销售,无奈之下原告于 2020 年 11 月 20 日再次停工。后双方多次围绕产值确认、工程进度款支付、项目土地解封等事项磋商,但无果,被告不仅拒绝支付任何工程进度款,还拒绝对已完工程产值进行确认。

截至起诉前,被告仍未向原告支付任何工程进度款,其行为已构成严重违约,给原告造成了重大经济损失,原告已完成施工的工程产值经统计为××元。

根据《民法典》第 563 条、2004 年《最高人民法院关于审理建设工程施工合同纠纷案件适用法律问题的解释》第 9 条之规定,并依据《建设工程施工合同》第 16.1.3 条"因发包人违约暂停施工满 60 天后发包人仍不纠正其违约行为并致使合同目的不能实现的,承包人有权解除合同"之约定,原告有权请求人民法院判令解除双方签订的《建设工程施工合同》、《补充协议

(一)》以及《补充协议》。

根据2004年《最高人民法院关于审理建设工程施工合同纠纷案件适用法律问题的解释》第10条之规定,以及《建设工程施工合同》第16.1.4条"因发包人违约解除合同后60天内办理完结算并支付,同时支付未完工工程造价10%的预期利润"之约定,被告应当向原告支付已完工程的工程价款××元,并赔偿原告的损失××元,其中停工损失暂计算为××元,最终以鉴定机构认定的金额为准,另外,按照原告可获得的未完工工程造价的10%计算的预期利润,预期利润为××元[计算方式:(合同暂定总价－已完工程产值)×10%],原告自愿参考建筑行业利润率、工程建设过程中存在的各种商业风险对利润产生的影响,以××元为标的主张预期利润不违反法律法规的强制性规定。

根据《民法典》第804条、2004年《最高人民法院关于审理建设工程施工合同纠纷案件适用法律问题的解释》第17条之规定,以及《建设工程施工合同》第12.4.4条"发包人超过约定的支付时间不支付工程进度款,承包人可向发包人发出催款的通知,发包人收到承包人催款通知后60日内未支付的,不计息,延迟三个月支付的,其第三个月应支付而未支付的下差款按年息12%支付违约金,超过三个月以后应支付而未支付的下差款,从第四个月起按年18%支付违约金"之约定,被告应当赔偿原告逾期支付工程款的利息损失,暂计算至2020年3月28日为××元。

根据《民法典》第807条以及2004年《最高人民法院关于审理建设工程施工合同纠纷案件适用法律问题的解释(二)》第17条的规定,原告有权就案涉工程折价或者拍卖的价款享有优先受偿权。

综上所述,原告为维护自身合法权益,特依法根据《民事诉讼法》的相关规定向贵院提起诉讼,望判如所请!

此致

××××人民法院

具状人:××××建筑集团有限公司

二〇二×年××月××日

二、答辩状

很多律师不喜欢甚至反对写答辩状。其实,被告答辩是非常必要的,笔者曾询问过很多法官,无一例外地都说当然希望被告能按时提交答辩状。首先,被告提交答辩状,会给法官一种积极应对、尊重并配合法院工作的感觉,对被告是非常有利的。同时,一份优秀的答辩状,能从法律、理性上引起法官的重视,法官才可能花更多心思审查原告诉讼中存在的问题。

答辩状主要包括以下内容。

1. 答辩的理由

主要从实体方面针对原告的事实、理由、证据和请求事项、程序方面进行答辩,全面否定或部分否定其所依据的事实和证据,从而否定其理由和诉讼请求。

2. 答辩请求

答辩人在阐明答辩理由的基础上针对原告的诉讼请求提出保护答辩人的合法权益的请求。主要有以下内容:(1)要求人民法院驳回起诉,不予受理;(2)要求人民法院否定原告请求事项的全部或部分;(3)提出新的主张和要求,如追加第三人;(4)提出反诉请求。

3. 证据

答辩中有关举证事项,应写明证据的名称、件数、来源或证据线索。

【示例 2-33】《民事答辩状》参考文本

民事答辩状

答辩人:________,性别:____,________年____月____日出生,住址:________,身份证号码:________。

委托代理人:________律师事务所______律师,联系电话:________

委托代理人:________律师事务所______律师,联系电话:________

被答辩人:________,住所地:________,统一社会信用代码:________,法定代表人:________,性别:____,________年____月____日出生,身份证号码:____________,联系电话:____________。

案由：____________纠纷

答辩请求：恳请驳回被答辩人的全部诉讼请求。

事实与理由：

一、就案件基本事实先行作客观阐述（本着有利于答辩人的原则且让法官迅速了解案情）；

二、根据被答辩人的起诉请求及事实、理由逐一进行答辩（有理、有力、有节、有据）；

综上，被答辩人诉求无事实及法律依据，应予以全部驳回！

此致

人民法院

答辩人：

年　月　日

附：证据清单及证据材料（略）

《关于部分案件民事起诉状、答辩状示范文本（试行）的通知》针对金融借款、民间借贷、劳动争议等11类常见民事案件，也提供了答辩状的示范参考文本。该示范文本依据不同案件类型的关键点，采用表格形式详细列明了诉讼案件中原告所提出的事项依据和事实理由，并在答辩状中逐一提出相应的针对性意见。

【案例2-20】

民事答辩状

（民间借贷纠纷）

说明：

为了方便您参加诉讼，保护您的合法权利，请填写本表。

1. 应诉时需向人民法院提交证明您身份的材料，如身份证复印件、营业执照复印件等。

2. 本表所列内容是您参加诉讼以及人民法院查明案件事实所需，请务必如实填写。

3. 本表有些内容可能与您的案件无关，您认为与案件无关的项目可以填“无”或不填；对于本表中勾选项可以在对应项打“√”；您认为另有重要内容需要列明的，可以另附页填写。

续表

<table>
<tr><td colspan="4">4. 本表 word 电子版填写时,相关栏目可复制粘贴或扩容,但不得改变要素内容、格式设置。例如,多原告、多被告或多委托诉讼代理人等情况,可根据实际情况复制粘贴;需填写文字较多时,可根据实际对栏目进行扩容等。
★特别提示★
诉讼参加人应遵守诚信原则如实认真填写表格。
如果诉讼参加人违反有关规定,虚假诉讼、恶意诉讼、滥用诉权,人民法院将视违法情形依法追究责任。</td></tr>
<tr><td>案号</td><td></td><td>案由</td><td></td></tr>
<tr><td colspan="4">当事人信息</td></tr>
<tr><td>答辩人(自然人)</td><td colspan="3">姓名:税某某
性别:男☑ 女□
出生日期:19××年××月××日 民族:××
工作单位:×××× 职务:×××× 联系电话:××××
住所地(户籍所在地):××××
经常居住地:××××
证件类型:
证件号码:</td></tr>
<tr><td>答辩人(法人、非法人组织)</td><td colspan="3">名称:
住所地(主要办事机构所在地):
注册地/登记地:
法定代表人/负责人: 职务: 联系电话:
类型:有限责任公司□ 股份有限公司□ 上市公司□ 其他企业法人□ 事业单位□ 社会团体□ 基金会□ 社会服务机构□ 机关法人□ 农村集体经济组织法人□ 城镇农村的合作经济组织法人□ 基层群众性自治组织法人□ 个人独资企业□ 合伙企业□ 不具有法人资格的专业服务机构□
所有制性质:国有□(控股□ 参股□) 民营□ 其他______</td></tr>
<tr><td>委托诉讼代理人</td><td colspan="3">有☑
姓名:××××
单位:×××× 职务:×××× 联系电话:××××
代理权限:一般授权□ 特别授权☑
无□</td></tr>
<tr><td colspan="4">答辩事项
(对原告诉讼请求的确认或者异议)</td></tr>
<tr><td colspan="4">(可完整表述答辩事项;为方便、准确梳理要点,相关内容请在下方要素式表格中填写)</td></tr>
</table>

续表

1. 对本金有无异议	无□ 有☑ 异议内容:2018年12月,税某某与曹某某经人介绍认识,当时税某某从事投资业务,需要一部分资金支持,所以找到曹某某希望能够从其处借钱进行投资,当时曹某某同意,并要求税某某出具借条一张(因时隔一年多,税某某已记不清借条上是如何表述的),表示隔几日将款项支付至税某某账户,税某某出具借条后即离去,但之后曹某某并未将款项支付至税某某账户,税某某也没有向曹某某主张返还过借条,至此双方再无往来,曹某某也没有与税某某联系过,直至收到法院传票才知道自己已经被曹某某起诉要求返还借款。
2. 对利息有无异议	无□ 有☑ 异议内容:曹某某并未将借款款项支付给税某某,未发生借款利息。
3. 对提前还款或解除合同有无异议	无□ 有☑ 异议内容:税某某虽然出具了借条,但是曹某某并未向税某某支付借款,故双方之间的借款合同成立但未生效。
4. 对担保权利诉请有无异议	无☑ 有□ 异议内容:
5. 对实现债权的费用有无异议	无☑ 有□ 异议内容:
6. 对诉讼费负担有无异议	无□ 有☑ 异议内容:本案诉讼费应由曹某某自行承担。
7. 对其他请求有无异议	无☑ 有□ 异议内容:
8. 对标的总额有无异议	无□ 有☑ 异议内容:曹某某并未将借款款项支付给税某某,税某某无须偿还任何借款本金和利息。
事实与理由 (对案件事实的确认或者异议)	
(可完整表述纠纷涉及的事实与理由;为方便、准确梳理要点,相关内容请在下方要素式表格中填写)	
1. 对合同签订情况(名称、编号、签订时间、地点等)有无异议	无☑ 有□ 事实与理由:
2. 对签订主体有无异议	无☑ 有□ 事实与理由:

续表

3. 对借款金额有无异议	无□ 有☑　事实与理由:本案中曹某某与税某某虽已形成借贷合意,但是曹某某并未将借款支付给税某某,税某某出具的借条并未生效,税某某不应当对该借款本息承担偿还责任。根据《合同法》第196条规定:“借款合同是借款人向贷款人借款,到期返还借款并支付利息的合同。”第210条规定:“自然人之间的借款合同,自贷款人提供借款时生效。”2015年《最高人民法院关于审理民间借贷案件适用法律若干问题的规定》第2条第1款规定:“出借人向人民法院起诉时,应当提供借据、收据、欠条等债权凭证以及其他能够证明借贷法律关系存在的证据。”根据法律规定,民间借贷是指自然人、法人、其他组织之间及相互之间进行资金通融的行为。在本案中,虽然税某某向曹某某出具了一张借条,但曹某某并未实际向税某某支付款项,因此双方的借款合同成立未生效,税某某不应当向曹某某承担借款本金的偿还责任。
4. 对借款期限有无异议	无☑ 有□　事实与理由:
5. 对借款利率有无异议	无□ 有☑　事实与理由:曹某某并未将借款款项支付给税某某,未发生借款利息。
6. 对借款提供时间有无异议	无□ 有☑　事实与理由:曹某某并未向税某某提供借款。
7. 对还款方式有无异议	无☑ 有□　事实与理由:
8. 对还款情况有无异议	无☑ 有□　事实与理由:
9. 对是否逾期还款有无异议	无☑ 有□　事实与理由:
10. 对是否签订物的担保合同有无异议	无☑ 有□　事实与理由:
11. 对担保人、担保物有无异议	无☑ 有□　事实与理由:
12. 对最高额担保(抵押、质押)有无异议	无☑ 有□　事实与理由:
13. 对是否办理抵押/质押登记有无异议	无☑ 有□　事实与理由:

续表

14. 对是否签订保证合同有无异议	无☑ 有☐　事实与理由：
15. 对保证方式有无异议	无☑ 有☐　事实与理由：
16. 对其他担保方式有无异议	无☑ 有☐　事实与理由：
17. 有无其他免责/减责事由	无☑ 有☐　事实与理由：
18. 其他需要说明的内容（可另附页）	无☐ 有☑　内容：曹某某依据借条恶意诉讼属于虚假民事诉讼，人民法院应当判决驳回其诉讼请求。根据2015年《最高人民法院关于审理民间借贷案件适用法律若干问题的规定》第19条规定："人民法院审理民间借贷纠纷案件时发现有下列情形，应当严格审查借贷发生的原因、时间、地点、款项来源、交付方式、款项流向以及借贷双方的关系、经济状况等事实，综合判断是否属于虚假民事诉讼：……（二）出借人起诉所依据的事实和理由明显不符合常理；（三）出借人不能提交债权凭证或者提交的债权凭证存在伪造的可能……"第20条第1款规定："经查明属于虚假民间借贷诉讼，原告申请撤诉的，人民法院不予准许，并应当根据民事诉讼法第一百一十二条之规定，判决驳回其请求。"本案中，曹某某依据借条起诉的事实与理由明显不符合常理，并且税某某根本从未收到曹某某提供的借款，因此人民法院应当判决驳回曹某某的全部诉讼请求。
19. 答辩依据	合同约定： 法律规定： 1.《合同法》第196条规定："借款合同是借款人向贷款人借款，到期返还借款并支付利息的合同。" 2.《合同法》第210条规定："自然人之间的借款合同，自贷款人提供借款时生效。" 3.《最高人民法院关于审理民间借贷案件适用法律若干问题的规定》第2条第1款规定："出借人向人民法院起诉时，应当提供借据、收据、欠条等债权凭证以及其他能够证明借贷法律关系存在的证据。"
20. 证据清单（可另附页）	
对纠纷解决方式的意愿	
是否了解调解作为非诉讼纠纷解决方式，能及时、高效、低成本、不伤和气地解决纠纷	了解☑　不了解☐

续表

是否了解先行调解解决纠纷的好处	1. 立案后选择先行调解的,可以很快启动调解程序。如不同意调解,法院将依程序开庭审理案件,但可能需要经过较长一段时间的排期等待,且审理、执行周期相对较长。 了解☑ 不了解□ 2. 选择先行调解,调解成功且自动履行的免交诉讼费用,申请司法确认的不交纳诉讼费用,要求出具调解书的减半交纳诉讼费用。 了解☑ 不了解□ 3. 首次调解不成功,但仍有继续调解意愿的,可以选择更换调解组织和调解员再进行调解。调解无法达成一致意见的,法院将依程序排期开庭。 了解☑ 不了解□ 4. 依照法律规定,调解具有保密性要求,调解过程不公开,调解协议未经当事人同意不得公开。 了解☑ 不了解□ 5. 调解达成的协议具有法律效力,可以依照法律规定申请司法确认,具有强制执行效力。 了解☑ 不了解□
是否考虑先行调解	是☑ 否□ 暂不确定,想要了解更多内容□

答辩人(签字、盖章):税某某

日期:二〇××年××月××日

当然,不答辩也是一种策略。司法实践中,很多被告选择不答辩,等到开庭时再亮出观点,目的是避免提前让对手知道本方观点,从而做出充分的准备。所以,是否答辩,还需要看案件的具体情况。如果原告起诉的基本是事实,被告一时找不出好的辩解角度,也可以不答辩。但如果原告的起诉是明显错误的,被告一定要尽早答辩,迅速让法官知道案件全貌。

关于起诉状、答辩状甚至代理词中的文风问题要特别注意,如果涉及的被告、被答辩人太多,建议将所有被告的名字列明,否则会增加各方的工作难度甚至可能招致法官反感。

【案例 2-21】

笔者曾经代理过一个案件,单是起诉状就花了一个多小时才看明白。

这个案件一共是7个被告，案情复杂，抵押财产数量多，除了第一页当事人身份信息部分写了被告的名字，后面一概用“被告几”来表达。比如，“判令被告二、三向原告……”在看诉讼请求时，笔者不断地回忆被告二、三是谁，每次都需要翻回第一页看，才能确认被告二是李某，被告三是王某。又如，诉讼请求三中写道“被告四位于成都市××区××路××号的商铺……”，笔者又要思考被告四是谁，然后翻回第一页看，结果被告四是另一个李某，诉讼请求四中写道“被告五位于成都市××区××路……”被告五又是谁……

就这样一一对照人名和房产信息继续看事实与理由部分，原告的简称又全部是“被告几”，看几遍都无法记得被告的几个名字和各自的房产，又要再翻回去一一查看，后来为了看明白这个起诉状，笔者还专门画了一个思维导图，将人、房产、关系一一对应才将整个案件事实梳理清楚。在开庭时，果不其然，法官也对原告的诉状表示不满，说这样写诉状会把人绕晕，看得太费劲了。

【案例2-22】

笔者代理过一个案件，案由是追加被执行人的执行异议之诉，光是被告就多达16名，有自然人也有公司，被告中不仅有被执行人的发起股东、历史股东和现股东，还有为被执行人增资出具过验资报告的会计师事务所和银行，诉讼请求更是列了17项，以各种理由要求被告承担责任，在其长达上万字的起诉状中，所有的被告人均为公司全称，并且用大段文字描述一些无关紧要的细节，同时将程序性的法律规定在起诉状中进行原文引用，造成整个起诉状看似“宏伟”实则“琐碎”，无法让法官直观看出原告诉讼请求与事实理由如何形成对应。

冗杂起诉状还有一个弊端，就是开庭时法官大概率不会让你当庭陈述起诉状的全部内容，这就会导致有些关键事实无法当庭向法官陈述。案例2-21也不例外，法官没有让原告当庭陈述上万字的起诉状、40页的举证意见以及70页的代理词，只是简单地问原告其诉讼请求是否与书面内容一致后便草草了之。

当然,上述这样写起诉状不能说是错误,但笔者认为这样的表达并不好,包括律师在写答辩状时,经常把答辩人和被答辩人混淆或是写反,因此建议把当事人的简称放到内容里面,这样表达更清晰。

第十六节　财产线索清单调查财产

为防止对方转移财产,原告在起诉前或者起诉后均可以申请财产保全,常规操作是律师在起诉之前已经从委托人处或者通过其他方式掌握了被告的财产线索,仅需要向法院提交保全材料及担保就可完成保全。但在很多时候委托人也无法提供财产线索,又担心赢了官司没办法执行到财产,这时候就需要律师提前调查被告的财产线索,在这里提供以下三种查询财产线索的方法。

一、通过公开信息查询

通过公开的渠道我们可以查到对方很多公开或者暗藏的财产线索,在这里我们简述一些常用的方法。

一是,如果对方是公司,则通过"天眼查""企查查"等工商信息查询软件,可以查到公司的基本情况,如对外投资的股权信息、地块公示信息、企业资质、知识产权信息等,从而获取对方的财产线索。

二是,通过"裁判文书网"可以从对方过往的案例中挖掘到财产线索,例如,判决书中法院已经查明的相关事实及判决第三方应向对方支付的款项,或者裁判中说明曾经被第三方采取过的保全措施等。这些裁判文书都可以作为财产线索递交法院。

三是,在对方是公司的情况下,还可以调取对方的全套工商档案,从工商档案中寻找财产线索,以及到公司的注册经营地或者实际经营地进行实地调查,看是否有可以保全的财产。

二、律师申请法院出具调查令

通过调查令可以查询到被告名下的房产、车辆、银行账户等财产线索,从而采取保全措施。用调查令查询财产的优势在于可以选择需要采取保全措施的财产,在同时获得了多项财产线索时,可以根据价值大小进行排列组合,选择最利于处置和变现的财产进行查封。但采用调查令的方式也存在不便之处,例如,查询房产需要到不动产登记机构,查询车辆信息需要到车辆管理部门,查询银行账户只能查询到一个银行的账户信息,并且不动产登记机构和银行查询通常需要两名律师共同前往,这在某一程度上降低了律师的工作效率,同时如果是在诉前保全阶段,要求法院开具调查令查询财产是一件非常有难度的事情。

【示例 2－34】《调查令申请书》参考文本

调查令申请书

申请人:________,性别:____,民族____,________年____月____日出生,住址:____________,身份证号码:____________。

委托代理人:________律师事务所______律师,联系电话:________

委托代理人:________律师事务所______律师,联系电话:________

申请事项:

一、请求贵院依法开具调查令,以便申请人能够持令前往调查并复制____________。

二、事实与理由:

贵院依法受理申请人______与______纠纷一案[案号:(　)民初____号],现因____________由______持有______证据且该份证据对查清本案事实及判决结果有直接利害关系,当事人及诉讼代理律师不能自行收集该份证据材料,故为查明案件事实,维护申请人之合法权益,申请人特依据《中华人民共和国民事诉讼法》第六十四条之规定,申请贵院依法开具调查令收集上述证据!

此致

××人民法院

申请人:

年　月　日

三、利用网络执行查控系统

根据2020年《最高人民法院关于人民法院办理财产保全案件若干问题的规定》中的相关规定,申请保全人可以向已经建立网络执行查控系统的执行法院,书面申请通过该系统查询被保全人的财产。申请保全人提出查询申请的,执行法院可以利用网络执行查控系统,对裁定保全的财产或者保全数额范围内的财产进行查询,并采取相应的查封、扣押、冻结措施。人民法院利用网络执行查控系统未查询到可供保全财产的,应当书面告知申请保全人。

根据该规定,对已经建立网络执行查控系统的法院,律师可以申请网络查控,对对方名下的财产进行查控,查控财产线索的范围包括银行账户、不动产、车辆等。使用网络查控的好处是非常方便、快捷,只需向法院递交一份网络查控申请书即可,律师剩下的工作就是和执行保全措施的法官保持联系,及时获取已查控的财产信息。但使用网络查控也存在一定的不便,首先,并非每家法院都建立了网络查控系统,以笔者所在的成都市基层法院为例,也仅有不到一半的法院允许网络查控,其余法院需要申请保全人自己提供财产线索。其次,申请保全人不能决定被查控财产的查封冻结顺序,有些法院查询到财产信息之后,由执行保全措施的法官自行决定对该财产的查封冻结顺序,在这种情况下对于这些财产是否有利于处置和变现,律师就无法提前评估了。笔者在这里也提供一份网络查控申请书参考文本供读者使用。

【示例2-35】《网络查控财产信息申请书》参考文本

网络查控财产信息申请书

申请人:________,性别:____,民族:____,________年____月____日出生,住址:____________,身份证号码:____________。

委托代理人:________律师事务所______律师,联系电话:________

被申请人:________,住所地:________________,统一社会信用代码:________,法定代表人:__________,性别:____,________年____月____日出

生，身份证号码：____________，联系电话：____________。

请求事项：

请求贵院网络查控被申请人名下的所有财产信息，用于申请人诉讼保全，共计金额________元。

事实与理由：

申请人诉被申请人之间的________________纠纷一案，贵院现已立案审理，为防止被申请人转移财产，申请人拟对被申请人名下财产采取查封冻结措施，但因申请人无法提供被申请人财产线索，为了维护申请人的合法权益，确保本案将来的生效判决得以执行，现依据《最高人民法院关于人民法院办理财产保全案件若干问题的规定》第十一条之规定，请求贵院立即通过网络查控被申请人的财产并保全，请求予以准许。

此致

人民法院

申请人：

年　月　日

当然，律师们查询财产线索的方式可以说是"八仙过海、各显神通"，能够穷尽各种手段调查到对方财产的律师，在接案和价格方面是有巨大优势的。除了律师自己查询以外，还可以和市场上的商业调查机构合作，由商业调查机构来提供财产线索。总之能在起诉前充分知晓对方财产状况，并且能够顺利进行诉前财产保全，对于保护当事人合法权益是有巨大好处的。

最后，调查到财产线索需要形成一份财产线索清单，以下是参考文本供读者使用。

【示例 2 - 36】《财产线索清单》参考文本

××××××与×××××纠纷一案

被告财产线索

编号	线索单位	财产线索内容
1		
2		
3		
4		
5		
6		

备注(财产查封顺序):

财产线索提供人:

年　月　日

关于财产的查封顺序,笔者建议是一般不写,让法院对已提供的财产线索全部采取保全措施。如果法院要求对每个保全财产的金额以及顺序进行明确,律师可以再和委托人沟通,让委托人来确定查封顺序以及每个财产的保全金额。

【案例 2 - 23】

×××建筑集团公司与×××开发公司建设工程施工合同纠纷案被告财产线索

编号	线索来源	财产线索内容
1	现场照片	位于四川省巴中市的××项目的在建工程(包含 13、15、16、17 号楼)
2	(2019)川××执保××号裁定书	国有土地使用权[国用(20××)第××号]
3	(2019)川××执保××号裁定书	开户行为中国××银行股份有限公司××分理处的银行账户(账号:22××57)
4	某置业有限公司工商档案	某置业有限公司的股权(出资比例为 20%,出资额为 160 万元)

续表

编号	线索来源	财产线索内容
5	房屋信息摘要	位于成都市成华区××号建筑面积为100.55平方米的房屋
6	(2020)川××民初××号民事判决书	某广告设计公司应退还被告的服务费2,000,000元

备注(财产查封顺序):

财产线索提供人:××××××建筑集团公司

年　月　日

第十七节　诉前财产保全

诉前保全,是指利害关系人因情况紧急,不立即申请财产保全将会使其合法权益受到难以弥补的损害,可以在起诉前向人民法院申请,由人民法院所采取的一种财产保全措施。

并非所有的案件都可以办理诉前财产保全,与诉前财产保全有关的民事争议必须有给付内容,如不是因财产利益之争,而是人身名誉之争无给付内容,法院就不能采取诉前保全措施。同时,诉前财产保全属于应急性的保全措施,目的是保护利害关系人不致遭受无法弥补的损失,因此一般在非常紧急的情况下才会采取诉前保全。例如,双方当事人签订了设备租赁合同,承租方按约定需要提前支付出租方100万元的租金,在承租方支付费用后出租方就“迅速失联”了,并且承租方得知出租方是一个空壳公司,所出借的设备并没有登记在出租方名下,同时已经发现有其他的债权人开始起诉出租方,若不采取紧急措施这笔款项将无法追回。由于从租赁方起诉到法院受理需要一段时间,法律就有必要赋予利害关系人在情况紧急时,请求法院及时保全可能被转移的财产的权利。

当然,因为诉前保全是相较于诉讼中保全更快的一种方式,故法律也对诉前保全规定了适用条件,其中最重要的条件就是情况紧急,多数法院必须让诉前保全申请人说明情况紧急的理由,否则不予办理诉前保全,律师在此可以参照《深圳市中级人民法院办理诉前财产保全案件的指引》第10条的规定进行适用。

《深圳市中级人民法院关于办理诉前财产保全案件的指引》第10条第1款规定:"【情况紧急的情形】有下列情形之一的,可以认定构成'情况紧急':(一)被申请人已被其他债权人起诉、仲裁,案件正在审理或者已经被裁决承担责任;(二)被申请人的部分财产或者全部财产已被其他债权人申请法院保全;(三)被申请人名下与本案争议有关的财产正在不动产管理、工商管理等部门办理过户手续,如房产登记中心出具的查册表中房产登记状态为'交易中';(四)申请人提交了被申请人与他人签订的可能损害申请人利益的有正当、可信渠道来源的合同、协议、会议纪要、函件等书证材料;(五)申请人提交了当地公安、管委会、村委会证明或视频等证据证明被申请人正在转移财产、搬运设备,被申请人存在企业负责人失联、停产、工人聚集讨薪或供应商聚集追讨货款等,财产可能随时被转移的情形的;(六)申请保全的财产已经抵(质)押给申请人并办理了抵(质)押登记手续的,原则上不认为构成情况紧急。但申请人申请保全的财产范围不限于抵(质)押财产且抵(质)押财产的价值不足以清偿全部债权或者该抵(质)押财产已被其他法院保全在先的,不影响情况紧急的判断;(七)其他可以认定为情况紧急情形的。"

当然,该指引并非最高人民法院发布的指导文件或者司法解释,不能被法院直接引用,只能作为律师判断情况紧急的参考。

【示例2-37】《诉前财产保全申请书》参考文本

诉前财产保全申请书

申请人:________,性别:____,民族____,________年____月____日出生,住址:________,身份证号码:________。

委托代理人:________律师事务所______律师,联系电话:________

被申请人:________,住所地:________,统一社会信用代码:________,法定代表人:________,性别:____,________年____月____日出生,身份证号码:________,联系电话:________。

申请事项：

一、请求贵院依法冻结被申请人名下以下银行账户。拟申请冻结账户信息为：户名：________；开户行：________；账号：________，申请冻结金额为________万元；

二、请求贵院依法查封被申请人位于________号________（____期）____栋____单元____层____号房产（不动产权证号：________），申请查封金额为________万元；

三、请求由被申请人承担全部保全费用、保函费用。

事实与理由：

申请人与被申请人因____________（对双方争议事由及被申请人存在转移资产可能性情形进行简要描述），鉴于上述情况，被申请人转移财产企图明显，情况紧急，为了保护申请人的合法权益，防止被申请人逃避债务，根据《中华人民共和国民事诉讼法》第一百零四条规定，申请人以________方式提供担保，申请贵院依法冻结被申请人的银行存款________万元；依法查封被申请人名下位于________的房产，恳请贵院依法支持申请人的诉前财产保全申请！

此致

人民法院

申请人：

年　月　日

附：被申请人财产线索清单（略）

第十八节　协助提供财产保全担保或保函

申请法院采取保全措施，申请人应当提供担保，因为提供担保的方式涉及以自有财产进行担保或者由保险公司进行担保，故这些事项律师在签订代理合同时或者办理保全之前就要跟委托人讲明白，需要委托人自行提供担保，若不能提供担保则需要承担相应的保函费用，同时还需要向法院支付保全费用。

关于担保数额,在通常情况下,申请保全被告多少金额的财产,就需提供价值相当的担保,担保方式可以是现金、保险公司保函、车辆、房屋等,具体结合自身实际情况以及当地法院实际要求而定。

关于保险公司开具诉讼责任保全的保函,目前已经形成了一个比较成熟的市场,大概费用在保全金额的1‰-2‰,有的法院还需要对出具保函的公司派员做笔录,这个需要保险公司配合。

【示例2-38】《财产保全保单保函》参考文本

财产保全保单保函

________人民法院:

财产保全申请人:______________有限责任公司(统一社会信用代码:____________)与被申请人:____________集团有限公司(统一社会信用代码:_______)因合同纠纷,向贵院提出财产保全申请,请求对被申请人的财产在价值_______元限额内予以保全。如申请有错误,致使被申请人因保全遭受损失,我公司愿意在申请人应当承担的赔偿责任范围内,承担连带赔偿责任,并不以我方文件或内部规定,以及与申请人的约定等,作为拒绝向被申请人承担前述赔偿义务的免责理由。

(保险公司印章)

年　月　日

保险单号:

值得注意的是,根据2020年《最高人民法院关于人民法院办理财产保全案件若干问题的规定》第9条的规定,以下几类情形申请财产保全是不需要提供担保的:(1)追索赡养费、抚养费、抚育费、抚恤金、医疗费用、劳动报酬、工伤赔偿、交通事故人身损害赔偿的;(2)婚姻家庭纠纷案件中遭遇家庭暴力且经济困难的;(3)人民检察院提起的公益诉讼涉及损害赔偿的;(4)因见义勇为遭受侵害请求损害赔偿的;(5)案件事实清楚、权利义务关系明确,发生保全错误可能性较小的;(6)申请保全人为商业银行、保险公司等由金融监管部门批准设立的具有独立偿付债务能力的金融机构及其分支机构的。

在法律文书生效后，进入执行程序前，债权人申请财产保全的，人民法院可以不要求提供担保。

第十九节　提交诉前财产保全申请并领取裁定书

在确定需要提起诉讼财产保全，且案件符合诉前保全的“情况紧急”之规定的条件下，相关办理流程如下：

(1)申请人将申请书和被保全人财产信息(可能还包括起诉状/仲裁申请书及相关的证据材料)提交立案庭(或法院单独设立的保全窗口)，并交纳保全费用。

(2)法院接受申请后，对情况紧急的必须在48小时内作出裁定，裁定采取保全措施的，移送执行局财产保全部门立即开始执行。

(3)申请人在法院采取保全措施后30日内不依法提起诉讼或申请仲裁的，法院有权裁定解除保全。

(4)根据立案庭保全裁定书，执行局财产保全部门立“执保”字案号，及时制作保全协助执行通知书及送达回证、协助冻结或解除冻结存款通知书及回执、协助公示冻结或解除冻结股权通知书及回执等。

律师一定要重视诉前财产保全，尤其是在紧急的情况下，防止对方转移财产。笔者曾经代理一起标的上亿的股权转让纠纷案，为防止对方将股权进行过户登记，笔者向成都市中级人民法院提起了诉前的股权保全申请，并且安排团队律师在法院立案大厅“蹲点办理”，最后只用了两天就完成了对方在成都和贵州两个公司的股权诉前保全工作。如果保全不及时，可能原告连起诉的意愿都会打消，笔者也就没有机会获得这个案源了。

第二十节　前往法院立案或领取传票

准备好立案材料以后，到法院立案前还有以下五个注意事项。

(1)再次核实管辖问题。具体案件的诉讼管辖，律师不能只根据级别管辖或地域管辖加以判断,而应当结合相关规则来综合判断。另外,专利纠纷案件,海事、海商案件,公益诉讼案件,虚假陈述证券民事赔偿案件有特殊规定,律师要特别注意。

(2)再次核实起诉状中原告、被告的身份信息是否正确。仔细检查起诉状中原、被告名称是否有错别字,身份证号码是否与复印件一致,公司住所地及统一信用代码信息是否与营业执照一致。

(3)清楚起诉状份数要求。起诉状一般需要按照被告、第三人人数再多准备1-2份。

(4)清楚初步证据和证据清单的份数要求。这需要按照法院规定份数准备,若法院要求给每个被告或第三人单独准备,则需要提前复印好。

(5)法律文书送达地址确认书。该确认书一定要认真填写,填写完毕记得拍照。

准备好立案材料后,律师可到人民法院办理立案、缴纳案件诉讼费,立案当天应携带所有立案材料,这里需要注意,被告如果是公司,还应携带被告工商档案信息复印件(到"全国企业信用信息公示系统""企查查"等网站输入被告公司名称检索),若是离婚案件须携带户口簿、结婚证原件及复印件。

立案材料经立案庭法官核查无误后,法院会核算应收取的诉讼费用,按照指示到诉讼费收费窗口交完诉讼费后,将诉讼费缴费票据(交承办法官联)返还给当初接收材料的法官,交款人联自己妥善保存,并向立案庭法官索要案件受理通知书,这一通知书非常重要。至此,案件立案程序完成。

实务中,有些法院有案件立案前先行调解/预调解的程序要求,以成都市为例,案件的先调程序一般要经过30天才会正式转立案并通知原告缴费。

立案前应当对照立案材料准备清单,查看是否将立案需要的全部资料准备齐全。

【示例2-39】《一审立案材料准备清单》参考文本

××××××××与××××××××纠纷一案

一审立案材料准备清单

序号	材料名称	原件/复印件	份数	核实情况
1	民事起诉状	原件	N+1	已准备

续表

序号	材料名称	原件/复印件	份数	核实情况
2	原告主体身份证明(若原告为自然人则准备身份证复印件,若原告为公司则准备营业执照、法定代表人身份证明书、法定代表人身份证复印件)	复印件		已准备
3	被告主体身份证明(营业执照/身份证)	复印件		已准备
4	授权委托书	原件		已准备
5	律师事务所函	原件		已准备
6	律师证及复印件	原件/复印件		已准备
7	证据清单	原件		已准备
8	证据材料	复印件		已准备
9	送达地址确认书	原件		
10	财产保全申请书及财产清单	原件		已准备
11	保函及附随材料	原件		
12	(其他材料)			

第二十一节　提交证据及申请调查取证调查令

一、证据提交

提交证据一般分为两个阶段:第一个阶段是立案时提交基础证据,证明双方之间的基础关系和事实即可,不需要太复杂,既能够保证立案的及时性,也能够防止对方过早拿到证据而进行充分的抗辩。第二个阶段应当在举证期届满前提交全部证据。律师在举证期限届满前3天内确定证据目录,要特别注意举证期限。律师收到案件受理通知书时,一般也会收到举证通知书,上面就载明了举证期限,律师会将举证截止时间记录到案件跟踪表上,主办律师还需要添加到自己的手机备忘录里,设置提前3-5天提示律师。

1. 提交证据的期限

举证期限的问题一定要重视,目前各级法院对于举证期限逐步在严格执行,如果逾期提交证据,打证据突袭,很多法官不仅会发书面的训诫决定书,而且还可能作出罚款的决定。

笔者曾经历一个案件,对方未在举证期限内举证,而是当庭举证。笔者当庭提出了异议,请求法院要求对方说明逾期提交的理由。对方给出的理由是举证期限内未找到该证据,后笔者以该证据未在举证期限内提交,且说明的理由不合法,请求法院不予采纳该证据。最后,法院根据《民事诉讼法》第 68 条的规定,认为当事人逾期提供证据且逾期提交的理由不成立,没有采纳该证据。

【案例 2 - 24】

2019 年 1 月,甲公司在外地法院提起诉讼,向乙公司催要货款,乙公司提出管辖权异议,并提交了双方签订的《供应商品质保证协议》和《采购订单》,认为双方约定由需方所在地法院管辖,故应由宜兴市人民法院管辖。

甲公司认可乙公司提交的上述材料,同意按照约定管辖处理。后外地某法院裁定将案件移送宜兴市人民法院审理。

在宜兴市人民法院一审审理过程中,乙公司未提供《供应商品质保证协议》及其他协议。一审判决后,甲公司和乙公司均向无锡市中级人民法院提起上诉。

二审中,乙公司提交了其与甲公司签订的《供应商品质保证协议》和《供货保证协议》,协议中就双方买卖合同履行过程中的权利义务有详细约定,证明乙公司并不存在违约行为,而是甲公司违约在先。

无锡市中级人民法院经审查认为,由于乙公司未在举证期限内及时提供证据,导致一审判决未能查明案件基本事实,故裁定撤销一审判决,将案件发回宜兴市人民法院重审。但对乙公司逾期提供证据的行为,无锡市中级人民法院依法作出对乙公司罚款 5 万元的决定。

2. 逾期提交证据的特别规定

第一,随着证据规则的修改,举证期限届满以后,当事人提供新的反驳证据,或者对已经提供证据的来源、形式等方面的瑕疵进行补正的,人民法院可以酌情再次确定举证期限,该期限不受之前举证期限的限制。

第二,根据 2022 年《最高人民法院关于适用〈中华人民共和国民事诉讼法〉的解释》第 101 条第 2 款的规定,当事人因客观原因逾期提供证据,或者对方当事人对逾期提供证据未提出异议的,视为未逾期。此时就需要我方在对对方提交的证据质证时,先对对方未在举证期限内提交证据提出异议,让其说明理由,并让书记员记入笔录,否则因我方未提出异议,则视为对方未逾期提交。

3. 现场提交证据注意事项

律师在法院诉讼服务中心提交证据时,要注意保留法院材料接收窗口签章或签字的回执,如果无法及时前往法院提交证据,必须通过 EMS 邮寄给法院,保留邮寄时的视频、邮寄底单,邮寄底单需要盖邮戳。提交证据后,还要与法官或者书记员联系,及时告知我方已提供证据,尤其是需要证人出庭或者申请法院调查取证、申请调查令的,提交申请书时必须及时与法院沟通。调查令申请要注意把律师执业证号写清楚,笔者遇到过律师的执业证号与申请书不一致而导致被拒绝的情况。

4. 举证期届满前应完成的事项

在举证期限届满前 10 天应确定是否提出相关请求;确定提出的,应在举证期限届满前 3 天提出,包括确定是否提出反诉、是否延长举证期限、是否申请证人出庭作证、是否申请证据保全、是否申请鉴定、是否申请调查取证、是否申请回避。当事人提出要申请回避的,应要求当事人提出相关事实和理由。审核法庭采用简易程序是否符合要求,不符合的,要提前与法庭沟通。

二、申请调查取证/调查令

证据是诉讼之王,但是有些证据因为客观情况未被当事人控制,此时就需要向法院申请调查取证或申请调查令。

2019 年《最高人民法院关于民事诉讼证据的若干规定》第 2 条第 2 款规定:“当事人因客观原因不能自行收集的证据,可申请人民法院调查收集。”

当事人及其诉讼代理人申请人民法院调查收集证据,应当在举证期限届满前提交书面申请。

各个省、自治区、直辖市法院联合其他行政部门出台了对应的调查令制度,一般在当地施行。如四川省高级人民法院、四川省发展和改革委员会、四川省公安厅、四川省民政厅、四川省司法厅、四川省人力资源和社会保障厅、四川省自然资源厅、四川省生态环境厅、四川省住房和城乡建设厅、四川省商务厅、四川省卫生健康委员会、四川省人民政府国有资产监督管理委员会、四川省市场监督管理局、成都海关、国家税务总局四川省税务局、四川省通信管理局、中国人民银行成都分行、中国银行保险监督管理委员会四川监管局、中国证券监督管理委员会四川监管局、四川省律师协会联合出台《关于在民事审判与执行阶段适用调查令的办法(试行)》(川高法〔2020〕256 号),为四川省范围内的律师申请调查令提供相应的指导。

笔者团队在申请调查证据时,一般会同时提交调查取证申请书和调查令申请书,让法院方便作出选择,同时也能避免法院拖延或拒绝前去调查取证。

调查取证申请书应当载明被调查人的姓名或者单位名称、住所地等基本情况以及所要调查收集的证据名称或者内容以及需要由人民法院调查收集证据的原因及其要证明的事实以及明确的线索。

一般案件中法院主动调查收集证据的可能性较小,大部分情况下是由律师申请调查令,笔者办理的案件中 80% 以上是笔者申请调查令调取证据。调查令是指民事诉讼当事人在履行证明责任时,因收集证据受到客观情况阻碍而向人民法院提出申请,经人民法院审核后签发给当事人,由持令人向被调查人收集证据的法律文件。

【示例 2-40】《调查取证申请书》参考文本

调查取证申请书

申请人:________,性别:______,民族:________,________年____月____日出生,住址:________,身份证号码:____________。

委托代理人:________律师事务所________律师,联系电话:________

委托代理人:________律师事务所________律师,联系电话:________

申请事项:

一、请求贵院依职权调取________;

二、________。

事实与理由:

贵院依法受理申请人________与________纠纷一案[案号:(　)民初______号],现因________由________持有且该份证据对查清本案________

事实及判决结果有直接利害关系，而申请人及代理律师因客观原因无法自行收集该证据。故为查明案件事实，维护申请人之合法权益，申请人特依据《中华人民共和国民事诉讼法》第六十七条第二款和《最高人民法院关于适用〈中华人民共和国民事诉讼法〉的解释》第九十四条之规定，向贵院提出调查取证申请，恳请贵院依法予以调查！

此致

人民法院

申请人：

年　月　日

附：________持有该份证据之基本线索（略）

【案例2-25】

20××年××月××日晚，张某受付某邀请参加聚餐及KTV唱歌活动后，张某驾驶电动二轮车搭乘付某沿新津五河路由周家花园路口往新南河桥方向行驶，当其驾车行驶至新津县××路××号门前时，所骑无号牌电动二轮车跌入其前方路边排水沟，造成张某、付某受伤，张某经医院抢救无效于同日死亡。20××年××月××日，新津县公安局交通警察大队出具第×××号道路交通事故认定书，认定张某为醉酒状态，其驾驶的二轮电动车经鉴定属于机动车范畴的摩托车。张某未戴安全头盔、饮酒后驾驶未经公安机关交通管理部门登记的摩托车造成交通事故，张某承担此事故的全部责任。该路段往新南河桥方向右侧道路部分中断，前方是约两米深的排水沟，排水沟前无防护装置。

但张某的家属在起诉时无法举证证明案涉路段的养护单位是谁，只能起诉后申请调查取证、调查令，后查明排水沟所在路段是国道G245巴中至金平新津段，该路段管理维护单位是成都市××养路段。最终人民法院判决路段管理维护单位承担部分责任。

调查取证申请书

申请人(原告):张某,男,×族,1965 年 2 月 10 日出生,住四川省新津县,身份证号码:__________。

申请人(原告):赵某,女,×族,1967 年 11 月 18 日出生,住四川省新津县,身份证号码:__________。

委托代理人:××××律师事务所××律师,联系电话:××××。

请求事项:

申请贵院向四川省交通运输厅公路局调取国道 G245 巴中至金平新津段新津五河路由周家花园路口往新南河桥方向,新津县××××路××××号门前道路(涉案事故地点)的管理维护单位名称。

事实和理由:

贵院受理的张某、赵某诉任某、成都市××养路段等生命权、健康权、身体权纠纷一案[案号(2020)川 0132 民初××××号],现因申请人____________________,该证据由××××××持有且该证据为本案鉴定不可缺少的证据,对判决结果有直接利害关系,而申请人及代理律师因客观原因无法自行收集该份证据,故为查明案件事实,维护申请人之合法权益,申请人特依据《中华人民共和国民事诉讼法》第六十七条第二款和《最高人民法院关于适用〈中华人民共和国民事诉讼法〉的解释》第九十四条之规定,向贵院提出调查取证申请,恳请贵院依法予以调查!

此致

×××人民法院

申请人:

202×年××月××日

附:证据线索

×××××××地址:　　　联系人:

调查令也是在当事人不能收集证据时的补充，体现了律师在诉讼过程中的作用。持令人有前往该调查令所指定的人或单位收集、调查证据的权利；持令人应主动将律师证与调查令交被调查人核对，并将调查令交被调查人存档。建议律师申请调查令之前和被调查单位取得联系，询问证据是否存在、对方单位的地址等。

最后，关于调查令中的调查材料补充说明一点，笔者在实务中曾遇到有的银行以调查银行流水的调查令中未写明调查交易对手信息，泄露对手信息会泄密为由，只提供一方信息和流水变动金额及余额，拒绝提供交易对手信息，最终拿到的信息也无法正常使用。所以笔者提醒各位读者，申请调查银行流水的调查令时，建议将交易信息、对手信息也写上，并在调查令中注明，以免重复劳动。

第二十二节　调取工商档案动产及不动产信息

一、调取工商档案

当当事人需要证明对方公司的主体而没有营业执照复印件时，一般不需要调取工商档案，可在全国企业信用信息公示系统打印对方公司的基础信息，其即可作为诉讼主体身份的证明。若需要公司股权转让协议、章程、股东信息、设立变更信息等，则需要前往市场监督管理局调取工商档案。

调取工商档案通常派律师助理或者外出方便的律师前去办理，一般需要提前和公司注册地的市场监督管理局取得联系，了解需要准备的资料。调取工商档案时一般需要携带律师事务所的介绍信（不是所函，介绍信即可）、律师证（或实习律师证）复印件，同时携带律师证（实习律师证）原件前往公司注册所在地市场监督管理局。公司注册地一般分为省级、市级、区县级，而各级别的市场监督管理局的要求可能存在不同。例如，四川省市场监督管理局仅允许执业律师调取，实习律师无权调取。成都市市级及各个区县的市场监督管理局则允许实习律师前去调取，并且成都市市场监督管理局此前可以调取成都市市级以及成都市各区县注册公司的全部工商档案，而各个区县的市场监督管理局仅能调取当地区县注册公司的工商档案。如果一次性要调取多个地区或多个公司的工商档案,建议提前电话知晓清楚查档的要求,笔者曾去重庆市查档,被告知每位律师每天仅能查询 5 家公司的工商档案,超过部分只能第二天再去。

此外,有的地区的市场监督管理局可以查询登记股东的身份证号码,身份证号码的重要性各位读者肯定清楚,有了身份证号码,便可以查询对应的人口信息,所以提前电话联系查档的部门问清楚再出发非常重要。

对于异地查档而言,针对公司注册地距离较远的查档,笔者团队会在多问、无讼律师端等 App 上发单,一般几百元即可,当地律师查询后直接将加盖鲜章的档案原件寄回。

二、调查不动产信息

相对于调取工商档案的便利,调取不动产登记信息需要准备的材料往往更为复杂,因为不动产涉及用户的财产隐私,往往需要律师持法院的调查令查询。

当然也有部分不动产登记中心,如成都市不动产交易中心可以凭律师持案件受理通知书以及对方的具体位置信息查询不动产的简档,不动产信息简档可作为证据或财产线索,持其即可办理财产保全。

调取不动产信息和工商档案,需要注意的是事先和房产所在地的不动产登记中心或土地所在的规划和自然资源局电话联系,联系电话一般通过百度即可查询到,确定好需要准备的材料后再前往调取。

第二十三节　诉讼财产保全申请书

一、诉讼保全的重要性

在民事诉讼整个流程中,保全与立案、庭审一样,属于非常重要的诉讼活动,保全分为财产保全、证据保全、行为保全,财产保全关系当事人拿到胜诉判决后能否将判决书转化为款项。这也是律师需要尽心尽责去完成的重要事项,若未办理保全、未及时办理保全、未保全当事人提供的全部财产线索,则可能导致当事人遭受巨大损失，且律师也可能被当事人起诉，要求赔偿巨额损失。

【案例 2 –26】

四川筠连县商人状告代理律师：未能申请财产保全，律所承担过错责任。

商人郭某借了 565 万元给开发商世成公司，世成公司欠款逾期一直未还，2016 年 3 月，郭某委托四川 ×× 律师事务所向筠连县人民法院起诉，要求判令世成公司归还 565 万元本金及利息，总计 1100 余万元。

郭某主张代理律师刘律师于 2016 年 3 月 8 日、9 日收取了郭某支付的律师费、保全费和保险公司的保函费用，却根本没有为郭某向筠连县人民法院申请财产保全。后郭某与世成公司达成调解，四川省筠连县人民法院调解后作出(2016)川 1527 民初 326 号民事调解书确认世成公司欠郭某本金 565 万元及利息，在 2017 年 7 月 30 日前还清。后因世成公司未履行该调解书确定的还款义务，郭某后于 2016 年 10 月向四川省筠连县人民法院申请了强制执行，但执行中发现世成公司并无可供执行财产。

郭某一气之下起诉代理律师所在律师事务所，要求其赔偿全部损失 1100 余万元。最终一审法院判决由被告四川 ×× 律师事务所返还原告郭某已付的保函费、保全费 40,811 元。

二、诉中保全与诉前保全的区别

与诉前财产保全相比，诉讼中财产保全可以申请网络查控，根据 2020 年《最高人民法院关于人民法院办理财产保全案件若干问题的规定》第 10 条第 2 款以及第 11 条的规定，当事人在诉讼中申请财产保全，确因客观原因不能提供明确的被保全财产信息，但提供了具体财产线索的，人民法院可以依法裁定采取财产保全措施。在该裁定执行过程中，申请保全人可以向已经建立网络执行查控系统的执行法院，书面申请通过该系统查询被保全人的财产。申请保全人提出查询申请的，执行法院可以利用网络执行查控系统，对裁定保全的财产或者保全数额范围内的财产进行查询，并采取相应的查封、扣押、冻结措施。当事人及代理律师没有对方的银行账户等其他财产线索的，直接申请网络查控也是一种极为实用的办法。

虽然诉中财产保全可以申请网络查控,但有的法院针对网络查控和财产线索有比较特别的规定,比如,提交了被申请人任一银行账户信息或其他财产线索,即使财产不足保全金额,法院也不会同意进行网络查控,但如果未提供任何财产线索,法院反而会进行网络查控。因此需要提前与法院沟通清楚后再决定采取何种保全策略。

与诉前财产保全相比,诉讼中财产保全并非一定要提供担保,2023 年《民事诉讼法》第 103 条第 1、2 款规定:"人民法院对于可能因当事人一方的行为或者其他原因,使判决难以执行或者造成当事人其他损害的案件,根据对方当事人的申请,可以裁定对其财产进行保全、责令其作出一定行为或者禁止其作出一定行为;当事人没有提出申请的,人民法院在必要时也可以裁定采取保全措施。人民法院采取保全措施,可以责令申请人提供担保,申请人不提供担保的,裁定驳回申请。"诉讼中财产保全仅仅可能需要当事人提供担保。第 104 条第 1 款规定:"利害关系人因情况紧急,不立即申请保全将会使其合法权益受到难以弥补的损害的,可以在提起诉讼或者申请仲裁前向被保全财产所在地、被申请人住所地或者对案件有管辖权的人民法院申请采取保全措施。申请人应当提供担保,不提供担保的,裁定驳回申请。"

与诉前财产保全相比,诉讼中财产保全时间更晚,采取保全措施时间往往更长。《民事诉讼法》第 104 条第 2 款是关于诉前财产保全的规定,即人民法院接受申请后,必须在 48 小时内作出裁定;裁定采取保全措施的,应当立即开始执行。笔者一般将二者的区别告知当事人,由当事人选择保全的种类。还需要注意在拟定诉讼中财产保全申请书时,为防止被告(被申请人)转移财产,建议在递交起诉材料时明确告知不同意诉前调解,不要在起诉状中写明被告的联系电话,同时在立案时告知立案庭人员,原告(申请人)会申请财产保全,起诉状需要等财产保全完毕再送达。财产保全的时间一般是越早越好,笔者团队一般在立案当天就提交财产保全的申请。

三、财产保全材料的准备

诉讼和仲裁程序办理财产保全所需的材料有所不同,仲裁程序中申请财产保全目前走的是诉前财产保全程序，并且额外需要仲裁委员会出具的转交函。准备好财产保全申请书、担保函（或自己的担保财产信息）后，一般还需要准备以下资料：起诉状、证据、保全申请人及被申请人的主体信息、授权三件套（授权委托书、律师事务所所函、律师证复印件）、财产线索、网络查控申请书，部分法院还需要提交一个情况紧急的说明（这个说明需要阐述清楚，如果不进行保全，对方可能转移财产）。每次进行财产保全时建议提前和保全法院、仲裁委员会电话联系，确认清楚此次案件办理时所需的资料内容，避免遗漏和出差错。

申请财产保全后，需要随时联系法院，催促法院尽快出具保全的民事裁定、分配保全的法官，以及立即办理保全手续，因为法院的保全法官往往比较忙。律师或者当事人也可以安排交通工具和保全法官一并前往财产所在地办理保全的手续，这样也可以加快保全的速度。

注意的是保全完成后，要妥善保管财产保全的裁定和回执，在日历上备注好财产解封的时间（一般律师会提前一个月备注续查封的时间），期满前记得申请续保，已经有律师因为忘了续保而赔偿当事人损失的司法判例，各位读者需要再次重视。

【案例 2－27】

南通某建筑安装公司向蔡某先后借款数百万元，并由王某为借款提供担保。借款到期后，仍有 200 余万元未能归还，蔡某欲通过诉讼途径讨要借款。2015 年 8 月 24 日，蔡某委托南通某律师事务所律师为其诉讼代理人。2015 年 8 月 26 日，一审法院受理了蔡某与南通某建筑安装公司、王某民间借贷纠纷案。两天后，法院根据蔡某提起的保全申请，查封、冻结了南通某建筑安装公司名下的 251 万元。

后因查封到期后，被查封的 250 余万元现金未及时续保，导致蔡某执行时未能执行到的财产高达 163 万余元。2019 年 8 月 9 日，江苏省南通市中级人民法院对这起法律服务合同纠纷案作出终审判决，法院认为当事人委托律师参加诉讼，旨在弥补自身法律专业知识和诉讼能力的欠缺。代理人作为专业律师，清楚该案中财产保全的时间，知晓法律规定的保全期限及该案保全到期时间，亦对保全期限届满后，如果不及时申请续保会导致的法律后果有明确的认知,其理应特别注意保全期限,并在到期前提出续保申请或者提醒蔡某提出续保申请。然而其直至2016年12月14日才向一审法院提出申请,显见代理律师未尽勤勉、审慎义务,未能在保全期限届满前提出续保申请,导致保全的财产被转移,对此应承担主要责任,酌定承担七成责任,赔偿蔡某114万余元的损失。

【示例2-41】《财产保全申请书》参考文本

财产保全申请书

申请人:________,性别:____,民族:____,________年____月____日出生,住址:________,身份证号码:________。

委托代理人:________律师事务所________律师,联系电话:________

被申请人:________,住所地:________,统一社会信用代码:________,法定代表人:________,性别:____,________年____月____日出生,身份证号码:________,联系电话:________。

请求事项:

一、请求贵院依法冻结被申请人名下以下银行账户。拟申请冻结账户信息为:户名:________;开户行:________;账号:________,申请冻结金额为________万元;

二、请求贵院依法查封被申请人位于________号____(____期)____栋____单元____层____号房产(不动产权证号:________),申请查封金额____万元;

三、请求由被申请人承担全部保全费用、保函费用。

(上述保全金额总计________万元)

事实与理由:

申请人________与被申请人________合同纠纷一案,贵院现已受理,案号为(202×)川××民初××号,因情况紧急,为了防止被申请人恶意转移财产,现申请人根据《中华人民共和国民事诉讼法》第一百零三条规定,向贵院申请财产保全,申请人以____________提供担保,申请依法查封、冻结被申请人名下财产,并由被申请人承担全部保全费用,保全金额共计____万元,恳请贵院依法支持申请人的财产保全申请!

此致

人民法院

申请人:

年 月 日

附:被申请人财产线索清单(略)

【示例2-42】《财产续查封申请书》参考文本

财产续查封申请书

申请人:________,性别:____,民族:____,________年____月____日出生,住址:________,身份证号码:________。

委托代理人:________律师事务所________律师,联系电话:________

被申请人:________,住所地:________,统一社会信用代码:________,法定代表人:________,性别:____,________年____月____日出生,身份证号码:________,联系电话:________。

申请事项:

一、请求贵院继续冻结被申请人名下开户行为________有限公司________支行的银行账户(账号:________),申请冻结金额为________万元;

二、请求贵院依法继续查封被申请人位于________号____(____期)____栋____单元____层____号房产(不动产权证号:________),申请查封金额为____万元。

事实与理由:

申请人________与被申请人________合同纠纷一案,案号为(202×)川

××民初××号,经贵院审理后作出民事判决书,后申请人申请了强制执行,现案件正在执行过程中。申请人在诉讼过程中向贵院提出财产保全申请,贵院依法作出(20××)川××××财保××号民事裁定书,对被申请人的财产进行了查封/冻结,期限为____年,现本案尚未执行完毕,查封/冻结期间即将届满,为保护申请人的合法权益,申请人依法向贵院提请财产保全续查封申请,请求贵院继续对被申请人以上财产查封,恳请贵院予以准许!

此致

人民法院

申请人:

202×年　月　日

附:原保全裁定及回执(略)

第二十四节　制作主审法官大数据和对方律师大数据

一、司法大数据的现状

身处大数据时代,我们时刻受到大数据广泛而深刻的影响,各行各业也在享受大数据的福利,如京东通过分析用户各地区各时间段的产品交易量大数据,预测此后该地区的需求量,在其他物流把重心放到加快运输速度的时候,京东物流早已将预测的产品量提前运输至所需地区附近的仓库,使京东物流对其他物流公司形成降维打击。在司法领域,裁判文书无疑是司法大数据应用的宝贵"数据能源"。根据最高人民法院的相关规定,全国法院裁判文书上网公开的原则是"以公开为原则,不公开为例外"。截至 2023 年 10 月 4 日,中国裁判文书网公开的刑事、民事、执行等各类裁判文书总量已达 1.472 亿篇,中国裁判文书网所载海量裁判文书,为司法大数据应用提供了重要的数据来源与数据分析条件。

二、法官大数据及对手律师大数据的作用

当案件分配承办法官，当事人及代理人会收到《受理案件通知书》及《合议庭组成人员通知书》，便能阅卷查询对方当事人以及对方代理律师，律师可以利用 Alpha 法律检索系统的一键检索功能检索主审法官审理以及对方律师代理的全部案件的大数据信息，并可以导出主审法官或对方律师全部案件的大数据分析报告。

首先，法官大数据可以使律师的工作显现化。其次，通过分析法官和对方律师的大数据能洞悉主审法官和对方律师的重要信息，如分析法官或律师是否对该类案件有丰富的审判经验，法官平均审理案件的时间天数，法官审理案件支持或驳回比例，法官常用的程序法条以及实体法条。对大数据的分析有利于提高案件胜诉率、案件签约的签约率以及签约的金额。笔者这几年来，但凡给当事人或者客户提交法官大数据和对方律师大数据的，无一不称赞，即便当事人可能不知道它的价值所在，但律师这种对案件的精研精神，当事人至少是非常满意的，从内心更加认可律师。

三、主审法官或对方律师大数据分析报告的内容

一份标准的法官或律师大数据分析报告主要包括：大数据报告数据来源和检索结果可视化。检索结果可视化主要包括 8 个维度的内容：(1)总裁判文书数量以及年份分布；(2)案由分布；(3)行业分布；(4)程序分类；(5)判决结果(判决结果主要分为全部部分支持、撤回起诉、全部驳回、驳回起诉等，二审和再审的案件还包括改判和驳回的概率)；(6)诉讼标的大小的可视化，主要显示法官审理诉讼案件标的金额分类；(7)审理期限的可视化，可知晓该法官的平均审判期限为多久；(8)高频法条，包括大数据案例中常引用的程序法条和实体法条。所谓“知己知彼、百战百胜”，诉讼案件同样适用，通过对以上维度的分析，方便律师在准备证据和代理思路时可以对症下药。

【示例 2 -43】《主审法官大数据分析报告》参考文本

北京市第一中级人民法院李利法官审判大数据分析报告

一、大数据报告数据来源

时间:2023 年 2 月 7 日之前

案由:全部案由

检索条件:

法官包含:李利,北京市第一中级人民法院

案件数量:1551 件

数据采集时间:2023 年 2 月 7 日

二、检索结果可视化

本次检索获取了 2023 年 2 月 7 日前共 1551 篇裁判文书。

(一)整体情况分析如图 1 所示

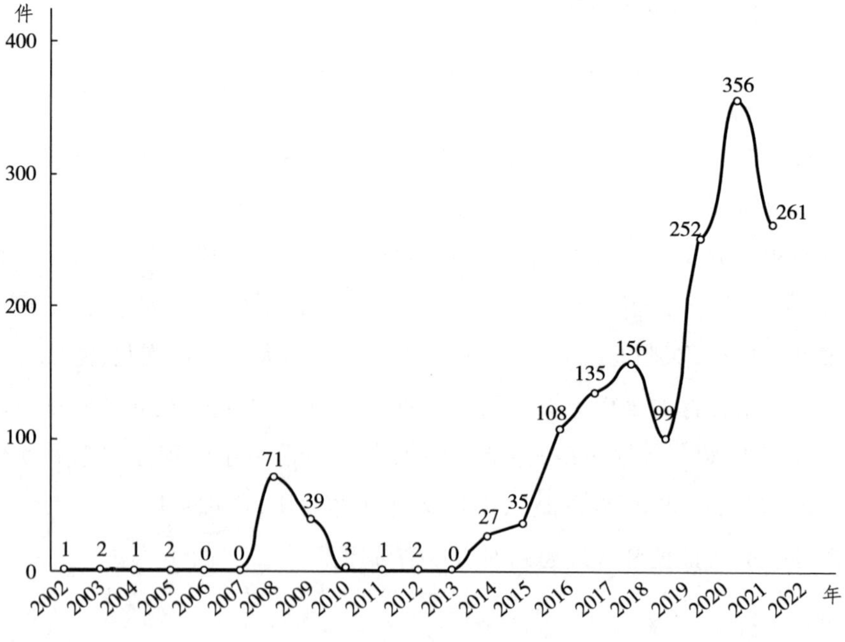

图 1　审判案件年份分布图

从图1的年份分布可以看到当前条件下2002年至2022年案例数量的变化趋势。

(二)案由分布如图2所示

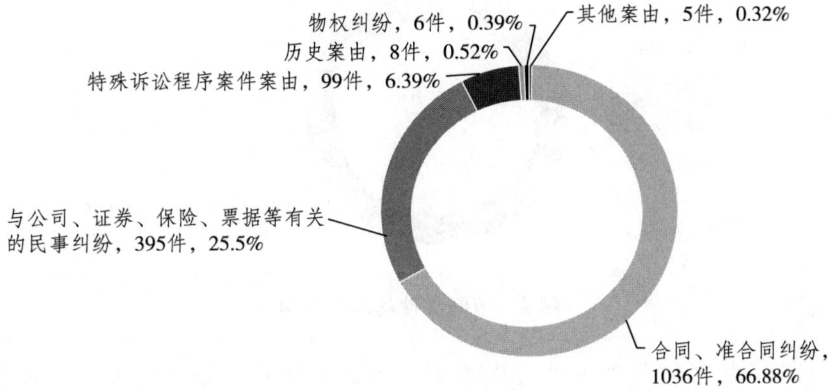

图2　审判案件案由分布图

从图2的案由分类情况可以看到，首先最主要的案由是合同、准合同纠纷，有1036件，占一半以上；其次是与公司、证券、保险、票据等有关的民事纠纷；最后是特殊诉讼程序案件案由、历史案由、物权纠纷以及其他案由。

(三)行业分布如图3所示

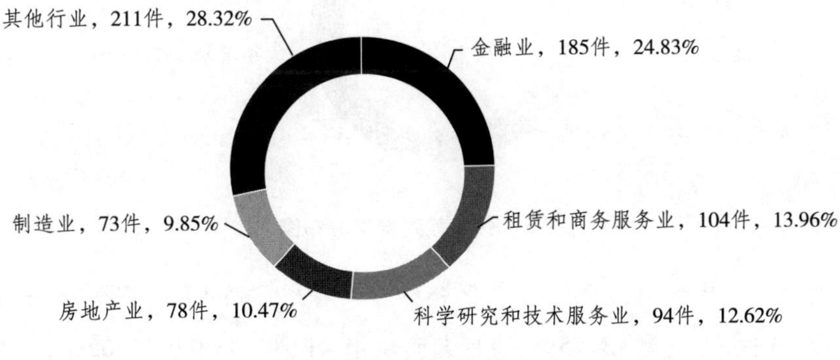

图3　审判案件行业分布图

从图3的行业分类情况可以看到，当前的行业分布主要集中在金融业、租赁和商务服务业、科学研究和技术服务业、房地产业、制造业以及其他行业。

(四)程序分类如图4所示

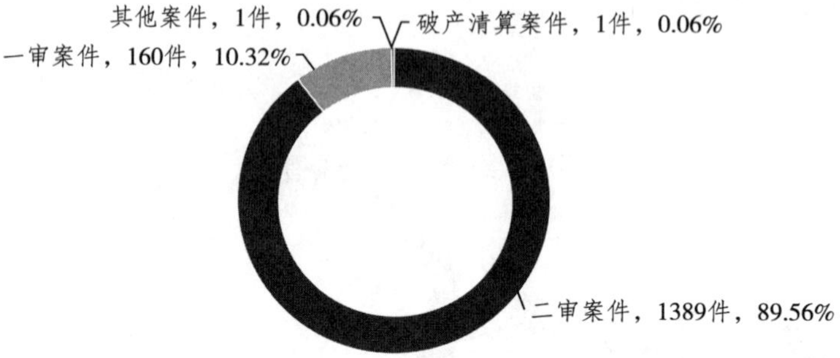

图4　审判案件程序分布图

从图4的程序分类统计可以看到当前的审理程序分布状况。一审案件有160件,二审案件有1389件,其他案件有1件,破产清算案件有1件。

(五)裁判结果

1. 一审裁判结果如图5所示

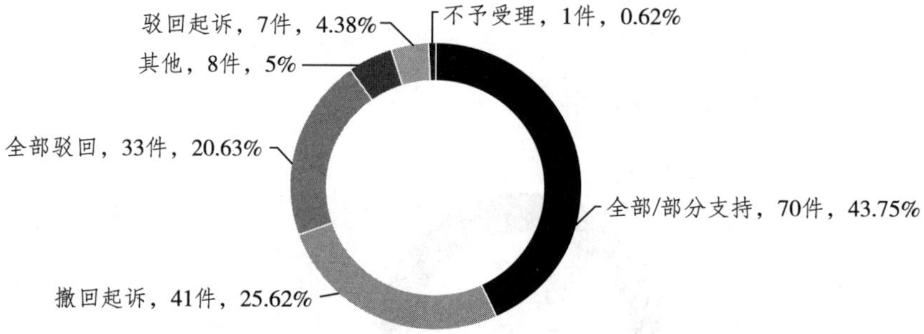

图5　一审裁判结果分布图

通过对一审裁判结果的可视化分析可以看到,当前条件下全部/部分支持的有70件,占比为43.75%;撤回起诉的有41件,占比为25.62%;全部驳回的有33件,占比为20.63%。

2. 二审裁判结果如图6所示

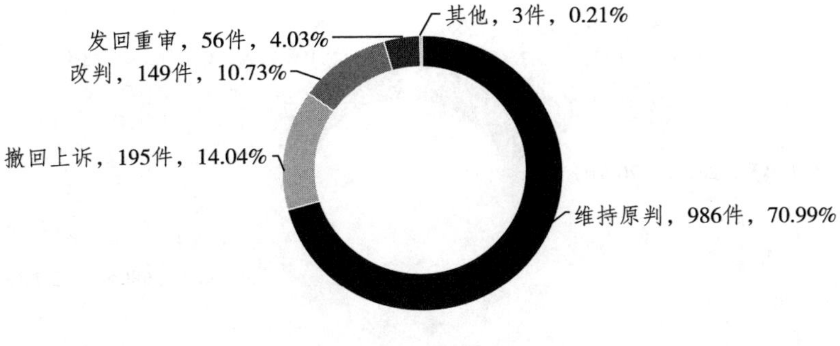

图6　二审裁判结果分布图

通过对二审裁判结果的可视化分析可以看到，当前条件下维持原判的有986件，占比为70.99%；撤回上诉的有195件，占比为14.04%；改判的有149件，占比为10.73%。

（六）标的额可视化如图7所示

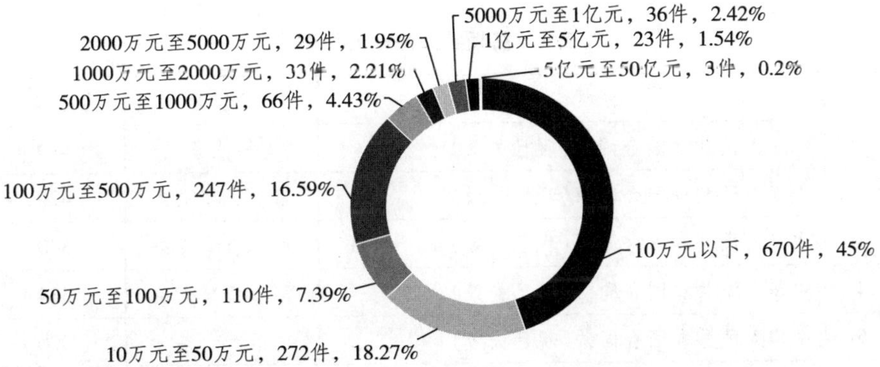

图7　案件标的额各档分布图

通过对标的额的可视化分析可以看到，标的额为10万元以下的案件数量最多，有670件，10万元至50万元的案件有272件，100万元至500万元的案件有247件，50万元至100万元的案件有110件，500万元至1000万元的案件有66件。

（七）审理期限可视化如图8所示

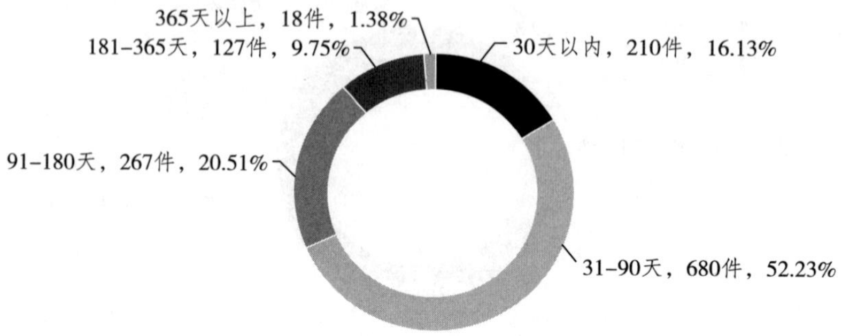

图8　案件审理期限分布图

通过对审理期限的可视化分析可以看到，当前条件下的审理时间多处在31－90天的区间内，平均时间为93天。

（八）高频法条

此处统计了所有被援引的高频法条，其中，高频实体法条如表1所示：

表1　高频实体法条汇总表

序号	法规名称	条目数	引用频次
1	中华人民共和国合同法（现已失效）	第八条	499
2	中华人民共和国合同法（现已失效）	第一百零七条	420
3	中华人民共和国合同法（现已失效）	第二百零六条	340
4	中华人民共和国合同法（现已失效）	第二百零七条	334
5	中华人民共和国合同法（现已失效）	第六十条	300
6	中华人民共和国合同法（现已失效）	第二百零五条	158
7	中华人民共和国担保法（现已失效）	第十八条	153
8	中华人民共和国合同法（现已失效）	第一百九十六条	134
9	中华人民共和国担保法（现已失效）	第二十六条	109
10	最高人民法院关于审理民间借贷案件适用法律若干问题的规定（2020年修正）	第二十八条	105
11	中华人民共和国担保法（现已失效）	第二十六条第一款	92

续表

序号	法规名称	条目数	引用频次
12	中华人民共和国担保法(现已失效)	第三十条	91
13	最高人民法院关于适用《中华人民共和国担保法》若干问题的解释(现已失效)	第三十条	91
14	最高人民法院关于适用《中华人民共和国担保法》若干问题的解释(现已失效)	第二十二条	90
15	最高人民法院关于审理民间借贷案件适用法律若干问题的规定(2020 年修正)	第二十八条第一款	87
16	最高人民法院关于适用《中华人民共和国民法典》时间效力的若干规定	第一条第二款	72
17	中华人民共和国合同法(现已失效)	第九十七条	70
18	最高人民法院关于审理民间借贷案件适用法律若干问题的规定(2020 年修正)	第二十五条	61
19	中华人民共和国合同法(现已失效)	第九十四条	55
20	最高人民法院关于适用《中华人民共和国民法典》时间效力的若干规定	第一条	55

高频程序法条如表 2 所示：

表 2　高频程序法条汇总表

序号	法规名称	条目数	引用频次
1	中华人民共和国民事诉讼法(2017 年修正)	第一百七十条第一款第一项	606
2	最高人民法院关于适用《中华人民共和国民事诉讼法》的解释	第九十条	237
3	最高人民法院关于适用《中华人民共和国民事诉讼法》的解释(2020 年修正)	第九十条	166
4	中华人民共和国民事诉讼法(2021 年修正)	第一百七十七条第一款第一项	165
5	中华人民共和国民事诉讼法(2017 年修正)	第一百四十四条	152
6	中华人民共和国民事诉讼法(2017 年修正)	第六十四条第一款	132

续表

序号	法规名称	条目数	引用频次
7	中华人民共和国民事诉讼法(2017 年修正)	第一百七十三条	126
8	中华人民共和国民事诉讼法(2017 年修正)	第六十四条	117
9	中华人民共和国民事诉讼法(2012 年修正)	第一百七十条第一款第一项	116
10	中华人民共和国民事诉讼法(2017 年修正)	第一百七十条第一款第二项	85
11	中华人民共和国民事诉讼法(2017 年修正)	第二百五十三条	78
12	中华人民共和国民事诉讼法(2007 年修正)	第一百五十三条第一款第一项	72
13	中华人民共和国民事诉讼法(2007 年修正)	第二百二十九条	60
14	中华人民共和国民事诉讼法(2017 年修正)	第一百五十条第一款第五项	55
15	中华人民共和国民事诉讼法(2017 年修正)	第二百二十七条	53
16	中华人民共和国民事诉讼法(2012 年修正)	第一百四十四条	49
17	最高人民法院关于适用《中华人民共和国民事诉讼法》的解释(2022 年修正)	第九十条	44
18	中华人民共和国民事诉讼法(2012 年修正)	第一百七十三条	37
19	中华人民共和国民事诉讼法(2017 年修正)	第一百七十条第一款第三项	36
20	中华人民共和国民事诉讼法(2017 年修正)	第一百五十四条第一款第十一项	36

【示例 2 -44】《对手大数据分析报告》参考文本

××××××与××××××____________纠纷一案

对手大数据分析报告

尊敬的__________：

××××××律师事务所(以下简称“我所”或“本所”)接受贵司委托代理本案，现经我所根据大数据检索，就相对方____________涉诉情况做简要分析报告,供贵司领导/您决策时参考。

一、大数据报告数据来源

时间:　　年　月　日之前

案例来源:Alpha 案例库

检索条件:

律师:

案件数量:件

二、检索结果可视化

(一)整体情况分析

(二)案由分布

(三)行业分布

(四)程序分类

(五)裁判结果

● 一审裁判结果

通过对一审裁判结果的可视化分析可以看到,当前条件下全部/部分支持的有____件,占比为____%;撤回起诉的有____件,占比为____%;全部驳回的有____件,占比为____%。

● 二审裁判结果

通过对二审裁判结果的可视化分析可以看到，当前条件下维持原判的有____件，占比为____%；改判的有____件，占比为____%；发回重审的有____件，占比为____%。

● 再审裁判结果

通过对再审裁判结果的可视化分析可以看到，当前条件下维持原判的有____件，占比为____%；提审/指令审理的有____件，占比为____%；其他的有____件，占比为____%。

（六）标的额分析

通过对标的额的可视化分析可以看到，标的额为 50 万元以下的案件数量最多，有____件；50 万元至 100 万元的案件有____件；100 万元至 500 万元的案件有____件；500 万元至 1000 万元的案件有____件；1000 万元至 2000 万元的案件有____件。

（七）法院

通过对法院的可视化分析可以看到，审理案件由多至少的法院分别为________。

三、其他信息分析

四、结论

第二十五节　证人出庭申请书

一、证人出庭作证的作用及必要性

证人证言属于《民事诉讼法》第 66 条规定的八大证据种类中的第 6 类，证人证言是法定的证据种类。当部分事实无法通过其他证据证明，或证明力不够时，往往需要申请证人出庭作证。根据 2019 年《最高人民法院关于民事诉讼证据的若干规定》第68条的规定，证人应当出庭作证，并接受审判人员和双方当事人的询问，除非根据《民事诉讼法》第76条的规定，即证人因健康原因，因路途遥远，交通不便，或因自然灾害等不可抗力，及其他正当理由不能出庭的，并经人民法院许可，才可以通过书面证言、视听传输技术或者视听资料等方式作证。当证人确实存在以上情况时，应当向人民法院提交申请书，申请书中应当载明不能出庭的具体原因，建议附上不能出庭作证的证据。只有当具体原因符合上述条件时，法院才会准许该证人通过其他方式作证，而仅仅单独提供证人向法院出具的签字版情况说明，不得作为认定案件事实的根据。

【案例2－28】

原告骆某某诉被告张某某离婚纠纷一案中[1]，原告、被告于1996年经双方父母介绍相识，1997年开始同居生活，并于1998年2月1日生育长女取名张某甲，1999年9月30日生育次女取名张某乙，2001年3月3日生育一男孩取名张某丙。双方于2009年2月25日补办结婚登记。后因家庭琐事原告、被告发生争吵，原告以双方感情不和自2012年7月分居至2014年超过2年为由主张起诉离婚，对此原告提供丁某证人证言一份，证明原告、被告因感情不和吵架后分居两年，婚生小孩张某甲、张某乙由原告骆某某抚养。但庭审中证人丁某未出庭作证，被告对该证据持有异议，主张该证人证言不属实。因证人未出庭，不符合《民事诉讼法》规定的情形，法院对该证人证言不予采信，判决双方不允许离婚。

二、提交证人出庭申请书的期限

根据2022年《最高人民法院关于适用〈中华人民共和国民事诉讼法〉的解释》第117条的规定，当事人申请证人出庭作证的，应当在举证期限届满前提出。申请书应当载明证人的姓名、职业、住所、联系方式，作证的主要内容，作证内容与待证事实的关联性，以及证人出庭作证的必要性。这一部分通常由律师和承办法官沟通后撰写提交，需要注意的是，证人出庭作证的主要内容以及出

［1］ 参见（2014）新乐民初字第55号。

庭作证必要性需要详细写明,不要简单地认为申请后法院就会同意,所以必须在申请书中写明出庭的关联性和必要性。

【示例2-45】证人出庭作证申请书参考文本

证人出庭作证申请书

申请人:________,性别:____,民族:____,________年____月____日出生,住址:____________,身份证号码:____________。

委托代理人:________律师事务所________律师,联系电话:________

委托代理人:________律师事务所________律师,联系电话:________

申请事项:

一、申请证人________(性别:____,____族,________年____月____日出生,职业:________,现住:________,身份证号码:________,联系电话________)出庭作证。

二、申请证人______(性别:____,____族,________年____月____日出生,职业:______,现住:______,身份证号码:________,联系电话______)出庭作证。

事实与理由:

贵院依法受理申请人________与________纠纷一案[案号:________],为查明案件事实且申请人拟申请之出庭证人与本案待证事实具有一定关联性(______)且能证明以下事实____________,现申请人特根据《最高人民法院关于民事诉讼证据的若干规定》第六十九条之规定,申请证人________、________出庭作证,请依法予以准许。

此致

人民法院

申请人:

年 月 日

附:证人身份信息(略)

三、证人出庭前的调查笔录

民事案件申请证人出庭之前，笔者建议提前和证人当面会谈，告知其需证明的内容，律师需要提前准备法官及对方当事人、代理律师可能发问的问题，然后模拟证人的回答内容，记录好模拟的笔录，避免在法庭中证人突然不知晓如何回复而陷入被动局面。此阶段最好让己方当事人也参加，一是当事人熟悉案情，二是可以直观体现诉讼精细化的服务内容。

记录完模拟笔录后，律师应将证人作证的内容提前做一个调查笔录，固定证人证言，预防证人反悔或者迫于压力不作证，调查笔录需要让被调查人逐页签字、捺印。

【示例 2－46】《证人调查笔录》参考文本

××××××律师事务所

证人调查笔录

询问时间：______年____月____日____时至______年____月____日____时

地点：____________________

调查人一：________律师，______________________律师事务所，执业证号：____________

调查人二：________律师，______________________律师事务所，执业证号：____________

记录人：________

被调查人：________，性别：____，年龄：____，出生日期：____________

民族：________，身份证号码：____________________

联系电话：________，现住址：____________________

调查内容：

调查人告知：我们是________事务所律师（并出示律师执业证），现根据《中华人民共和国律师法》第三十五条、《中华人民共和国民事诉讼法》第六十四条的相关规定,通过你对________与之间的____________纠纷有关情况进行调查,希望你能如实地向我们陈述你所知道的有关情况。同时,我们要告知你作虚假陈述要承担法律责任。

调查人问(以下简称问):你是否同意接受调查?

被调查人答(以下简称答):

问:

答:

……

问:你还有什么要补充的吗?

答:

问:你以上所说属实吗?

答:

以上记录已阅,情况属实;如果需要,我可以出庭作证;若属伪证,愿承担相应法律责任。

(被调查人手写并签字、捺印):

【示例 2-47】(2019)云 0112 民初 1470 号案件《证人调查笔录》

××××××律师事务所

证人调查笔录

调查时间:2019 年 1 月 10 日 15 时 00 分至 16 时 30 分。

调查地点:云南省昆明市西山区××××号

调查人一:××××律师事务所××律师,执业证号:××××××××××××

调查人二:××××律师事务所××律师,执业证号:××××××××××××

被调查人(单位)姓名:杨某 1,性别:女,身份证号码:××××××××××××

记录人：××律师

调查内容：

调查人告知：我们是××××律师事务所律师（并出示律师执业证），现根据《中华人民共和国律师法》第三十五条、《中华人民共和国民事诉讼法》第六十四条的相关规定，通过你对杨某与尹某、杨艳某民间借贷纠纷案双方欠款对账事宜的有关情况进行调查，希望你能如实地向我们陈述你所知道的有关情况。同时，我们要告知你作虚假陈述要承担法律责任。

调查人问（以下简称问）：你是否同意接受调查？

被调查人答（以下简称答）：愿意。

问：请问您的姓名、身份证号码、职业？

答：杨某1，身份证号码是××××。目前在×××公司担任×××。

问：请问您认识杨某、尹某、杨艳某吗？跟他们分别是什么关系？

答：都认识。我是杨某的妹妹，杨艳某是我的侄女，尹某是杨艳某的老公，杨艳某也是杨某的亲侄女。

问：您知道杨艳某向尹某借款的事情吗？

答：我清楚这个事情。

问：您具体说一下您知道的情况？

答：尹某是杨某的侄女婿，尹某的妻子杨艳某是杨某的亲侄女，他们二人父亲去世早，杨某和我都愿意帮助他们。2011年开始，二人向杨某借款用于承包工程，承诺会支付利息。为支持二人工作，杨某设法筹款，其中有60万元是从我这儿凑的。二人在2016年3月至2016年7月多次借款，也写下了欠条，其间还了部分款项，但仍有200多万元未还。2018年4月24日，我和杨某、杨艳某、尹某一起核对账目后，二人写下还款计划，尹某和杨艳某核实共计借款3,868,600元，二人分三次还款，分别于2018年8月30日、10月30日、12月30日前归还。此后二人一直未归还剩余欠款。

问：尹某和杨某签订的《合作协议》你知道吗？

答：我只知道她们签了，但是后面工程一直没有启动，没有履行。

问:尹某和杨艳某签订还款计划当天在什么地方?有没有谈到合作协议的事情?

答:2018 年 4 月 24 日 × ×点,我们约到云南省昆明市西山区 × × ×茶楼,当时在靠近窗户的包间里,杨某对尹某和杨艳某之前的借款进行计算,尹某也拿出了之前还款的转款,最后算下来还欠 242 万元,杨某就说欠太久了,要写个还款计划,其间没有谈到合作协议,也没说合作协议做工程的事情。

问:您还有什么补充没有?

答:没有了。

问:关于您所知道的情况,您的上述陈述是否真实?

答:确定真实!

以上记录已阅,情况属实;如果需要,我可以出庭作证;若属伪证,愿承担相应法律责任。

(被调查人手写并签字、捺印):

四、证人出庭的其他注意事项

根据 2019 年《最高人民法院关于民事诉讼证据的若干规定》第 72 条的规定,证人应当客观陈述其亲身感知的事实,作证时不得使用猜测、推断或者评论性语言。

证人作证前不得旁听法庭审理,证人在出庭前应当熟悉作证内容,切记作证时不得以宣读事先准备的书面材料的方式陈述证言。证人应当就其作证的事项进行连续陈述。证人在审理前的准备阶段或者人民法院调查、询问等双方当事人在场时陈述证言的,也视为出庭作证。

证人作证的内容如果较为关键或复杂,建议在开庭前进行一次辅导。证人陈述和庭上询问是技术活,涉及表达技巧和临场反应,以及双方的攻守策略,这些后续在诉讼精细化庭审中会细讲。

证人出庭当天需携带身份证原件,并在被告知开庭的时间内到法庭外等候,不能提前进入法庭。笔者就曾遇到一个对方当事人申请的证人,因未携带身份证原件而无法进入法院,进而无法作证的案例。

第二十六节　调取分析对方证据答辩状

一、及时调取对方证据及答辩状

根据《民事诉讼法》第 128 条的规定，人民法院应当在立案之日起 5 日内将起诉状副本发送被告，被告应当在收到之日起 15 日内提出答辩状。答辩状应当记明被告的姓名、性别、年龄、民族、职业、工作单位、住所、联系方式；法人或者其他组织的名称、住所和法定代表人或者主要负责人的姓名、职务、联系方式。人民法院应当在收到答辩状之日起 5 日内将答辩状副本发送原告。被告不提出答辩状的，不影响人民法院审理。众所周知，一审民事答辩状撰写完成后，并非越快向法官提交越好。虽然法律是倡导这样做的，但民事诉讼毕竟是平等主体之间对抗性非常强的活动，双方依法负有相应的举证证明责任，并承担相应的诉讼风险，这也使被告往往不会在 15 日内提出答辩状。

如果被告在举证期限内提交了答辩状，那么原告及代理人应当及时向法院调取，这样可以更早了解被告的基本抗辩思路，针对被告的答辩状进行充分准备，调整己方的诉讼思路及举证，没有在诉状中写到的事实可以在开庭时补充或变更。

但是，根据《民事诉讼法》第 68 条“当事人对自己提出的主张应当及时提供证据。人民法院根据当事人的主张和案件审理情况，确定当事人应当提供的证据及其期限。当事人在该期限内提供证据确有困难的，可以向人民法院申请延长期限，人民法院根据当事人的申请适当延长。当事人逾期提供证据的，人民法院应当责令其说明理由；拒不说明理由或者理由不成立的，人民法院根据不同情形可以不予采纳该证据，或者采纳该证据但予以训诫、罚款”之规定，无论是原告还是被告，一般可以在举证期限内或者开庭前调取对方提交的证据。这就需要律师在收到案件受理通知书后，及时跟进案件的进展，询问案件的书记员对方是否委托律师，是否在举证期限内提交证据，如果没有法官或书记员的联系方式，拨打当地的 12368 查询。律师得知对方提交证据后，应当及时安排时间阅卷,调取证据材料,最晚在举证期限届满后 3 日内必须阅卷。对于当庭举证的,应联系经办法官了解被告是否提交证据,并且应到法庭去全面阅卷。

因此,向法院询问对方是否提交证据的时间至少有两个必要时间节点:第一个节点是举证期限届满前,第二个节点是开庭前 3 日。对对方举证的证据的重视,体现了律师的专业水平和对案件的重视程度,方便律师提前做好应对策略。

二、调取证据的准备事宜及注意事项

调取对方证据或被告答辩状时,需提前和书记员约好时间和地址,问清楚证据的形式,若有电子档,就需要携带好光驱、U 盘或移动硬盘,若证据不多只有纸质档,可以直接拍照或用扫描全能王 App 扫描。法院距离较远,以及因其他不可抗力如全国各地偶发性的暴发疫情,笔者团队律师也经常被隔离、居家,此时如何阅卷需要与法院沟通灵活处理,若已经提交授权,部分法院可以电子送达,如通过邮箱、微信发送案件卷宗。目前随着 EMS 邮寄速度的加快以及网络开庭的便利,笔者团队律师在四川省遂宁市大英县法院代理一被告案件时,接收对方证据、一审答辩、提交我方证据、一审网络开庭、接收一审判决、接收对方上诉状、提交二审答辩、接收对方二审证据以及二审开庭全部都通过网络 + 邮寄的方式进行,全程未去过遂宁市。

此外,阅卷一定要全面、清晰,包括对方提交的证据目录及各项申请等。调取对方证据后,律师要及时从证据的真实性、合法性和关联性着手分析,形成初步的质证意见。要和客户一一核实证据的真实性和合法性,特别是要和客户了解清楚对方是否有原件,是否有渠道取得与原件相一致的复印件。关联性质证意见的理由要准确、有针对性,对证明力提出异议,要紧紧围绕着原告诉讼请求、对方要主张的事实和事由的关联性进行质证,不能概括说“关联性有异议”。对方有多个证明目的的,要对证明目的逐个质证,不能一概说“没有异议”或“有异议”。

三、证据质证意见基本规则

提前调取对方证据,将更方便己方准备质证意见,根据 2022 年《最高人民法院关于适用〈中华人民共和国民事诉讼法〉的解释》第 104 条的规定，人民法院应当组织当事人围绕证据的真实性、合法性以及与待证事实的关联性进行质证，并针对证据有无证明力和证明力大小进行说明和辩论。质证一般对证据的合法性、真实性、关联性进行质证，其实质在于质疑对方以证据想要证明的具体事实主张。

只有同时具备三性的证据才可以作为案件事实的组成基础，但这并不意味着只要证据满足了三性要求，法院就会支持该证据对应的事实主张，法官依然会结合其他证据以及自己的“自由心证”，对证据的证明力进行综合判断，再确定当事人的事实主张是否能够成立。

2022 年《最高人民法院关于适用〈中华人民共和国民事诉讼法〉的解释》第 103 条中明确规定，“未经当事人质证的证据，不得作为认定案件事实的根据”。案件的审理过程是事实发现的过程，案件真相的查明依托于双方提供的证据，而未经质证的证据不得作为认定事实的根据，因此，从程序上说，质证是查明案件真相的必要条件。但经过质证程序，明确拒绝或放弃质证的，也视为经过质证。

1. 真实性质证意见基本规则

证据的真实性与否，实际应依照内容判断，形式是否真实仅为内容是否真实的考量因素之一，是整个证据具备真实性的必要不充分条件。

在对证据的真实性进行质证时，一般从以下几个角度进行：证据是否存在原件、证据来源是否清晰可以验证、证据的形成时间以及形成方式、证据本身内容是否违反逻辑、能否与其他证据相互印证。

【案例 2－29】

关于深圳市雄狮景观科技实业有限公司（以下简称雄狮公司）与北京新网数码信息科技有限公司深圳分公司（以下简称新网公司）计算机软件开发合同纠纷案，新网公司向原审法院提交了“微信聊天记录”录像以及微信聊天记录的打印件，原审庭审时，雄狮公司对该证据进行了质证，表示不认可该证据的真实性，且主张该份证据系新网公司经过剪辑制作而成。二审中，雄狮公司表示由法院审核该份视频证据的真实性。最高人民法院认为，虽然该份证据并非通过双方聊天记录的原始载体体现,而是通过其他数码设备对聊天内容进行录制形成,雄狮公司亦表示不认可该证据的真实性,但雄狮公司并未提交反证证明该份证据所展示的聊天内容非双方实际发生。加之,考虑到聊天记录系双方之间意思表达的记载,任何一方均可方便确认聊天内容,在此情况下,举证责任应该转移至雄狮公司,应由其提供反驳证据。该案中雄狮公司并未能提供相反证据证明上述微信聊天记录内容与涉案软件实际研发情况不符,雄狮公司应承担举证不能的不利后果,因此,最高人民法院对新网公司的"微信聊天记录"视频证据予以采纳。[1]

2. 合法性质证意见基本规则

证据的形式要求和证据取得方式等必须符合法律,主要考察是否符合证据的法定形式、满足特定的形式要求和来源是否合法。

(1)证据是否符合证据的法定形式。《民事诉讼法》第 66 条规定的证据形式有八种:当事人的陈述、书证、物证、视听资料、电子数据、证人证言、鉴定意见和勘验笔录。

(2)证据是否符合特定的形式要求,即证据的形式要件是否得到满足。例如,2022 年《最高人民法院关于适用〈中华人民共和国民事诉讼法〉的解释》第 115 条对单位出具的证明材料作了特殊的形式要求,即应当由单位负责人及制作证明材料的人员签名或者盖章,并加盖单位印章。

(3)证据的来源是否合法。2022 年《最高人民法院关于适用〈中华人民共和国民事诉讼法〉的解释》第 106 条规定:"对以严重侵害他人合法权益、违反法律禁止性规定或者严重违背公序良俗的方法形成或者获取的证据,不得作为认定案件事实的根据。"一般情况下,如果是二人当面沟通而进行的录音录像,很难排除其非法性。但如果是在他人住宅或手机里安装偷录工具,则构成严重侵害他人隐私权,可以非法证据为由予以排除。

〔1〕 参见(2021)最高法知民终 2112 号。

【案例2－30】

上海市第一中级人民法院审理的上海宏精医疗器械有限公司与江某劳动合同纠纷一案[1]中，二审法院认为，劳动者应当遵守劳动纪律和职业道德，"飞单"明显是严重违反劳动纪律和职业道德的行为，对此法院绝不姑息。但主张法律关系存在的当事人，应当对产生该法律关系的基本事实承担举证证明责任。上海宏精医疗器械有限公司主张江某存在"飞单"行为并给公司造成了严重损失，其还提供了江某工作手机中数据恢复后的电话录音。但江某对该电话录音的完整性和合法性均不予认可。对此，法院认为，除法律另有规定或者权利人明确同意外，任何组织和个人不得实施窃听他人私密活动、处理他人私密信息等行为。上海宏精医疗器械有限公司对劳动者履行工作职责进行管理监督，无可厚非，但其应当在合法合理的限度内行使权利。上海宏精医疗器械有限公司确享有工作手机的所有权，但是其并未证明已明确告知江某其会对运用该手机的通话予以录音并恢复数据，或已就恢复的通话信息取得了江某的明确同意，故法院对该证据的合法性不予认可。换言之，该案就是典型的以严重侵犯公民隐私权为由认定了案涉录音证据的非法性。

3.关联性质证意见基本规则

关联性，是指证据与待证事实之间必须存在客观内在联系，关联性的大小往往直接关系证据证明力的强弱。关联性质证意见的理由要准确、有针对性，对证明力提出异议，要紧紧围绕诉辩双方的主张进行质证，不能概括地说"关联性有异议"。证据关联性包括两个要素：第一，证据对待证事实具有证明性，即证据与待证事实有相关性；第二，证据本身可以增加或减少待证事实的可能性。

因此，对于关联性的质证一般从以上两个角度进行，运用逻辑法则和经验法则，质疑证据与待证事实没有关系，或者即便有关系，也很难增加或减少待证事实本身存在的可能性。

证据关联性质证意见基本规则包括以下内容：第一，对于证明程序权利的

[1] (2021)沪01民终3040号。

证据,对实体无实质影响的,原则上认可。第二,对于证明实体权利的证据,原则上不认可,但对构成自认的以及无争议的基本事实,可以认可。

4. 证据的证明力发表说明或辩论

理论上,证据的三性如果有一项缺失,则质证方可以不必再进一步就证据的证明力发表意见。但在庭审中法官不会对证据的三性作出确认,法庭是否采信对方的证据,庭前或者当庭是无法得知的,因此,除非对于证据被排除有非常充足的把握,否则律师一般应当进一步分析证据的证明力,以免在庭上失去表达观点的机会。证明力主要取决于证据的来源、形式以及与待证事实之间的联系度。

四、常见证据的质证要领

1. 书证质证

(1)书证的来源是否可靠?

(2)书证是否为原件?全面阅读证据并与手上持有的复印件比对是否完全一致?

(3)书证的内容是否客观真实?

(4)书证是否合法取得?

(5)书证的形式是否符合要求?

一般来讲,举证时不会将证据全部举示,但是有的法官会主动从证据中寻找对查明案件有关联的证据。因此,我们不仅需要对对方举证时所证明的内容进行质证,未说明的其他内容如果与基本事实不符或对己方不利,也需要立即提出,否则法院在判决时可能直接援引。

【案例2-31】

笔者曾在成都市成华区人民法院审理的一起案件中出示一份《房屋买卖合同》,上面载明了对方的联系电话。对方律师在质证时对该证据三性予以认可,未提出异议,但是在对己方当事人向对方邮寄送达证据进行质证时,不认可收件电话系对方当事人的联系电话,认为是销售人员随便填写的电话号码。最终人民法院直接以在此前的证据中未提出异议为由,否定了对方对该证据的异议。

2. 物证质证

(1)物证的来源是否可靠?

(2)物证是否伪造或变造?

(3)应查清该物证是否属于该案事实的物品。

(4)对当时无法提出异议的专门性技术问题,申请进行鉴定或勘验。

3. 视听资料的质证

(1)视听资料是原件还是复制件?

(2)视听资料的取得方式和制作环境是否合法?

(3)视听资料何时形成?

(4)视听资料是否完整?

(5)视听资料是否清晰等?

(6)视听资料与其他证据是否有矛盾?

4. 电子数据的质证

随着互联网的高速发展,司法实践中出现了大量通过短信、微信、电子邮件等电子数据证明案件事实的情况,这些证据的展示方式一般是打印截图提交法院,另一方当事人即便在开庭前取得对方提交的证据,也难以进行有效判断,因此质证环节尤为重要,需要重点核查以下内容。

(1)需要核查证据的原始载体。

对该类型证据进行质证时,首先需要核查原始介质,例如手机短信、微信等需要核查原始手机;其次判断其真实性,这是因为电子数据具有虚拟性,容易被篡改、复制、剪辑,一旦丢失原始介质,就难以确保真实性。因此在对方没有出示该类型证据原始介质的情况下,一般应主张不予认可。

(2)需要核查证据所涉主体是否真实。

民事诉讼中,无论是短信、微信还是电子邮件,都涉及案件相关主体。一般主体在证据中仅体现为账号或者图像,那么该账号或者图像究竟是否为所主张的主体,就是质证中的重要一环。如果证据中的主体双方根本不存在或无法查实身份,则该证据有很大可能是伪造的,不具备真实性,也无法作为定案的依据。

针对该类型证据质证,应重点核查所涉主体是否真实,尤其是一旦账号所载系统并非以身份证实名注册,或者无法证明系统具有严格的身份验证机制,可以认为无法确认往来主体身份,从而不认可证据的真实性,这种情况下除非举证方有其他证据相互印证,否则该证据的真实性一般不会被法院确认。

(3)需要核查证据内容是否完整。

由于微信聊天记录等电子往来往往是大量的、连串的形式,具有内容多、易删减修改的特点。即便是真实的往来,通过有选择、有目的地提交举证,也可以达到虚假的证明效果,因此审查证据的完整性也很有必要。

以电子邮件为例,可以要求对方当事人提供所提交证据的前后邮件,或者在有充分证据证明对方恶意删去了某邮件的情况下,可以要求进行 IT 的技术恢复;又如,若存在录音、录像类型的证据,可以要求对方当事人提供完整、未经剪辑的文件,而不认可进行技术剪辑、拼接的证据。

5. 证人证言的质证

首先,要对是否按期申请证人出庭作证进行质证,未按期提出申请的要及时提出程序不合法之异议,笔者曾经多次遇到对方未提出证人出庭申请而直接把证人带到法庭的情形,我们通过提出未提交证人出庭申请和证人不得参加庭审的异议,多次成功阻止了对方证人出庭作证。对证人证言的质证,要在庭前对双方证人的发问进行设计,质证时主要针对证人的资格问题,证人与该案或该案当事人是否有利害关系,证人证言所述事实的真实性、合法性、关联性等进行质证。对于证人证言的质证,主要注意以下几个方面。

(1)证人是否出庭作证?除非因健康原因、路途遥远交通不便、自然灾害等其他正当理由不能出庭,并经过人民法院许可才能通过书面证言、视听传输技术或视听资料等方式作证。

(2)针对证人的资格问题进行质证:不能正确表达意思和与其年龄智力或健康状况不相适应的无民事行为能力人和限制行为能力人,不能出庭作证。证人与该案或该案当事人是否有利害关系?是否存在管理与被管理的关系?

(3)针对证人是否参与或旁听过庭审提出异议。笔者曾遇到对方申请的证人在上一次开庭时作为旁听人员旁听过庭审,笔者对此提出异议后,法院最终没有允许该人员作为证人作证。

(4)针对证人证言所述事实的真实性问题进行质证。

(5)针对证人证言来源问题进行质证:证人所陈述的事实是亲自参与(亲眼所

见或亲耳所听)所得的还是传闻所得的,证人的陈述是否具有主观判断的因素等。

一是证人对案件事实耳闻目睹的直接感受,此类证言应从证人的自身素质、环境、条件等因素影响方面来质证。二是证人对案件事实的间接感受,中间传来的环节越多,证言越不可信。三是证人对案件事实的感受是道听途说的“马路新闻”,可以从其缺乏正当合理的来源的角度质疑。

多名证人证明同一事实的,可以申请法院让证人对质。同时,证人拒绝签署保证书的,不得作证。

6. 鉴定意见的质证

由于鉴定意见一般涉及较为复杂的专业问题,质证的主要工作在庭下准备阶段,质证要点主要包括以下内容。

(1)鉴定意见的客观性:送检材料的收集、保管、提供是否客观,鉴定人的专业技术水平,鉴定方法的科学性;鉴定意见的事实依据和法律依据。

(2)鉴定意见的相关性:鉴定意见是否充分地证明其所要证明的案件事实,如果鉴定意见与案件事实关联的性质是间接的,而且关联的性质是偶然的,则鉴定意见的证明价值就比较小,可以申请法官拒绝采信该鉴定意见。

(3)鉴定意见的合法性:鉴定人与案件当事人是否有利害关系,是否有法定回避的事由;鉴定人是否违反职业道德和执业纪律,是否徇私;鉴定程序是否合法,是否按照法定的要求制作鉴定意见。

(4)鉴定意见的适用条件和保留意见。

(5)准备对专业性较强的证据进行质证的,确定是否要委托专家证人出庭。需要委托专家证人的,需要事先和专家交流。

7. 勘验笔录的质证

(1)勘验笔录是否履行必需的手续?

(2)勘验时间是否合法?

(3)勘验笔录的形成过程是否存在漏洞?

(4)勘验对象是否客观、完整?

(5)勘验方法是否恰当、科学?

(6)勘验笔录是否详细、明确?

(7)制作勘验笔录的参与人员是否与该案和该案当事人有利害关系?

(8)勘验笔录内容是否与案件其他证据相互印证?是否与已查明事实相符、是否存在逻辑漏洞等。

8. 电子证据的质证

(1)对电子证据的完整性进行识别。

(2)对电子证据的收集和来源进行识别。经过公证的电子证据可靠性较高。

(3)电子证据的传送、接收与存储。比如,存储数据电文的方式是否科学,存储数据电文的介质是否可靠,存储数据电文者是否公正独立,存储数据电文时是否加密,数据电文是否被改动。

(4)电子证据是否与该案有关联(邮箱、手机号、QQ 号等;与真实身份的关联等)。

(5)电子证据依托的技术设备的可靠性:如对磁盘、光碟等光电材料的可靠性审查,有无病毒感染等,具体可以申请具有信息技术的专业人员进行审查。

9. 对经公证的证据的质证

针对经过公证的证据,除按前述要求进行质证外,还应特别注意该证据本身的真实性、合法性。如果只公证了证据的取得过程,并不能对证据本身的真实性、完整性等作出认定。

10. 对已生效裁判法律文书确定的事实的质证

在"经审查查明"中确认的事实才是"生效裁判所确认的事实",在"本院认为"中所陈述的内容不属于"生效裁判所确认的事实";所确认的事实已超出该案原告和被告之间的争议而涉及第三人的,不应认定为"生效裁判所确认的事实",因为第三人没有就该案的证据或陈述进行确认;该生效裁判只是确认了双方实施了某一行为(如双方当事人签署了一份协议)并引用了证据中的某些内容,但没有就该内容进行认定的,不属于"生效裁判所确认的事实"。

最后,将对方提供的全部证据的质证意见归纳后,整理成文档,制作书面的质证意见,方便质证时充分发表质证意见。

第二十七节　内部第二次讨论

律师收到对方的证据和答辩状后，此时双方的证据强弱、争议焦点已经非常直观了，这个时候律师会进行第二次内部讨论，针对第一次内部讨论进行完善和修正。第二次内部会议的流程一般为：

(1)回温第一次介绍的案情，同时补充新发生的变化，有疑问的参会人员可以针对案情补充提问。

(2)确定该案件的主要争议焦点，其他参会人员可以补充或发表不同的意见；确定争议焦点时一定要将对我方有利或者想证明事实对应的争议焦点写明，不能只是简单地归纳。

(3)对于目前需要解决的难点，参会人员应逐一充分发表自己的意见，同时因为调取了对方提交的证据，需要再次确认是否需要补充或调整原有的证据。

(4)根据对方的抗辩思路，以及该次会议讨论的结果确定代理思路。笔者团队也遇到过对代理思路有不同意见的情形，但经过内部讨论一般能形成统一代理思路。当然也有团队有坚持己见的成员，不仅要考虑怎么说服法官，还要花很多时间和精力去说服团队的成员。

(5)会后工作安排，如补充问题的分析，制作案例检索报告，制定思维导图，收集补充证据等。

会议召开后，承办律师制作《案件第二次讨论会议记录》让各参会人员签名，附卷保存。如果案件特别简单，而且没有新的事实和法律上需要再次讨论的必要，这个环节律师可以省略。

【案例 2 -32】

于某某诉北京太安居业房地产经纪有限公司合同纠纷案[1]
《第二次案件讨论会议记录》

时间:202×年××月××日

地点:××律师事务所会议室

参会人员:王某律师、李某律师、刘某律师、林某律师、蒋某律师

研讨内容:

一、关于案件事实

1. 案情回顾

2019 年 9 月,于某某前往北京太安居业房地产经纪有限公司(以下简称太安居业公司)的销售中心进行咨询,现场的销售人员告知于某某,公司正开发位于北京市大兴区的"南现代城"项目,上述项目的房屋正在预售,于某某缴纳服务费后可享受多项优惠。于某某以 656,035 元的价格购买上述房屋。后于某某在销售人员的帮助下签订《招商合同》,并向太安居业公司支付服务费 20 万元。之后,于某某得知上述项目中的房屋不可上市交易,不能分割成住宅对外出售。于某某要求太安居业公司退还已支付的服务费,遭到拒绝。因此诉至法院,请求判令撤销其与太安居业公司签订的《团购服务协议》,并退还服务费 20 万元及利息损失。该案的律师在于某某起诉立案之后作为于某某的代理人,2020 年 11 月 30 日律师团队召开第一次内部会议。

2. 新事实、新情况补充(描述新发生情况)

××公司于 2017 年 11 月张贴公告照片一张,载明:由××公司投资开发的位于北京市大兴区国家新媒体产业基地(大兴区科苑路 20 号)"大型现代农业装备科研中心及配套工程"项目;土地性质为:其他类多功能用地(工业);建筑使用性质:工业厂房;可兼容使用性质:附属配套设施用房,该项目

[1] 参见(2020)京 0114 民初 1188 号。

房屋不可上市交易、不能分割成住宅对外出售。该事实在(2018)京0115民初8191号民事判决书中予以佐证。

3. 补充事宜

第一次会议结束后,检索案例发现目的合同无效情形下居间合同有效无效的判例均有,整理法院审判居间合同效力主要适用下列三种裁判思路:

一是审查目的合同的效力。目的合同无效分为"相对无效"和"绝对无效"两种情形。(1)如果目的合同损害国家利益、社会利益或者违反法律、行政法规的强制性规定,则绝对无效、自始无效。此种情况下,居间合同亦涉及损害国家利益、社会利益或者违反法律、行政法规的强制性规定的相关因素,应认定为无效。例如,在该案中,双方签订的房屋买卖合同标的为未取得商品房预售许可的小产权房,其行为侵害公共利益,属于绝对无效合同,其居间合同标的亦是该小产权房,故属于无效合同。(2)如果签订目的合同的双方恶意串通,损害特定第三人的利益,则该合同属于相对无效合同。此时,目的合同的无效性并不必然及于居间合同,其效力判断应根据居间人的参与情况综合考量。

二是审查居间人的参与度。目的合同相对无效时,区分居间人是否明知或参与恶意串通行为。如果居间人与签订目的合同的双方恶意串通,或者对目的合同双方恶意串通知情,但是仍签订居间协议,促成交易行为,则居间合同无效。如果居间人对目的合同双方恶意串通损害特定第三人的行为不知情,促成双方交易,则居间合同有效。

三是判定居间人的责任承担方式。目的合同与居间合同均无效(包含绝对与相对情形)时,居间人应根据法律规定承担返还财产、折价补偿、赔偿损失等法定责任。目的合同相对无效、但居间合同有效时,居间人仅在未对标的物性质、权属状况等相关交易信息尽到审查义务的过错范围内,承担部分折价、退款等违约责任。

二、案件分析

1. 诉讼思路

于某某与太安居业公司签订《团购服务协议》,由太安居业公司为于某某提供签订《招商合同》优惠服务,双方之间成立居间服务法律关系。但双方居间服务的标的房屋属于建设在工业用地的工业厂房,不可上市交易、不能分割成住宅对外出售,法院认定上述房屋不符合商品房预售条件。房屋中介机构为没有取得商品房预售许可的房屋提供居间服务,该居间行为实际损害了公共利益,故认定涉案《团购服务协议》无效。合同无效后,因该合同取得的财产,应当予以返还;不能返还或者没有必要返还的,应当折价补偿。有过错的一方应当赔偿对方因此所受到的损失,双方都有过错的,应当各自承担相应的责任。太安居业公司将未取得房屋预售许可证的房屋居间推介给于某某购买,其对《团购服务协议》无效存在明显过错,太安居业公司应退还团购费用并赔偿于某某因合同无效而遭受的损失。

2. 对方抗辩思路

该房屋虽然建设在工业用地上,不可上市交易、不能分割成住宅对外出售,但也仅仅导致《招商合同》无效,并不直接导致居间合同无效,仍应当按照居间合同履行,居间方无须退还居间费用。

3. 双方证据分析

双方对《团购服务协议》《招商合同》及其他应签署的相关文件均无异议,补充提交的××公司于2017年11月张贴的公告照片也能够证明土地的使用性质,该案客观事实争议不大。

证据补充:××公司于2017年11月张贴的公告照片一张以及(2018)京0115民初8191号生效民事判决书。

4. 争议焦点预判

争议焦点一:关于居间合同的效力问题,目的合同无效的情况下居间合同是否有效?

争议焦点二:合同无效的情况下,居间人的费用由谁承担,居间人是否要退还全部财产?

5. 案件难点分析

难点一:目的合同无效时居间合同效力不能一概而论,该案中双方居间服务的标的房屋属于建设在工业用地的工业厂房,原则上该项目房屋不可上市交易、不能分割成住宅对外出售，房屋中介机构为没有取得商品房预售许可的房屋提供居间服务，该居间行为实际损害了公共利益，故应当认定涉案《团购服务协议》无效。

难点二：太安居业公司将未取得房屋预售许可证的房屋居间介绍给于某某购买，其对《团购服务协议》无效存在明显过错，且相关调解书显示，于某某并无法实际占有使用标的房屋，无论从居间行为的定性还是实际结果考量，太安居业公司均应退还团购费用并赔偿于某某因合同无效而遭受的损失，而自身的支出应当由其独自承担。

6. 会后工作安排

拟定《法律风险评估报告》、《代理词》（初步代理意见）、《法律法规汇编》、《案例汇编》。

负责人：王某律师　李某律师　刘某律师

参会人员签字：

202×年××月××日

第二十八节　出具法律风险评估报告

很多当事人对诉讼的结果抱有较大的期望或者存有侥幸心理，但诉讼的未知风险很多，而且耗时长、程序复杂、取证难、诉讼结果不确定，以致任何案件都会存在达不到当事人预期效果的风险。所以，律师对于办案过程中可能出现的各种风险和障碍，当事人的诉求能否得到法律支持，一定要诚实地告知当事人，即使是很小的风险。如果律师不提前将风险告知当事人，一旦出现了不利于当事人的情况，当事人会难以接受，很可能对代理律师感到不满。因此，律师有必要以风险告知书或风险评估报告的方式履行风险告知义务。如实地、有技巧地将案件中的难点和风险提前向当事人告知，避免律师与当事人之间纠纷的产生，这也是律师诚信执业的要求。

关于向客户发送《法律风险评估报告》，首先，需要对案件基本情况进行介绍,说明案件的所处阶段以及对案件的基本情况进行梳理。很多当事人对于自己的案件会有自己的主观认知,这通常是根据自我推定和自我逻辑得出来的,与法律专业人士所关注的重点可能不同,甚至很多当事人对合同内容都并不了解,所以这并不能反映案件的真实性。对律师而言,不能单独地以当事人的描述为依据认定案件事实,还必须分析较为复杂的材料,并对其进行适当的总结与归纳,使重点更加突出。

以建筑工程施工合同纠纷为例,案涉合同条款通常篇幅非常长且繁杂,但当事人仅对工程的停工损失存在争议,对其他条款并无异议,那么对案件描述时则应重点关注合同中关于工程停工的条件及损失赔偿的计算方法的相关约定,以确定工程停工是否履行了约定的程序,停工原因是否符合约定的前置条件,以及停工后的损失计算方式是否合理或发包方和承包方是否尽到及时止损的义务。对于这类关键合同条款可重点摘录并以加粗等方式重点提示,让当事人一目了然。

其次,分析案件中可能存在的风险。民事案件的诉讼风险主要包括以下六个方面。

第一,超过诉讼时效的风险。向人民法院请求保护民事权利的诉讼时效期间为3年。诉讼时效届满后,原告虽有起诉权,但原告将会丧失胜诉权即败诉。

第二,不能提供充分、有效证据的风险。如果没有证据或证据不足以证明当事人的事实主张,由负有举证责任的当事人承担不利后果。比如,律师要告知当事人不提供证据,或者对方提供的某项证据足以反驳,或者不能提供原始证据将会导致败诉的风险。

第三,关于不按时交纳诉讼费、上诉费、保全费、鉴定费等各项费用的风险。如果在期限内不按照程序交纳诉讼费、上诉费、保全费、鉴定费等各项费用,会造成撤诉、撤回上诉、撤回保全或承担举证不能等风险。

第四,诉讼时限较长的风险。例如,对方提出管辖权异议并上诉,或案件需要公告会严重影响案件的进度,可能会对当事人的期望造成影响的风险。

第五,败诉的法律风险。通过对法律法规、司法判例、裁判惯例的分析,对当事人存在不利的情况可能会导致全部或部分的诉讼请求得不到支持的风险。

第六,案件执行的风险。如果案件被执行人没有财产或者没有足够财产履行生效法律文书确定的义务，人民法院可能对未履行的部分裁定中止执行，申请执行人的财产权益将可能面临暂时无法实现或者不能完全实现的风险。

例如，以成都地区的离婚案件为例，《民法典》规定分居满两年的，可以认为是夫妻感情确已破裂，准予离婚。但是，如果当事人是第一次提起离婚诉讼，被告表示不同意离婚或不出庭，那么，除存在《民法典》婚姻家庭编规定的重婚或者与他人同居、实施家庭暴力等法定应准予离婚的情形之外，根据成都市的司法实践，一般存在法院会判决不准予离婚的风险。当事人需要在6个月后再次起诉。对于迫切期望离婚的当事人，我们就要如实地将一审极有可能败诉的风险告知他。

以上六个风险，律师最好以风险告知书的形式告知律师的当事人。

【示例2-48】《法律风险评估报告》参考文本

____________与____________　　　　　　纠纷一案

法律风险评估报告

尊敬的____________：

惠承信任，________律师事务所接受________的委托，代理________诉________一案________代理人，接受委托后，本所迅速成立专案组，对案情、证据、法律适用进行分析，以下是本案在收到基础资料后形成的《法律风险评估报告》，请委托人查阅。

一、本案基本案情

二、本案法律风险

1.（超过诉讼时效的风险）

2.（不能提供充分、有效证据的风险）

3.(关于不按时交纳诉讼费、上诉费、保全费、鉴定费的风险)

4.(诉讼时限较长的风险)

5.(败诉的法律风险)

6.(案件执行的风险)

三、律师声明

以上风险评估报告请贵方予以重视并决策参考,并建议在律师指导或参与下进行。由于诉讼过程中还具有诸多不可预测的风险,本评估报告中的内容不构成律师对相关事项的承诺。

委托人不得转递予第三方及/或用于本评估报告表明的用途范围外。

××××××律师事务所

年　月　日

【案例 2 -33】

凯泉公司与格林公司于 2018 年 1 月 3 日签订《产品销售合同》,约定格林公司(甲方)向凯泉公司(乙方)购买水泵,价款为 50 万元。合同约定“1. 预付款:甲方在合同签订后支付 40% 的合同预付款,预付款到账之日起 30 个工作日内乙方交付货物;2. 尾款:交付货物后一个月内甲方应向乙方支付货款 60% 的尾款”。凯泉公司在收到预付款后于 2018 年 1 月 15 日向格林公司交付了货物并完成了设备调试,交付过程中格林公司未签署相关签收单等文件。货物交付后,格林公司长期拖欠货款尾款未付,凯泉公司拟起诉主张货款。

凯泉公司诉格林公司买卖合同纠纷案
法律风险评估报告

惠承信任，××××××律师事务所接受凯泉公司的委托，代理凯泉公司诉格林公司买卖合同纠纷一案。接受委托后，××××××律师事务所迅速成立专案组，对案情、证据、法律适用进行分析，以下是本所在收到基础资料后形成的法律风险评估报告，请委托人查阅。

一、本案基本案情

凯泉公司与格林公司于2018年1月3日签订《产品销售合同》，约定格林公司（甲方）向凯泉公司（乙方）购买水泵，价款为50万元。合同约定："1.预付款：甲方在合同签订后支付40%的合同预付款，预付款到账之日起30个工作日内乙方交付货物；2.尾款：交付货物后一个月内甲方应向乙方支付货款60%的尾款。"凯泉公司在收到预付款后于2018年1月15日向格林公司交付了货物并完成了设备调试，交付过程中格林公司未签署相关签收单等文件。货物交付后，格林公司长期拖欠货款尾款未付。

二、本案法律风险

（一）案件事实方面风险

本案基本事实明确清晰，贵司已根据合同约定交付全部货物，合同约定格林公司应向贵司支付货款尾款30万元，但未按照合同约定支付，格林公司欠付货款事实清楚。

（二）证据风险

本案基本事实方面证据较为齐备，但根据合同约定贵司"交付货物后一个月内甲应向贵司支付货款60%的尾款"，即30万元，但交货时未留存签收单或验收书面文件，在证据方面存在不利因素，尚不足以证明贵司已完成交付等事实。

若确无相关书证，也可以证人证言方式进行补强，但证人证言证明力相较书证薄弱，法院最终是否采信，受多方面因素影响。

(三)诉讼时效风险

1.合同约定交付货物后一个月内付款,贵司已于2018年1月15日完成交付,付款期限距今已超过3年。根据《民法典》第188条第1款的规定"向人民法院请求保护民事权利的诉讼时效期间为三年",本案已超过诉讼时效,若格林公司以已超过诉讼时效抗辩,贵司可能存在败诉的风险。

2.诉讼时效是影响贵司诉讼请求能否得到法院支持的关键因素。本案需证明在诉讼时效期间内曾多次向格林公司催款,达到诉讼时效中断的目的。

(四)程序方面风险

据贵司陈述,现已无法与格林公司取得联系,若法院诉讼文书未能被格林公司实际接收,法院将根据情况公告送达,这会使案件审理期限延长,无法按照《民事诉讼法》规定的审理期限结案。

(五)执行风险

被告下落不明,且未能提供财产线索,即使判决胜诉,可能因当事人下落不明又无财产可供执行而使胜诉判决面临暂时无法实现或者不能完全实现的风险。

三、律师声明

以上回复仅供委托人决策参考,并建议在律师指导或参与下进行。由于诉讼过程中还具有诸多不可预测的风险,本评估报告中的内容不构成律师对相关事项的承诺。

委托人不得转递予第三方及/或用于本评估报告表明的用途范围外。

××××律师事务所

202×年××月××日

【示例 2-49】《法律要件与事实比对报告》参考文本

____________与____________　　　　纠纷一案

法律要件与事实比对报告

尊敬的____________：

____________律师事务所（以下简称“我所”或“本所”）接受贵司委托，就贵司拟提请诉讼的与____________（以下简称“____________”）之间的____________纠纷案中所提供的证据材料进行分析，并出具本法律要件与事实比对报告。

一、本案基本事实

二、法律要件与事实比对分析【以房屋租赁合同纠纷为例】

（一）法律要件一：当事人签订的合同合法有效

证据：

事实：

（二）法律要件二：当事人一方享有单方解除权，违约方实施的行为守约方有权解除合同

证据：

事实：

（三）法律要件三：解除通知已经到达违约方

证据：

事实：

（四）法律要件四：违约方收到通知后未书面回复，且未向法院提起诉讼

证据：

事实：

（五）法律要件五：违约方违约行为持续发生

证据：

事实：

（六）法律要件六：守约方有权要求违约方赔偿损失、违约金，损失、违约金有计算依据的，计算依据应符合法律规定

证据：

事实：

（七）法律要件七：守约方有权收回房屋，并有权处置遗留在房屋内的物品

证据：

事实：

以上是我所就本案纠纷进行的法律要件与事实比对分析，供贵司参考，具体细节问题双方可进一步探讨协商或补充相关证据材料！

________律师事务所

年　月　日

第二十九节　拟定初步代理意见

民事代理词是律师作为诉讼代理人，在全案事实及相关法律依据的基础上，从维护委托人的合法利益出发，作出该案最终处理意见的法律文书，代理词的重要性不言而喻。

在庭审中，诉辩双方通过口头方式进行的陈述、举证质证和辩论，由法庭予以记录。但口语与书面语在表达上确有很大的不同，口语较为简略，难免存在不充分、不完整的情形；或是考虑到庭审时间无法充分展开详尽辩论、发言。所以，在经历庭审活动中的陈述、举证质证、辩论等环节之后，民事代理词能够起到对全案观点归纳概括的作用。民事代理词作为律师法律意见与辩论逻辑的总结与补充，与起诉状、答辩状等其他文书不同，更能引导法官思考，助力胜诉。

律师在开庭前拟定的初步代理意见并非最终的代理词，律师在开庭前应当先按照诉讼方案拟定好代理意见，并提交给法官，开庭后如果发生了事实争点

和法律争点的变化，律师应当重新提交最终版的代理词，或者补充代理意见。当然，开庭前是否需要提交代理词，大家各有观点。笔者认为，庭前提交初步代理意见或代理词是利大于弊的。当然，如果担心对方提前知晓我方的代理思路，在提交代理词时可以告知法官或书记员不要提前向对方透露。

一、代理词的作用

1. 向法官表明代理意见

代理词在整个案件中能起到提纲挈领的关键作用，能够让法官更详细地了解观点，并说服法官接受观点。代理词中对该案事实、证据、观点作全面客观阐述可以让法官一目了然，对回忆案情起到事半功倍的效果。同时，可以引导法官的裁判思路。一份优秀的代理词，完全有可能影响法官审判路径，进而达到己方期待的诉讼效果。

2. 弥补庭审笔录中未详细记录的内容

庭审中尽管对庭审过程中的发言有记录，但庭审笔录是否完整取决于速录员的记录速度、理解、归纳能力。笔者也经常会遇到因记录速度较慢等客观原因，导致庭审笔录内容较为简略，仅记录了庭审中发表的观点大意。同时，庭审过程及记录的内容完全是根据法官的思路进行的。所以，需要通过代理词完整地表述己方的意见，弥补庭审笔录中未详细记录的部分。

3. 全面梳理代理观点

在庭审时常常会遇到突发情况，如对方证据突袭，律师需要及时调整代理意见。庭后撰写代理词能帮助律师调整部分观点，对案件代理思路进行重新系统性梳理。在拟定代理词时，切勿简单地将起诉状或答辩状内容复制，笔者认为这是对自身工作不负责，代理词不能完全等同于起诉状或答辩状内容。代理词应更为全面系统，将各个阶段的代理观点形成体系，尤其要重点结合庭审活动情况，如审视法官总结争议焦点和己方预判的偏差，以及对方提出新的主张或抗辩。代理词应当涵盖起诉状或答辩状的部分观点。

4. 向委托人展示工作内容

在完成事实调查、证据收集、参加庭审等主要工作后，撰写代理词是律师代理工作的收尾部分。形成最终版代理词之后，发送给委托人审阅，必要时应和委托人进行解释说明,以体现律师工作的价值。

二、代理词拟定的方法

1. 陈述事实和理由要简洁

尽量减少事实的陈述,与案情无关的要尽量简洁,避免重复叙事。代理意见是在法庭辩论环节进行发表,在此之前的法庭调查环节已经对案件的事实进行过阐述,法官也对案件的事实进行了询问、调查。所以,代理词应尽量减少对于事实的陈述,不需要像论文一样从事情的发生背景、当事人双方历史纠葛等开始介绍,也不要对论证要件事实进行长篇大论。

对于代理词的篇幅而言,大家根据自己的经验各有观点。有的律师认为,代理词太长法官就会不想看,或因为内容太多且重复而失去详细阅读的耐心,从而无法达到代理词的预期效果。笔者认为,代理词要尽可能简洁清晰,除非特别疑难复杂的案件,建议在 4 页以内完成。

2. 对争议焦点的整理和预判

代理词是针对争议焦点进行的论述,全文应当围绕争议焦点逐一发表意见。但是,争议焦点是由法庭进行归纳,律师显然不能等待法院归纳完争议焦点,再考虑证据的准备或发表的意见。笔者再次强调,律师应当在庭前先预判争议焦点,按照争议焦点进行举证和论证。由于预测总是存在可能的偏差,所以最好的保障方法就是对各种可能性都做出“预案”。做好充分准备,才能在庭审时应对如流。

关于争议焦点的预判应根据不同案件的情况有针对性地提出。争议焦点的确定在实践中没有统一公式,笔者认为最有效的思路为:一是不能偏离原告诉讼请求的请求权基础。法庭归纳的争议焦点不能偏离请求权基础这条主线。二是争议焦点应围绕双方争议的定案事实、关键证据以及相对应的法律规定是否适用展开。争议焦点不在于多,而在于精。例如,被告对原告受损害事实及损失额提出异议,首要的争议焦点就是原告受损事实是否存在、损失是否客观发生;如被告对原告受损及损失额均无异议,而仅对自身应承担的赔偿责任提出异议,则案件争议焦点只有一个,被告是否存在可以免除或者减轻责任的事由,即原告自身是否存在故意或者重大过失。

【案例 2－34】

张某饲养了一只泰迪犬。2021 年 4 月 29 日晚，张某驾车前往北京龙禹玉泉加油站加油，其饲养的泰迪犬亦在车内。温某系该加油站职员，其从车窗处伸手进入张某驾驶的车辆内部收取加油费时，被车内的泰迪犬咬伤。事发后，温某前往北京四季青医院就医。临床诊断为：动物致伤 3 级，建议休息 3 天。随后，温某分别多次前往该医院就医，该医院在每次就医时均建议休息一周。2021 年 6 月，温某前往北京丰台医院就医，诊断为左手食指外伤，指神经损伤。温某诉至法院要求被告赔偿相应的医疗费、误工费等损失。[1]

对于该案争议焦点的归纳，首先，该案是侵权纠纷，就一般侵权案件而言，争议焦点主要围绕侵权行为、侵权人是否存在过错、侵权行为与损害结果是否存在因果关系以及赔偿金额进行归纳，而该案是饲养动物致损案件，属于特殊侵权纠纷，根据《民法典》第 1245 条之规定，应适用无过错责任原则。因此对一般侵权案件的构成要件中的“侵权人是否存在过错”无须考量，被告的抗辩中是否涉及其自身不存在过错等问题，也不需要作为争议焦点进行审查。其次，饲养动物致损引发的特殊侵权纠纷案件的审查重点是被侵权人的受损程度及损失金额，以及原告自身是否存在过错。

3. 逻辑清晰、表意充分，遵循司法三段论

针对争议焦点，代理词要以法律规范为大前提，以具体的案件事实为小前提，最后根据逻辑三段论推导出结论。同时，必须逻辑清晰，先解决“因”的问题才能描述“果”的情况。律师经常遇到对方当事人陈述了大段事实和双方约定，但就是不说结论，经常需要法官帮他们总结概括，这就是表意不充分的问题。

4. 观点明确、层次分明，不画蛇添足

律师可以大小标题的形式将观点在代理词上一一明确，并将大标题加粗以便法官阅看。需要注意的是，表达观点不是越多越好，而是应当围绕焦点、点到

---

〔1〕 参见(2021)京 0108 民初 36462 号。

为止,不需要面面俱到,更不应该画蛇添足。代理词的作用是亮明己方观点、驳斥对方观点,帮助法官聚焦争议焦点而不是分散法官的注意力。对于重要的观点和援引的法律依据要以加粗的形式提请法官注意。

5. 梳理事实和法律依据时要完善来源

当事人所有的诉辩理由都需要证据和法律规范的支持,陈述观点后最好罗列相应的证据编号及页码,并附带相应请求权或抗辩权基础所对应的法条。这样的代理词可以大大减少法官查找证据和寻找法条的时间。

6. 使用论据素材

无论是事实论述还是法律观点论述,都要养成有理有据的习惯。检索论据的过程,本身也是一种全面深入学习的过程,即使是执业多年的律师,也不可能对每一个法律问题都有深入的了解和研究。因此遇到任何法律问题,律师首先应当做到的是检索法条、案例、学理文章。律师可以将找到的观点,写入代理词中,同时还应写明权威论据的支持出处,这样更能得到法官的认同和采纳。

【案例 2 -35】

仲津公司与沈阳韵致公司签订了《融资租赁合同》,合同约定仲津公司作为出租人将设备租赁给承租人沈阳韵致公司使用,租期为 24 个月,合同到期后,承租人付清合同约定的购买价款后,承租人取得租赁物所有权。沈阳韵致公司在合同履行至第 17 期时,未按约定支付租金。原告仲津公司向法院提起诉讼,要求被告沈阳韵致公司支付剩余未付租金,并根据合同约定按年利率 20% 支付逾期付款利息,并同时按未付租金 30% 支付一次性违约金。对于逾期利息和违约金,被告抗辩逾期利息与违约金竞合,若重复主张,会超过法律规定的民间借贷最高利率。

针对逾期利息和违约金的争议焦点,原告将最高人民法院的裁判案例内容作为论据素材,“最高人民法院认为本案(类案)涉案合同为融资租赁合同,不适用《最高人民法院关于审理民间借贷案件适用法律若干问题的规定》中关于利率的有关规定”。

就该争议焦点，原告的观点获得了一审法院的充分认可，并在判决书中援引了相关的审判精神，“关于尚欠租金、逾期利息、违约金问题。本案为融资租赁交易，参照(2019)最高法民申2116号案件审判精神及本院同类案件，不适用民间借贷相关规定”。〔1〕

三、代理词的格式

代理词的写法比较灵活，并没有统一的格式，但也应当符合约定俗成的规矩，大体上是由首部、序言、正文和尾部四部分组成。

1.首部

首先标题为“×××诉××× ×××××××××(案由)一审代理词”。其次是称呼，如果是独任审理的案件，应当写“尊敬的审判长”；如果是合议庭审理的案件，写“尊敬的审判长、审判员”即可。

2.序言

序言需要表明代理人的合法地位，表示出庭身份的合法性。示例如下：

依照法律规定，×××律师事务所接受×××公司的委托，指派本律师担任本案原告××××××与被告×××××之间的股权转让纠纷案一审的诉讼代理人，参与本案的诉讼活动。

开庭前，我们认真询问了相关事实、收集了大量的本案证据材料，并根据案件的需要依法进行了调查，对案件进行客观的分析和论证，对本案事实有了明确的了解和清晰的认识，现根据本案事实和相关法律规定以及本案争议焦点发表如下代理意见，供法庭予以参考。

3.正文

从案件庭审查明的事实出发，依据有关法律法规规定，围绕双方争议的焦点及诉求进行阐述和反驳。围绕案件性质、法律关系、法律效力、权利和义务及法律责任等问题展开辩论，并得出自己的结论。

正文部分应针对每一项争议焦点进行分别阐述，并要层次分明，以递进的

---

〔1〕 参见(2019)辽0103民初11098号。

形式进行排序。每一项争议焦点的代理意见中,首先,需要精炼所要表达的核心思想形成小标题,并加粗突出。其次,围绕观点阐述事实、说理。案件中的细枝末节不再详细赘述,但是对案件审理结果具有决定性影响的基本事实和法律适用方面应当重点突出。

【案例 2-36】

刘某和严某是某公司员工,尾号 3433 是该公司的公用电话号码。一次在揽收严某寄送的快递时,顺丰公司调用刘某预留的尾号 3433 的电话号码、寄件人为刘会计、绑定刘某身份证号的系统信息寄送快递,刘某不同意顺丰公司该行为,但顺丰公司仍进行取件并寄送。刘某致电顺丰公司客服,要求解除尾号 3433 电话号码与其身份证号的绑定,顺丰公司未予处理。刘某提起该案诉讼要求被告赔礼道歉、消除影响,赔偿损失及精神抚慰金。

该案系个人信息保护纠纷,争议焦点是:(1)顺丰公司将尾号 3433 的电话号码与刘某身份证号绑定是否构成侵权;(2)顺丰公司以刘某身份信息寄送涉诉三单快递是否构成侵权;(3)顺丰公司就其侵权行为给刘某造成的损害承担何种民事侵权责任。

民事诉讼代理词正文简要示例如下。

一、顺丰公司未按照刘某的要求,解除上述关联储存并删除系统中刘某的个人信息,已经侵害了刘某对其个人信息的控制权

个人信息的收集、存储、使用应当遵循合法、正当、必要原则,不得过度处理,除法律、行政法规另有规定外,应征得该自然人同意。《民法典》明确规定了个人信息的定义、处理原则以及删除权等。其中,第 1034 条第 2 款中规定,身份证件号码、电话号码均属于个人信息;第 1035 条规定,个人信息处理应当遵循合法、正当、必要原则,必须征得该自然人同意或其监护人同意,充分公开处理信息的规则,明示处理信息的目的、方式,并不得违反法律、行政法规和双方约定;第 1037 条第 2 款规定,"自然人发现信息处理者违反法律、行政法规的规定或者双方的约定处理其个人信息的,有权请求信息处理者及时删除"。前述规定表明了个人信息主体享有"删除权"。这是因为个人信息权是一种"积极性"的人格权,强调对个人信息的支配、利用、决定和保护。个

人信息权下的重要权能，还包含信息主体有权决定删除个人信息。

刘某以尾号3433的电话号码下单寄送快递时向顺丰公司出示过其身份证，且与顺丰公司达成电子运单契约，同意顺丰公司对该号码及身份证号进行保存。但是，后刘某已经通过客服电话明确向顺丰公司表示不同意将其身份证号与该电话号码绑定，顺丰公司对此仍未及时采取合理措施，此时顺丰公司继续存储刘某身份证号的行为已经侵害了刘某对其个人信息的控制权。

二、顺丰公司应就自己的侵权行为向刘某赔礼道歉并赔偿维权合理开支和精神损害抚慰金

首先，个人信息作为人格权范围内的一项重要民事权益，在遭受侵害或妨害时，自然人可依据人格权请求权寻求救济。根据《民法典》第995条的规定，人格权受到侵害的，受害人可要求停止侵害、排除妨碍、消除危险、消除影响、恢复名誉、赔礼道歉。快递行业实行实名登记制，寄件人需对寄递物品安全性、合法性承担相应责任，而身份证号与自然人身份具有唯一对应性，因此如快递企业擅自使用其身份证号寄送他人物品，该行为易使用户因无法预测将来是否需要承担相应法律责任而陷入焦虑与不安。本案中，刘某因顺丰公司擅自使用其身份证号寄送他人物品陷入焦虑与不安，这种主观上的焦虑与不安从其多次联系顺丰公司客服、聘请律师发送律师函等一系列客观行为中可见一斑。但顺丰公司均未予以回应，顺丰公司对刘某个人信息保护诉求的漠视态度进一步加深刘某的精神痛苦，因此顺丰公司应向刘某进行赔礼道歉。

其次，侵权损害赔偿包括财产损害和精神损害两个方面。个人信息权益遭受侵权，因维权支出的合理律师费属于与侵权行为具有因果关系的财产损害，侵权人应当予以赔偿。本案中，刘某通过自己联系客服维权，顺丰公司未予回应，导致刘某只能通过聘请律师发送正式律师函以及提起诉讼的方式维权，其支出的律师费属于与顺丰公司侵权行为具有因果关系的财产损失，其有权要求顺丰公司予以赔偿。同时，依据《民法典》第1183条之规定，个人信息作为一项人格权益，其遭受侵害造成严重精神损害的，被侵权人有权请求精神损害赔偿。本案中，顺丰公司不顾刘某反对，使用其身份证号寄送他人

快递,侵害刘某对个人信息的自主决定权,且对刘某多次合法维权置若罔闻,给其造成严重的精神损害,因此其要求精神损害赔偿之请求人民法院亦应当予以支持。

4. 结束语

结束语要总结或复述代理词的核心要点,对自己的发言进行归纳总结,提出结论性意见,让合议庭成员明了代理词的基本观点。结束语要言简意赅,观点明确。

5. 尾部

代理词的尾部需要有代理人署名,注明律所和律师职务及代理词制作日期。

开庭前初步代理意见与正式的代理词撰写格式是一致的,但由于尚未开庭审理,代理律师应表明在庭审结束后会及时补充、完善、修正代理意见,从而形成最终的律师代理意见。

【示例 2 -50】《初步代理意见》参考文本

________与__________纠纷一案

初步代理意见

尊敬的审判长、审判员:

依照法律规定,________律师事务所接受________有限公司(以下简称________)的委托,指派本律师担任本案________诉________有限公司执行异议之诉纠纷案一审的诉讼代理人,参与本案的诉讼活动。

开庭前,我们认真询问了相关事实、收集了大量的本案证据材料,并根据案件的需要依法进行了调查,对案件进行客观的分析和论证,对本案事实有了明确的了解和清晰的认识,现根据本案事实和相关法律规定以及本案争议焦点发表如下代理意见,供法庭予以参考:

一、

二、

三、

综上所述，……

以上是本案初步代理意见，代理人将根据庭审后的情况对本代理意见进行补充和完善或修正，恳请人民法院对以上代理意见全部予以采纳，以事实为根据、以法律为准绳，依法公正裁判！

代理人：××××律师事务所
律师
律师

第三十节　与当事人及证人庭前沟通

律师与当事人及证人的庭前沟通非常重要，尤其是要一起出庭的当事人，需要代理律师认真详细地对其作针对性的庭审辅导，要重视"当事人陈述"，对有关事实要谨慎确认，以免成为自认。

当事人经常会问的一个问题：我要不要出庭？

理论上当事人只要委托了代理人，并不需要亲自出庭。当事人是否出庭，对案件的顺利审理各有利弊，比如，当事人出庭可以就一些事实进行有效对质，便于法官查明案情，当事人出庭对案件进行陈述并及时回应法官的问题，有利于法官的自由心证，这是有利的方面；但同时，当事人也可能不理解法律逻辑和审理方式，在法庭上陈述过于拖沓散漫，不能围绕争议焦点配合庭审，从而影响法庭审理的效率，或者采用不当方式进行辩论，导致审判人员多次提醒或制止，从而产生法官不公正的错觉。另外，表达欲特别强烈或者反应比较迟钝的当事人,有可能在庭审中对案件事实描述得前后矛盾,面对法官提问吞吞吐吐、含糊其词,这些都可能影响法官对案件事实的自由心证。以上这些问题是律师在对当事人是否需要出庭时应当考虑的内容。

【案例2-37】

王某诉陈某民间借贷纠纷案,借款标的为200万元,原告王某为证明借款合意及真实性,出示了证据借条和银行流水。但被告陈某坚决否认借款的事实,并称借条上的签名不是本人书写,200万元转账凭证是生意上的往来款。因此,原告王某对借条上的签名申请了笔迹鉴定,最终鉴定意见为确实是被告陈某的亲笔签名,但被告陈某在对鉴定报告质证的时候,仍然否认甚至大闹法庭。

该案中,法院认为被告陈某在庭审过程中对案件关键事实数次虚假陈述,妨碍人民法院审理案件,已构成妨碍民事诉讼行为,同时该行为严重违反民事诉讼诚实信用原则,亦与当今弘扬社会主义核心价值观的精神背道而驰,依法对被告王某作出罚款2万元并拘留7日的处罚决定。

一、当事人必须或应当到庭的案件

值得注意的是,当事人不到庭可能难以查清案件的事实。根据法律的规定,下列案件当事人必须或应当到庭,当事人未到庭将会承担不利后果或者导致拘传当事人。

一是离婚案件的当事人。《民事诉讼法》第65条规定:“离婚案件有诉讼代理人的,本人除不能表达意思的以外,仍应出庭;确因特殊情况无法出庭的,必须向人民法院提交书面意见。”

二是必须到庭的被告和原告。2022年《最高人民法院关于适用〈中华人民共和国民事诉讼法〉的解释》第174条第1款规定:“民事诉讼法第一百一十二条规定的必须到庭的被告,是指负有赡养、抚育、扶养义务和不到庭就无法查清案情的被告。人民法院对必须到庭才能查清案件基本事实的原告,经两次传票传唤,无正当理由拒不到庭的,可以拘传。”

三是人民法院认为有必要到庭的当事人。2022年《最高人民法院关于适用

〈中华人民共和国民事诉讼法〉的解释》第110条第1款规定:“人民法院认为有必要的,可以要求当事人本人到庭,就案件有关事实接受询问。在询问当事人之前,可以要求其签署保证书。”

四是其他应当到庭的当事人。《最高人民法院关于防范和制裁虚假诉讼的指导意见》第5条规定:“涉嫌虚假诉讼的,应当传唤当事人本人到庭,就有关案件事实接受询问。除法定事由外,应当要求证人出庭作证。要充分发挥民事诉讼法司法解释有关当事人和证人签署保证书规定的作用,探索当事人和证人宣誓制度。”

【案例2－38】

原告张某起诉离婚一案中,张某委托一名法律工作者出庭,本人未到庭。法院认为离婚案件有诉讼代理人的,本人除不能表达意思的以外,仍应出庭;确因特殊情况无法出庭的,必须向人民法院提交书面意见。而原告张某没有正当理由,拒不到庭参加诉讼,仅提交书面意见外地打工无法出庭,其不能构成特殊原因无法出庭,最终人民法院按原告撤回起诉处理。[1]

【案例2－39】

原告何某与被告卢某民间借贷纠纷一案中,庭审中,原告何某委托代理人出庭,本人未出庭。但由于原告何某未向法院提交借款协议书原件,在庭审中解释协议是真实签订的,但协议原件已丢失。法院认为原告的解释明显与日常交易习惯不符。对此,法院为查清案情以传票形式通知原告本人到庭,但原告本人未到庭接受法庭调查。

法院最终根据2015年《最高人民法院关于审理民间借贷案件适用法律若干问题的规定》第18条以及《关于适用〈中华人民共和国民事诉讼法〉的解释》第174条第2款之规定,认为负有举证证明责任的原告无正当理由拒不到庭,经审查现有证据无法确认借贷行为、借贷金额、支付方式等案件主要事实,对于原告诉请被告返还借款的主张不予支持。[2]

---

〔1〕 参见(2016)苏0722民初4867号。

〔2〕 参见(2018)粤1971民初12087号。

当事人出庭后,当事人的陈述也是证据的一种,就案件事实作真实、完整的陈述,是当事人的法定义务。《最高人民法院关于民事诉讼证据的若干规定》第3条第1款规定:“在诉讼过程中,一方当事人陈述的于己不利的事实,或者对于己不利的事实明确表示承认的,另一方当事人无需举证证明。”当事人在庭审上陈述的不利事实,可能会减少对方的举证责任,也可能会成为法官判决的一项依据。所以,对于要出庭的当事人,一定要做好庭前沟通工作。

【案例2-40】

黄某起诉徐某民间借贷案件中,原被告对借款利息存在争议。原告主张按照起诉时4倍LPR计算利息。被告抗辩称双方并未约定利息。双方均未能出示有效证据予以证明,就举证责任的角度而言,原告应当承担举证不利的后果。但被告徐某在一审庭审中陈述了一句话,“借款时约定了5分息,该利息超出了法律保护范围”。对此,法院认为在诉讼过程中,一方当事人陈述的于己不利的事实,或者对于己不利的事实明确表示承认的,另一方当事人无须举证证明。徐某在一审庭审中陈述的这句话属于自认双方约定利息为5分,在徐某没有充分证据证明上述自认与客观事实不相符的情况下,采纳徐某的自认,认定案涉债务存在月利率5%的利息约定。据此,法院支持了原告黄某的利息主张。[1]

二、与当事人庭前沟通

1. 沟通时间

案件开庭前一周内,律师应当与当事人进行沟通,辅导时间应兼顾当事人的记忆周期和律师在开庭前查漏补缺、完善证据的要求。就庭审策略、案件事实梳理及证据原件核对、庭审流程等事宜,以专题会议的形式与当事人进行当面沟通,尤其是对出庭的当事人,可以打消他们出庭的紧张感,使他们对庭审有基本的了解。关于当事人是否出庭,律师要综合考虑当事人的表达能力、反应能力等因素,作出是否需要当事人出庭的建议。

---

〔1〕 参见(2022)粤01民终15656号。

2. 沟通方式

庭前沟通以辅导为主，相当于开庭的预演。律师应当结合开庭所需的材料与当事人沟通，向当事人提供庭前准备的起诉状、答辩状、证据目录、证据复印件、法律检索材料、案例检索材料、可视化图表、案件大事记、庭审要点等全部诉讼材料，让当事人对各项材料中的事实反复确认，加深印象。

3. 沟通内容

(1)告知司法礼仪。人民法院开庭审理案件是严肃且重要的诉讼活动，应当提醒当事人首先要特别注意开庭时的着装、仪态仪表；其次是牢记开庭时间，不能迟到，一般建议当事人提前30分钟到达法庭。

(2)告知法庭纪律。告知当事人在开庭时不得实施《法庭规则》禁止的行为，如鼓掌，喧哗，吸烟，进食，拨打或接听电话，对庭审活动进行录音、录像、拍照或使用移动通信工具等传播庭审活动以及其他危害法庭安全或妨害法庭秩序的行为。当事人如违反法庭纪律，将受到法庭训诫并可能会被责令退出法庭。

关于特别注意事项，有的当事人作为原告提起诉讼，除了要维护其合法权益之外，还希望"出口恶气"。因此，其有可能在开庭时滔滔不绝甚至出言不逊，说出诸多与该案无关或者对其异常不利的情况，但当事人本人可能意识不到。为避免出现庭审不可控的意外情况，律师在庭前有必要反复提醒当事人注意克制情绪，少说话，说实话，法官问什么就回答什么。

(3)告知庭审流程及相关注意事项。告知当事人法庭审理程序是律师庭前辅导的重点。民事案件开庭审理一般分为六大阶段，即庭前准备阶段、法庭调查阶段、法庭辩论阶段、最后陈述阶段、调解阶段和评议宣判阶段。律师不能仅将以上开庭阶段笼而统之地告诉当事人，还应当将每一个法庭阶段拆分为更加详细的环节，特别是需要当事人本人发言的环节，要充分告知当事人。在最后陈述阶段，律师可能是因为在辩论阶段已就案件事实、证据、法律适用等问题充分发表了意见，所以在该阶段往往只是一句"坚持诉讼请求""驳回原告诉讼请求/起诉"而结束。如果是在当事人出庭的庭审中，我们通常建议当事人自行完成该阶段的陈述。当事人是案件事实的亲历者，由其本人在最后陈述阶段讲述更有说服力，往往会取得更好的庭审效果。

(4)再次梳理核对证据并进一步收集新证据,完善思路。就案件事实与证据准备进一步向当事人核实,经当事人回忆有新的证据资料或新的重要事实的,应当及时补充证据。

(5)再次与当事人确认我方观点。将案件涉及的实体法律问题向当事人交底,对于案件的请求权基础、证据瑕疵、证明标准、争点归纳、需要补正/补强的证据等直接关系案件事实认定的法律问题也需要与当事人交换意见,提出合理建议。

(6)预判对方的代理思路及发问并准备应对方案。将对方可能提出的主张/答辩向当事人释明,并据此预判对方可能会在庭审中询问的问题,并反复辅导当事人如何应对。

(7)商定在法庭碰面的时间及需要携带的物品。告知证人携带身份证原件等证件以及证据原件的要求,提醒证人出庭时要符合着装要求。

三、律师与证人庭前沟通

证人出庭作证一般是依一方当事人的申请。如果当事人申请了证人出庭,那么在开庭前 3 日内务必要和证人当面沟通。因为不是所有的证人都是有利于申请方的,有的案件中证人会因为过于紧张而不假思索地说一些不利或前后自相矛盾的证言,这反而成了对方的“神助攻”。所以需要在庭前与证人进行沟通以辅导证人。

在与证人进行沟通辅导时,应当以实事求是为基本原则。关于沟通的内容,分为程序辅导、陈述辅导。

首先,应当和证人讲解开庭的程序和证人出庭的流程,让证人对庭审环节有所了解。告知证人不能参与庭审或旁听,只有在法官要求证人出庭时才能进入审判法庭。证人入庭后,法官会核对证人的身份信息,并告知证人如实作证的义务以及作伪证的法律后果,并要求证人签署保证书。告知证人作证是以“一问一答”的方式陈述证言。首先是由双方当事人依次对证人发问,然后审判人员对证人发问。作证完毕后,应当离庭但不得离开法院,待庭审结束后核对笔录并签字后才可离开。

其次,律师要告知证人,出庭时一定要如实回答问题,描述事实即可,不得使用猜测、推断或评判性的语言，如带有"我以为""我认为""我推测""我觉得"等具有主观推测性的语言，对于不了解的事实要实事求是地回答"不清楚"。

最后，律师要和证人巩固案件事实中的难度和争议焦点，将证人的询问提纲及法官或者对方可能要询问的内容，与证人再次进行核实，让证人加深印象，避免在出庭作证时因紧张使证言毫无思绪。沟通结束时，嘱咐证人带好相应的材料、证件等。

【示例2-51】《证人询问提纲》参考文本

证人询问提纲

案件名称：

案　　号：

原　　告：

被　　告：

开庭时间：

每次发问前：证人×××你好，我是×××的代理人，我有几个问题想向你进行询问，请你如实回答，如实作证，不得作虚假证言，如果你陈述虚假证言被查实，将承担相应法律后果，首先我想请问，你与本案原告/被告/原被告是什么关系？

询问证人一：

问题1：

问题2：

问题3：

问题4：

询问证人二：

问题1：

问题2：

问题3：

问题4：

询问证人三:

问题1:

问题2:

问题3:

问题4:

××××××律师事务所

年　月　日

【示例2-52】民间借贷案件证人询问提纲

律师:刘某您好,我是汪某起诉郑某民间借贷案件中,汪某委托的代理律师,之前我们有在电话中沟通过。首先非常感谢您能抽出时间出庭作证,这个案件3日后就要开庭了,法院同意了我们提出的证人出庭申请,所以我们需要在庭前和您沟通一下,给您讲解一下出庭作证的流程,还有出庭作证的一些注意事项,让您加深印象,达到一个良好的出庭效果,帮助法庭查明案件事实。

证人:好的,汪某跟我说了的。

律师:我们这次申请您作为证人出庭的原因是汪某和郑某的借贷关系中存在一些证据方面的瑕疵,为了弥补证据的不足,需要您向法庭阐述借贷过程中的相关事实,履行汪某的举证义务。法院在审理借贷案件时,借款的实际支付情况是尤为重要的审查内容,直接影响案件的胜败。而汪某借给郑某20万元时,由于交付的是现金,没有银行转账这类的转款凭证作为证据提交,所以汪某没有相应的书面证据来证明借款的支付情况。为了能够提出有效的证据还原借款交付的事实,而恰好在借款交付时您也在场见证了这个过程,所以需要您出庭作证。

证人:其实最开始郑某是找我借钱,但是当时我资金周转不开就没有借给他,还是我提议让他去找汪某借钱,而且那段时间我们经常在一起吃饭、喝茶、玩耍,所以我对这件事还是比较清楚的。这次确实是郑某做得不对,借款到期了就应该还钱嘛,本来说借半年的,到期后汪某还给他延期了半年。据我了解郑某是有还钱的能力的。

律师：那好，我还是先给您讲讲证人出庭的流程吧，让您先熟悉一下流程，免得到时候不清楚流程而出错。进入法院后您先不要进入法庭，因为证人身份比较特殊，证人的发言需要讲究客观真实，避免庭审过程中各方发言对证人产生诱导，所以您在庭审过程中不能旁听案件的审理，您需要在法庭外暂且休息一会儿，等到询问证人的环节时，法院的工作人员会出来通知您进入法庭，然后您就坐在证人席上参与庭审。

证人：没问题，我就在外面等一会儿。等有人叫我进去我再进来。

律师：在您入庭后，法官会先核实您的身份信息，例如姓名、身份证号码、家庭住址这类个人基本信息，核对无误后法官会告知您作为证人的义务和注意事项，让您签署一份证人保证书，保证书的内容大意就是承诺您在作证过程中陈述的内容都是客观真实的，不得虚假陈述，不得作伪证。

证人：作伪证是有什么后果呢？

律师：作伪证是严重妨碍司法公正的行为，会受到罚款或拘留的处罚，严重的还会涉嫌犯罪。您放心，我们不会让您作伪证或者虚假陈述的，您如实陈述当时的客观情况就可以了，您不知道的或者不清楚的事情，就实事求是地回答不知道或不清楚。

证人：好的，我明白了。到时候我就说我知道的，不知道的就回答“不清楚”。但是这件事也已经过了一年多了，很多细节我可能也记得不是很清楚了。

律师：这个情况我们非常理解，对于一些非常关键的事实过程还是需要您尽力回忆，这样才能达到我们申请您出庭的目的。对于一些细枝末节的事实，您记不清楚了，就如实告知。所以接下来我们就辅导您回忆一下关键的内容，现场演练一遍作证的过程。

律师：在庭审过程中，证人一般是通过回答问题的方式发表证言。我们、对方和法官都会问您一些事实上的内容，您如实回答问题就可以了。那现在我就模拟庭审过程向您询问几个问题。

证人：好的。

律师:请问您和汪某、郑某是什么关系?

证人:我们三个都是朋友,我和汪某是发小,郑某是我的同学。汪某和郑某是我引荐认识的,我们经常在一起喝茶,关系都很不错。

律师:汪某和郑某的借款过程您是否清楚,您先简要陈述一下。

证人:我清楚,郑某的公司需要周转一笔资金,找我借20万元,借期半年。但我当时也要周转,没有那么多钱,然后郑某就找汪某借了这笔钱。当时在茶楼的包房里汪某给了郑某20万元的现金。后来听汪某说这笔借款到期后,他又给郑某延期了半年,但是半年后郑某还是没还钱。

律师:请您说一下20万元现金支付的时间、地点。

证人:时间我记得不太清楚了,地点是我们常去的云轩茶楼的包房。我们经常在那里喝茶、打牌。当天晚上我们还一起吃饭喝酒。

律师:借款的时间是一个关键信息,这是汪某提供的借条,上面写有借款时间是2021年6月14日。您可以看看借条回忆核实一下。

证人:是2021年6月14日,因为第二天是我的生日,我又请了他俩一起吃饭,所以我记得很清楚。

律师:您看看2021年6月14日这个20万元的取款凭证,汪某说是您陪他去银行取的现金,是这样吗?

证人:是的,当天是我陪同汪某去银行取的现金。10万元一捆,一共2捆,到茶楼后交给了郑某。

律师:您是否知道汪某为什么要用现金支付借款?

证人:因为郑某的银行卡被法院保全冻结,钱款不能转到他的银行账户。他需要一笔现金支付工人工资,所以,让汪某给的现金。

律师:您知道他们约定过借款利息吗?具体是多少?

证人:我觉得是有利息的吧,因为郑某找我借钱的时候说过利息是1.5分。

律师:您刚才的回答是具有推测性的回复,具有主观猜测性,会影响您证言的证明力。我们的证据显示,双方在借条中没有记录利息的情况,但是在双方的聊天记录中有确定利息。如果您确实不知道,在庭审时就如实回答

"不知道"。

证人:我想起来了,是有每月1.5分的利息,在写借条的时候郑某提出过利息就不写在借条中了,到期后他一次性支付。

律师:好的,以上关于借款交付的过程、时间和地点细节,以及利息的约定就是我们需要您作证陈述的重点内容。开庭时也是按照这种问答形式陈述证言。您还有什么不清楚或者想问的吗?

证人:我是不是按照今天说的内容在庭上作证就可以了?

律师:是的,您把您今天的陈述以及回忆的事实内容在庭审时回答一遍就可以了。

证人:好的。

律师:开庭时间是3日后上午9:30,我们提前半小时在法院门口等。您带上身份证原件即可。

第三十一节　庭前准备工作、模拟法庭

一、庭前准备工作

"法庭是诉讼律师的主战场",很多律师在办案时往往注重庭审而忽视庭前准备工作,但充分、全面和深入的庭前准备对诉讼目标的整体实现有着至关重要的作用。因此,无论怎么强调庭审准备都不为过,笔者归纳的庭前准备工作大致如下。

1. 全面梳理案件事实,再次确认诉求

包括有利事实、不利事实、背景事实、基本事实、关键事实与争议事实等。全面梳理有利于了解纠纷的全貌,如背景、起因、履行情况、后续发展等。在这个基础上,可以整理需要向当事人进一步了解的事实,以及需要当事人进一步提供的材料。再次与当事人确认诉讼请求,当事人认为需要调整的,代理人也应当根据当事人的意愿变更诉求请求。

2. 核查证据原件及交接情况

需要向法院提交并在庭审过程中出示证据原件,包括所有的物证、书证、电子数据、视听资料等,核查当事人是否已经把全部原件材料移交以及证据原件是否与复印件一致等,按照证据清单所列顺序整理好,方便庭审质证。对于录音、照片、微信聊天记录等视听资料/电子证据,需要携带原始载体以供质证。律师在准备证据时,需要整理出一审中有利于上诉观点的部分,并在二审中强调,引起法官重视。此外,还需要预判相对方可能提出的对抗性主张和观点,组织反驳证据和补强证据。

3. 法律规范汇编

“以法律为准绳”,强调的是有适用于案件的明确的法律依据,并将案件事实与寻找到的法律规范依据进行涵摄,从而得出确定的法律结论或者裁判结果,这也是法律适用的过程。这其中至少应当将与案件相关的全部法律规范摘出汇总,结合案件事实逐条判断法律规定是否适用,请求权基础能否得到支持。

4. 研究法官大数据及庭审风格

将法官历年的审判数据制作成大数据分析报告,其中包括法官审判案件数量、擅长承办的案由,以及审判思路和结果。同时,也可以调取主审法官过往的类似案例的庭审视频,了解主审法官的庭审风格和庭审偏好,如此一来在庭审时能够更好地适应法庭节奏。

5. 庭审方案准备

需要全面归纳和梳理案涉主要争议焦点,进行充分的法律检索,并摘录整理相关案例和裁判观点。在庭前围绕证据的真实性、合法性、关联性就证明内容与待证事实组织质证意见、代理意见。

6. 准备开庭材料

在开庭前一天要检查庭审需要的材料是否齐全,将开庭需要的执业证原件,开庭传票原件、所函、授权委托书、委托人主体材料,以及起诉状、答辩状、质证意见、代理词、思维导图、案例汇编、法律法规汇编等资料打印并装订成册。准备好律师代理所需要的授权资料,包括主体信息、授权委托书、所函、律师证等。庭前1-3天与承办书记员核实确认庭审是否如期举行,并核实开庭地点和合议庭组成人员,避免法院作出了调整而未及时通知到位的情形发生。同时，还要询问案件材料的送达情况、对方是否提交新的材料、是否有委托代理人等信息。另外，为便于庭审时能够充分记录笔录，节约庭审时间，可以询问书记员是否需要提前将前述材料电子版发送到其指定的邮箱，询问是否可以使用U盘拷贝或光盘拷贝相关文档。

【案例2-41】

江西弘毅建设公司与德霖食品科技公司建设工程施工合同纠纷一案，一审法院作出判决后，德霖食品科技公司不服判决向中级人民法院提出上诉。经法院通知开庭，德霖食品科技公司的法定代表人未到庭，其委托的诉讼代理人到庭，但其未向法院提交授权委托书及律师事务所指派函，最终法院裁定按撤回上诉处理。

二、模拟法庭

模拟法庭就是开庭前的实战演练，在开庭前的庭审模拟是很有必要的。律师一般会在开庭前3-5日完成模拟法庭，确保模拟法庭的成果能够充分应用到正式庭审中。太早会忘，太晚可能没时间就模拟法庭中发现的问题进行策略调整。当然并非所有的案子都作模拟法庭演练，但对于相对复杂的案子，模拟法庭非常重要。经常开展模拟法庭，律师会比较有经验，真正开庭时其对于争议焦点的归纳、对方的抗辩理由甚至法官的发问环节都是能准确预判的。

每次模拟法庭的整个过程都要安排法律秘书做好记录，主要把案件审理过程中出现的问题记录下来。庭审模拟后，团队成员可以复盘，强化有利的，弱化不利的，补强欠缺的，做到查漏补缺，及时修正、补充代理意见。

1. 庭前模拟法庭的目的

开展模拟法庭可以检验诉讼策略、证据及庭前准备。诉讼策略确定之后，可通过模拟法庭检验诉讼策略的可行性以及是否有遗漏之处，尤其是检验诉讼策略在庭审程序中的具体运用方式；在模拟法庭中可以通过假设的方式，模拟出现新的事实或证据时的应对情况，尤其是通过模拟法庭检验新证据在诉讼策略中的应用或应对情况；开展模拟法庭也是为了帮助律师充分做好庭前准备，让出庭律师提前熟悉真实庭审的场景并消减对正式庭审的紧张感。同时，模拟法庭也是向客户汇报工作进展的一种可视化方式,可以帮助客户树立合理的诉讼预期。

2. 庭前模拟法庭的重要性

(1)有时一个诉讼策略,律师认为很完美,但实际操作起来就会发现存在很多问题。通过诉前的模拟法庭,把整个庭审流程演练一遍,律师与当事人可以事先发现审理时己方可能出现的问题,并针对这些问题提前制订出相应的解决方法,做好更充足的准备。

(2)律师考虑问题不能只从自己的角度出发,忽略对方的立场。模拟法庭通过代入对方的角色,可以帮助律师换位思考对方可能提出的不利观点与抗辩意见,使其根据这些情况做好防范措施。

(3)模拟法庭还可以让当事人感受到律师的敬业态度,知道律师的庭前准备工作是充分的。

所以,庭前模拟意义非常重大,特别是对于重大疑难复杂的案件,只有做好庭前模拟法庭,才能做好万全的准备。

3. 模拟法庭流程

模拟法庭与正式开庭流程一样,律师要把法官、双方当事人的角色安排好,通过真实的案情分析、角色划分、法律文书准备、预演、开庭等环节模拟庭审过程,其目的在于通过站在对方立场,采用法官思维,全面检验案件的诉讼策略、证据及庭前准备。

首先,模拟法庭当然要符合标准开庭的全过程,如开庭审理准备工作、书记员宣布法庭记录、审判长核对当事人身份并告知合议庭组成人员及当事人诉讼权利义务,从法庭调查阶段开始,到举证质证、法庭辩论、最后陈述。这些应严格按照诉讼案件的庭审形态开展,先由法官开展法庭调查,由双方陈述事实和答辩、举证质证,然后归纳案件争议焦点,再组织法庭辩论。整个过程双方律师可以针锋相对、唇枪舌剑。

其次,关于模拟法庭的法官和对手的选择。模拟法庭的审判长最好由具有丰富审判经验的离职法官或者知名仲裁机构的资深仲裁员担任,模拟法庭的法官要从客观公正的角度来听取双方的观点和辩论,最好未参与过模拟案件实质工作,以避免“先入为主”(为保证模拟法庭的法官的中立立场,建议事先不告知其各方实际代理的角色)。模拟法庭的“合议庭成员”之一可以让客户担任,类似于人民陪审员，另一名“合议庭成员”可以由资深律师担任。

模拟法庭开展的过程中，原、被告双方（上诉人或被上诉人）的证据材料要正式准备。模拟对手要由攻击性很强且对案情熟悉的律师担任，要融入对方的身份之中，也要尽全力维护当事人的权利进行反驳，要能够给出庭律师造成足够的挑战和压力。当事人由案件的承办律师扮演，最大限度还原庭审的真实情况并检验出庭律师的准备工作。模拟法庭的法官要不留情面地问出尖锐的问题。模拟法庭庭审也需要有“书记员”做正式记录。

再次，模拟庭审的真实感，主要体现在仪式感和流程上。模拟法庭最好在布置和设备与法庭高度相似的场所进行，有条件的律师事务所或者诉讼团队，应该设置自己的模拟法庭室。还可以准备好桌牌、法袍、律师袍、法槌等物料，做到形式逼真，营造出仪式感，让每一个参与其中的人都能认真对待模拟法庭。

最后，模拟法庭结束之后，要及时复盘，总结得失，将模拟法庭的成果转换。其主要针对以下四个方面：第一，从承办律师在模拟法庭中的分工合作、语言表达等角度评价庭审表现；第二，从证据本身的证明力以及证据链的组织反思举证质证环节出现的问题；第三，梳理模拟法官在庭审中针对证据材料、案件事实、法律适用三个维度提出的问题并反思既有证据材料、诉讼策略是否存在漏洞；第四，总结模拟庭审中出庭律师对既有诉讼策略的理解和运用程度、反方及法官提出的问题是否在既有诉讼策略研究范围之内，以及模拟法庭过程中新暴露的问题。如果客户也参加了模拟法庭，要听取客户的意见。

【示例2－53】《模拟法庭纪要》参考文本

模拟法庭纪要

案件名称：________________ 模拟法庭时间：________________

主审法官：________________ 书 记 员：________________

原　　告：________________ 被　　告：________________

第 三 人：________________

一、法庭调查阶段

(一)原告宣读起诉状

诉讼请求:

(二)被告发表答辩意见

主要答辩意见:

(三)原告举证

证据一:

证据二:

(四)被告质证

针对证据一:

针对证据二:

(五)被告举证

证据一:

证据二:

(六)原告质证

针对证据一:

针对证据二:

(七)双方对质证意见的辩解

原告:

被告:

（八）归纳本案争议焦点

争议焦点一：

争议焦点二：

争议焦点三：

（九）法庭询问

问题一：

回答：

问题二：

回答：

问题三：

回答：

（十）当事人向对方发问

原告：

被告：

二、法庭辩论阶段

（一）原告发表第一轮辩论意见

主要观点1：

主要观点2：

主要观点3：

（二）被告发表第一轮辩论意见

主要观点1：

主要观点2：

主要观点3：

(三)原、被告发表第二轮辩论意见

原告:

被告:

三、最后陈述

原告:

被告:

××××律师事务所

××律师团队

年 月 日

【示例2-54】梓恒公司与珠珊公司、皓诚公司建设工程施工合同纠纷模拟法庭纪要

模拟法庭时间:××××年××月××日

审判长:××× 审判员:×××、×××

书记员:×××

原告代理人:×××、××× 被告代理人:×××、×××

书记员宣布:现在宣布法律纪律……

审判长:现在开庭。首先核对当事人及其诉讼代理人的身份:(略)

审判长:各方当事人对于出庭人员有无异议?

原告代理人、被告代理人:没有。

审判长:各方当事人及其诉讼代理人符合法律规定,可以参加本案诉讼。×××人民法院根据《民事诉讼法》第134条之规定,依法公开开庭审理原告梓恒公司诉珠珊公司、皓诚公司建设工程施工合同纠纷一案。

审判长:根据《民事诉讼法》之规定,由×××担任审判长,与审判员×××、×××组成合议庭,适用普通程序进行开庭审理,由书记员×××担任法庭记录。

审判长:依照《民事诉讼法》第45、46条的规定,当事人有申请回避的权利,且本院在开庭前已向双方当事人送达了开庭传票及权利义务告知书等诉讼材料,对当事人的诉讼权利义务进行了告知。各方对诉讼权利义务是否清楚?

原告代理人、被告代理人:清楚,不申请回避。

审判长:下面进入法庭调查阶段,首先由原告宣读起诉状或陈述案件事实,讲明具体诉讼请求和理由。

原告代理人:

诉讼请求:(1)判令被告珠珊公司向原告支付部分工程款890万元;(2)判令被告珠珊公司赔偿原告损失330.5252万元(暂计至起诉日);(3)判令被告皓诚公司在欠付工程款范围内,就上述诉请中被告珠珊公司的付款义务,向原告承担连带清偿责任;(4)本案诉讼费用由二被告承担。

案件事实和理由:2014年10月,被告珠珊公司与被告皓诚公司签署了三份施工合同,合同内容主要为:被告珠珊公司承建被告皓诚公司发包的曲靖中天广场基坑支护及长螺旋工程桩工程(以下简称曲靖项目),工程地点为曲靖市麒麟区东临子午路,工程质量标准为合格,合同就相关工程单价、付款及结算等事项也进行了约定。合同签订后,被告珠珊公司将工程交由原告实际施工,原告进场为其完成上述合同施工内容。按被告珠珊公司的要求,原告于2014年10月开始施工,施工设备、材料及施工人员均由原告组织并完成。二被告资金短缺及其他原因,不但影响原告施工,造成原告停工窝工损失,还导致工程自2015年7月起完全停工。截至工程停工时,原告仅完成了部分支护工程,长螺旋灌注桩工程仅完成了少量内容。至今,因二被告原因,涉案工程迟迟不能复工,造成原告施工现场原材料等的损失持续发生。原告按实际完成的工程量计算工程造价1830.71万元,停工窝工等各项损失330.5252万元。因被告珠珊公司就涉案工程仅支付少量工程款,拒不履行付款义务,更不承认原告的实际施工人身份,原告遂提起诉讼。被告皓诚公司系工程的建设方,将工程发包给被告珠珊公司总承包后,被告珠珊公司再将工程转交给原告施工,根据建设工程司法解释的相关规定,被告皓诚公司应在欠付工程款范围内,向原告承担连带清偿责任。

为保护原告的合法民事权益,维护正常社会秩序,特依据《民事诉讼法》第 119 条的规定,向贵院提起诉讼,请依法裁判,支持原告的诉讼请求。

审判长:诉讼请求中关于损失的赔偿,请原告明确具体损失。

原告代理人 1:第 3 项诉讼请求中的损失是停工期间的损失。

审判长:下面由被告针对原告的起诉进行答辩。

被告代理人(珠珊公司):答辩人珠珊公司就被答辩人所诉建设工程施工合同纠纷一案,现提出如下答辩意见。珠珊公司作为本案所涉工程的承包人,没有和原告签订过上述工程的施工合同,没有在事实上将工程交给原告实际施工,原告说其是本案实际施工人,与事实不符。根据《合同法》第 270 条的规定,建设施工合同必须签订书面的合同,因此无论从事实、常理还是逻辑来看,原告的主张都是子虚乌有的。

被告代理人(皓诚公司):皓诚公司发表如下答辩意见。皓诚公司与原告没有签订过任何施工合同,皓诚公司作为工程发包方,工程发包对象是珠珊公司。皓诚公司与珠珊公司签订的《施工合同》第 9 条约定"严禁分包转包工程,项目基坑合同约定了一方不得擅自转包工程"。原告要求皓诚公司承担连带清偿责任,没有事实和法律依据,皓诚公司对原告没有支付款项的义务。

审判长:双方答辩完毕。现在双方进行举证和质证。首先请原告针对自己的诉讼请求、事实及理由向法庭举证。

原告代理人 2:

第一组证据:(1)被告珠珊公司和被告皓诚公司签订的《基坑支护工程施工合同》;(2)被告珠珊公司和被告皓诚公司签订的《长螺旋灌注桩工程施工合同》;(3)李某、于某出具的《情况说明》。证明:皓诚公司(发包方)与珠珊公司(承包方)签订了施工合同,合同包干总价为 15,949,981.09 元,该工程实际是由原告进行施工承建的,且有原告单位员工李某、于某在珠珊公司与皓诚公司之间的施工合同上签章署名,参与签署合同的人出具说明,证明原告系上述施工合同中所涉工程的实际施工人。

第二组证据:(1)授权委托书;(2)网上银行交易详单;(3)领款单。证明:珠珊公司总包的涉案工程曲靖项目,已向原告支付该项目的工程款,款项合计数额为6,981,705元。珠珊公司以其工程款审批及汇款行为,确认了就曲靖项目和原告存在事实上的施工合同关系,即原告是涉案工程实际施工人。

第三组证据:(1)商品混凝土供应合同;(2)《供货及收款明细表》;(3)《钢材购销合同》;(4)《水泥买卖合同》;(5)《账户交易明细回单》。拟证明:原告就涉案工程采购了主要施工材料,包括混凝土、钢材、水泥等,并全部用于涉案工程,原告系涉案工程实际施工人。

第四组证据:(1)《图纸会审、交底会议纪要》及会议签到表;(2)《监理例会会议纪要》;(3)《专题例会会议纪要》;(4)《施工周报》。证明:涉案工程项目的图纸会审、技术交底、监理例会、施工周报、春节现场值守均由原告参加并实施,原告是涉案工程的实际施工人。

第五组证据:《鉴定意见书》。原告梓恒公司向法院提出书面鉴定申请,申请鉴定事项为:(1)已完成工程的工程造价;(2)停工费用及损失。经鉴定,涉案工程的已完工程的工程造价为16,944,343.88元;停工费用及损失为436,303.62元(含人员工资、机械闲置台班费、材料损失)。

审判长:下面由被告针对原告提出的证据开始质证。

被告代理人(珠珊公司)质证:第一组证据:对证据1、2施工合同的三性无异议,三份合同证明了案涉工程是皓诚公司发包给珠珊公司的,没有原告出现在合同主体中,说明原告不是实际施工人。原告陈述合同中出现的李某、于某是其公司员工,有这两个人签字就说其是实际施工人没有证据,且两人签署名字的地方是在珠珊公司签字处,他们两个人代表的是珠珊公司而不是原告。

第二组证据:对该组证据的真实性、合法性予以认可,对其关联性不予认可。授权委托书仅有我司员工签字,未盖章,不能证明原告是实际施工人,珠珊公司也没有支付过工程款。交易明细中没有注明是本案所涉工程款,仅注明是往来款。

第三组证据:对混凝土、水泥、钢材的收货合同及收款明细表的真实性予以认可。但购买钢材等材料的情况不能证明原告是本案的实际承包人。虽然钢材、水泥的购买是以原告的名义签订合同,也注明了工程名称,但是合同是否履行完毕、材料是否实际用到案涉工程没有证据证明。将钢材买来用在这个工程,也不能证明原告就是实际施工人,不能排除珠珊公司在施工过程中委托现场管理人员以梓恒公司名义采购相应的建筑材料。

第四组证据:对第四组证据的三性无异议,但对证明目的不予认可。李某、于某、杨某等人出现在例会中的签名都是在珠珊公司这一栏中,不是代表梓恒公司,不能以此证明原告是本案实际施工人。

第五组证据:无异议。

被告代理人(皓诚公司)质证:第一组证据:对证据1、2施工合同的真实性无异议,合同是珠珊公司、皓诚公司签订的,原告不是适格主体。第二组证据:该组证据不足以说明原告与皓诚公司有合作关系,与皓诚公司没有关联。第三组证据:原告出示的该组证据与皓诚公司没有任何关系。第五组证据:与珠珊公司的质证意见一致,无异议。

审判长:现由被告进行举证(略)。

审判长:举证质证完毕。为查明案件事实,现在进行法庭提问。当事人应如实回答法庭提出的问题,不得作虚假陈述,否则将承担法律责任。

审判长:原告所称代表你公司参与涉案工程各项事务以及对接工作的李某、于某,是否你公司员工?若是,是否签订有劳动合同?

原告代理人2:李某、于某是原告公司的员工,有劳动合同。

审判长:请原告在3日内补交两人的劳动合同。

原告代理人2:清楚。

审判长:被告珠珊公司,你公司是否有施工资质证书?被告珠珊公司是否经过招标投标中标程序。

被告代理人(珠珊公司):珠珊公司有合法有效的施工资质,涉案工程是在招标投标程序中标后实施的。

审判长:法庭调查结束,本法庭归纳以下几个争议焦点:(1)涉案《施工合同》是否有效;(2)原告是否为涉案工程的实际施工人;(3)被告珠珊公司是否应当支付工程款及赔偿损失;(4)被告皓诚公司是否应当承担连带责任。现在进行法庭辩论。请原告围绕争议鉴定发表辩论意见。

原告代理人2:首先,被告皓诚公司通过公开招标确定被告珠珊公司为涉案工程的中标人,将工程发包给被告珠珊公司,珠珊公司取得工程的承建资格后,让梓恒公司的员工李某、于某以珠珊公司名义,与皓诚公司订立《施工合同》。合同履行期间,原告梓恒公司对涉案工程组织施工并进行施工管理,原告是涉案工程的实际施工人。根据《建筑法》第28条规定:“禁止承包单位将其承包的全部建筑工程转包给他人,禁止承包单位将其承包的全部建筑工程肢解以后以分包的名义分别转包给他人”等规定,被告珠珊公司转包工程给原告梓恒公司实际施工,违反了法律、行政法规的效力性强制性规定,转包形成的建设工程施工合同法律关系无效。但原告梓恒公司对案涉建设工程进行实际施工并完成了部分工程,且因工程停工后长期不能复工产生了相应损失,原告梓恒公司有权按照法律规定请求被告珠珊公司支付已完工程的工程价款并赔偿停工损失。

其次,关于已完工程的工程价款及赔偿停工损失的数额。经鉴定,涉案工程的已完工程的工程造价为16,944,343.88元,被告珠珊公司已付款6,981,705元,尚欠工程款数额为9,962,638.88元。对于应赔偿的停工损失,鉴定意见认定数额为436,303.62元。

皓诚公司是涉案工程的发包人,其对已完工程并未付清全部工程款。根据《最高人民法院关于审理建设工程施工合同纠纷案件适用法律问题的解释》第26条规定:“实际施工人以转包人、违法分包人为被告起诉的,人民法院应当依法受理。实际施工人以发包人为被告主张权利的,人民法院可以追加转包人或者违法分包人为本案当事人。发包人只在欠付工程价款范围内对实际施工人承担责任。”据此,被告皓诚公司应当在欠付工程价款范围内对原告梓恒公司承担责任。

被告代理人(珠珊公司):珠珊公司与皓诚公司签订《施工合同》系双方真实意思表示,且双方签订合同是在兴余公司公开招标,经评定山江建筑中标之后。根据《最高人民法院关于审理建设工程施工合同纠纷案件适用法律问题的解释》第1条"建设工程施工合同具有下列情形之一的,应当根据合同法第五十二条第(五)项的规定,认定无效:(一)承包人未取得建筑施工企业资质或者超越资质等级的;(二)没有资质的实际施工人借用有资质的建筑施工企业名义的;(三)建设工程必须进行招标而未招标或者中标无效的"之规定,案涉合同不符合前述三种情形,双方签订的《施工合同》未违反相关法律、行政法规禁止性规定,合同有效。李某、于某是受珠珊公司授权参与、组织涉案工程的施工的。涉案工程不存在违法转包、违法分包的情形。珠珊公司不应当向原告支付工程款及赔偿损失。

被告代理人(皓诚公司):皓诚公司作为涉案工程发包人,《施工合同》是珠珊公司、皓诚公司签订的,工程发包对象是珠珊公司。根据合同相对性原则,原告不是适格主体。同时,案涉工程尚未竣工,根据《施工合同》的约定,皓诚公司尚未达到向珠珊公司支付工程款的条件,皓诚公司不应当承担连带清偿责任。

审判长:现在法庭辩论结束,请双方发表最后陈述。

原告代理人1:请合议庭支持原告的全部诉讼请求。

被告代理人(珠珊公司):请合议庭驳回原告的全部诉讼请求。

被告代理人(皓诚公司):请合议庭驳回原告的全部诉讼请求。

第三十二节　提交法律法规汇编和相关案例汇编

检索法律法规和案例的目的首先是更快捷、更准确地分析案件,根据司法实践得出案件的最终结论,让法律法规和案例给观点予以支持,这只是律师对办理案件起到帮助的一个方面。既然是与案件密切相关的法律法规和案例,其对于案件也有引导作用。

其同样对于法官审理案件有很大的帮助作用,曾有人做了针对法官和检察了关于案例检索的调研,其显示,103位受访者中有76%的法官、检察官希望律师在庭审前提交检索案例。所以，律师一定要尽可能在庭审前提交法律法规汇编和案例检索报告，以及一些可视化的法律关系图、法律事实时间轴、代理思维导图等，尽量让法官提前掌握律师的诉讼思路，最大限度地熟悉案情。

有位资深法官说过，在法庭之上，很多律师只将对方当事人或律师当作对手，其实，律师真正的对手是法官。那么，律师就需要在庭前向法官精准表达诉讼思路，再加上可视化文书，这不仅能为法官节省梳理分析案件的时间，也能让法官沿着律师的分析思路去思考案件。就笔者实践来讲，有很多法官在写判决书时，会直接援引提交的案例汇编中的观点，从而体现法官对于该观点的完全赞同。

一、制作并提交法律法规汇编

对于法律法规汇编，切勿将与案由相关的法条的整个章节都摘抄下来，如建设施工合同纠纷中，将《民法典》合同编中建设工程合同整个章节的法律规定摘抄下来，这会显得法律汇编太过冗杂，篇幅过长，也不能体现出关键条款，可能会适得其反。仅需要摘录与该案相关的法律法规，可以在代理意见或判决书中摘录援引的法律法规，对于与案件争议焦点相关的法律法规用加粗、标红、高亮等编辑功能重点突出。

制作和提交法律法规汇编的要点如下：第一，根据案件的具体情况，全面、准确地收集和整理相关法律法规；第二，按照法律层级由高到低、效力由大到小的顺序排列，并在每个法规后标注该法规的效力级别和适用范围；第三，对于有修改或废止的法律法规，应当在汇编中加以标注，并说明修改或废止的原因；第四，如果法律法规汇编涉及内容较多，应当制作索引，方便查阅和使用；第五，法律法规汇编应当符合格式要求，如字体、字号、行距、页边距等，以确保汇编的可读性和易用性；第六，提交法律法规汇编时，应当配合相应的法律文书，如起诉状、答辩状、代理词等，以便法院全面了解案件情况和代理人的法律意见。

二、制作并提交案例汇编

提交的案例汇编一定要包含与本案事实或本案单个争议焦点相似，且与我方观点一致的案例,若不经思考地提交与我方观点截然不同的案例,那就是在帮对方做工作了。提交的案例一定要将整个判决书打印出来,保证判决案例的完整性,最好是通过“裁判文书网”下载打印,要注明案例是生效且未被撤销的案例。判决书的内容通常很长,所以还要将核心内容,如说理部分、判决部分,通过加粗、标红来突出,告知法官注意重点。根据《最高人民法院关于统一法律适用加强类案检索的指导意见(试行)》的规定,承办法官对待决案件应当进行类案检索,并应当对在基本事实、争议焦点、法律适用问题等方面具有相似性,且已经人民法院裁判生效的案件予以参照。所以,提交案例汇编也便于法官履行类案检索的义务,产生同案同判的效果。

制作和提交案例汇编的要点如下:第一,选择相关的判例。在制作案例汇编时,需要选择与该案相关的判例,且这些判例能够支持律师的法律观点,或者能够证明某一重要事实。第二,提供完整的信息。每一个判例都应该提供完整的信息,包括案件的名称、审理法院、审理日期、判决结果等,这样,法院可以对每一个判例有一个全面的了解。第三,简明扼要。案例汇编目录应尽可能地简明扼要,主要列举案件的当事人、案号、事实部分、法院认为和法院判决等信息,对于每一个判例的描述也尽可能地简洁,只提供最重要的信息。第四,引用准确。在引用判例时,律师需要确保引用的信息的准确性,包括判例的名称、审理法院、审理日期等,如果引用的信息不准确,则会影响案例汇编的可信度。

法律法规汇编和相关案例汇编作为法官的参考材料,没有法定期限的限制,但建议最好是在开庭前提交给法官,因为法官在开庭前会提前了解案件,查看各方资料。庭审之前,如果是较为复杂的案件,律师还需要给法官提供可视化图,包括前面章节所讲的法律关系图、时间图、双方要件事实攻防图等。当然,庭审之后,律师如果需要根据庭审情况及突发变化进行调整,就应当重新提交。笔者建议在开庭前提交,因为法官会在开庭前查阅提交的案件资料,对于太复杂的案件会在庭前梳理,所提交的法律法规、案例汇编以及可视化图表有助于法官在庭前初步消化案件,提高庭审效率。

第三十三节　参 加 庭 审

庭审是律师向法庭表达观点最为直接和重要的机会，律师参加庭审是“诉讼精细化”的试金石，是整个“诉讼精细化”体系化中最关键的一步。作为诉讼律师的核心技能，庭审一直作为重中之重被大家广泛关注。不管是初入律师行业的年轻律师，还是经验丰富的资深律师，都应当在复杂多变的庭审中稳定、出色发挥，将前期大量的准备工作在庭审程序中充分有效地表达。

庭审过程其实就是律师在接收到庞杂的案件材料后，将花时间精力研究的诉讼策略在庭审中完整、无遗漏地呈现出来的过程。庭审是一个交互表达的场合，在如今快节奏的庭审环境下，如何做到表达少又兼顾精准和全面，是对律师庭审技能提出的更高要求。

一、开庭材料准备

开庭前要列好检查清单，包括但不限于以下内容（见表2－2）。

表2－2　开庭材料检查清单

1	律师证、身份证
2	开庭传票：确认开庭时间、地点及通行方式
3	起诉状或答辩状
4	授权委托书、所函：原件
5	证据目录及证据材料：原件、复印件
6	举证意见、质证意见
7	代理词、思维导图
8	法律法规汇编、案例检索汇编
9	光盘、U盘：将有关法律文书拷入U盘等载体，询问书记员是否需要法律文书电子版
10	其他资料

二、参加庭审的着装

法庭是庄严而圣神的地方,律师协会对于律师出庭的着装有明确的要求。《中华全国律师协会律师出庭服装使用管理办法》第 2 条规定:“律师担任辩护人、代理人参加法庭审理,必须穿着律师出庭服装。”第 4 条规定:“律师出庭着装时,应遵守以下规定:(一)律师出庭服装仅使用于法庭审理过程中,不得在其他任何时间、场合穿着;(二)律师出庭统一着装时,应按照规定配套穿着:内着浅色衬衣,佩带领巾,外着律师袍,律师袍上佩带律师徽章。下着深色西装裤、深色皮鞋,女律师可着深色西装套裙;(三)保持律师出庭服装的洁净、平整,服装不整洁或有破损的不得使用;(四)律师穿着律师出庭服装时,应表现出严肃、庄重的精神风貌。律师出庭服装外不得穿着或佩带其他衣物或饰品。”

实践中,绝大部分法院对于民事案件的开庭审理没有强制要求律师穿律师袍,因此律师在是否需要穿律师袍出庭,其需要在开庭前与书记员核实。如果法院没有要求穿律师袍,律师应当着正装、系领带参加庭审,一切正装以外的衣服都是不规范的。虽然着装与庭审没有直接关系,但是会影响法官和委托人对律师的印象。有的法院明确要求律师要穿律师袍出庭应诉,对于不穿律师袍开庭的律师,可能会当庭给予口头警告或者训诫。另外,律师还应当随身携带公文包、材料提袋、卷宗,这能让当事人或者法官感受到律师专业、严谨、负责的形象和态度。

三、参加庭审的语言

1. 口音和语速

律师的庭审表达要生动得体,以打动法官。要做到表达生动得体,律师首先需要注意自己的口音和语速,最好使用普通话参与庭审,语速不宜过快,要兼顾书记员的记录速度,也要让法官抓住句子的完整意思。律师在庭审时的发言不单是把自己的观点表达出来,其主要目的是把法官注意力成功吸引到律师所讲的观点上,高效率地让法官掌握律师所表达的思想内容。同时,大部分的案件不是当庭宣判,法官要在休庭后根据庭审笔录回忆庭审过程来拟写判决书,所以语速不能过快。无论是律师自我表现欲望强烈还是个人习惯,律师在庭审时发言滔滔不绝，一气呵成，但并没有被记录在笔录当中，或是法官未能消化律师所讲的内容，这都是徒劳。

2. 语气和语调

举证质证、阐述观点、法庭辩论时，律师都要平心静气地表达。有的律师喜欢表现自我，极力想在法庭上压倒对方律师，甚至言语过激，对对方进行人身攻击，这是非常不好的，不仅有损律师的职业形象，也会让法官反感，甚至会遭受法官的当庭训诫。

3. 遣词造句

在法庭上要用法言法语，用简洁生动、理性客观的表达方式，“用最短的话，说最重要的事”，充分表现出律师的职业风范。另外，律师的表达要言简意赅，精准且具有说服力。很多法官因为案件太多，为了节省庭审时间简化了代理人当庭发表观点的过程，要求代理人在庭后提交代理词。尽管庭后提交了代理词，但是并不能保证每位法官都会认真阅读。但面对面地表达观点更直观，如果表达简洁且有效，那就更能打动法官，而且能通过法官的反应来判断法官接受我方观点的可能性。当然，表达内容不能过于啰唆且没有重点。

4. 表情和肢体语言

诚恳的表情和少量的肢体语言，如果运用得当，也可以在法庭上加分。尤其律师很认真地回答法官提出的问题，法官对律师也会多一份认真。

5. 时机和气氛

律师在表达一个特别重要的观点时，应确保法官是在认真倾听的，如果法官在这一刻表现出没有耐心，甚至阻止律师继续发言，就需要换一个时机再表达，千万不能因为法官阻止发言而与法官争执。法官的提问看似是表面问题，其实背后隐藏了其他深层问题，而该问题一定与案件有密切关联。另外，虽然律师的发言必须服从法官的安排，但对于没有机会表达，或没有表达清楚、完整的观点，律师一定要举手示意争取表达的机会，珍惜庭上每个发言机会，充分向法官表达。

6. 借助诉讼可视化工具

在表达的观点比较复杂的情况下，律师要事先递交法律关系分析图、案件时间轴、庭审思维导图等通过可视化的方法辅助案件事实呈现，可视化的表达可以让事实和法律观点呈现得更为清晰，使法官更容易理解。

四、律师在庭审中的注意事项

第一,在庭审时,律师要遵从审判长的指挥,不得擅自发言,扰乱庭审秩序,更不能因情绪激动而大声喧哗或人身攻击,否则将会受到法庭的训诫、罚款等处罚。这会严重影响开庭程序,也有损律师形象。

第二,律师不要直接阻止委托人自己回答相关问题,否则可能会引起法官的反感。

第三,律师切忌在回答与案件事实相关问题的时候模棱两可、似是而非,否则会让法官对律师产生不诚信的感觉。

第四,律师不要盲目揣测法官的审判意图,要相信自己对案件事实和法律适用的认识。

【案例 2-42】

银川市金凤区人民法院审理过一起合同纠纷案件,审理过程中原告代理律师多次未经法庭允许擅自发言,经审判长予以警告后仍然大声喧哗,对被告方出言不逊,严重扰乱了法庭秩序。因其不尊重司法礼仪,违反法庭纪律,扰乱法庭秩序,法官依法对其予以当庭训诫。该律师认识到自己的错误后写下了悔过书,表示以后将严格遵守法庭纪律。

五、正式庭审

民商事诉讼律师必须要熟悉诉讼程序法规范,把握庭审基本过程,确保客户的权益得到最大程度的保护,如此也能提高诉讼的成功率。如遇重大案件,建议在庭前观摩主审法官过往的庭审视频,熟悉庭审思路,了解法官的庭审偏好,从而适应法官的庭审风格,提高胜诉的概率。

在正式开庭之前,对于有些比较复杂或者证据较多的案件,法院会有一个证据交换的程序。要认真对待证据交换,因为这相对于把举证质证流程提前了。

1. 法庭调查

法庭调查,主要分为以下三个阶段。

(1)法庭调查之一:诉请陈述和答辩。

①原告陈述诉讼请求及事实理由。

首先,作为原告在起诉后发现诉求、事实和理由有增加或变更需要补充或修正的,在法庭调查环节一定要作出补正陈述。

其次,律师一定要把握好原告陈述诉讼请求及事实理由这个"首秀"的机会,因为这是法官第一次亲耳聆听当事人的陈述。有观点认为这个阶段最多只能说3分钟,那就需要律师用最简洁和生动的语言给法官留下深刻的初步印象,不一定完全按照起诉状内容宣读,可以视情况调整措辞,当然不能偏离起诉状内容。笔者发现,很多律师对此环节并不重视,认为起诉状早已向法庭提交,法官也看过了,原告在庭上作出陈述不过是走过场而已,因此有的律师甚至会主动表示,陈述的事实和理由与起诉状一致,故不再宣读。其实,在现今法官审判工作十分繁重的情况下,即便法官在庭前阅看过起诉状,一般也是比较粗略的,况且,由于法官同时承办的案件数量很多,对于尚未开庭的案件印象十分淡薄,原告的首轮陈述无疑是让法官对该案建立较深印象的开始。如果这个机会原告没有把握住,反而让被告的答辩成为案件事实的"首秀",则原告无疑失去了一次很好的向法官表明观点的机会。另外,在陈述时应当生动、自然并保持与法官的眼神交流,确保法官对我方陈述的内容有充分的理解,这是原告律师在首轮陈述中应当完成的任务。

②被告答辩。

被告答辩的目的是向法官表明被告对于案件的基本观点,帮助法官迅速了解案件的争议焦点。首先,答辩应当具有针对性,不仅要针对各项诉求明确表述同意或不同意,还要针对原告提出的事实和理由,明确指出有异议的部分。对于案件事实和法律适用的不同意见,就是案件争议焦点的基础。答辩的内容,切忌冗长、拉杂而没有针对性,有的被告律师喜欢沉浸在自己的逻辑世界里,不分重点,不分主次地对全部事实进行罗列,长篇大论,这种没有对抗性的答辩往往会被法官制止,而且显得律师很不专业。其次,被告律师要仔细聆听原告在法庭上的陈述,确认是否与起诉状中的内容一致,根据原告的变更或修正,调整答辩内容。另外,被告对无异议的事实可以进行明确的认可,这既能减轻双方的举证义务,同样也能减轻法庭的事实审查负担。但有的律师则喜欢采用一概不认的做法,认为这样就能加重原告的举证难度,如原告无法全面举证,其主张也就自然无法成立。且不说这种答辩思路本身就违背了诉讼的诚实信用原则,实践中还会给被告带来实际的不利影响。因为对于基本事实,原告一般会有相应的证据予以证明,如果被告还是一股脑儿地一概不认,法官会对被告的诚信产生极大怀疑,从而对被告的发言采取谨慎采信的态度,笔者甚至遇到过法官对这种当事人采取训诫的情况。最后,记得要提交书面答辩状,这个习惯一定要养成,庭前没有提交的,开庭时最好提交给法官。

③争议焦点的归纳。

笔者一直强调律师要在庭前对争议焦点进行预判,虽然归纳争议焦点是法官的工作,但律师显然不可能坐等法官归纳后再去思考准备哪些证据,或是进行哪些法律研究,所以律师需要对争议焦点进行预判。法庭归纳的争议焦点存在错误或遗漏的,一定要及时提出来并说明理由。

(2)法庭调查之二:举证和质证。

法庭审理无外乎两大内容:一是事实,二是法律。事实主要看证据,包括举证和质证。在正式开庭之前,对于有些比较复杂或者证据较多的案件,法院会有一个证据交换的程序。庭前的证据交换要与正式开庭一样认真对待,因为这相当于把举证质证流程提前了。

根据《最高人民法院关于民事诉讼证据的若干规定(2019 修正)》第 62 条"质证一般按下列顺序进行:(一)原告出示证据,被告、第三人与原告进行质证;(二)被告出示证据,原告、第三人与被告进行质证;(三)第三人出示证据,原告、被告与第三人进行质证。人民法院根据当事人申请调查收集的证据,审判人员对调查收集证据的情况进行说明后,由提出申请的当事人与对方当事人、第三人进行质证。人民法院依职权调查收集的证据,由审判人员对调查收集证据的情况进行说明后,听取当事人的意见"之规定,质证分为两个环节,出示证据和质证。

①出示证据。

出示证据是指有举证责任的当事人将证据展示给法官和对方当事人。出示证据应当以出示原物、原件为原则,根据《最高人民法院关于民事诉讼证据的若干规定(2019 修正)》第 61 条的规定,"对书证、物证、视听资料进行质证时,当事人应当出示证据的原件或者原物。但有下列情形之一的除外：(一)出示原件或者原物确有困难并经人民法院准许出示复制件或者复制品的；(二)原件或者原物已不存在，但有证据证明复制件、复制品与原件或者原物一致的”。只有在出示原件确有困难且法院允许，以及原件已不存在且有证据证明复印件与原件一致的情况下，才可以出示复制品。关于证人证言的出示，应尽量要求证人出庭作证。

关于鉴定人的出庭则是根据《民事诉讼法》第81条“当事人对鉴定意见有异议或者人民法院认为鉴定人有必要出庭的，鉴定人应当出庭作证。经人民法院通知，鉴定人拒不出庭作证的，鉴定意见不得作为认定事实的根据；支付鉴定费用的当事人可以要求返还鉴定费用”的规定，只有在当事人有异议或者法院认为有必要的情况下，鉴定人才应当出庭作证。

另外，举证方要围绕法庭归纳的争议焦点进行举证，如果举证前法庭未归纳争议焦点，则要围绕自己所要说明的事实和主张的诉讼请求进行举证，以民间借贷为例，原告应当向法庭提交能够证明借贷关系存在的相关证据，如“借条”“转款凭证”等。而被告则应当向法庭提交证明自己已经清偿债务的相关证据，如“收条”“转款凭证”等。出示证据时，首先要完整陈述证据名称和来源，有条理地说明证据内容和证明事项，律师应在交给法庭的证据中对主要证据内容用荧光笔提亮标注，即勾画重点内容，并且在当庭举证时引导法官翻阅重要证据，说出证据的具体页码和说明证据内容。很多律师习惯按照原告的诉讼请求或者案件事实时间进行举证，但开庭时法官却让律师围绕争议焦点进行举证，这就完全打乱了律师的举证逻辑，有的法官会让律师重新组织自己的证据，按照争议焦点调整相应的顺序，这是庭审中很糟糕的情况，所以律师庭前预判争议焦点并组织证据非常重要。

举证时律师要注意以下内容：第一，书证要当庭宣读主要内容的页码位置和证明目的；第二，物证应当当庭展示；第三，视听资料要携带原件并当庭播放，法官有时不让播放，说庭后会看，此时律师要积极争取当庭播放；第四，对于电子数据，要提供提取时的操作视频、录屏拷贝成光盘或当庭展示提取的来源，能当庭演示的一定要争取。

②质证。

一方当事人出示证据后,另一方当事人对于出示的证据进行质证,双方没有异议的可以将该证据作为定案的根据,有异议的则进行进一步的具体质证。

质证的流程:在庭审实践中,质证可以一证一质、一组一质,也可以在举证方就全部证据举证完毕后一并质证。具体的流程一般根据法官的要求来确定,首先是围绕证据的真实性、合法性和关联性问题发表意见,即应当针对证据是否真实、是否符合证据的法定要求、该证据是否与本案有关等方面进行质证。比如,被告针对"借条"发表质证意见认为该借条不是被告亲手所写,对这一份证据的真实性不认可,或者说证据只有复印件没有原件进行核对,对这份证据的真实性不予认可等。其次对证据的证明力进行质证。

另外,对于逾期举证的,首先应当请求法庭不予质证,是否质证请法庭决定。法庭要求质证的,律师不能以超过举证期限为由而拒绝质证。

③对质证意见的回应。

当事人对于证据的质证允许对方当事人予以回应或辩解,在司法实践中,对于复杂案件的关键证据,法官往往会组织当事人双方进行多轮的质疑和反驳,直至法官自身认为对于该证据形成的事实已调查清楚为止。

这个环节非常重要,有的法官会询问举证方是否需要针对质证意见作出回应或辩解,但也有很多法官不会主动询问,此时,律师作为举证方就要主动提出对质证意见进行回应或说明。需要注意的是,此轮回应不要重复已发表过的举证意见,而是要直面对方的挑战,作出尽可能简洁而具有说服力的辩解或说明。

(3)法庭调查之三:庭审发问。

举证质证后,法官会更加全面、深入地了解案件基本事实,但是针对存在疑问的一些事实,审判长还需要通过询问的方式向原、被告各方寻求答案,原、被告双方也可以互相发问。

①法官发问。

法官发问是由法官当时对案件事实的认识和其形成心证的需要来决定的,对于法官的发问,律师可以在庭前按照司法审判逻辑去思考,这也是有规律可循的,对于法官发问律师应当有所预判并有所准备。这就是律师在与当事人沟通的时候,需要将案件的每一个细节都询问得清清楚楚的原因之一,遇到不合逻辑或不合理的地方，律师还要反复询问，以取得进一步的弥补和修正意见，以免在法庭上不能自圆其说。

②当事人互相发问。

司法实践中，当事人相互发问环节是开庭流程中最容易被忽略的一个环节，律师一定要认识到当事人发问权的重要性，充分利用这个环节争取对己方有利的庭审效果。

为什么发问权非常重要？因为案件事实真相直接来源于当事人，当事人真实、客观的陈述最接近事实真相，但当事人对于不利于自己的事实往往会隐瞒或者说谎，当事人相互发问，事实真相才会慢慢展现在法庭上，谎言才会露出破绽，也会给法官提供发现事实真相的线索。这就需要律师在庭前做好充分的准备，必要时向法庭申请向对方当事人进行发问，其目的在于揭露事实真相和对方的证据漏洞，补强我方的证据或主张。最终实现将案件事实展现在法庭上，帮助法官查明案件事实。律师有时候会遇到法官主动询问当事人是否有问题需要向对方提问的情形，但有时由于其没有在庭前做好准备，而失去这个机会。

【案例 2－43】

笔者曾代理一个设备买卖合同纠纷案件，原告（卖方）起诉被告（买方），要求其支付货款 120 万元，被告抗辩原告的主张已超过诉讼时效，不应支持原告的诉讼请求。原告（卖方）在举证过程中出示了在诉讼时效内，向被告对接人员刘某发送的催款短信记录，以此证明存在诉讼时效中断的情形。但因原、被告双方对交易对接人员未通过书面方式进行确认，故被告代理人抓住此处瑕疵，对短信接受方的身份不予认可。对此，在法庭调查发问阶段，原告代理人向被告法定代表人发问。

审判长："当事人或其诉讼代理人围绕尚存在争议的事实问题向对方当事人发问，首先请原告发问。"

原告代理人："请被告法定代表人回答，请问你是否认识刘某？你们是什么关系？刘某是否为你公司的员工？"

此时，对方律师深知其当事人若承认了员工身份将对案件走向有不利影响，抢答回道："此问题与本案无关，我方拒绝回答。"

审判长:“原告的问题与本案有关,请被告回答。”

此时,被告代理人欲再次抢答予以否认,正在其准备回答之时,原告代理人立即向审判长表示反对:“因被告法定代表人已到庭,且对案件的事实内容更为清楚,我方是对被告法定代表人发问,请他本人回答。”

被告代理人对此表示抗议,但审判长回复:“请被告当事人如实回答这个问题,不得作出虚假陈述,否则经本院查实将作出处罚。”

经审判长多次督促,被告法定代表人仍然不知所措,保持沉默。审判长要求书记员对被告法定代表人的沉默记录下来。

庭审陷入僵局,原告代理人立刻向法庭请示:“审判长,对于该项问题,原告申请法庭当庭拨打案外人刘某电话,向其核实情况。”

审判长:“同意。”

此时,我方注意到被告代理人立刻拿出手机,估计是要“通风报信”。原告代理人请求审判长制止被告代理人现在使用手机,审判长要求被告代理人把手机收起来,随即根据短信电话号码拨通了电话:“请问你是刘某吗,我是×××法院,现在正在审理A公司与B公司的案件,现在有几个问题需要向你核实。”刘某回答是其本人后,审判长询问:“你是B公司的员工吗?”刘某在电话中思索了片刻,回答:“是的。”审判长继续问道:“你在公司是什么职务? 与A公司的设备采购有什么关系?”刘某回答:“我是公司采购,是A公司的对接人。”

最终,审判长根据原、被告双方的当庭表现,以及刘某的回复对该项事实作出了认定。虽然这个案件原告的证据存在一定的瑕疵,但律师通过向对方发问和向第三方当庭核实,帮助法官查明了案件事实。

2. 法庭辩论

法庭调查结束后,便进入法庭辩论阶段。法庭辩论是在法官的主持下,诉讼双方当事人全面阐释自己主张的事实和法律依据,并针对对方的主张及理由进行争论反驳的过程,是当事人辩论权的充分体现。常言道:“事实胜于雄辩。”但事实得益于雄辩,庭审辩论是律师参与诉讼活动的基本技能之一。

实践中,法庭辩论阶段常常被弱化,一些法官和当事人偏重法庭调查,使法庭辩论沦为“形式”，这是庭审中一个极大的误区。根据《最高人民法院关于适用〈中华人民共和国民事诉讼法〉的解释》第 230 条的规定，“人民法院根据案件具体情况并征得当事人同意，可以将法庭调查和法庭辩论合并进行”，很多案件法官会要求法庭调查和法庭辩论同时进行，由原、被告双方在法庭调查阶段以事实说明结合辩论观点的方式同时发表意见。

笔者认为，法庭辩论是当事人庭审交锋的最后一环，对案件的最终裁判具有重要意义。通过辩论，当事人可以围绕争议焦点及法庭确认的事实和证据，充分表达维护自己诉讼请求和反对对方主张的辩驳意见，并提出法律依据；法庭也可以更好地厘清案件事实、明确争议内容、找准法律适用，最终公正裁判。

法庭辩论阶段通常要进行以下两轮：

第一轮围绕法庭归纳的争议焦点问题一一展开详细论述，应当有理有据，逻辑清晰，层次分明。争议焦点包括关于事实的争议焦点和关于法律的争议焦点。前者指涉案证据的认定、相关法律事实是否存在及真伪的争议，后者系当事人就案件适用的法律法规所产生的争议。争议焦点的归纳应围绕争议事实、关键证据及法律适用展开。具体包括：(1)定案事实是否成立；(2)关键证据是否有效；(3)核心观点是否得到法律规定的支持。通常情况下，第一轮的辩论思路，律师已经在庭前理顺并写好代理词，这也是每一位律师在庭前必做的一项基础工作。

第二轮辩论同样至关重要，主要是针对第一轮辩论中对方提出的观点而进行的，这对于律师当庭的应变能力、记忆能力以及法学功底都是重大的挑战。所以在对方发表意见时，律师对于其事先未能预判的新观点，要迅速记录并归纳抗辩要点，查找相关法律依据，在第二轮辩论时进行有力的辩驳。实践中很多律师没有把握好第二轮法庭辩论的机会，要么重复第一轮的意见，要么主动放弃第二轮辩论，说庭后提交代理词，将抗辩工作留到庭后来做，导致丧失了当庭向法官阐明观点的机会。法庭辩论发表完后，当事人应当向法庭告知“审判长，原告/被告的辩论意见发表完毕，谢谢法庭”。

3. 最后陈述与签署庭审笔录

(1)最后陈述。

《民事诉讼法》第 144 条第 2 款规定，“法庭辩论终结，由审判长或者独任审判员按照原告、被告、第三人的先后顺序征询各方最后意见”。最后陈述与法庭调查和法庭辩论阶段具有同等的重要性,长久以来,律师及法律工作者代理的发言往往是总结性的简略的一句话“请求法院支持我方的诉讼请求或要求法庭驳回对方的诉诉讼请求”。但最后陈述作为当事人最后的权利,这样的发言是完全没有意义的。尽管代理人所想表达的代理意见已在辩论阶段发表,但不能因此放弃最后陈述的机会。律师可以在表达最后意见之前,加一些最能打动法官的语言,引起法官共鸣,也可以从社会效益出发重申该案审判结果的影响力,或者表达请求及时裁判的愿望,没有定式,因案而异。如果当事人参加庭审,其作为直接的利害关系人,可以让当事人在最后陈述阶段简要阐述一下自己所遭受的困难、损失甚至苦难等。

(2)签署庭审笔录。

①逐句核对庭审笔录。

庭审笔录同步反映全部审判活动的真实情况,庭审笔录主要是在法官庭后使用,即法官在对案件进行分析认定时,以庭审记录中的记载确定各诉讼参与人的表述。庭审笔录作为法官庭后判案的最主要材料,错误的记录可能会严重影响案件的结果,致使产生不必要的麻烦,甚至形成部分错案。所以,在民事诉讼开庭的过程中,对于庭审笔录应当极其重视,必须逐字逐句仔细核对,发现记录错误应当予以纠正再签署。

【案例2-44】

原告杨某起诉鑫恒源公司,请求法院确认杨某与鑫恒源公司存在劳动关系。被告鑫恒源公司辩称杨某未与其建立劳动关系,杨某是为代某个人提供劳务,与鑫恒源公司业务无关。庭审时,杨某的老乡、引荐人、工友宋某出庭作证,证人宋某被法官询问杨某与鑫恒源公司有什么关系时,证人宋某说的是杨某为代某打工,代某是老板,但却被庭审记录为“杨某是被告公司的员工,杨某现在在代某公司干活”,最终法院判决确认杨某与鑫恒源公司存在劳动关系。鑫恒源公司不服一审判决提出上诉,二审法院认定“证人宋某在一审庭审退庭时在庭审笔录中签字确认了‘上述笔录全对’,一审根据庭审笔录记载的内容认定证人证言的法律效力，并无不当，鑫恒源公司提供的上述录音（其他佐证）即使是真实的，证明力也小于出庭作证的证人证言的证明力，不足以推翻杨某通过证人证言所主张的证明事项"，最终驳回了鑫恒源公司的上诉请求，维持原判。[1]

②复制庭审笔录。

庭审笔录签署完毕之后，应当进行拍照或者复印，用于归档和庭后复盘。各方在庭审时作出的陈述也是非常关键的证据之一，通过庭审笔录将各方所述固定下来，其中有利的自认陈述可以在后续的代理意见或二审诉讼中起到关键作用。

《最高人民法院关于诉讼代理人查阅民事案件材料的规定》第 1 条第 1 款规定，"代理民事诉讼的律师和其他诉讼代理人有权查阅所代理案件的有关材料。但是，诉讼代理人查阅案件材料不得影响案件的审理"。第 5 条规定，"诉讼代理人在诉讼中查阅案件材料限于案件审判卷和执行卷的正卷，包括起诉书、答辩书、庭审笔录及各种证据材料等。案件审理终结后，可以查阅案件审判卷的正卷"。

庭审笔录对于当事人来说，已不是涉密文件，当事人有权查阅复制。但多数法院在开庭之后，当事人再想复制庭审笔录的，法院会告知其待案件终结归档后再进行复制。所以，律师最好在签署庭审笔录后即时拍照留档，便于及时剖析案情。但因各地法院规定不同，在拍照记录时应当征求法官或书记员的同意。

【示例 2－55】《庭审纪要》参考文本

庭 审 纪 要

案件名称：________

案　　号：________

---

〔1〕 参见(2021)鲁 02 民终 11660 号。

原　　告:________

被　　告:________

开庭时间:________

庭审环节	法庭	原告□	被告□
当庭提交材料			
诉讼请求/答辩			
原举被质			
被举原质			
法庭调查			
争议焦点及辩论			
最后陈述			
待办事项			

第三十四节　庭后总结复盘

一场好的总结与复盘可以成为“诉讼精细化”的再现与提升,不仅能够帮助律师回顾庭审本身,还会带给律师对案件一些新的启发与思考,那么如何进行一场总结与复盘,主要可以从以下几个方面考虑。

一、完善庭后工作

开庭结束之后3天内应进行复盘,比对庭前准备与庭审的实际情况,特别是各方的答辩意见、质证意见,该案的基本事实,各方发问及回答内容,法庭归纳的争议焦点,法庭发问等。通过庭后复盘,总结该案庭审中表现好的地方,以及庭审中失误的地方，形成书面纪要并分析考虑补救措施。律师作为代理人可能还需要继续完成以下工作：

一是法庭调查阶段。如果法官询问的内容是开庭前未关注的案件事实，律师在庭上往往会回复庭后核实，如该问题并不影响审判流程的继续，法官也会准许，并要求代理人于3－5个工作日内回复，所以律师庭后需要进一步与委托人沟通，然后以书面方式向法院回复。需注意涉及事实的问题最好由当事人签字或者盖章予以认可，并且在指定的期限内向法院提交并取得书面回执。

二是补充代理意见。针对某些争议焦点，或者法官、对手临时抛出来的问题，如果我们在庭上发表的意见不够充分，可以针对这些点单独拟定补充代理意见，并同样可以查找一些对己方观点有利的案例作为佐证一并提交。

二、总结庭审效果

总结庭审效果，可以帮助参与庭审的出庭律师以及未参与庭审的律师助理矫正方向，确保整个案件一直在对的路线上，庭审效果可以从以下几个方面进行总结：

一是对案件事实的描述，主要指是否将该案对己方有利的要件事实全面向法官陈述，是否还有无法用证据证明的要件事实。

二是举证质证意见的发表，主要指己方的举证意见是否能起到证明要件事实的作用，对方提供了哪些关键证据，将对该案造成何种影响。

三是法官问题的指向，主要指双方举证质证完毕后法官进行法庭调查时所询问的问题，这些问题有时候可以看出法官的倾向性。

【案例2－45】

在一起建设工程施工案件中，发包人主张因为承包人的原因没有办理施工许可证导致项目工期延误故向承包人进行索赔，从法官在法庭上的发问方式可以看出他对这个问题有先入为主的倾向。

第一种问法：对于施工许可证的办理，法律是如何规定的？合同是怎么约定的？当地政府部门有没有明确需要提交哪些材料？这些材料需要由谁来提交？发包人主张是因为承包人的原因未办理施工许可证，具体是什么原因?发包人所主张的原因,在证据中是如何反映的?当这些原因产生时,发包人有没有通知承包人,是如何通知的,有没有证据?有没有及时发出索赔报告?承包人回答一下是不是这样?

第二种问法:对于施工许可证的办理,法律是如何规定的?合同是怎么约定的?当地政府部门有没有明确需要提交哪些材料?这些材料需要由谁来提交?承包人有没有向发包人提供过相关的材料,是如何提供的,有没有相应的证据证明?承包人在没有办理施工许可证之前,能不能进行施工,实际上有没有进行施工?具体做了哪些工作?承包人明知道未办理施工许可证不能施工,为什么没有催告过发包人,或者向发包人提起索赔?发包人回答一下是不是这样?

从两种不同的发问方式可以明显看出,在未办理施工许可证这个客观事实存在的基础上,法官个人的倾向性会从其发问的方式中表达出来,当然上述案例中阐述的是非常明显的情况,在实务过程中法官一般会交叉询问,倾向性不会太明显,这就需要律师在复盘时进行分析。

四是代理意见的准确陈述,主要是指律师在陈述代理意见时,是否完整陈述,表达是否清晰,对方针对第一轮、第二轮辩论意见进行了哪些反驳,反驳中哪些有效哪些无效,这都需要在总结复盘的过程中一一陈述。

五是法官自由心证的偏向,主要是指在上述环节进行完毕后,需要每一位参与复盘庭审的人员思考,法官在自由心证上到底偏向哪方,己方的证据、主张有没有给法官形成先入为主的观念,在观点和事实上支持己方的可能性有多大。

三、向委托人汇报案件进程

律师将庭后需要完善的工作,以及庭后总结复盘的内容,整理形成书面文档,可以采用约委托人见面或者电话沟通的方式,向委托人汇报案件进程。如采取口头沟通,以谈话为主,侧重口语化表达,无须向客户讲述过多专业名词,只需要向客户传递案件的大致走向即可,但需要注意仍然不能作出案件结果承诺。若采取书面汇报,根据客户对案件汇报的格式要求,简要汇报案件事实情况、律师工作情况、庭审情况以及案件的预测走向，同样应避免对结果进行承诺。

【示例2-56】《案件庭审复盘报告》参考文本

××××××与×××××××　　　　　纠纷一案

案件庭审复盘报告

案件名称:____________________　开庭时间:____________________

主审法官:____________________　审理法院:____________________

原　　告:____________________　被　　告:____________________

第 三 人:____________________

一、庭后还需要完善的工作

(一)还需要提交的主要补充意见

观点1:

观点2:

观点3:

(二)需要核实后回复法庭的问题

问题1:

问题2:

问题3:

(三)以上工作的完成期限

二、庭审效果分析

(一)对案件事实的描述

(二)举证质证意见的发表

(三)法官问题的指向

(四)代理意见的陈述

(五)法官自由心证偏向

(六)其他

三、需要讨论的其他事项

四、总结

××××律师事务所

××律师团队

年 月 日

第三十五节 提交代理词和代理思维导图

一、提交代理词

无论法官是否要求,作为律师,应在庭审结束后3日内向法庭提交一份完整的书面代理词或补充代理意见。

即使律师事先根据自己预判的争议焦点拟写好了代理词并提交了法庭,但仍然要养成开庭后提交最新代理意见的习惯,根据庭审中新的事实或观点,并针对庭审过程中归纳的争议焦点、法官所关注或者布置庭后核实的问题,以及对方所提出的观点(包括庭上来不及回应对方或法官的问题、庭审中未充分展开但又非常重要的问题等)进行充分的回应和调整。

除了提交代理词外,律师还要时常给承办法官或者书记员打电话询问案件进度,看是否有需要律师配合的事项。

【示例 2－57】《一审代理词》参考文本

××××有限公司与××××执行异议之诉纠纷一审代理词

尊敬的审判长、审判员:

依照法律规定,××××律师事务所接受××××有限公司(以下简称××××)的委托,指派本律师担任本案××诉××××执行异议之诉纠纷案一审的诉讼代理人,参与本案的诉讼活动。

开庭前,我们认真询问了相关事实、收集了大量的证据材料,并根据案件的需要依法进行了调查,对案件进行客观的分析和论证,对本案事实有了明确的了解和清晰的认识,现根据本案事实和相关法律规定以及本案的争议焦点发表如下代理意见,供法庭予以参考。

一、××××受让 A 公司股权时,原始股东已履行完毕对 A 公司的全部出资义务,不存在虚假出资的行为,人民法院应当驳回原告要求××××为被执行人的诉讼请求

1. 原告主张××××对 B 公司虚假出资 200 万元,C 公司虚假出资 100 万元以及 D 公司虚假出资 100 万元承担的补充赔偿责任承担连带责任。但是,前述三家公司出资总计 400 万元,已于 1996 年 A 公司发起设立时由创始股东出资实缴完毕,且由 a 会计师事务所进行验资审验并出具了实缴到位的验资报告。因此,该注册资本已经全部实缴到位,B、C、D 公司均不存在虚假出资的情形,××××更无须承担相应的连带责任。

2. 退一步讲,假使前述三家公司存在虚假出资的情形,根据《公司法》第 28 条第 1 款“股东应当按期足额缴纳公司章程中规定的各自所认缴的出资额。股东以货币出资的,应当将货币出资足额存入有限责任公司在银行开设的账户;以非货币财产出资的,应当依法办理其财产权的转移于续”之规定,对公司负有出资义务的是公司的原始股东[(2019)最高法民申 624 号]。而

××××是在原股东已经履行出资义务的情形下通过受让方式取得40%的股权,并不具有对A公司履行对应出资的义务,负有的应是向转让股权的原始股东支付股权转让对价款的义务。

根据《最高人民法院关于民事执行中变更、追加当事人若干问题的规定》第17条"作为被执行人的营利法人,财产不足以清偿生效法律文书确定的债务,申请执行人申请变更、追加未缴纳或未足额缴纳出资的股东、出资人或依公司法规定对该出资承担连带责任的发起人为被执行人,在尚未缴纳出资的范围内依法承担责任的,人民法院应予支持"之规定;《最高人民法院关于适用〈中华人民共和国公司法〉若干问题的规定(三)》第13条第1款"股东未履行或者未全面履行出资义务,公司或者其他股东请求其向公司依法全面履行出资义务的,人民法院应予支持"以及第14条第1款"股东抽逃出资,公司或者其他股东请求其向公司返还出资本息、协助抽逃出资的其他股东、董事、高级管理人员或者实际控制人对此承担连带责任的,人民法院应予支持"之规定,对A公司履行出资义务的应是存在未缴或虚假出资的原始股东,追加股东为被执行人的股东对象也仅为未缴或虚假出资的原始股东。同时,根据《最高人民法院关于适用〈中华人民共和国公司法〉若干问题的规定(三)》第13、18条规定的立法精神,公司的股东未履行或者未全面履行出资义务即转让股权,受让股东对此知道或者应当知道的,受让人应当与转让人就公司债务不能清偿部分向债权人连带承担补充赔偿责任。但在本案中,原告并未举示证据证明A公司的原始股东存在虚假出资的行为,即使存在该行为,亦无充分证据证明××××作为股权受让人对原始股东的虚假出资行为知道或者应当知道,故应当驳回原告要求××××对A公司原股东承担连带责任的诉讼请求。

二、××××向A增资后,不存在抽逃出资的行为,××××不应当承担A债务的补充责任,人民法院应当驳回原告对××××的该项诉讼请求

1. 2001年5月25日,A公司向D公司转款4000万元,且已计入A公司的财务账簿之中,备注为往来款。该款项是基于A公司与D公司之间的资金往来所形成的,系A公司与D公司之间存在债权债务关系。转款行为也

是在未经××××认可、未通知××××的情况下进行的，××××更未向D公司授意转款。

同时，A公司向D公司转款4000万元的转款时间为2001年5月25日，而a会计师事务所于2001年6月29日对A公司第二次增资时进行审验，审验结论为截至2001年6月29日A公司的资产金额为41,922,821.78元，足以证明A公司的资产并未减少，公司权益未遭受任何损害，不存在抽逃资金的情形。

因此，××××并未参与款项的转出，转出账户与××××也并未关联，××××作为A公司的原股东并未抽逃出资，不应对公司债务承担补充责任。

2. 2001年6月28日，××××向A公司第二次增资2600万元，于2001年6月9日向A公司银行账户转入2600万元，并由a会计师事务所出具验资报告，增资款已全部实缴到位。

综上，××××不存在抽逃出资的情形，根据《最高人民法院关于民事执行中变更、追加当事人若干问题的规定》第18条"作为被执行人的营利法人，财产不足以清偿生效法律文书确定的债务，申请执行人申请变更、追加抽逃出资的股东、出资人为被执行人，在抽逃出资的范围内承担责任的，人民法院应予支持"之规定，不应追加××××为被执行人。

三、即便人民法院认定××××存在抽逃出资的形式要件，该抽逃出资的行为也没有损害公司权益，××××不构成抽逃出资

《最高人民法院关于适用〈中华人民共和国公司法〉若干问题的规定（三）》第12条具体规定了抽逃出资的构成要件，可以作为执行程序中认定是否构成抽逃注册资金的参照，该条文规定的要件有两个：一个是形式要件，具体表现为该条罗列的各种具体情形。另一个是实质要件，即需要达到"损害公司权益"的标准。

首先，在本案中，A公司未将款项直接转移支付至××××公司，而是支付至××××公司的子公司E公司，××××公司虽然持有E公司的股权，但也不能据此认定该行为系××××公司授意完成，故原告无法举示证据证

明该行为符合抽逃出资的形式要件。

其次,即便人民法院认定A公司向E公司转款3500万元的行为符合该法条规定的形式要件,但仍然不满足抽逃出资的实质要件,即该行为未损害公司的权益,注册资本确认的是一个公司的对外偿债能力,损害公司权益应当解读为股东的抽逃行为导致了公司的偿债能力降低。具体表现为公司出现资不抵债或者其他不能清偿债务的状况,如果此时存在抽逃的形式行为,那么就可以认定该行为构成了抽逃出资。反之,即使股东实施了抽逃行为,但并未导致公司出现债务清偿不能的状况,则不能认定股东存在抽逃出资行为,进而要求股东承担补充清偿责任。原告对A公司的有效债权形成于2014年,原告所主张的××××抽逃出资行为的发生时间为2001年,距离原告与A公司的交易行为经过了10余年,故原告主张因为××××存在抽逃出资的行为,直接导致了A公司出现债务不能清偿的状况,不符合法律规定抽逃出资的实质要件,不能据此认定××××实施了抽逃出资的行为。

最后,基于两行为的时间顺序以及时间间隔,A公司无法清偿对原告的债务与××××抽逃出资之间,完全没有任何的因果关系,故原告主张××××公司就A公司向E公司转账的行为构成了抽逃出资,与法律规定和客观事实不符,人民法院不应当予以支持。

综上所述,××××已履行了对A公司的全部出资义务且不存在抽逃出资的情形。因此,本案不存在符合追加××××为(××)高新执字第××号案的被执行人的法定条件,依据《最高人民法院关于民事执行中变更、追加当事人若干问题的规定》第34条"申请人提起的执行异议之诉,人民法院经审理,按照下列情形分别处理:……(二)理由不成立的,判决驳回诉讼请求"之规定,人民法院应当驳回原告的全部诉讼请求!

恳请人民法院对以上代理意见全部予以采纳,以事实为根据、以法律为准绳,依法公正裁判!

代理人:××××律师事务所

律师

律师

二〇二×年××月××日

【案例 2-46】

在笔者团队代理的一个建设工程案件中，团队接受委托时，案件事实以及争议焦点已经十分明确，双方也已经完成了案涉建设项目的两次结算，发包人按照合同约定支付了前期工程款。合同约定，在两次结算办理完成后发包人应当一次性支付除质保金外的剩余工程款，而委托人提交的资料和陈述均为双方没有任何争议，只是对方始终不向委托人支付工程款，经过漫长的催促和等待后，对方仍以结算未完成为由拒绝支付工程款。

该案在起诉立案阶段均未遇到任何障碍，但被告方代理人在开庭时才提供证据，因案涉工程系通过招投标项目取得，而对方的主要理由为双方签订合同约定的付款条件与招标文件的约定存在冲突，该案应当适用招标文件的规定而非双方签订的合同约定，而法院在归纳争议焦点时将“该案应当适用招标文件还是签订合同的约定”作为其中一项争议焦点。这虽然是对方代理人在案件事实不可争辩的情况下提出的抗辩，但是如果律师作为代理人忽略对该问题发表辩论意见，仍然有可能对案件走向产生影响。故笔者团队律师在庭上对该问题发表口头答辩意见后，又再次向法院提交了书面的补充代理意见。笔者团队律师在书写补充代理意见时除了对庭上已发表的意见作进一步阐述外，又引用了相关的规定和证据材料对庭上未考虑到的意见作补充说明。最终法院未采纳对方的证据及观点，判决笔者团队胜诉且对方未提起上诉，由此可见补充代理意见的重要性，以下是部分代理意见阐述。

该案关于工程款的支付条件，应当适用已签订的《建设工程施工合同》专用条款部分的相关约定，不应当适用招标文件的规定，理由如下。

一、双方未订立背离合同实质性内容的其他协议，双方关于工程款支付条件的约定合法有效，且符合双方真实意思表示

根据《招标投标法》第 46 条第 1 款“招标人和中标人应当自中标通知书发出之日起三十日内，按照招标文件和中标人的投标文件订立书面合同。招标人和中标人不得再行订立背离合同实质性内容的其他协议”，以及《最高人民法院关于审理建设工程施工合同纠纷案件适用法律问题的解释

(一)》第 2 条第 1 款“招标人和中标人另行签订的建设工程施工合同约定的工程范围、建设工期、工程质量、工程价款等实质性内容,与中标合同不一致,一方当事人请求按照中标合同确定权利义务的,人民法院应予支持”之规定,对于经过招标投标签订的建设工程施工合同的实质性内容,应当以招标投标文件为依据,对于建设工程施工合同的非实质性内容,应当以当事人的真实意思表示为依据。

在本案中,无论是由政府进行最终审计,还是由第三方单位进行最终审计,达到的效果均为对某建筑工程公司履行合同应当获得的工程款总额进行最终确定,且某工程项目管理有限公司在质证环节已经认可了二次审计的最终审定金额,并要求某建筑工程公司承担两次审计的效益审计费用,故聘用第三方审计单位对案涉工程进行审计符合合同约定,也为双方的真实意思表示。

关于某工程项目管理有限公司引用的《最高人民法院关于审理建设工程施工合同纠纷案件适用法律问题的解释(一)》第 2 条不应当在本案中适用,该条款解决的争议系在工程条款结算过程中,双方对工程范围、建设工期、工程质量、工程价款产生的争议,如果招标投标文件与合同不一致,应当以招标投标文件作为工程款结算依据,而在本案中无论是工程竣工结算的初审还是复审,双方当事人均对审定金额无异议,故本案不应当适用该条的规定。

二、本案中不应当适用招标文件关于工程款支付条件的规定

(一)招标文件关于政府审计的规定客观上无法履行

根据《四川省高级人民法院关于审理建设工程施工合同纠纷案件若干疑难问题的解答》第 17 条关于政府审计部门审计结果能否作为合同结算依据的规定,“政府投资的建设工程施工合同结算纠纷,发包人主张以政府审计部门审计结果作为工程造价结算依据的原则上不予支持,但当事人在合同中有明确约定的除外。当事人在合同中明确约定工程价款以政府审计部门审付结果作为结算依据,并约定了审计时间,在合同约定的审计时间内非因承包人原因未作出审计结论,或虽未约定审计时间,经承包人催告,发包

人未在合理期限内送交政府审计部门审计的,承包人主张按照双方签章确认的送审结算价结算工程价款的,可予支持”。在本案中关于工程款的支付条件,《招标文件》规定“工程通过竣工验收且竣工结算通过政府审计后30日内,发包人支付至工程结算审定金额的97%”,其仅约定了需要经过政府审计,而未约定明确的政府审计时间,并且某工程项目管理有限公司代理人已经陈述需要待案涉项目工程整体竣工验收后才能开始政府审计,而某建筑工程公司完成的基坑支护工程于2019年9月30日已经竣工验收合格,距离本案开庭时已经快3年,而项目何时才能进行政府审计更是遥遥无期,应当视为政府长时间无法对本案工程进行审计,故招标文件关于政府审计的规定客观上无法履行。

(二)双方实际未按照招标文件规定履行

《建设工程施工合同》约定,“竣工结算结束后,政府审计工作完成前,发包人支付至初审结算价的85%,政府审计(或复审)完成后,发包人支付至工程结算审定金额的97%”。首先,招标文件中并没有发包人在何时应当支付至工程款85%的明确约定;其次,某工程项目管理有限公司已经通过盖章的方式确认了案涉工程的复审金额;最后,该合同第14.2条第7项约定,“项目需要送政府审计的,最终结算金额以政府审计为准。如项目由发包人自行办理结算审核,发包人将委托造价咨询机构对本工程竣工结算进行初审和复审。基本审核费由发包人承担,效益审计费由承包人承担”。可见,某工程项目管理有限公司要求某建筑工程公司承担效益审计费的前提是“自行办理结算审核并委托造价咨询机构”,如果仅按照规定政府审计则不产生该效益审计费用。

故某工程项目管理有限公司作为案涉工程的发包人,委托造价咨询机构对工程的竣工结算进行初审和复审,应当视为履行《建设工程施工合同》的行为,故某建筑工程公司有权按照实际签订和履行的《建设工程施工合同》约定,要求某工程项目管理有限公司支付工程款。

二、提交代理思维导图

代理思维导图是在拟定代理词之前就应当完成的,一般应先制定代理思维导图,把代理词的架构梳理出来,要层次分明,再根据思维导图的架构,快捷高效地拟定代理词。代理思维导图是代理意见的简化版,通过架构的方式将代理意见中的观点简要、清晰地描绘出来,相对于代理词篇幅较长、繁杂的特点,思维导图可以让法官对我方想表达的观点或者意见一目了然。

1. 思维导图的内容

代理思维导图的结构中,首先一级标题应当是案件的各项争议焦点,其次在每一争议焦点后衍生出二级标题,把相应的事实依据、法律意见进行简要描述,最后可以得出结论。这也就是将三段论的要件通过大小前提的论证得出结论。其中,对于事实依据的支持,可以将相应的证据名称描述出来,并备注好在提交的证据的哪一页,也便于法官可以很快地找到相应的证据。在庭审之后,代理思维导图也需要根据庭审过程中归纳的争议焦点、法官所关注的问题进行修改,完成后和代理词一并提交。思维导图可以用线条、图形等方式,把法律条文背后的逻辑关系简单、清晰、直观地呈现出来。

2. 思维导图的制作

对于思维导图的制作有很多软件可以选择,如 MindMaster(亿图脑图)、幕布等,甚至在 Word 以及 PPT 中也能完成思维导图的制作。各种软件都有优劣,大家可以根据自己的使用习惯选择合适的软件。

3. 思维导图的样式

有了内容和软件以后,用什么样式将思维呈现出来显得尤为关键,常用的样式有平衡图、组织结构图、树状图、逻辑图、时间轴、鱼骨图、举证等,不同的布局适用于不同的情形。代理思维导图是呈现一个演绎推理的过程,以下是一份笔者团队制作的进出口信用保险纠纷的代理思维导图,供读者参考。

【示例2－58】《代理思维导图》参考文本

- ××诉××进出口信用保险纠纷代理意见思维导图
  - 一、原告投保了短期出口信用保险综合保险，并按约支付了保险费，双方成立合法有效的保险合同关系，被保险人在拖欠风险发生后，及时提交了《可能损失通知书》和《索赔申请书》，保险人应当予以赔付。
    - 法律依据：《中华人民共和国保险法》第13条第4款、第14条
  - 二、保险条款第28条第1、2项不应在本案中适用
    - （一）本案应当适用《保险法》的相关规定
      - 法律依据：《最高人民法院关于审理出口信用保险合同纠纷案件适用相关法律问题的批复》
    - （二）属于格式条款，保险人没有进行足以足以引起投保人注意的提示，也未进行书面或者口头说明；因此该两项约定不发生法律效力
      - 法律依据：《中华人民共和国保险法》第17条
    - （三）为加重投保人、被保险人责任的条款，应当认定无效。
      - 法律依据：《中华人民共和国保险法》第19条
    - （四）即便认定该条款有效，原告与买方之间也并无纠纷，买方以各种理由拖欠货款不构成纠纷先决条款的触发条件，保险人应当按照《条款》第5条的约定直接承担保险责任
  - 三、投保人按照保险人的强行要求下，取得了生效法院裁判文书，确认了债权，保险人应当进行赔付
    - （一）对于诉讼地选择，保险人回复无需经过其同意，请投保人自行根据与买方的合同选择诉讼地，而高新法院在判决书中说明了其具有管辖权。
    - （二）××判决书认定的事实梳理
      - 1.×与×签订了《业务代表协议书》和《合作协议书》，约定×向×执行地点发货（判决书3–4页）
      - 2. 2014年12月18日×向×公司下单，7500片光模块，单价24.5美元，总价183,750美元，×公司共计发货7500片（判决书第5页）
      - 3. 2015年4月至8月期间，×公司一直在催款，×公司仅支付部分货款(16,905美元),后2015年8月29日最后回复留存到期应收账款(判决书第6页)
      - 4.法院认定×公司收到货物后，拒绝向×公司支付货款，×公司有权进行追讨，属于保险合同中约定的赔付情形(判决书第8页)
  - （一）欠付货款本金90%，即166,845×90%=150,160.5美元
    - 合同依据：《保险单》赔偿比例：非信用证项下其他商业风险90%
  - （二）滞纳金（2016.3.7发出索赔申请+120日核保期为2016年7月5日，故应当从2016年7月6日起，以本金为基数，按照LPR为3.85%计算至实际支付之日）
  - （三）原告起诉X案件的律师费40,210元和案件受理费16,023元
    - 合同依据：条款第28条第(三)项，诉讼费、仲裁费和律师费由被保险人先行支付，确认保险责任后由保险人与被保险人按权益比例分摊

第三十六节　与主审法官保持紧密沟通

很多律师开完庭就感觉万事大吉,只等判决了,殊不知法官判案,庭审只是其审判的开始,更多的则来自其庭后对证据、事实、法律的判断。所以律师在开庭结束后,千万不要想当然地觉得大功告成,不仅要及时对庭审复盘,分析策略、证据暴露的问题,还要主动出击跟进案件进展,保持和主审法官的紧密沟通,争取机会强化己方观点,及时解决法官提出的问题。

律师与法官的沟通应当贯穿诉讼案件始终,对于诉讼律师,熟练掌握与法官的沟通交流技巧至关重要,善意而又高效的沟通对案件审理结果会产生积极影响。

一、沟通方式

简单问题电话沟通,重大问题当面沟通。比如,沟通的内容非常重要,影响到案件结果,经与法官协商,律师可全力争取与法官进行面对面沟通交流的机会,可约在法院的接待室或谈话庭与法官进行交流。现场交流更加直观、高效,为了达到更好的沟通效果,律师应同时准备好沟通交流材料。

当然,争取与法官的当面沟通非常困难,所以笔者一再强调律师要珍惜在法庭上与法官当面沟通、当面陈述的机会,很多律师对此也比较重视,很多时候即便已经开完庭在核对庭审笔录了,只要法官没有离开法庭,律师都会与法官再次沟通和表达其重要观点,希望能再次加深法官的印象。因为开完庭想再次与法官当面沟通就非常困难了。

二、沟通技巧

1. 不卑不亢且表达善意

有些当事人不了解诉讼流程,对于案件进程非常着急,甚至不断催促律师尽快结案。律师在与法官的沟通过程中不能带入这种观念,可以通过温和并委婉的方式询问合议进展或者裁判文书制作进度,做到不卑不亢,坚持有节奏地询问案件的最新进展。

大家都知道法官很忙，尤其是现在一线城市的基层法官，每年结案数量都在 400 - 500 件以上，按照每年的工作日来算，平均一个工作日要结掉两件以上案件，这还没有计算开庭的时间，所以在一定程度上，法官对于案件的很多细节不熟悉也是非常正常的，律师千万不能因此流露出抱怨情绪，这非常容易招致法官的反感。律师需要帮助法官熟悉案件，包括在法庭上和庭后的沟通，所以适当表达善意很重要。

切忌直接致电询问审理进展或者审理结果，避免引起法官反感，更不能向法官明示，案件结束后有什么好处，这是严重的违法违规行为。

2. 把握好沟通的分寸，做到有理有据有节

律师在与主审法官电话沟通或者当面沟通时，一定要把握沟通的分寸，做到有理有据有节，尊重裁判者，真诚沟通。

比如，对于提交的代理词或者案例检索报告，律师可以和主审法官电话沟通，适当提醒法官其主要内容和裁判观点。又如，当事人有调解意愿或者双方正在调解的，调解的条件或者目标是什么，不能调解的原因是什么。这都需要律师向法官及时反馈，表明律师也在尽力化解矛盾，在尽心尽力推进案件。

3. 适度强调观点

所谓的适度强调观点，是指在庭审时对于案件有极大作用的观点要再一次向法官强调，但不宜过多阐述，仅需短短几句话加深法官对该观点的印象即可。

4. 适度聊一些"场外因素"

"场外因素"，是指不方便当庭告知法官或庭审时还未掌握的案件背景情况以及庭后新发生的一些对案件有重要影响的事件。对于这些事件经综合评估后，将有利于己方的相关事项在与法官沟通时一并告知法官。有时这些案件背景或当事人信息，对于案件裁判结果至关重要。所谓"适度"，是指掌握好分寸，过分要求法官必须采纳或者反复重复，都会引起法官的反感。

5. 准备沟通提纲

在拨打电话或者与法院面谈之前，一定要事先准备好沟通的提纲，如果采用电话沟通，在沟通中要做好记录，坚持多问一问案件的最新进展，并记得留下联系方式。

【示例 2 - 59】模拟代理律师与法官电话沟通的对话

代理律师:您好,请问是××法官吗?

法官:是的,有什么事?

代理律师:我是××××号××诉××案件,××的代理人赵律师,上次开庭后案件有一些最新的情况想跟您反馈一下。(自我介绍 + 直表来意)

法官:请说。

代理律师:上次开庭后,我们向委托人争取到了本案的调解方案,就是要求对方立即支付 100 万元的货款,并在 3 个月内分期支付 260 万元货款,违约金可以免收,如果任意一期未能按时归还,我们还是以原起诉的货款金额和违约金立即申请强制执行,我们已经做了最大的让步。(反馈进度)

法官:对方怎么说?

代理律师:对方不说同意,也不说不同意,就让我们再少一点,跟他们在开庭时的表现一样,还是在要无赖,明明合同约定的各项付款节点早就到了,货物质量异议期也届满了,就一直说我们货物有质量问题,没任何证据,让他们退货又退不出来。(强调观点)

法官:这些情况我都清楚,开庭时已经说过了,现在你们什么意见?

代理律师:公司等着这笔钱发工人工资,老板已经被工人围了几次了,所以我们也想尽快结案,如果能调解还是希望调解,但金额不能再降了,公司已经亏本了。看法官这边能不能帮我们做下工作,调解结案大家都方便。(聊场外因素 + 表明想法)

法官:好的,这个金额我觉得有调解的空间,我去跟被告说一下。

代理律师:好的,谢谢法官,如果他们还要恶意拖延时间,就尽快判决吧,我们也不想一直跟他们纠缠。

法官:好的。

代理律师:好的,感谢法官,有什么情况以及需要我配合的工作可以随时跟我联系,再见。

法官:再见。

第三十七节　参与调解或庭外和解

一、调解程序与和解程序的区别与原则

法院调解和庭外和解的区别，主要在于效力，民事调解书与判决书具有同等法律效力，但庭外和解不能产生判决的法律效力，和解书不具有执行力。因此法庭的调解书可以更好地保护当事人的合法权益，需要尽量在法庭的主持下进行调解（见表2－3）。

表2－3　庭外和解与诉讼调解的区别

区别	庭外和解	诉讼调解
规定	《民事诉讼法》第53条规定："双方当事人可以自行和解。"	《民事诉讼法》第9条规定："人民法院审理民事案件，应当根据自愿和合法的原则进行调解；调解不成的，应当及时判决。"
含义	在诉讼过程中，当事人通过自行协商，就案件争议问题达成和解协议从而终结诉讼的活动。	在人民法院审判组织的主持下，当事人双方就争议的事实和法律问题，平等协商，自愿达成调解协议，以解决民事纠纷的活动。
性质	当事人在诉讼中对自己诉讼权利和实体权利的处分。	人民法院行使审判权。
主体	双方当事人，也可有诉讼主体外的第三人参与。	人民法院和双方当事人。
时间	不限。	判决出具前均可出具调解协议。
法律效果	原告撤诉/被告撤回反诉。	调解结案。
是否可以申请强制执行	不能依据和解协议直接申请强制执行。	对方不履行可直接向法院申请执行调解书内容。

法庭调解与庭外和解需要注意以下几个原则。

1. 当事人自愿原则

（1）在程序上，是否以调解方式解决纠纷须当事人自愿，代理人只能依据对

案件的判断给出合理的建议和选择,不能代替当事人作决定。

(2)在实体上,是否能够达成调解或者和解协议,必须征得当事人的书面同意,尤其是涉及当事人权利放弃时,需要充分尊重当事人的意愿,由当事人本人在调解笔录或者和解协议上签字认可,或者由当事人对调解或者和解方案进行书面确认。如果当事人需要授权律师完成,则一定要取得当事人同意该调解或和解方案的书面确认。

2. 合法原则

(1)法院调解程序要合法。当事人一方或双方坚持不愿调解,应及时裁判;调解未成,或久调不决的,法院会及时判决,不会一直等待。

(2)协议内容要合法。发现当事人之间恶意诉讼,驳回原告诉讼请求,并对当事人予以罚款、拘留;构成犯罪的,依法追究刑事责任。

(3)在合法框架下,对和解调解协议做有利于当事人的设计。比如,运用加速到期条款("在分期支付款项情形中,任意一笔款项未支付,剩余款项全部加速到期")时,应当同时为给付款项一方未及时支付设定违约责任。

3. 调解、和解不公开原则

(1)法院审理民事案件,调解过程不会公开,但当事人同意公开的除外。

(2)调解协议内容不公开,但为保护国家利益、社会公共利益、他人合法权益的,以及法院认为有必要公开的除外。

(3)主持调解以及参与调解的人员,对调解过程以及调解过程中获悉的国家秘密、商业秘密、个人隐私和其他不宜公开的信息,应当保守秘密。

(4)签订和解协议后原告撤诉的,也应当约定保密条款,明确一方违反保密条款约定,将承担何种责任。

二、发送《调解/和解方案确认函》

无论是法庭调解还是庭外和解,对于调解/和解方案,律师都应该向委托人发送《调解/和解方案确认函》,避免执业风险。

【示例2－60】《调解/和解方案确认函》参考文本

调解/和解方案确认函

______律师事务所：

我司与______有限公司（以下简称____公司）______________纠纷一案［案号：____］我司同意本案以调解/和解方式结案，具体调解/和解方案如下：

一、____。

二、____。

确认人：×××××××××××有限公司

年　月　日

【示例2－61】调解方案确认函

致××××××律师事务所：

本公司与成都××建材有限公司买卖合同纠纷一案［案号：（2021）川××××民初××号］，本公司确认调解方案如下。

××公司于2021年8月31日前向本公司支付货款本金250万元。

××公司于2022年1月31日前向本公司支付货款本金3,131,300.71元及违约金100,000元，共计3,231,300.71元。

若××公司未按约定在2022年1月31日前足额支付上述款项，则应额外向本公司支付违约金239,416.88元。

××对上述债务承担连带清偿责任。

本公司承担本案的诉讼费、保全费。

××公司支付首笔250万元货款后，本公司配合解除对其银行账户的查封。

确认人：××有限公司

202×年××月××日

第三十八节 领取并研析裁判文书

一、领取裁判文书

一审程序的最后一步是领取人民法院作出的一审判决书,领取判决书的常见方式包括:开庭结束后当庭宣判,择日领取判决书;开庭结束后未当庭宣判,判决作出后当面送达;公告送达等。其中,当面送达自判决签收日次日起开始计算上诉期,邮寄送达自收到之日次日起开始计算上诉期,公告送达自公告期限届满次日起开始计算上诉期,律师应当注意提交上诉状的期限。但在案件办理过程中难免遇到特殊情况,以下就几种特殊情况进行单独说明。

1. 法院当庭宣判但当事人未签署宣判笔录,未领取判决书如何计算上诉期?

若人民法院通过当庭宣判的方式判决,则当庭宣判之日就视为送达之日,当事人的上诉期自宣判的次日起开始计算。那如果当事人不签笔录、不领取判决书,法院是否还需要再次送达,这样是不是还能再拖几天?答案是否定的,根据《最高人民法院关于适用简易程序审理民事案件的若干规定》第 31 条第 1 款的规定,"定期宣判的案件,定期宣判之日即为送达之日,当事人的上诉期自定期宣判的次日起开始计算。当事人在定期宣判的日期无正当理由未到庭的,不影响该裁判上诉期间的计算"。而代理人或当事人未经许可中途退庭,或拒绝签收有关裁判文书,均会被认定为无正当理由未到庭。另外,根据《民事诉讼法》第 151 条第 2 款的规定,"当庭宣判的,应当在十日内发送判决书;定期宣判的,宣判后立即发给判决书"。因此,法院当庭宣判的案件,如果当事人未签署宣判笔录,也未领取判决书,则其上诉期应从宣判之日的次日起开始计算。因此,作为代理人一定要及时签署宣判笔录和领取判决书,以免耽误当事人的上诉。

【案例2－47】

崇州市城南金属铸造有限责任公司(以下简称城南公司)、峨眉山赛建商贸有限公司等买卖合同纠纷民事二审案[案号:(2021)川11民终1369号]中,二审法院认为,一审法院通过发送短信的方式通知了城南公司本案定期宣判的时间和地点,因一审法院审理本案适用的是简易程序,故一审法院前述传唤方式符合法律规定。城南公司收到一审法院通知后,既未向一审法院申请延期定期宣判,也未告知一审法院其不能到庭参加定期宣判的原因,故其未到庭参加定期宣判属于无正当理由未到庭的情形,不影响一审判决上诉期间的计算。因本案于2021年6月28日定期宣判,结合上诉期为15天,能够认定各方当事人的上诉期间系定期宣判的次日即2021年6月29日至2021年7月13日,故城南公司于2021年7月15日向一审法院邮寄上诉状已超过上诉期。

2.法院按照公司工商地址邮寄送达的诉讼文书被签收,是否为有效送达?

公司的注册地址和实际经营地址不一致是常见现象,对于该不一致产生的后果主要分为行政后果与司法后果,前者可导致公司遭受行政处罚或被列入经营异常名录,在此不进行详述,而后者则可能衍生民事管辖与送达的相关问题。这里仅论证一下送达的问题,即法院按照公司工商地址邮寄送达的诉讼文书被签收,是否为有效送达?答案是肯定的,根据《民法典》第63条和第65条的规定可以推断出"法人的登记住所对外具有公示公信力"的立法精神。而在实际送达过程中,当事人可能抱有"我不主动提供地址,法院就联系不上我,所以必须要办理公告"这种拖延诉讼时间的想法,但司法解释早已堵上了这一漏洞。《最高人民法院关于以法院专递方式邮寄送达民事诉讼文书的若干规定》第5条规定:"当事人拒绝提供自己的送达地址,经人民法院告知后仍不提供的,自然人以其户籍登记中的住所地或者经常居住地为送达地址;法人或者其他组织以其工商登记或者其他依法登记、备案中的住所地为送达地址。"同时,根据第2条"以法院专递方式邮寄送达民事诉讼文书的,其送达与人民法院送达具有同等法律效力"之规定,人民法院有权直接向涉诉法人的公司登记地址邮寄诉讼材料,该诉讼材料被签收后视为有效送达。

【案例 2 - 48】

在芜湖中集瑞江汽车有限公司与双鸭山市金海煤炭有限责任公司(以下简称金海煤炭公司)承揽合同纠纷案[案号:(2016)最高法民申 1321 号]再审申请程序中,最高人民法院认为:“公司住所是公司必要登记事项,对外具有公示性,一审法院按照金海煤炭公司工商登记住所地邮寄送达开庭传票等材料,在邮件妥投签收情况下,应当视为有效送达。金海煤炭公司主张其实际住所地与工商登记内容不一致,但是因其并未及时变更工商登记,应自行承担由此产生的后果。”

3. 法院按照双方提前约定的送达地址送达文书被拒收如何认定?

律师在合同修改中,往往会添加“通知与送达”的相关条款,约定双方的通讯地址,并将该地址作为将来纠纷发生时人民法院的有效送达地址,若在实际送达过程中出现了拒收的情形,人民法院如何认定?

首先,《最高人民法院关于进一步加强民事送达工作的若干意见》第 8 条规定:“当事人拒绝确认送达地址或以拒绝应诉、拒接电话、避而不见送达人员、搬离原住所等躲避、规避送达,人民法院不能或无法要求其确认送达地址的,可以分别以下列情形处理:(一)当事人在诉讼所涉及的合同、往来函件中对送达地址有明确约定的,以约定的地址为送达地址;……”,《最高人民法院关于进一步推进案件繁简分流优化司法资源配置的若干意见》第 3 条规定:“……当事人在纠纷发生之前约定送达地址的,人民法院可以将该地址作为送达诉讼文书的确认地址……”;其次,当事人在合同中约定通知与送达的条款没有违反法律的强制性规定的,是合法有效的。例如,在郑州易鑫企业管理有限公司(以下简称易鑫公司)、中国东方资产管理股份有限公司河南省分公司金融借款合同纠纷案二审程序中,人民法院认为:“本案已查明,易鑫公司与中原信托签订的《河南华诚股权质押合同》已明确写明了各方的‘联络信息’以及‘各方当事人确定的通知与送达地址’,而原审法院亦按照上述地址向易鑫公司送达了‘应诉通知书、起诉状副本、举证通知书、诉讼权利义务告知书、合议庭组成人员告知书、保全裁定’等法律文书,且易鑫公司予以了签收。当原审法院再次按照上述地址向易鑫公司送达开庭传票时,传票因‘收件地址查无此人/单位、联系人电话停机’

被退回。根据《最高人民法院关于进一步加强民事送达工作的若干意见》第七条‘因当事人提供的送达地址不准确、拒不提供送达地址、送达地址变更未书面告知人民法院,导致民事诉讼文书未能被受送达人实际接收的,直接送达的,民事诉讼文书留在该地址之日为送达之日;邮寄送达的,文书被退回之日为送达之日’之规定,以及《河南华诚股权质押合同》第15.2.2条的约定,原审法院送达开庭传票符合法律规定和当事人的约定,并无不当。因此,易鑫公司主张原审开庭传票送达违法,侵犯其诉讼权利的上诉理由缺乏事实和法律依据,本院不予支持。”

从上述规定和案例中可以得出结论,即只要双方提前约定了送达地址,在实际送达程序中无论是否签收诉讼材料,均可以视为有效送达。

二、研析裁判文书

1.一审判决书的构成

一审民事判决文书由法院名称、案号、当事人的基本情况、委托诉讼代理人的基本情况、当事人的诉讼地位、案件由来和审理经过、认定事实、理由、裁判依据、裁判主文、尾部、署名、日期、核对戳等模块构成。细分之后可分为以下六个部分:第一,各方主体及案由;第二,原告的诉请与被告答辩;第三,本院查明的事实;第四,“本院认为”,即说理部分,关于适用法律的理由;第五,判决结果,包括诉讼费用的负担;第六,上诉期和上诉法院。

2.拆解一审判决书

(1)查看判决结果与原告诉讼请求的范围是否一致,是否符合预期,同时统计判决事项,是否存在数字等计算错误,利息违约金等计算基数、起止点是否明确。

(2)查看判决书当事人信息是否准确,是否遗漏了当事人或者代理人。

(3)查看事实认定部分,这是判决书中的重点,律师一定要在判决书中寻找“本院查明事实如下”或“经本院审理查明”等这类字眼,若一审判决没有该内容,那么一审判决未查明事实,二审时本案很可能被发回重审,无论一审判决结果是否满足当事人的诉求,都需要仔细阅读一审法院查明的事实部分,并核对判决书中载明的事实部分是否与证据质证情况及庭审笔录相一致。主要梳理:

①每个查明的事实,是否与各方当事人确认的没有争议的事实、一方当事人自认的事实、依据有效证据证实的事实相对应;②是否存在没有证据证实的事实,或采信的证据不能证实的事实;③是否遗漏了没有争议或采信的证据可以证实的要件事实;④认定的要件事实是否明确了判决所需的时间、地点、人物、情节、背景等要素,以及该等要素的认定精度是否满足判决需要;⑤涉及数据、金额等事项,复核计算公式、变量、常量是否准确,计算结果是否正确,是否与证据中记载的内容一致。

(4)记录认定事实错误部分和遗漏基本事实部分,并通过建立文档“一审查明事实异议整理”将一审事实认定部分的错误和遗漏记录下来,需要记录到具体哪一页,哪一行,哪一句,错在哪儿,遗漏了什么内容,有何证据能证明。这是为了方便在拟定上诉状时使用,因为在二审庭审时,法官首先会确定双方对一审认定事实部分是否有异议,此时就需要律师一一列举出来。笔者曾遇到在二审中,对方律师对此没做准备,在法官询问对一审查明事实是否有异议时,其回复没有异议,但在辩论阶段又提出事实部分有异议或不予认可,此时就会陷入非常被动的庭审局面。

(5)律师还需要根据一审裁判文书对各方当事人提交的证据进行梳理:①是否对各方当事人提交的所有证据均进行了评判;②依据质证情况进行的归类(指认可或不认可)与实际质证情况是否一致;③对有异议的证据作出采信和不予采信的认定是否给出了明确理由及是否支持该理由引用的依据和证据;④采信的证据是否均组织了质证,是否均发表了质证意见;⑤判决书中载明的证据质证情况与庭审笔录是否一致。

(6)梳理“法院认为”部分时需要充分掌握一审裁判的思路和依据,明确当事人没有实现一审诉讼目标的准确原因,以便确定案件痛点和制定上诉策略。对一审裁决进行解读时,应当注意本着中立的立场,以保证解读结果客观准确。主要梳理:①审查争议焦点和裁判理由中“本院认为”部分,得出的结论是否明确准确,以及是否支持该结论引用的法律依据和事实依据;②在裁判理由中,是否对原告的每项诉讼请求均进行了裁决,是否在对每项诉讼请求进行裁决时,对构成要件进行了评价以及评价的依据和证据。

(7)律师在梳理一审判决后,还需要对裁决依据及后附的法律条文进行审查，包括：①裁决理由中引用的法律、司法解释的名称、条款及条文内容；②裁决依据是否涵盖全部的裁决结果，是否为全部的裁决结果提供了法律支持。

3. 形成书面分析报告

收到一审裁判文书后，律师需要及时对裁判文书进行拆解，并从多个维度针对其中涉及程序及实体的法律问题进行分析，主要就事实认定是否清楚，法律适用是否准确作出分析。

【示例2－62】《一审裁判文书分析报告》参考文本

××××××与×××××××　　　　　　纠纷一案

一审裁判文书分析报告

致××××××：

惠承信任，××××律师事务所接受××××的委托，代理×××××诉××××一案，以下是本案一审判决书分析报告，请委托人查阅。

一、当事人及诉讼参与人分析

1. 是否遗漏当事人

2. 是否违法缺席判决

3. 是否存在审判组织组成不合法的情形

4. 是否存在应当回避的审判人员未回避

5. 出庭人员是否符合法律规定

二、诉请与判决结果分析

1. 比对一审原告诉请与一审裁判结果，检查一审法院是否存在漏判情况

一审原告诉讼请求：

一审裁判结果：

2. 了解一审法院是否剥夺当事人辩论权利

3. 本案由一审法院受理是否存在管辖问题

4. 确认原审原告是否需在二审中增加独立的诉讼请求

5. 分析一审被告的答辩内容，厘清否认及抗辩

三、请求权分析

1. 原告请求权基础所依据的法律规范

2. 法院针对原告诉请所适用的法律规范

3. 原告请求权基础法律规范与法院认定的请求权基础规范之间是否存在矛盾和区别

四、案件基本事实是否查明

1. 一审法院认定事实

2. 是否存在错误认定的事实

3. 是否存在遗漏认定的事实

五、分析本院认为部分

1. 针对第一个争议焦点

2. 针对第二个争议焦点

六、裁判结果分析

七、律师声明

以上一审判决书分析报告仅供委托人决策参考,并建议在律师指导或参与下进行。由于诉讼过程中还具有诸多不可预测的风险,本评估报告中的内容不构成律师对相关事项的承诺。

委托人不得转递予第三方及/或用于本评估报告表明的用途范围外。

代理人承诺严格保守在法律服务过程中所获知的商业秘密,并承诺各项具体法律服务工作将在规定的或合理的时间内完成。

××××××××律师事务所

年　月　日

以中国裁判文书网公开的一份一审判决作为示例〔1〕,具体如下。

〔1〕 参见(2021)陕0113民初32876号。

【示例2－63】

一、当事人及诉讼参与人分析【本部分内容需要代理人在代理案件过程中自行甄别，暂定下述情况均不存在】	
1.是否遗漏当事人	否
2.是否违法缺席判决	否
3.是否存在审判组织组成不合法的情形	否
4.是否存在应当回避的审判人员未回避	否
5.出庭人员是否符合法律规定	否
二、诉请与判决结果分析	
1.比对一审原告诉请与一审裁判结果，检查一审法院是否存在漏判情况 【一审原告诉讼请求】： (1)判令被告陕西蒙斯特餐饮管理有限公司立即将其占有的原告房屋清空，并按照合同约定的标准交还给原告； (2)判令被告陕西蒙斯特餐饮管理有限公司向原告支付欠付的租金1,998,087.5元； (3)判令被告陕西蒙斯特餐饮管理有限公司向原告支付逾期支付租金的违约金(其中逾期支付首期租金的违约金637,687.5元，剩余租金违约金以欠付的租金金额为基数，从逾期支付之日起至实际给付之日，按照日1‰的标准计算)，暂计至2021年7月31日为1,115,783.09元； (4)判令被告陕西蒙斯特餐饮管理有限公司向原告支付自2021年1月13日至实际返还房屋期间的房屋占用费，暂计至2021年7月31日为2,770,397.92元； (5)判令被告陕西蒙斯特餐饮管理有限公司按照首年固定租金标准向原告支付装修期内(2019年11月1日至2020年3月31日)的租金1,062,812.5元； (6)判令被告陕西蒙斯特餐饮管理有限公司支付原告房屋结构恢复金1,125,000元； (7)判令被告陕西蒙斯特餐饮管理有限公司	【一审裁判结果】： (1)被告陕西蒙斯特餐饮管理有限公司于判决生效之日起30日内向原告西安曲江××平商业运营管理有限公司交付位于西安市雁塔区××路××号××区××栋××、××、××层AGF－003、004，A1F－002、003，A2F－001号商铺。 (2)被告陕西蒙斯特餐饮管理有限公司于判决生效之日起10日内向原告西安曲江××平商业运营管理有限公司支付2020年4月1日至2021年1月12日的租金1,998,087.5元。 (3)被告陕西蒙斯特餐饮管理有限公司于判决生效之日起10日内向原告西安曲江××平商业运营管理有限公司支付2021年1月13日至2021年7月31日的房屋占用费1,409,998元，并按照首年租金标准支付房屋占有使用费至实际交付之日止。 (4)被告陕西蒙斯特餐饮管理有限公司于判决生效之日起10日内向原告西安曲江××平商业运营管理有限公司支付结构恢复金1,125,000元。 (5)被告陕西蒙斯特餐饮管理有限公司于本判决生效之日起10日内向原告西安曲江××平商业运营管理有限公司支

续表

支付欠付的电费2205.62元; (8)判令被告陕西该南文化传媒有限公司对上述欠款承担连带清偿责任; (9)判令二被告承担本案诉讼费用。	付电费2205.62元。 (6)被告陕西该南文化传媒有限公司对上述款项承担连带付款责任。 驳回原告西安曲江××平商业运营管理有限公司的其他诉讼请求。
2. 一审法院是否剥夺当事人辩论权利	需要律师作为代理人开庭时正常进入辩论阶段,由双方发表辩论意见
3. 本案由一审法院受理是否存在管辖问题	无管辖问题
4. 确认原审原告是否在二审中增加独立的诉讼请求	律师作为代理人时自行判断
5. 分析一审被告的答辩内容,厘清否认及抗辩	该案中无此问题需要分析。(抗辩包括实体和程序上的抗辩,否认则只是一种消极事实,抗辩需要承担证明责任,而否认却不需要承担证明责任)
三、请求权分析	
1. 原告请求权基础所依据的法律规范	《民法典》第562、565、577、579条
2. 法院针对原告诉请所适用法律规范	《民法典》第509、562、565、577、579条
3. 原告请求权基础法律规范与法院认定的请求权基础规范两者之间是否存在矛盾和区别	律师作为代理人时自行判断
四、案件基本事实是否查明【本部分内容需要代理人在代理过程中自行甄别,暂定为无】	
1. 一审法院认定事实	详见判决书
2. 是否存在错误认定的事实	无
3. 是否存在遗漏认定的事实	无
五、分析本院认为部分	
1. 第一个争议焦点:原告是否有权解除合同,若原告有权解除,案涉合同的解除时间如何确定?	法院认为:(1)合同签订后,原告向被告陕西该南文化传媒有限公司交付房屋,被告陕西蒙斯特餐饮管理有限公司作为变更后的租赁主体,应按约定向原告支付租金。但截至庭审之日,被告陕西蒙斯特餐饮管理有限公司仅支付租赁保证

续表

	金85万元,并未支付房屋租金。根据合同约定,被告陕西蒙斯特餐饮管理有限公司已违反合同约定,原告有权解除合同。 (2)原告于2021年1月12日向被告发送《关于解除房屋租赁合同的通知函》,故本院认定双方的《房屋租赁合同》已于2021年1月12日解除
2. 第二个争议焦点:2020年4月1日至2021年1月12日的租金是否应当支付?金额如何确定?	法院认为:2020年4月1日至2021年1月12日的租金,有合同依据,按照每月47.5元/平方米计算4475平方米,金额为1,998,087.5元
3. 第三个争议焦点:房屋占用费的标准如何确定?	法院认为:因合同解除后,被告陕西蒙斯特餐饮管理有限公司尚未向原告交付房屋,故其应向原告支付占用费,但因合同约定的占用费标准过高,本院酌情调整为按照首年租金每月47.5元/平方米计算至实际交付之日止,2021年1月13日至2021年7月31日暂计算为1,409,998元(1,275,375元+134,623元)
4. 第四个争议焦点:电费及结构恢复金是否应当支持?	法院认为:对于原告主张被告支付欠付的电费2205.62元,被告陕西蒙斯特餐饮管理有限公司同意支付,对此本院予以支持。对于原告主张的结构恢复金1,125,000元,有合同依据,本院予以支持
5. 第五个争议焦点:被告是否应当按照合同约定的标准交付房屋?	法院认为:对于原告主张被告按照合同约定的标准交付房屋一节,因被告已承担结构恢复金,故对此诉讼请求本院不予支持
6. 第六个争议焦点:被告陕西该南文化传媒有限公司是否应当承担连带责任?	法院认为:因被告陕西该南文化传媒有限公司系被告陕西蒙斯特餐饮管理有限公司的唯一股东,未提交证据证明二被告财产独立,且在变更协议中,被告陕西

续表

	该南文化传媒有限公司承诺对陕西蒙斯特餐饮管理有限公司应承担的法律责任承担连带责任,故原告此项诉讼请求,本院予以支持
7. 第七个争议焦点:原告主张的违约金是否应当得到支持?	法院认为:(1)对于原告主张的各项违约金,新冠疫情暴发导致酒吧行业长时间无法正常运营,并非被告陕西蒙斯特餐饮管理有限公司主观故意违约,且现原告已扣除被告支付的保证金85万元,足以弥补原告的损失,故对此诉讼请求,本院不予支持。 (2)装修期内(2019年11月1日至2020年3月31日)的租金1,062,812.5元,合同约定如因一方违约导致甲方解除合同,乙方应按月租金标准补交装修期的全部租金。该条款亦属于违约条款,如前所述,扣除保证金已弥补原告损失,故对此诉讼请求,本院不予支持
六、裁判结果分析	1. 从原告角度分析: (1)在房屋占用费的标准确定上,司法实践中按照租金标准1-1.3倍判决的案例均可以检索到,故可以上诉争取提高房屋占用费的比例。 (2)对于装修期内的租金以及原告另行主张的违约金170余万元,一审法院认定违约金存在争议,实务中对于免租期的租金存在多种裁判观点,若法院以"附义务的赠与""基于各自的过错进行分担"等原则出发对免租期租金进行认定,可能会根据免租期占全部租赁期限的比例判决被告承担部分租金。 (3)原告所主张的违约金标准相较已扣除的85万元保证金,若加上免租期租金则法院予以下调太多,并且将违约金标准从累加计算标准改为固定金额,故原

续表

	告可以上诉要求增加违约金的金额,并将该金额改为按日计算。 2. 从被告角度分析: 在没有新证据的情况下,按照一审法院认定的相关事实,二审法院改判的可能性较小
备注	相关内容仅为展示如何分析判决,不代表律师对被引案例的相关意见

除以上信息外,律师还应当核对未体现在分析报告内容的其他信息:(1)当事人信息是否有误;(2)裁判文书中涉及的数字、地点、方位等是否准确;(3)审判人员是否为开庭人员,裁判文书是否加盖法院印章等;(4)裁判文书的时间是否有误,特别是年份和月份。

核对后,裁判文书在内容形式上没有错误的,立即交由当事人;有错误的,应及时与法庭联系,请求予以补正,签收裁判文书后应立即记录签收时间和上诉期届满时间,同步向原告及第三人核实送达情况。如是公告送达的,应向法院索取公告电子版。

三、领取裁判文书后的代理工作

分析裁判文书后形成的裁判文书分析报告应当及时发送当事人,客观地向当事人分析一审判决是否存在事实认定、法律适用错误,二审是否能够补充一审因证据不足而败诉的证据,以及分析二审的上诉要点,二审改判的可能性。

(1)对于需要提起上诉或启动其他救济程序的案件,应及时在期限内提起救济,并在期限届满之日前 3 天再次以书面形式或通过邮件、微信等方式通知当事人期限即将届满。

(2)对于败诉案件,事实认定或裁判项内容有利于当事人处理与该案有关的其他纠纷时,应及时与当事人沟通,分析告知其相关利害关系。在裁判文书分析意见中,应就是否提出救济,以及救济程序提出建议和意见,以便当事人作出明确的判断。

(3)对于胜诉案件及上诉难以改判或发回重审的案件,也要及时提示当事人上诉期限即将届满,告知当事人是否采取上诉措施等。

(4)对于需要启动救济程序的案件,在时间紧急的情形下,应先帮助当事人起草相关文书。首先要明确上诉请求,对于具体的事实和理由等,可以在启动救济程序后另行补充完善。对于不启动救济程序的案件,要告知当事人申请再审和财产保全到期的期限。

(5)对于双方都未上诉的案件,应当及时与法庭联系,取得裁判文书生效证明,交由当事人,及时提示当事人申请强制执行或自动履行生效裁判。

第三十九节　制作一审案件结案报告、案卷归档

一、案件总结与反思

一个案件的判决下来之后,从当事人的角度而言,律师已经完成了委托事项。作为律师执业过程而言,还依然有许多方面的内容值得去探究。这种对案件的反思,对我们进一步再现和优化诉讼精细化方案有着非常重要的意义。从"诉讼精细化"的角度而言,在一个案件的裁判作出之后,还有以下几个方面值得去反思和总结。

1. 案件存在的遗漏与不足

在一些案件中,不得不承认,律师的思维和策略也可能存在漏洞。因为准备不足或者思虑不周,某种程度上导致了一个并不十分有利的裁判结果,或者也可能因为律师自身知识不足而导致了不利的结果。大多数律师在其执业的过程中是存在遗漏、不足甚至失误的情形的。在一个案件审结之后,十分有必要针对这些遗漏、不足甚至失误进行反思性的整理。一方面要查清楚问题的根源所在,另一方面需要找到规避这些遗漏和不足的方式方法。

2. 梳理其中的事实、证据和法律关系,寻求类型化的可能

每一宗案例,本质上,都有寻求类型化的必要。这种类型化的努力,可以为

律师快速便捷地提升该类案件的办案水准奠定很好的基础。尽管不可能在一个案件中穷尽所有的法律关系,也不可能在一个案例中穷尽某类法律关系的各个方面,但是类型化能够为律师尽快地掌握某一类诉讼提供简明路径。以买卖纠纷为例,尽管不可能做到各种买卖纠纷在一宗案例中有所展现,但我们仍然可以归纳和基本掌握买卖纠纷的一般事实和法律环节,并在具体案例中予以实现。

3. 明晰法官思维,梳理法官论证理路

法官的思维是一种相对比较职业化的思维,这种思维可以在不同的案件之中留下相同的论证理路。对已判案件进行研读和分析,有助于帮助律师理解法官对于该类案件是如何解析、如何论证、如何裁判的。通过对案件的反思性整理,可以为律师理解法官的论证理路提供可信的路径。这种梳理,可以为上诉提供非常坚实的基础。

4. 关于案涉法律规范的研究和探析

律师要对案件、对法律规范有所研究,这种研究结合案例本身,无疑更有效。从“诉讼精细化”的角度而言,一个案件或一类案件的结束,完全可以为律师研究法律规范提供素材。法律是规则的知识,但规则并非静态和完美无缺的。通过一个个的案例反思,律师完全可以在加深理解法律规范的基础上,就法律规范的发展和完善提出研究和探析成果。

二、制作一审案件结案报告

无论是一审还是二审完毕之后,很多律师没有写结案报告的意识,一件完整的论述充分的结案报告可以向当事人直观反映律师所有的工作内容,能够消除当事人的疑惑,让当事人完整评价代理人在案件中起到的作用。

而律师给当事人发送结案报告时,其实就是律师再次营销的开始,从接案到结案全过程,做到有始有终,无论案件胜诉还是败诉,当事人都会对律师的专业精神表示认可。

结案报告主要包含委托人、对方当事人、主办律师、案由、审理机关、审理结果、案号、案情简介、律师团队就案件办理进行的工作、案件总结等。其中,律师团队就案件办理进行的工作可以采用以下方式列明。

【示例 2 - 64】《结案报告》

某商业管理有限公司与某开发有限公司房屋租赁合同纠纷两案结案报告书

委托人:某商业管理有限公司

对方当事人:某开发有限公司(原告)

主办律师:× ×律师、× × ×律师

案由:房屋租赁合同纠纷

审理机关:成都市中级人民法院

审理结果:略

案情简介:略

律师团队就案件办理进行的工作:

2021 年 5 月 27 日,首次就两案案情进行沟通。

2021 年 6 月 2 日,就两案案情出具诉讼方案,提出二审诉讼思路以及报价。

2021 年 6 月 3 日,就两案一审证据材料进行分析,对补充二审证据提出初步思路。

2021 年 6 月 4 日至 6 月 7 日,就两案拟定上诉状初稿,并就上诉状内容与公司进行当面沟通。

2021 年 6 月 8 日至 6 月 9 日,就两案上诉状内容定稿,并向× ×法院提交。

2021 年 6 月 16 日至 6 月 17 日,领取二审缴费通知,换取发票以及向公司、二审法院分别递交票据。

2021 年 8 月上旬,跟进、确定二审案号、审判法官。

2021 年 8 月 20 日,就× ×公司发送的《× × ×函件》提出律师建议。

2021 年 8 月 21 日至 8 月 31 日,梳理二审证据,制作二审证据清单并向中级人民法院提交二审证据。

2021 年 9 月 7 日,拟定× × × ×公司律师函回函。

2021年9月10日至9月17日，梳理两案时间轴。

2021年9月15日至9月23日，拟定二审代理词、思维导图、法官审理大数据报告初稿，并经团队讨论后定稿。

2021年9月24日，××律师作为委托代理人参与二审开庭，庭后提交了书面代理意见、类案判例。

2021年9月25日至9月30日，沟通初步调解方案，形成书面二审调解方案并向中级人民法院递交。

2021年10月8日至10月15日，就第一轮调解方案与法院进行沟通，法院与×××公司沟通后反馈×××公司不同意。

2021年10月18日至10月27日，就×××事宜修订函件，并向书记员递交。

2021年11月1日至11月10日，就第二轮调解方案与法院、××公司进行分别沟通，但××公司仍不同意调解。

2021年11月17日，领取两案二审判决书，并就××××事宜与法院沟通。

案件总结：

针对减免租金的上诉请求，因一审法院已经考虑到新冠疫情对某商业管理公司造成的影响，减免2020年2月的租金及物管费，故二审法院认为一审法院的判决并无不当，为此我们分析了受新冠疫情影响下减免租金的大部分裁判案例，发现享受减免的承租方(承租国有资产的承租方除外)的经营业态均为餐饮、酒店类，故在写字楼业态下二审法院在一审判决的基础上改判的难度确实非常大，但我们仍然在庭审过程中极力主张我们的起诉请求，并提交了书面的代理意见和类似判例，但最终未获得法院支持。

针对降低违约金标准的上诉请求，鉴于某开发公司在成都市中级人民法院的案例较多，且均已作出生效法律文书判决认可租赁合同中约定的违约金标准，故在此情况下，即便我们充分说明本案承租人地位、情况与其他案例不一致，不应适用同等违约金标准，但法院仍未认可该理由，驳回了我们的上诉请求。

> 二审判决作出后,针对其中的物管用房租金未得到减免事宜,我们仍在与法院进行沟通中,具体情况待进一步核实后向委托人反馈。
>
> 很遗憾我们尽最大努力后未能争取到满意的结果,但仍然感谢委托人对律师工作的支持和信任!
>
> ××××律师事务所
>
> ××律师
>
> ×××律师
>
> 202×年××月××日

同时,案件总结的要点为:该案的难点、法院对争议焦点如何认定、案件争议焦点与预判争议焦点的认定是否一致、最终结果是否符合委托前的预期判断、承办律师付出了哪些工作等。

【示例2-65】

> 案件总结可以参照如下内容梳理:
>
> 本案办理过程中,首先,最大的难点在于当事人双方无任何书面协议,仅有口头约定和部分聊天记录,从客观事实来说双方为合伙关系,但从现有证据来看无论是认定为委托合同关系还是合伙关系均存在可能性;其次,双方账目情况纷繁复杂,款项来往中存在冲抵、扣减、代付等情况,且中间还穿插了双方的借款和其他项目的账目往来,因此在账目梳理过程中与委托人沟通、与会计师沟通花费了大量时间。基于上述情况,代理人在本案办理过程中,在已经形成的证据基础上,通过提炼、整理,梳理出与本案密切相关的聊天记录,并准备多名证人和调取大量证据,夯实法院足以认定合伙关系的证据,同时积极协调法院与原被告就本案进行调解,最终本案以调解方式结案。

三、一审案卷归档

一本完整的案卷，能够真实客观地反映律师代理工作情况和对案件的判断、分析，完整地再现案件主要事实，是研究案件、评价案件的第一手材料。一般来说，一本完整的一审民事案件卷宗，应当按照如下顺序装订材料（见表2－4）。

表2－4　一审案卷归档目录

序号	文件标题
1	委托代理合同（含风险告知书、委托人须知）
2	授权委托书
3	本所出具发票的复印件
4	民事诉状、民事上诉状或答辩状、反诉状等其他应附卷的文书
5	律师接待当事人谈话笔录
6	案例检索报告
7	完整的证据一套，包含证据目录与证据内容
8	法律关系分析图、法律事实时间轴
9	法院文书（缴费通知书、受理通知书、应诉通知书、举证期限告知书）
10	代理词
11	集体讨论记录
12	传票
13	庭审笔录
14	判决书、裁定书、调解书
15	一审案件代理报告

第四十节　向客户移交案卷材料

律师作为代理人，在案件终结后向委托人移交整套案卷材料主要包括以下几个步骤。

1. 整理案卷材料

律师需要将所有的案卷材料进行整理,包括诉讼文件、证据材料、法院判决书、调解书等。这些材料应该按照时间顺序和重要性进行分类和排序。

2. 制作案卷目录

律师需要制作一份详细的案卷目录,列出所有的案卷材料和对应的页码,方便客户查阅。

3. 确认案卷材料的完整性

律师需要确认所有的案卷材料都已经包含在内,没有遗漏或者丢失的情况。

4. 与客户约定移交时间和地点

律师需要与客户约定一个合适的时间和地点,进行案卷材料的移交。

5. 签署移交确认书

在移交案卷材料时,律师和客户都需要签署一份移交确认书,确认已经接收到所有的案卷材料,该确认书需注明接受双方人员的名称,移交时间,移交材料的名称、原件或者复印件,以及材料的数量。注意在移交案卷时应当只移交成品,不移交半成品,对于律师办案过程中形成的文字记录等,应当在移交前抽出。

03

第三章

二审诉讼服务流程精细化

二审诉讼服务精细化流程包含30个步骤，如果是代理了一审案件后继续代理二审的，则可以省略其中大部分流程（见表3－1）。

表3－1　二审诉讼服务流程精细化表

序号	流　　程
1	第一次接触案情并制作案件沟通记录
2	利益冲突检索
3	研析一审判决书
4	提出《初步法律意见》
5	磋商、签订《委托代理合同》
6	制作《诉讼案件跟踪记录表》
7	到一审法院调取全案卷宗
8	制作法律关系分析图和时间轴
9	法律法规及案例数据检索研究
10	内部第一次讨论
11	组织收集新证据及全案证据清单
12	出具《二审代理方案》
13	上诉状或答辩状的拟定和提交
14	组织提交二审新证据及申请调查令
15	调取对方新证据或答辩状
16	制作对手情报分析图和主审法官大数据
17	内部第二次讨论
18	出具《法律风险评估报告》
19	拟定二审代理词证人询问提纲
20	与当事人及证人庭前沟通
21	庭前准备工作及模拟法庭
22	提交法律法规汇编和相关案例汇编
23	参加庭审做好庭审记录

续表

序号	流　　程
24	庭后总结复盘
25	拟定并提交代理词和思维导图
26	与主审法官保持紧密沟通
27	参与调解或庭外和解
28	领取裁判文书
29	制作案件结案报告案卷归档
30	向客户移交案卷材料

第一节　上诉状或答辩状的拟定和提交

一、上诉状的拟定

上诉状的质量,绝大部分取决于上诉方对一审复盘的质量,所以一审判决书的拆解研判非常重要。当事人是否上诉,主要考虑一审判决是否满足其利益,以及一审判决的事实理由是否能让当事人信服。律师即将承办或已经承办民事诉讼案件二审,要做的第一件事就是拆解和研判一审判决书。只有对一审判决书进行了详细的研析,才能为拟定上诉状打下坚实的基础,律师起草一份上诉状前,认真研读一审判决书 6 遍以上是家常便饭,甚至有的 10 多遍。

1. 上诉状的内容

民事上诉状,通常是指民事诉讼当事人、有独立请求权的第三人或被人民法院判决承担法律责任的无独立请求权的第三人在上诉期限内不服第一审判决或裁定,请求上一级人民法院撤销、变更原审判决或裁定而写的诉讼文书。

根据《民事诉讼法》第 172 条的规定,上诉应当递交上诉状。上诉状的内容应当包括当事人的姓名,法人的名称及其法定代表人的姓名或者其他组织的名称及其主要负责人的姓名;原审人民法院名称、案件的编号和案由;上诉的请求和理由。

2. 拟定上诉状的注意事项

当事人要通过上诉状实现与二审法官的第一次“见面”,所以上诉状非常重要。上诉状的内容不在多少,而是要切中要害,简洁明了,同时要逻辑清晰、层次分明,最忌讳的是在上诉状上洋洋洒洒地控诉自己的遭遇和种种不公,或者是对法官进行谩骂和攻击。笔者归纳了一下,拟定上诉状大致需要注意以下几个方面的内容:

(1)上诉状不能像起诉状一样简单,需要一次性和盘托出上诉理由以及所有实体和程序上的问题。

(2)上诉状应当构建一个由上诉请求、支持该上诉请求所需的事实和理由、支持该事实和理由所需的法律依据和有效证据组成的论证体系。

(3)上诉状应当围绕一审判决中有异议且与上诉请求相关联的内容组织进行撰写,再次提醒,千万不要在没有充分研究一审判决的情况下,直接将一审代理词修改为民事上诉状。

(4)民事上诉状的表达除了应当符合相关规定外,还应当进行人性化设计,以便于二审法官阅读和使用。

(5)律师拟定的上诉理由由上诉要点和综上所述组成,每个上诉要点由观点和论证构成。有多个上诉要点的,必须将最有可能被上诉法院采信的上诉要点排在优先顺位。此后再针对每个上诉要点通过事实、证据和法律规定进行逐一论证。

3. 撰写上诉请求及事实与理由

根据《民事诉讼法》第175条的规定,第二审人民法院应当对上诉请求的有关事实和适用法律进行审查。《最高人民法院关于适用〈中华人民共和国民事诉讼法〉的解释》第321条规定,第二审人民法院应当围绕当事人的上诉请求进行审理。当事人没有提出请求的,不予审理。

二审法院的审理范围仅限于“上诉请求的有关事实和适用法律”;当事人没有提出上诉请求的不予审理,除非一审判决违反法律禁止性规定或者损害国家利益、社会公共利益、他人合法权益。

没有提出具体改判请求的,即使存在改判情形,也无须改判。民事诉讼遵循当事人处分原则,不告不理为基本规则。无论是一审还是二审均应当围绕当事人提出的诉讼请求进行审理,没有提出的则无须审理。当事人仅提出发回重审的,法院应当围绕一审是否属于认定基本事实不清或者是否属于严重违反法定程序进行审理,符合条件的,裁定发回重审,否则维持原判。即使存在改判情形,也无须改判。

【示例3-1】《民事上诉状》参考文本

民事上诉状

上诉人(原审________):________,性别:________,民族:________,________年____月____日出生,住址:________,身份证号码:________。

委托代理人:________律师事务所________律师,联系电话:________

委托代理人:________律师事务所________律师,联系电话:________

被上诉人(原审________):________,住所地:________,统一社会信用代码:________,法定代表人:________,性别:________,________年____月____日出生,身份证号码:________,联系电话:________。

上诉人因与被上诉人________纠纷一案,不服____________人民法院________年____月____日作出的________号民事判决书,现依法提起上诉。

上诉请求:

一、

二、

三、本案一审、二审诉讼费全部由被上诉人承担。

事实与理由:

上诉人诉被上诉人________纠纷一案,________人民法院________年____月____日作出________号民事判决书,该判决认定事实错误、逻辑错误、证据认定错误、法律适用错误,依法应当予以纠正。具体理由如下:

一、一审法院认定的基本事实存在重大遗漏,系认定事实错误。

二、一审法院判决存在逻辑错误,自相矛盾。

三、一审法院对部分证据认定错误,导致事实认定错误。

四、一审法院法律适用错误。

综上,一审法院认定的基本事实存在重大遗漏且逻辑错误、适用法律错误,导致作出错误判决。被上诉人是否________是本案争议的焦点,且上诉人在起诉状中及庭审中反复提出被上诉人存在________行为,但一审法院完全对此置之不理,故恳请贵院查明案件事实并依法作出裁判!

此致

人民法院

上诉人:

二〇二 年 月 日

附:二审新证据及证据清单(略)

【案例3-1】

案情简介[1]:2015年3月13日,成都某商业管理有限公司(以下简称商管公司)与崔某签订《商铺租赁合同》,约定商管公司将位于成都市成华区昭觉寺南路四套商铺出租给崔某使用,租期5年,装修免租期为90天,合同约定崔某需按期支付租金及管理费,若拖欠租金,商管公司有权单方解除合同,商管公司因此行使合同解除权利的,崔某应向商管公司支付违约金,违约金按照违约行为发生之日起剩余租期租金的总额计算。合同还约定无论因何种原因解除或终止合同,崔某均须在自合同解除或终止之日起5日内将商铺腾空退还给商管公司,逾期退还的,按照每天租金标准的2倍收取占用费。合同签订后,崔某仅缴纳首季度租金及首季度运营管理费,未继续缴纳后续租金及管理费。2017年12月15日,商管公司向崔某在合同中约定的地址邮寄送达了《解除商铺租赁合同通知函》。

---

〔1〕 参见(2019)川01民终2087号。

商管公司一审诉请:(1)崔某立即将房屋恢复原状并腾退交付房屋;(2)崔某向商管公司支付2015年10月1日至合同解除之日的租金;(3)崔某按照日租金的2倍向商管公司支付自租赁合同解除之日起至房屋腾退之日止的房屋占用费;(4)崔某向商管公司支付运营管理费;(5)崔某向商管公司支付剩余未租期间租金30%的违约金;(6)崔某向商管公司支付房屋闲置损失11万元。

一审法院判决:(1)崔某在判决发生法律效力之日起30日内将其承租的成都市成华区昭觉寺南路4套商铺恢复原状并腾退给商管公司;(2)崔某在判决发生法律效力之日起30日内向商管公司支付房屋租金594,514.33元;(3)崔某在判决发生法律效力之日起30日内向商管公司支付运营管理费共计75,028.33元;(4)崔某在判决发生法律效力之日起10日内向商管公司支付违约金336,575.44元;(5)驳回商管公司的其他诉讼请求。

一审法院认为该判决中的违约金已经包含了原告的损失,未支持支付被告腾退之前的房屋占用费的诉讼请求,商管公司对此不服提出上诉。

民事上诉状

上诉人(原审原告):商管公司,住所地:成都市成华区某某街某某号,法定代表人:张某。

被上诉人(原审被告):崔某,男,19××年××月××日出生,汉族,身份证号码:……住址:……

上诉人因与被上诉人房屋租赁合同纠纷一案,不服成都市某某区人民法院作出的(2018)川0108民初2250号民事判决,现依法提起上诉。

上诉请求:

一、请求人民法院判令撤销(2018)川0108民初2250号民事判决第2项,依法改判为被上诉人向上诉人支付拖欠租金××元。

二、请求人民法院依法判令撤销(2018)川0108民初2250号民事判决第5项,依法改判被上诉人按照××元/天向上诉人支付自租赁合同解除之日(即2017年12月16日)起至房屋腾退之日止的房屋占用费。

三、请求人民法院判令撤销(2018)川0108民初2250号民事判决第3

项，依法改判为被上诉人按照××元／天向上诉人支付自2015年3月1日起至房屋腾退之日止的运营管理费。

四、本案一、二审费用及保全费由被上诉人承担。

事实和理由：

上诉人与被上诉人房屋租赁合同纠纷一案已由成都市某某区人民法院依法审理，并作出（2018）川0108民初2250号民事判决书，上诉人认为原审法院认定事实错误，适用法律不当，应当依法予以纠正。理由如下。

一、原审判决对于租金单价和应付租金期间等本案基本事实的认定错误，导致部分判决结果错误，应当依法予以纠正

首先，原审判决第6－7页认定的"双方签订《商铺租赁合同》变更明细，将租金从43,579元／月变更为32,698元／月（80元／m^2／月变更为60元／m^2／月），将免租期从2015年3月1日至2015年5月31日变更为2015年12月1日至2016年6月30日"。这属于认定基本事实错误，导致判决结果错误。双方从未签订《商铺租赁合同》变更明细，也未对租金进行过变更，免租期为2016年3月1日至2016年6月30日。

原告并未在《商铺租赁合同》变更明细中盖章确认，双方于2016年4月20日签订的《〈商铺租赁合同〉补充协议》中也未载明有任何附件，因此原审法院对于"双方签订《商铺租赁合同》变更明细"认定的事实错误。

从被告缴纳的首年3个月租金130,791元（43,597元／月）来看，与《商铺租赁合同》中首年租金按照80元／m^2／月计算是一致的；本案关联案件（2018）川0108民初2253号的被告崔建某系本案被告之子，两人共同租赁上诉人某某广场2层某某号共计9间商铺，租金单价标准是一致的，（2018）川0108民初2253号案件是按照80元／m^2／月并逐年递增计算租金的，因此本案中不存在将"80元／m^2／月变更为60元／m^2／月"的问题。

原审判决第6页认定的双方"约定将案涉商铺免租期延长至2016年6月30日（即2015年3月1日至2016年6月30日）"，与判决书"将免租期从2015年3月1日至2015年5月31日变更为2015年12月1日至2016年6月30日"中的免租期起算时间明显自相矛盾。双方于2016年4月20日

签订的《〈商铺租赁合同〉补充协议》仅约定了另行增加4个月培育免租期,即从2016年3月1日起至2016年6月30日止,因此培育免租期的起算时间既非2015年3月1日,也非2015年12月1日。同时,从被上诉人缴纳的2015年6-8月租金来看,培育免租期的起算时间不可能是从2015年3月1日起算。

其次,原审判决第9页认定的"崔某应付租金的期间为2016年4月1日至2017年12月16日"属于认定基本事实错误。被上诉人应付租金的期间应当为2015年6月1日至2017年12月16日,拖欠租金共计1,264,014.3元。

1. 关于应付租金的期间问题

根据《商铺租赁合同》约定,上诉人给予被上诉人免租装修期为90天(自2015年3月1日起至2015年5月31日止),即从2015年6月1日起开始计算租金。后双方于2016年4月20日签署了《〈商铺租赁合同〉补充协议》,给予了被上诉人从2016年3月1日起至2016年6月30日止4个月的培育免租期。截至2017年12月16日,由于被上诉人逾期两年未缴纳租金导致上诉人单方解除了《商铺租赁合同》,按补充协议约定被上诉人应赔偿该4个月的租金,即该培育免租期作废。因此,被上诉人应付租金的起算点仍为2015年6月1日。

2. 关于拖欠租金的计算问题

由于原审判决错误地认定了租期和月租金,导致被上诉人拖欠租金594,514.33元系计算错误。扣除被上诉人已支付的2015年6-8月的租金,2015年9月1日起至合同解除时(2017年12月16日)的租金共计1,264,014.3元[计算方式为:(2015年9月1日-2016年4月30日按第一年度月租金43,579元计算)+(2016年5月1日-2017年4月30日按第二年度月租金46,213元计算)+(2017年5月1日-2017年12月16日按第三年度月租金48,937元计算)]。

因此,原审判决对于月租金及被上诉人应付租金期间的认定错误,导致判决应付租金严重缩水66余万元,严重损害了上诉人的合法权益。按照原审判决的应付租金59.45万余元折算(拖欠共计27个多月,商铺面积为544.96m^2),本案商铺每月单价仅为40元/m^2,与紧邻动物园的购物广场二楼商铺的商业价值完全不相符。同时，本案关联案件[被上诉人之子崔建某的(2018)川 0108 民初 2253 号案]原审判决的应付租金 55.86 万余元折算后(拖欠共计 27 个多月，商铺面积为 329.72m^2)，该案商铺每月单价为 62 元/m^2，本案与之相差甚大，从而证明无论从单价还是免租期来看都存在认定错误的情形。恳请二审法院查明事实，依法改判支持原告该项诉讼请求金额。

二、原审判决认定上诉人主张的“房屋占用费”与违约金性质有所重叠，且金额相当，故驳回该项请求，系认定事实不清、适用法律不当。上诉人同时主张房屋占用期间的“房屋占用费”(即超期租金)与违约金的诉讼请求并无不当，人民法院应当予以支持

首先，上诉人所主张的“房屋占用费”系合同约定而形成的合同之债，系被上诉人占用房屋期间的超期租金，与违约金性质完全不同。

根据《商铺租赁合同》第 17 条第 5 款“合同提前解除或终止，乙方须在自合同解除或终止之日 5 日内将商铺腾空，排除装修，清除建渣并打扫干净后退还甲方，办理退铺手续后方可结算押金。如乙方未按期向甲方归还租赁商铺，每逾期一日，甲方有权按自终止合同之日的上月平均每天租金标准的 2 倍收取占用费”之约定，原审法院已认定《商铺租赁合同》及其补充协议于 2017 年 12 月 16 日解除，但被上诉人拒不按合同约定腾退商铺，上诉人有权依据合同约定要求被上诉人支付自租赁合同解除之日(即 2017 年 12 月 16 日)起至房屋腾退之日止的“房屋占用费”。上诉人所主张的房屋占用费是基于合同条款的约定而形成的合同之债，是被上诉人逾期腾退房屋期间的超期租金，与违约金性质并不相同，不存在性质重叠之说。且上诉人将 2 倍租金的房屋占用费主动调整为按照 1 倍，并未损害被上诉人的权益，其诉求合情合理合法。

其次，损失赔偿金与违约金无论从概念还是法律规定方面来看，其性质并不相同，当然不存在性质重叠之说。

从概念来看，损失赔偿金是指违约方因不履行或不完全履行合同义务而给对方造成损失，依法或依据合同规定应承担的损害赔偿的责任；违约金是指合同当事人在合同中预先约定的当一方不履行合同或不完全履行合同

时,由违约的一方支付给对方的一定数额的金钱。可见二者性质并不相同。

从法律规定来看,《合同法》第114条第1、2款规定:"当事人可以约定一方违约时应当根据违约情况向对方支付一定数额的违约金,也可以约定因违约产生的损失赔偿额的计算方法。约定的违约金低于造成的损失的,当事人可以请求人民法院或者仲裁机构予以增加;约定的违约金过分高于造成的损失的,当事人可以请求人民法院或者仲裁机构予以适当减少。"《最高人民法院关于适用〈中华人民共和国合同法〉若干问题的解释(二)》第29条第1款规定:"当事人主张约定的违约金过高请求予以适当减少的,人民法院应当以实际损失为基础,兼顾合同的履行情况、当事人的过错程度以及预期利益等综合因素,根据公平原则和诚实信用原则予以衡量,并作出裁决。"从上述法律规定来看,违约金与损失赔偿的性质并不相同,允许同时约定违约金与损失赔偿的计算方法,除例外情况外,法律法规没有排除违约金和损失赔偿金同时主张的规定。

关于违约金和损失赔偿金不能同时主张的例外情况,根据《最高人民法院关于适用〈中华人民共和国合同法〉若干问题的解释(二)》第28条"当事人依照合同法第一百一十四条第二款的规定,请求人民法院增加违约金的,增加后的违约金数额以不超过实际损失额为限。增加违约金以后,当事人又请求对方赔偿损失的,人民法院不予支持"之规定,只有在请求增加违约金后又请求赔偿损失的,法院才不予支持。本案中,上诉人不仅没有请求人民法院增加违约金,还按照公平原则自动将违约金下调至30%,不存在违约金和损失赔偿金不能同时主张的例外情况。

即便双方对于被上诉人拒不腾退的超期租金没有约定,则"房屋占用费"是因被上诉人拒不腾退房屋的违约行为造成的损失,与其拒不缴纳租金导致合同解除的行为并非同一违约行为。即便原审法院认为损失赔偿与违约金不能同时主张,二者也应当是同一违约行为所致,而拒不腾退房屋的租金损失与拒不缴纳租金导致合同解除的违约金并非同一违约行为所致,因此损失与违约金完全可以同时主张。更何况上诉人主张的"房屋占用费"系合同明确约定的超期租金。

再次,本案中"房屋占用费"与违约金的金额并不相当,"房屋占用费"

还在一直持续增加。

"房屋占用费"从2017年12月16起计算至上诉人领取原审判决时已33万余元,且被上诉人仍持续占用房屋,"房屋占用费"还在增加,按照法律规定的二审审限及执行程序期限至少还有6-9个月才能强制清退,"房屋占用费"还将增加至少20万元-30万元。而原审判决的违约金33万元是固定金额,与持续增加的"房屋占用费"金额并不相当。

如该项诉讼请求不予支持,则变相允许被上诉人一直可以免费占用该商铺,反而让被上诉人因违约而获利,不符合《合同法》的公平原则。

最后,关于"房屋占用费"的问题,本案与原审法院合并审理的(2018)川0108民初2251号案件判决结果存在同案不同判的情形。

与本案性质完全相同并与本案合并审理的上诉人诉蒋某房屋租赁合同纠纷案民事判决[案号为(2018)川0108民初2251号]中,原审法院认定上诉人请求的"房屋占用费"具有事实和法律依据,并依法支持了"房屋占用费"和违约金。同样的案件,同样的合议庭成员并且是合并审理的案件,出现同案不同判的情形,确实让人无法理解。另外,根据2016—2018年成都市各级人民法院295件房屋租赁纠纷案件的大数据分析报告,同时支持违约金与房屋占用费/使用费两项主张的占91%,仅有9%未支持房屋占用费,其原因多为原告拒不接受被告腾退交付的房屋导致房屋无法返还。因此,恳请二审法院对原审判决依法予以纠正,判决支持上诉人该项诉讼请求,提高司法公信力。

三、原审判决认定上诉人主张合同解除后的运营管理费没有事实和法律的依据,系认定事实错误、适用法律不当。上诉人主张的按照89.59元/天支付合同解除后至房屋腾退之日止的运营管理费合理合法,人民法院应当予以支持

根据《合同法》第113条第1款"当事人一方不履行合同义务或者履行合同义务不符合约定,给对方造成损失的,损失赔偿额应当相当于因违约所造成的损失,包括合同履行后可以获得的利益,但不得超过违反合同一方订立合同时预见到或者应当预见到的因违反合同可能造成的损失"之规定,上诉人主张的合同解除后至腾退房屋之日止的运营管理费系被上诉人不履行

合同义务给上诉人造成的损失,被上诉人占用房屋期间的运营管理费系上诉人的预期可得利益,亦是被上诉人订立合同时应当预见到的损失,上诉人依据前述法律规定主张运营管理费损失合理合法,依法应当予以支持。

如不支持合同解除后房屋占用期间的运营管理费的诉求,让被上诉人因违约而获利,不符合《合同法》的公平原则。

综上所述,原审判决认定事实不清,适用法律不当,判决结果有失公允,导致被上诉人因违约而获得巨大利益,与法律精神严重相悖。据此,上诉人根据我国《民事诉讼法》的相关规定,向贵院提起上诉,请求贵院依法判决。

此致

成都市中级人民法院

上诉人:商管公司

二〇××年××月××日

4. 上诉思维导图

律师拟定上诉状时,为了简明扼要并清晰体现上诉要点,一般会制作上诉思维导图,即简化版上诉状。通过构画的方式将上诉意见中的观点简要、清晰地描绘出来,相对于篇幅较长、繁杂的上诉状,思维导图可以让上诉人想表达的观点或者意见一目了然,从而直观地体现出该案二审的争议焦点,以及上诉理由是如何对抗一审的裁判理由的。

【案例 3 −2】商管公司诉崔某房屋租赁合同纠纷上诉思维导图[1]

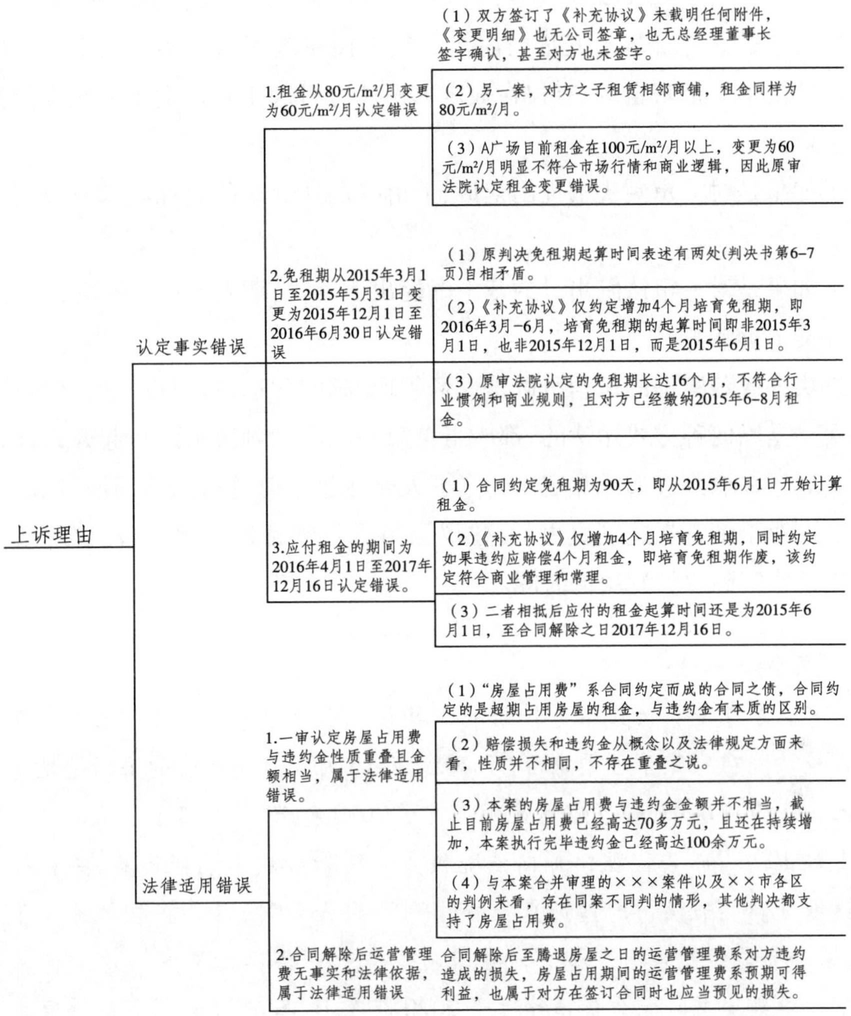

5. 提交上诉状

在司法实践中，有不少当事人因为不了解民事案件上诉相关法律规定和法院处理流程，没有按照规定的方式提交上诉状从而影响了上诉权利的行使。

---

〔1〕 参见(2019)川01民终2087号。

(1)上诉状的递交时间。

《民事诉讼法》第171条规定,“当事人不服地方人民法院第一审判决的,有权在判决书送达之日起十五日内向上一级人民法院提起上诉。当事人不服地方人民法院第一审裁定的,有权在裁定书送达之日起十日内向上一级人民法院提起上诉”。

①如果是对一审判决书提出上诉,上诉状的递交时间是在收到判决书后的15日内。

②如果是对一审法院出具的裁定书提出上诉,当事人要在收到裁定书后10日内提交上诉状。

判决书或裁定书的送达可以是现场领取、邮寄送达,也可以是网络送达,无论判决书是以何种方式送达的,都应当自第一次收到判决书之日起开始计算上诉期。现场领取判决书或裁定书的当事人会在签收时签署送达回证,记录领取时间。而对于邮寄送达判决书的,建议当事人将邮寄快递单妥善保存,该快递单可以证明实际收到判决的时间。

【案例3-3】

原告浙江某科技公司诉被告北京某传媒公司合同纠纷案,北京市朝阳区人民法院在一审审理结束后,于2019年12月3日向原告的公司地址寄送了三份一审判决书,邮寄信息显示邮件于2019年12月5日签收成功。2020年1月10日,原告代理律师向法院核实才得知判决书已经出具,并且按照送达地址确认书确认的地址直接寄送到了原告公司,但是原告律师并不知情,原告公司对此也有所忽视。法院应原告代理律师的要求再次向律师寄送了一份判决书。原告代理律师于2020年1月15日收到判决书。原告代理律师主张以第二次收到判决书之日作为上诉期起算时间并于2020年1月16日向二审法院提出上诉,二审法院认为一审法院向原告公司邮寄送达判决书是有效的送达方式,上诉期应当自第一次收到判决书之日起算,原告公司提出上诉已超过上诉期,决定不予受理。原告代理律师又对此提起再审,仍被法院以相同理由驳回。

（2）提交书面上诉状。

提起上诉的方式应当是提交书面上诉状，切记即使在宣判或领取判决书时以口头方式表示上诉并记入笔录，仍须在前述法定时间内提交书面上诉状。《最高人民法院关于适用〈中华人民共和国民事诉讼法〉的解释》第318条规定，"一审宣判时或者判决书、裁定书送达时，当事人口头表示上诉的，人民法院应告知其必须在法定上诉期间内递交上诉状。未在法定上诉期间内递交上诉状的，视为未提起上诉"。

【案例3－4】

姜某、江某医疗损害责任纠纷案中，一审法院审理判决江某于判决生效后10日内赔偿姜某医疗费、误工费、护理费、住院伙食补助费、鉴定费、交通费、住宿费、残疾赔偿金、精神损害抚慰金共计73，754.1元。判决后，姜某口头表示上诉，但最终未在上诉期内提交上诉状。二审法院认为，根据《民事诉讼法》第171条第1款"当事人不服地方人民法院第一审判决的，有权在判决书送达之日起十五日内向上一级人民法院提起上诉"以及《最高人民法院关于适用〈中华人民共和国民事诉讼法〉的解释》第318条"一审宣判时或者判决书、裁定书送达时，当事人口头表示上诉的，人民法院应告知其必须在法定上诉期间内递交上诉状。未在法定上诉期间内递交上诉状的，视为未提起上诉。虽递交上诉状，但未在指定的期限内交纳上诉费的，按自动撤回上诉处理"之规定，该案上诉期限届满前姜某仅口头表示上诉，未提交上诉状，故裁定视为姜某未提起上诉。[1]

（3）提交方式。

提交上诉状时可以选择在法定时间内前往法院递交或邮寄递交。如果是前往法院提交上诉状，一定要取得递交回执用以留存，回执单上应当写明上诉案件的案号。如果选择邮寄方式递交上诉状，加盖邮戳之日视为提交上诉状之日，另外，建议在邮寄底单上备注"×××号案上诉状"，并对将上诉状装入邮件的过程进行拍照录像。

---

〔1〕 参见（2018）闽07民终694号。

(4)提交对象。

实践中,当事人可以选择向作出一审判决的法院提交上诉状,也可以选择直接向第二审人民法院提交上诉状。代理律师可以根据当事人的诉讼目的和策略选择提交方式。

《民事诉讼法》第 173 条规定:“上诉状应当通过原审人民法院提出,并按照对方当事人或者代表人的人数提出副本。当事人直接向第二审人民法院上诉的,第二审人民法院应当在五日内将上诉状移交原审人民法院。”第 174 条规定:“原审人民法院收到上诉状,应当在五日内将上诉状副本送达对方当事人,对方当事人在收到之日起十五日内提出答辩状。人民法院应当在收到答辩状之日起五日内将副本送达上诉人……”

上诉状的提交对象是原审法院和二审法院,二者的区别在于对二审案件的立案程序、审理期限存在不同的影响,两者的快捷程度不同。如果直接向二审人民法院递交了上诉状,二审人民法院依然需要根据《民事诉讼法》第 173 条之规定,将材料移交至原审人民法院,由原审人民法院对上诉案件开展审核、预收费等相关工作。所以,为了减少材料流转时间、提高第二审立案效率,建议直接将上诉状递交至原审人民法院。

(5)需要准备的其他材料。

提交上诉状时,一定要把手续准备齐全,上诉状原件应当准备诉讼参与人数 +1 份。同时还需要提交授权材料,包括上诉人身份证明、所函、授权委托书、律师证复印件等。各地法院规定有所不同,有的法院还会要求提供一审判决,所以律师应尽量一并带上一审判决的原件和复印件,或者提前向法院了解情况。二审如有新证据,但没有充足的时间整理,当事人及律师可以待二审立案并送达举证意见通知书后向二审法院提交。

二、二审答辩状的拟定

1. 二审答辩状的作用

有律师认为没有必要拟定书面的二审答辩状,可以直接援引一审判决书中的内容。而笔者认为二审答辩状也非常重要,二审法官在查看上诉人的上诉状后往往会产生先入为主的观念,在审理二审案件时也会以上诉人的上诉请求及上诉理由为主。此时如果被上诉人提供一份全面的答辩状,法官便能同时知晓被上诉人的答辩思路，这样非常容易总结案件二审的争议焦点。

2. 二审答辩状的结构

律师代理被上诉人时，需要根据上诉人的上诉状拟定答辩状，二审答辩状通常包括标题、当事人基本情况、答辩事由、答辩内容、致送法院以及答辩人签字签章等六个部分。

3. 二审答辩状写作规则

二审答辩状和一审答辩状写作的思路大致相同，主要区别在于二审答辩状要与对方上诉状的理由和论点一一对应，因为对方在上诉状中往往会将所有事实和理由和盘托出，律师的答辩状也应尽量围绕驳回对方上诉理由进行答辩，一审与对方上诉无关的争议点无须答辩。

被上诉人也需要从实体方面针对上诉人的事实、理由、证据和请求事项进行答辩，全面否定或部分否定其所依据的事实和证据，从而否定其上诉理由和上诉请求。

二审答辩还需要对一审判决的程序是否合法、认定的事实是否清楚和准确、采信的证据是否符合证据规则的要求等方面作出适当的回应。

4. 二审答辩状提交时间

根据《民事诉讼法》第 174 条的规定，原审人民法院收到上诉状，应当在 5 日内将上诉状副本送达对方当事人，对方当事人在收到之日起 15 日内提出答辩状。人民法院应当在收到答辩状之日起 5 日内将副本送达上诉人。原审人民法院收到上诉状、答辩状，应当在 5 日内连同全部案卷和证据，报送第二审人民法院。

在律师的执业实践中，部分律师主张在答辩期内不提交答辩状，以免对方当事人事先摸清委托人的底牌从而重新组织证据或者变换诉讼策略。也有部分律师认为上述做法不仅违反了诚实信用的原则，还在一定程度上贬损了律师形象，歪曲了诉讼在解决平等民事主体之间纠纷的作用。

笔者认为，确定提交二审答辩状的时间也有技巧，如果在收到上诉状后便立即提交二审答辩状，一审法院会将上诉状和答辩状一并移送二审法院，此时可能因上诉方在二审中提交新证据而陷入被动，并且上诉方也会知晓被上诉方的答辩要点，从而可能在开庭时突然更换上诉策略，因此一般建议在二审开庭前 3 日或开庭时再提交二审答辩状。

【示例3-2】《二审答辩状》参考文本

A与B、C及第三人D有限公司民间借贷纠纷案
二审答辩状

答辩人:A

被答辩人:C

答辩人与被答辩人C、一审被告B、一审第三人D有限公司民间借贷纠纷一案,被答辩人C不服(20××)川×××民终××××号民事判决书提起上诉,现答辩人针对被答辩人C的上诉请求,提出如下答辩意见。

一、本案一审判决认定事实清楚、适用法律正确、判决结果公正,应驳回被答辩人的上诉,维持原判决

二、一审被告B并未上诉,应视为对一审判决全面认可,包括一审法院认定的事实、理由和判决结果。在作为本案主要经办人的B对本案借款金额和承担责任主体均没有异议的情况下,C作为其配偶无权否认本案的基本事实

三、原审法院对案件基本事实认定正确

(一)原审法院对××××万元借款关系认定正确,并无不当。

1. ……

2. ……

3. ……

(二)被答辩人C认为《协议》《补充协议》均未解除,与事实不符。

1. ……

2. ……

因此,一审法院对《协议》《补充协议》已终止的事实认定正确。

(三)《情况说明》证明……故D公司应当向A返还×××万元,答辩人A与B于2015年5月16日签订的《情况说明》证明B明知D公司没有归还保证金,自愿承担该笔债务,应构成债务加入,且B此后多次签署文件认可该事实,故答辩人A有权要求B承担×××万元的债务及利息。

(四)原审法院认定D公司为B与C共同经营符合法律规定。

1. ……

2. ……

因此,案涉款项应当是用于夫妻共同从事经营活动。

(五)原审法院未曾漏判×××万元。

A与B于2018年2月10日签订了《还款协议》,对双方所有的债权债务关系进行重新确认。同时,该协议还约定双方之前的全部经济关系均以该协议为准。双方再次确认以下事实:

……

四、一审法院适用法律正确

(一)一审法院在本案中处理×××万元款项是依据2020年《最高人民法院关于审理民间借贷案件适用法律若干问题的规定》第15条第1款的规定,即原告以借据、收据、欠条等债权凭证为依据提起民间借贷诉讼,被告依据基础法律关系提出抗辩或者反诉,并提供证据证明债权纠纷非民间借贷行为引起的,人民法院应当依据查明的案件事实,按照基础法律关系审理。但该条第2款规定:"当事人通过调解、和解或者清算达成的债权债务协议,不适用前款规定。"B与A此后进行了多次清算达成债权债务协议,法院以此为依据按照民间借贷进行审理并无不当。

故原审法院适用法律完全符合法律规定,被答辩人的上诉理由不能成立。

(二)原审法院认为案涉借款系用于夫妻共同生产经营活动,判决被答辩人C与B对×××万元债务及利息承担共同还款责任合法合理,应当依法驳回被答辩人的上诉请求。

1. ……

2. ……

根据2018年《最高人民法院关于审理涉及夫妻债务纠纷案件适用法律有关问题的解释》第3条"夫妻一方在婚姻关系存续期间以个人名义超出家庭日常生活需要所负的债务,债权人以属于夫妻共同债务为由主张权利的,人民法院不予支持,但债权人能够证明该债务用于夫妻共同生活、共同生产经营或者基于夫妻双方共同意思表示的除外”之规定,案涉借款显然属于夫妻共同债务,应当共同承担还款责任。

3. 案涉借款为B与C共同意思表示,C不仅有共同担保和还款的行为,也有共同还款的意思表示。根据……

4. ……

5. ……

因此,案涉借款应为夫妻共同债务。

综上,案涉借款为B与C二人基于共同还款的意思表示,用于夫妻共同从事的经营活动的款项,应当将其认定为夫妻共同债务,C应承担共同还款责任。

综上所述,答辩人认为,被答辩人C的上诉理由全部不能成立,C一方面认为已归还×××万元借款,另一方面否认借款事实,自相矛盾,有违诚实信用原则。

请求二审法院依法驳回被答辩人的全部上诉请求,维持原判。

答辩人:

二〇二×年××月××日

【案例3-5】

案情简介[1]:2021年3月27日,某文化公司作为甲方与涂某作为乙方签订了《演艺合作协议》,协议约定双方之间为合作关系,并非劳动合同关系,乙方在甲方指定的酒吧内进行驻场演出,乙方演出报酬为333元/天(每场时间20分钟,每天10场,不足10场按10场计算),合作期限为5年。协议第7条约定乙方不得单方解除该协议,乙方无故单方解除协议的,应向甲方返还最近6个月甲方向其支付的全部演出报酬(工作时间不足6个月的

[1] 参见(2022)川01民终25462号。

按6个月报酬进行赔偿),同时向甲方支付不低于20万元的违约金,违约金包括甲方为乙方个人推广所花费的全部费用,甲方为乙方支付的培训费、排练费,乙方在合同期限内的预期可得利益。该金额为双方充分协商后认定的真实意思表示,不存在甲方利用商业优势逼迫乙方同意该金额的情形,乙方不得单方以该金额过高要求调低。2021年8月以后,涂某单方停止在公司演出并前往其他酒吧演出。此后公司将涂某诉至法院,要求涂某返还演出报酬7.2万元,支付违约金20万元、排练费1.8万元,共计29万元。

一审法院判决:(1)公司与涂某签订的《演艺合作协议》解除;(2)涂某于判决生效之日起10日内向公司支付违约金5万元。

涂某不服提出上诉,请求撤销一审判决,上诉理由为:

一、一审认定事实不清,双方之间系事实劳动关系,具有明显的人身和经济从属性,不存在违约金之说。

1. 2020年5月至2021年8月,涂某在公司上班,接受该公司管理,与公司形成长期稳定的劳动关系。涂某不能自主决定工作内容,而是按时按量完成工作,所发工资与出勤天数密切相关,演出所得收益由公司支配,公司按月按演出场次和每场固定报酬向涂某支付工资。

2. 双方签订的《演艺合作协议》具有管理劳动者的属性。从《演艺合作协议》内容来看,公司对涂某演出时间、地点、内容、请假、休假进行严格的管理,双方的权利义务明显具有人身隶属性,该协议对涂某而言是完全不平等的协议。因此,双方并不属于合作关系,而属于劳动关系。

二、一审认定的5万元违约金属于事实认定错误。案涉《演艺合作协议》属于公司的格式合同,多处加重了涂某的义务和责任,并且公司未提供证据证明其损失。

某文化公司二审答辩状

答辩人(被上诉人):某文化公司

委托代理人:×××,××××律师事务所律师

被答辩人(上诉人):涂某

答辩人与被答辩人演出合同纠纷一案,被答辩人不服成都市武侯区人民法院作出的(2022)川0107民初2228号民事判决书,向成都市中级人民法院提起上诉,现针对被答辩人的上诉请求及事实与理由发表答辩意见如下。

上诉人在上诉状中所陈述的事实与理由存在错误,一审判决认定事实正确,二审法院应当驳回上诉人的全部上诉请求。

一、上诉人与被上诉人双方系完全民事行为能力主体,签订的《演艺合作协议》系双方的真实意思表示,属于依法成立并生效的合同,对双方当事人具有法律约束力,《演艺合作协议》明确约定双方并非劳动关系,而是艺人与公司之间的合作协议关系

《演艺合作协议》第4条已经明确约定"甲乙双方为合作关系,乙方并非甲方员工"。

该协议第1条的规定也证明被上诉人管理当地多家酒吧,上诉人为了增加知名度与被上诉人签约,上诉人的身份是被上诉人的签约合作艺人,同时被上诉人也负责为上诉人提供一定程度的知名度推广服务。

该协议第2条约定双方的合作期限为5年,但考察期仅有7日,这与劳动合同中双方可以约定长达6个月的试用期截然不同。

该协议第6条第13项"乙方可以接受其他经纪公司的邀请到其他地方进行商业演出,但需提前48小时向甲方提交申请以方便甲方安排工作"之约定,可以证明上诉人拥有独立去其他场所演出的权利,具有高度的演出自由性,并非固定在上诉人处进行演出。

上诉人仅需按照协议及附件履行义务,协议附件《驻唱歌手/乐手服务要求及违约处理办法》也能证明上诉人不受被上诉人的考勤制度、薪酬制度、晋升制度、财务管理制度、入职离职流程、公司奖惩制度等各类规章制度的约束,仅需根据双方签订的《演艺合作协议》及附件承担义务。

二、双方之间并不存在具有人身从属性关系和经济从属性的特征

首先,根据《演艺合作协议》的约定,被上诉人仅要求上诉人提供符合合同约定的演出服务和参加乐队排练,上诉人无须遵守被上诉人公司的各项

规章制度，无须在每个工作日严格打卡上班。被上诉人也没有对上诉人按照月度、季度或年度进行绩效考核的权利，且上诉人提供演出服务的时间、场次由双方协商确定，并非被上诉人单方可以确定，上诉人还可以接受其他经纪公司的邀请到其他地方进行商业演出。

同时上诉人每月的演出天数并不固定，上诉人是否积极工作的态度决定演出天数和演出场数，并且协议中也明确约定上诉人每天演出不足10场也按照10场支付费用。即使上诉人当日演出达到10场，每日演出时间最多也不超过200分钟（共计3个小时），相比于全日制劳动关系中劳动者每日应当工作8小时，其工作时间远远不足，并且并非所有的艺人都是大牌艺人，艺人轻松演出就可以获得高额的收入，也并不是所有的艺人的时间都是完全自由的，艺人在孵化期的限制众多，有一定的演出时间限制是为了提高上诉人的演绎水平以及服务粉丝和客户，故从上述约定来看被上诉人并没有直接对上诉人进行人身属性的管理。

其次，上诉人向被上诉人支付的演出报酬系基于上诉人完成的演出场次进行结算和支付，并且上诉人并非被上诉人的全职乐手，上诉人的演出均安排在晚上酒吧有客人消费的时段，而被上诉人在白天时段系另一家音乐艺术培训机构的鼓手老师，故上诉人的收入并非全部来自被上诉人，双方之间的合作关系并不存在劳动关系项下的经济从属性。

三、上诉人自称"离职"的真实原因系其自身在合同期限内想前往外地酒吧沟通合作事宜且从未告知被上诉人，根本违约导致合同目的不能实现，被上诉人基于双方约定解除协议并主张违约金符合法律规定

上诉人向被上诉人管理团队出具的道歉函可以证明，自2021年8月起上诉人以孩子生病为由向管理团队请假（协议中约定的提前请假系方便被上诉人进行演出管理），获得批准后却私自前往其他城市酒吧演出，并在某人数为500人的成都乐手交流群中公开发布招募乐手的相关信息。在一审庭审中上诉人本人也承认其之后就再也未在被上诉人经营的酒吧提供演出服务，上诉人在其他酒吧演出和以自己的实际行为表明不再履行双方之间的协议，已经严重违反了《演艺合作协议》第6条第8款、第7条第1款的规

定,故上诉人的行为不构成劳动法意义上的“离职”,而是违反信用原则进而违反双方签订的协议约定。故在协议约定的合作期限内,上诉人单方终止演出的行为构成根本违约,被上诉人解除合同符合法律规定。

四、被上诉人已经举证证明公司为上诉人进行了排练、包装、推广等花费了大量的费用,合同也约定了被上诉人损失的计算方式,被上诉人损失的29万元,一审法院已经主动调低至5万元,也符合法律的规定

综上,上诉人的上诉请求无事实和法律依据,恳请二审法院驳回上诉人的全部上诉请求。

答辩人:某文化公司

二〇二×年××月××日

二审法官根据双方的上诉状及答辩状迅速归纳争议焦点为:(1)某文化公司与涂某构成何种法律关系?(2)涂某是否应向某文化公司支付违约金。

最终二审法院判决驳回上诉,维持原判。

第二节　组织提交二审新证据及申请调查令

一、二审程序中“新的证据”范围

一审案件失败的部分原因在于证据不足,这种情况下,提供“新证据”往往能够扭转乾坤,改变案件最终结果。二审收集证据与一审有所不同,二审需要围绕支持上诉请求的全部法律规范构成要件来收集整理证据,不仅要收集一审期间提交的证据,还应当收集新证据。

关于二审新证据,随着《最高人民法院关于民事诉讼证据的若干规定》及《最高人民法院关于适用〈中华人民共和国民事诉讼法〉的解释》的修正,与“新证据”有关的法律规定也发生了较大变化。2001年《最高人民法院关于民事诉讼证据的若干规定》第41条规定:“《民事诉讼法》第一百二十五条第一款规定的‘新的证据’,是指以下情形:(一)一审程序中的新的证据包括:当事人在一

审举证期限届满后新发现的证据；当事人确因客观原因无法在举证期限内提供，经人民法院准许，在延长的期限内仍无法提供的证据；（二）二审程序中的新的证据包括：一审庭审结束后新发现的证据；当事人在一审举证期限届满前申请人民法院调查取证未获准许，二审法院经审查认为应当准许并依当事人申请调取的证据。”第 43 条规定：“当事人举证期限届满后提供的证据不是新的证据的，人民法院不予采纳。当事人经人民法院准许延期举证，但因客观原因未能在准许的期限内提供，且不审理该证据可能导致裁判明显不公的，其提供的证据可视为新的证据。”

但目前《最高人民法院关于民事诉讼证据的若干规定》已于 2019 年修正，《最高人民法院关于修改〈关于民事诉讼证据的若干规定〉的决定》第 63 条规定：“删去第四十一条、第四十二条、第四十三条、第四十四条、第四十五条、第四十六条。”

2022 年《最高人民法院关于适用〈中华人民共和国民事诉讼法〉的解释》第 99 条以及 2019 年《最高人民法院关于民事诉讼证据的若干规定》第 51 条均规定，举证期限可以由当事人协商，并经人民法院准许。人民法院指定举证期限的，适用第一审普通程序审理的案件不得少于 15 日，当事人提供新的证据的第二审案件不得少于 10 日。举证期限届满后，当事人提供反驳证据或者对已经提供的证据的来源、形式等方面的瑕疵进行补正的，人民法院可以酌情再次确定举证期限，该期限不受前款规定的期间限制。

因此，前述《最高人民法院关于适用〈中华人民共和国民事诉讼法〉的解释》和《最高人民法院关于民事诉讼证据的若干规定》仅规定了二审提供新证据的举证期限，并未对二审中新证据的条件进行限制，仅对再审申请人提交的新证据作出了规定，即 2022 年《最高人民法院关于适用〈中华人民共和国民事诉讼法〉的解释》第 386 条第 1 款规定：“再审申请人证明其提交的新的证据符合下列情形之一的，可以认定逾期提供证据的理由成立：（一）在原审庭审结束前已经存在，因客观原因于庭审结束后才发现的；（二）在原审庭审结束前已经发现，但因客观原因无法取得或者在规定的期限内不能提供的；（三）在原审庭审结束后形成，无法据此另行提起诉讼的。”

综上，目前法律没有对二审“新的证据”进行明确的定义，笔者认为，从理论上讲,只要是与案件事实相关联,可能影响案件定性与相关事实认定,且在一审未予提交的证据材料,二审中,均可提交。二审法院经审查采信的,可以确认为“新的证据”。

但是,在司法实践中,大部分案件,当事人在二审中提交的证据只要不是一审后形成的,另一方当事人基本上会不同意质证,这导致二审的证据适用仍然存在争议。

二、二审证据收集及提交要点

二审收集证据与一审有所不同,二审需要围绕支持上诉请求的全部法律规范构成要件和事实来收集整理证据,不仅要收集一审期间提交的证据,还应当收集与案件争点相关的新证据。最后将一审中原有的证据以及新收集的证据整理到一起,共同证明拟证明的上诉争议焦点。切记不要按照一审准备非争议焦点的形式准备证据。

准备完证据清单后,还应当在二审法院通知的举证期限内提交证据。

【案例 3 - 6】

案情简介[1]:2014 年 10 月,某建筑公司与某集团公司签订《施工合同书》,约定某建筑公司完成某集团公司某路段土石方工程施工,合同约定计量规则:每月 30 日前,双方共同对某建筑公司所完成的机械作业项目编写工程数量审核表,并对符合计量支付要求的项目编制劳务作业计费计算表。建筑公司在履行过程中与某集团公司 5 位不同岗位的负责人签订了工程数量审核表载明了工程数量,但工程数量审核表中有 2 位人员的签字系其他员工代签,财务人员在编制劳务作业计费计算表时未采纳该工程数量审核表,此后双方又产生增项工程,双方对增项工程无异议,2017 年 12 月在提取增项工程款时双方签订了另一份劳务作业计费计算表,最终双方因工程量达不成一致意见未进行结算,某建筑公司向法院提起诉讼,但一审未提交鉴定申请。一审判决某建筑公司败诉,某建筑公司提出上诉,提出鉴定申请,

[1] 参见(2021)川 14 民终 216 号。

请求二审法院发回重审，某集团公司抗辩双方此后的劳务作业计费计算表是双方的结算依据，故无须再进行鉴定。

某建筑公司在二审中补充的新的证据证明后形成的劳务作业计费计算表并非双方结算依据，且与客观事实严重不符，最终二审法院同意某建筑公司的鉴定申请，将案件发回重审。

某建筑公司与某集团公司建设工程施工合同纠纷案二审证据清单

编号	证据名称	证明对象及内容精要	页码	是否新证据
第一组	综合证明：被上诉人在一审以及二审中主张案涉项目工程量为 18 万 m^3，一审法院将被上诉人自认的数据作为上诉人施工的全部工程量属于事实认定不清，上诉人已经举证项目原材料远超 26 万 m^3，故实际工程量肯定高于 18 万 m^3。			
1	《施工合同书》	证明：某公司出具情况说明，公司出具的收据载明 2016 年 1 月至 12 月采购的砂岩为案涉标段所供的砂岩，即案涉标段砂岩量为 26 万 m^3，与上诉人主张的工程量及施工合同书中约定的总方量 26 万 m^3 相印证，上诉人主张的案涉项目标段共计 26 万 m^3 更符合客观事实，一审法院以未申请鉴定通过举证责任认定的事实属于认定事实不清，现上诉人申请鉴定，二审法院应当同意鉴定后依法改判或发回原审法院重审。	1－20	—
2	方量统计表		21－23	新
3	情况说明		24	新
4	《供货合同》		25－27	新
5	上诉人采购砂岩收方的收据		28－80	新
第二组	综合证明：案涉工程双方一直存在较大的争议，且未做最终的清算，上诉人便将被上诉人诉至法庭，二审法院应当查明本案的基础事实后再进行判决，故本案应当发回重审或同意鉴定后依法改判。			
6	通知函	证明：某集团公司在 2018 年 1 月 21 日仍向某建筑公司发函要求"前来办理结算等相关事宜。逾期未来办理的，我方将根据过程中的结算单据确定双方结算数量及金额"。	81－83	新

续表

编号	证据名称	证明对象及内容精要	页码	是否新证据
7	《增项工程补充协议》	证明:上诉人与被上诉人对砂岩填筑的工程量自2017年便有争议,其项目经理秦某承认已经计量,但还未计价。2018年1月,为了领取增项工程款而签订的劳务作业计费结算表仅代表双方认可了上述工程量的费用应当支付,并不认为仅有上述工程量的费用需要被上诉人支付,同年协调无果后上诉人马上将被上诉人告上法庭,故案涉工程双方并未进行最终的结算,为了查明本案基本事实,人民法院应当将本案发回重审或同意鉴定后再进行改判。	84-88	—
8	2017年5月25日录音及录音转文字		89	新

第三节 参加庭审做好庭审记录

根据《民事诉讼法》第176条的规定,原则上二审案件也应当开庭审理。除非经过阅卷、调查和询问当事人,没有提出新的事实、证据或者理由,人民法院认为不需要开庭审理的,才可进行书面审理。

参加二审庭审的注意事项和一审基本相同,不同点在于二审的实质审理内容。一审的目的是查明案件事实,正确适用法律;而二审的目的是根据《民事诉讼法》第177条的规定,检查、纠正第一审裁判的错误。

《民事诉讼法》第177条规定:"第二审人民法院对上诉案件,经过审理,按照下列情形,分别处理:(一)原判决、裁定认定事实清楚,适用法律正确的,以判决、裁定方式驳回上诉,维持原判决、裁定;(二)原判决、裁定认定事实错误或者适用法律错误的,以判决、裁定方式依法改判、撤销或者变更;(三)原判决认定基本事实不清的，裁定撤销原判决，发回原审人民法院重审，或者查清事实后改判；（四）原判决遗漏当事人或者违法缺席判决等严重违反法定程序的，裁定撤销原判决，发回原审人民法院重审。原审人民法院对发回重审的案件作出判决后，当事人提起上诉的，第二审人民法院不得再次发回重审。”

二审庭审主要围绕当事人的上诉请求进行审理。庭审程序同样适用一审庭审程序，主要分为三个阶段：法庭调查、法庭辩论和最后陈述。

1. 法庭调查

首先，陈述上诉请求及事实理由。上诉人在上诉后发现上诉请求、事实和理由有增加或变更需要补充或修正的，在法庭调查阶段一定要作出补正陈述。

其次，指出一审判决对事实认定错误的部分。二审法院在法庭调查中会根据一审判决，着重审查一审判决是否存在事实认定错误或认定不清、法律适用错误以及程序违法的情形。所以，在二审开庭调查阶段，法官会首先让双方针对一审判决中已认定的事实存在认定错误的地方发表意见，对于双方无异议的事实，则不再审理。所以在开庭时，一定要将一审判决认定事实错误的部分提炼出来。

【案例 3-7】

张某强为鹊华公司行政综合部经理，其薪资中包含了招商佣金的相应提成，佣金设定方案约定提成比例为销售总额的0.04%。2016年9月8日，张某强收到降级处分，由行政综合部经理降级为副经理，并且其提成比例降低至0.03%，张某强不服便提起劳动仲裁和诉讼，一审时法院认定鹊华公司的行为属于私自降低提成比例，判决鹊华公司败诉。鹊华公司认为一审法院认定事实错误，提起上诉。

示例如下：

一审判决认定事实错误内容：2016年9月8日张某强的职务降为行政综合部副经理，但鹊华公司并未配备新的行政综合部经理，且张某强仍系行政综合部的负责人，根据佣金设定方案，行政综合部负责人的佣金比例为销售总额的0.04%（判决书第7页第8-13行）。

事实与理由：(1)2016年4月启动预销售工作至2016年9月8日，综合部门负责人为张某强一人,但自2016年9月8日张某强受到处分后,综合部门负责人由张某强和另一员工刘某共同担任。(2)佣金设定方案是基于销售成本和利润额予以设定的,该方案中的佣金奖励总量始终保持不变。新参与销售活动人员的佣金比例应在已设定好的比例基础上予以分摊。

最后,二审法官会围绕认定的事实,以及双方存在分歧的部分归纳二审争议焦点。双方围绕争议焦点对各自的主张开展举证和质证。二审庭审只需对提交的新证据进行举证和质证,对于一审已经进行过举证和质证的证据无须再次出示,但案件关键性的证据可以向法庭强调,建议在二审开庭时将一审原证据全部带上,以便在二审时对重要证据再次进行强调和展示。

2. 法庭辩论

二审的法庭辩论阶段在程序上与一审完全相同,同样也是围绕争议焦点开展针对性的辩论。不同点在于二审案件中法庭可能会归纳出不同的争议焦点。所以,二审法庭辩论的内容与一审存在显著的区别。一审中已经对案件的争议焦点进行辩论,并在一审判决中作出了认定,而二审的争议焦点往往是建立在上诉人与被上诉人双方对一审认定内容是否正确而存在争议的基础上。所以,二审庭审的辩论内容主要是双方对一审判决中观点的支持和反驳,主要包含对于一审中事实认定、法律适用、程序合法的支持和反驳。

3. 最后陈述

律师可以在表达最后意见之前,加一些最能打动法官的语言,达到引起法官共鸣的效果,也可以从社会效益出发重申该案审判结果的影响力,或者表达请求及时裁判的愿望,没有定式,因案而异。

第四节 庭后总结复盘

二审的庭后总结复盘的内容,与一审庭后复盘的内容大致相同,但由于二审开庭程序和一审开庭程序不同,故律师作为代理人应当完成的工作有些许不同。

首先,一审系针对全案事实进行审查,而二审仅针对上诉方上诉的事实进行审查,在二审庭审程序中,法官一般会问双方对一审判决中查明事实部分有哪些异议和补充,故在复盘时双方应当着重关注争议较大的事实有无向法庭阐述清楚,相关证据是否能够证明主张的事实。

【案例 3 -8】

复盘时论证建设工程案件一审未进行鉴定,二审中进行鉴定的是否必须发回重审?

复盘记录(节选)

问题:在一起建设工程施工合同纠纷案中,我们在二审中是承包人的代理人,因一审中承包人提交了过程结算文件以及最后一期的计量确认文件,故未申请对已完成的工程量进行鉴定,一审法院根据相关的证据材料对承包人已完成的工程量进行了认定,但未达到承包人心理预期,二审中提出工程量鉴定申请,二审法院是否必须发回重审?

主办律师:相关法律规定和相关的上诉请求,我们都在庭审中和相关的书面材料中向法院明确提出了,这个案件的工程量属于重大事实问题,如果在二审中直接进行鉴定,会损害上诉人和被上诉人双方的合法权益,所以我们要求发回重审,在一审程序中重新启动鉴定程序。

助理 A:我这边检索了一些案例,都是四川地区以及最高人民法院的建设工程纠纷案件,这些案件当事人一审没有申请鉴定,二审中提出鉴定请求后,法院裁定发回重审,具体包括以下几种情形:(1)对案涉工程的质量有争议,一审没有申请鉴定,二审提出工程质量存在问题;(2)一审申请了鉴定,但没缴纳鉴定费,工程造价仍然属于本案应当查明的关键事实问题,二审法院发回重审;(3)一审中没有申请鉴定,二审中申请鉴定,二审法院发回重审。

主办律师:这些案件中有一个案子跟我们本案的情况最为相似,是四川省成都市中级人民法院[案号:(2019)川 01 民终 3182 号]审理的建设工程分包合同纠纷案,二审法院也是成都市中级人民法院,而且部分合议庭成员是我们案件的审判员,说明成都市中级人民法院有过类似情形,案件发回的可能性很大。

我们把这些案件整理一下,把相似案件放在第一个,然后交给法官,我再跟审判长电话沟通下,强调一下为什么一审没有申请鉴定。

项目负责人:法官和对方的意见是什么?

主办律师:对方不同意鉴定,也不同意发回重审,认为一审判决查明的工程量属实,不应当再发回重审。法官在庭上问了两个问题:第一个问题是一审为什么不提出鉴定;第二个问题是我们认为实际完成的工程量对应的价款是多少,差额有多少?

项目负责人:电话沟通的时候再说一下法律规定,另外强调一下按照一审认定的工程量计算我们损失惨重,因为本案与另案还存在关联关系,如果本案在当下马上判决,容易跟另案有冲突。

主办律师:好的,我马上就打电话。

其次,律师应考虑是否申请组成合议庭正式开庭。以笔者所在的成都市为例,二审案件通知开庭大多是案件调查和开庭合并在一起,只有第一次调查程序结束后,合议庭认为该案确有必要正式开庭,才会正式组成合议庭通知双方开庭。所以律师在参与的调查程序效果不佳时,需要思考是否向法院申请组成合议庭再次开庭,这是争取第二次开庭的方式之一,需要在第一次开庭后的复盘中提出。

总结庭审效果的内容与一审开庭后复盘的内容较为相似,在此不再赘述。

另外,在向委托人汇报案件进程时,因二审判决作出即生效,因此需要提前做好迎接判决的准备,需要告知委托人收到二审判决书之后,该判决书如要求履行相关义务,应提前做好履行义务的准备。

第五节　拟定并提交二审代理词

二审代理词在拟定时,应当与一审代理词予以区别,主要区别如下。

第一，案件争议焦点应当围绕己方或对方的上诉请求和上诉理由确定，对于不应当成为争议焦点而法官仍然归结为争议焦点的，除了陈述己方观点外，还应当阐明其无法成为二审争议焦点的理由。例如，该事实在一审判决中已经查明，对方未提交新的证据予以证明，或者该争议焦点与对方的上诉请求无关等。

【示例3－3】《二审代理词》参考文本

A房地产开发有限公司诉B公司、C中心（有限合伙）、D、E股权转让纠纷案二审代理词

尊敬的审判长、审判员：

××××律师事务所接受本案上诉人A房地产开发有限公司（以下简称A公司）的委托，指派本律师担任A公司诉原审被告B公司、原审被告C中心（有限合伙，以下简称C公司）、原审被告（上诉人）E、原审被告D股权转让纠纷一案的代理人，参加本案的诉讼活动，根据本案的基本事实，依据相关法律规定，就本案二审发表如下代理意见。

一、本案争议焦点

结合A公司、E的上诉状，本案争议焦点应当认定如下：

1. D、B公司是否应当承担×××万元的利息和逾期利息？

2. C公司是否应当承担责任？承担何种责任？赔偿的金额如何确定？

3. A公司是否存在过错且是否应当承担相应的责任？B公司是否应当承担×亿元的损失赔偿责任？

4. E是否应当承担退还保证金、利息及逾期利息的责任？

二、D出具承诺的行为构成债务加入，其应当向A公司归还××××万元并支付利息×××万元及每月×××万元（逾期利息）至全部款项付清之日止，该利息和逾期利息为D未按期退还××××万元应当承担的责任，与B公司赔偿A公司损失之间不具有关联性，D、B公司仍应当承担支付利息和逾期利息的责任

（一）B公司与D支付利息和逾期利息的依据为承诺书，并非《股权预约

收购权转让协议》中约定的B公司违反该协议所应承担的损失赔偿责任和违约责任

1. ……

2. ……

3. ……

(二)一审法院酌定A公司损失(虽然该损失金额并非为A公司的全部损失),但未判决债务加入人对其加入的部分承担赔偿责任,属于遗漏判决,二审法院应当进行纠正。

1. ……

2. ……

3. ……

三、C公司应当因其与F公司达成股权交易而对A公司承担违约责任,即便认定C公司与A公司之间股权预约收购的合同法律关系没有成立,C公司也应当承担缔约过失责任,故无论是违约责任还是缔约过失责任,C公司均应当依法赔偿A公司的损失,赔偿范围包括××××万元本金及利息,以及×亿元的损失

(一)C公司已经与A公司形成了事实上的股权预约收购合同法律关系,应当依法向A公司承担××××万元损失并支付违约金及利息。

1. ……

2. ……

3. ……

《合同法》第107条规定:"当事人一方不履行合同义务或者履行合同义务不符合约定的,应当承担继续履行、采取补救措施或者赔偿损失等违约责任。"第108条规定:"当事人一方明确表示或者以自己的行为表明不履行合同义务的,对方可以在履行期限届满之前要求其承担违约责任。"第113条第1款规定:"当事人一方不履行合同义务或者履行合同义务不符合约定,给对方造成损失的,损失赔偿额应当相当于因违约所造成的损失,包括合同履行后可以获得的利益,但不得超过违反合同一方订立合同时预见到或者应当预

见到的因违反合同可能造成的损失。”第 114 条第 1 款规定：“当事人可以约定一方违约时应当根据违约情况向对方支付一定数额的违约金，也可以约定因违约产生的损失赔偿额的计算方法。”

根据 2012 年《最高人民法院关于审理买卖合同纠纷案件适用法律问题的解释》第 2 条，“当事人签订认购书、订购书、预订书、意向书、备忘录等预约合同，约定在将来一定期限内订立买卖合同，一方不履行订立买卖合同的义务，对方请求其承担预约合同违约责任或者要求解除预约合同并主张损害赔偿的，人民法院应予支持”，关于预约的效力、违反预约的违约责任和违约救济的规定，预约合同系双方当事人合致的意思表示，双方当事人应受其约束。当事人违反预约合同的约定应承担继续履行、赔偿损失、支付违约金和适用定金罚则等违约责任。预约合同的损害赔偿责任，由法官从利益平衡和诚实信用、公平原则出发，结合案件实际情况，综合考虑守约方的履行情况、违约方的过错程度、合理的成本支出等因素，酌情自由裁量。损失包括直接损失和间接损失，间接损失包括：(1) 因信赖而放弃的获利机会损失，即丧失与第三人签订合同机会所蒙受的损失；(2) 无过错方的其他期待利益损失。

综上，C 公司已经严重违约，因此应当向 A 公司承担违约责任，向 A 公司返还××××万元并支付违约金及逾期利息，并赔偿损失。

（二）即便法院认定 A 公司没有与 C 公司建立股权预约收购的合同法律关系，C 公司也应当承担缔约过失责任，应当依法赔偿 A 公司的损失。

《合同法》第 42 条规定：“当事人在订立合同过程中有下列情形之一，给对方造成损失的，应当承担损害赔偿责任：（一）假借订立合同，恶意进行磋商；（二）故意隐瞒与订立合同有关的重要事实或者提供虚假情况；（三）有其他违背诚实信用原则的行为。”

根据法律规定，缔约过失责任是指在合同缔结过程中，当事人一方或双方因自己的过失而致合同不成立、无效或被撤销，应对信赖其合同有效成立的相对人赔偿基于此项信赖而发生的损害。一般而言，其构成要件包括主观和客观两个方面。在本案中，C 公司构成缔约过失责任的理由如下：

1. C 公司有违反法定附随义务的行为。……

2. 该违反法定附随义务的行为给对方造成了信赖利益的损失。……

3. C公司主观上存在过错。……

4. C公司的行为导致其与A公司的最终交易合同并未成立,也让A公司失去了获得土地使用权的机会,遭受了××××万元的直接损失和×亿元的信赖利益损失,C公司的行为与A公司的损失具有直接因果关系。

C公司在缔约过程中主要实施了两个行为,该行为符合《合同法》第42条规定的应当承担缔约过失赔偿责任的两种情形:

1. 假借订立合同,恶意进行磋商。……

2. C公司故意隐瞒与订立合同有关的重要事实。……

综上,即便A公司未与C公司建立股权预约收购的合同法律关系,C公司的行为也构成缔约过失,应当赔偿A公司的损失。

本案的上诉人E在其上诉状中也说明了C公司在整个股权交易中存在过错……故C公司无论是对于A公司还是对于D、B公司和E,均存在过错、违约的行为,在这种情况下一审法院认定C公司不存在过错,确属显失公平。

综上,C公司在整个过程中存在严重的违约行为或缔约过失行为,二审法院应当在查明事实后予以纠正,改判C公司向A公司赔偿损失。

四、本案中B公司和C公司向A公司赔偿的损失应当如何进行界定

如前所述,B公司和C公司除应当对A公司××××万元的直接损失及其利息损失承担赔偿责任外,还应当承担A公司的间接损失,包括A公司取得目标全部股权后的期待利益损失以及A公司在2019年×月至×月丧失与第三人签订合同机会所遭受的损失。

1. 其中A公司如按照×亿元价格取得目标××%股权的可得利益损失,有以下三种计算方式:

(1)……

(2)……

(3)……

2. A公司在2019年×月至×月丧失与第三人签订合同机会所遭受的损失:……

五、E 已经将目标公司股权转让给 F 公司，对无法办理股权质押存在明显过错，故 A 公司有权要求 E 在退还的保证金、利息及逾期利息的范围内承担责任

……

综上，二审法院应当重新对目标公司××%股权价值进行认定，并改判 E 在退还的××××万元本金、利息及逾期利息范围内承担责任。

综上所述，一审判决存在认定事实错误的情形，并且遗漏了部分事实，导致判决错误，恳请二审法院查明事实后对本代理意见予以采纳，并以事实为依据，以法律为准绳，依法裁判。

代理人：××××律师事务所

×××律师

×××律师

二〇二×年××月××日

【案例 3－9】从一起进出口信用保险合同纠纷案看二审法院对争议焦点的归纳

上诉方：四川某科技种业有限公司

被上诉方：中国某保险公司四川分公司

上诉事实与理由：

被上诉人未对免责条款尽到明确说明义务。虽然被上诉人具有证明已经完成明确说明义务的举证责任，但在上诉人所持有的保险合同中，保险续转通知单没有上诉人的盖章，足以说明被上诉人对免责条款、加重被保险人责任的条款未尽到明确说明义务。

“未先行向种子购买方进行诉讼并申请执行前不予定损核赔”，系典型的免除被上诉人责任、加重上诉人责任的格式条款，该格式条款应属无效。

被上诉人以上诉人未要求越南买方承担责任为由抗辩不承担保险责任

的理由不能成立。

被上诉人受理上诉人的保险理赔案件后,迟迟不予赔偿有违诚实信用原则。

一审法院归纳的争议焦点:(1)原告的起诉是否超过诉讼时效;(2)案涉保险条款中的免责内容是否有效;(3)如何理解“买方拖欠货款”和保险合同中约定的“先行诉讼、仲裁条款”的关系。

二审法院归纳的争议焦点:一是该案所涉起诉是否已经超过了诉讼时效;二是该案所涉的免责条款被上诉人是否完成了明确说明义务;三是该案所涉“先行诉讼、仲裁条款”是否具有法律效力;四是上诉人是否存在违约行为,以及在不存在违约行为的情况下,上诉人承担保险金责任的范围。

分析:二审法院将上诉人(即投保人)是否存在违约行为作为该案二审的争议焦点是对一审法院说理部分的回应,一审法院判决驳回全部诉讼请求的重要原因为:买方是因为货物存在质量问题而拒绝支付货款,并不是单纯拖欠货款,即投保人在买卖关系中存在违约行为,不符合理赔的要求。所以该案上诉人在拟定上诉状时还是应当将“卖方不存在违约行为”这一点作为重点进行详细说明。

第二,对于关键问题的阐述仍然适用三段论的说理方式;司法三段论是一种基本的法律推理模式,以法律规范为大前提,以具体的案件事实为小前提,最后根据逻辑三段论推导出结论。撰写二审代理词必须逻辑清晰,先解决“因”的问题才能描述“果”的情况。例如,在财产损害赔偿与合同违约竞合的案件中,诉讼思路选择的方向不同,代理词的构成要件也截然不同,如果一审法院在判决中已经说明未支持诉讼请求的原因是“构成侵权或违约的证据不充分”,那么在二审的代理词就应当着重阐述对方构成侵权或违约应当赔偿损失的法律与事实依据,着重阐述“因”的问题;如果一审法院在判决中说明未支持诉讼请求的原因是“实际损失的证据不充分”,那么二审中就应当加强损失证据的补强工作,并在代理词中对相关证据进行阐述。

第三,对二审应当另行查明的事实进行着重说明;上诉请求或抗辩理由都需要证据予以支持,法官经常会问“证据是什么”,因此代理词在陈述事实后应当罗列相对应的书面证据指向的编号及页码，这样的代理词可以大大减少法官阅看证据并寻找法条的时间，提高法官的效率。

第四，尽量在二审开庭后3－5天内提交二审代理词，原因是如果二审法官决定改判，那么这个案件就应当在审判委员会上讨论，如果法官将其决定上报审判委员会后还没有提交代理词，那么之后再提交是不起作用的，因为法官已经就案件作出了决定；如果法官已经决定驳回上诉或者发回重审，在其处理案件之前如果当事人及代理人没有充分发表意见，那么之后法官再根据当事人及代理人的意见改变决定的可能性就小了。

第六节　与主审法官保持紧密沟通

良好的沟通会促进案件尽快推动以及往好的方向发展，不良的沟通只会将案件往坏的方向引导。在与二审法官沟通中，应该注意以下两点。

1. 语言要更加干练简洁

在这里要专门强调语言要更加干练简洁，因为这跟司法实践中日益增长的诉讼案件数量是密不可分的，以成都市中级人民法院为例，根据成都市中级人民法院官网发布的简介，“2021年，全市法院共受理各类案件602，248件（含执恢、执保案件，下同），审执结555，016件，结案率92.16%，连续三年超过90%；法官人均结案455.08件。其中，成都中院受理67，455件，审执结60，771件，居全国中级法院第二”。成都市中级人民法院管辖了成都市22个基层法院、81个人民法庭，案件数量非常多，法官的结案速度必须保持在一个非常快的水平，才能在法律规定的审限内将案件结掉。“法官人均结案455.08件”意味着在一年250个工作日中平均每个工作日需要结掉1－2个案件，而且根据目前的法院配置，中级人民法院的法官会配置1－2名法官助理，所以成都市的二审案件大部分时候是代理人与法官助理进行直接沟通，所以倘若有机会可以跟法官直接联系，一定要抓紧每分每秒，将语言精练再精练，浓缩再浓缩，让法官能够迅速抓到重点，进而把观点传递给法官。

2. 表达调解意愿

若代理的案件没有任何调解空间,例如,委托人无论如何都不同意调解或者明显把拖延时间作为诉讼手段,则可以忽略这条。如果代理的案件恰好在二审中仍然存在一些争议,对于案件结果的预测无法做到大概率的判断时,代理人可以主动向二审法官申请调解,并请二审法官帮忙给对方做做工作,这样的做法有以下几个好处。

第一,提高结案率。委托人在诉讼过程中心态会发生变化,可能起诉时其心理会夹杂着怨恨、气愤等,但诉讼进程的推进时间往往比较漫长,委托人的态度会逐步从情绪中走出,开始从理性和价值的角度来看待这场诉讼,有很多一开始非要不可的钱在二审中同意放弃了,也有很多一开始决不能退让的条件在二审中可以坐下来协商了。这种心态的变化对律师和法官的结案是有帮助的,可以谈判的空间越大,谈判成功的概率就越大,所以能够调解的案件还是应当寻求调解机会。

第二,探知法官对案情的看法。调解的过程也是与法官沟通的过程,调解很少出现"一次就做成的生意",二审也不例外,往往需要经过几个来回,双方都要试探对方的底线。法官在这时会起到非常关键的作用,法官在要求一方进行退让时,一定会告诉其这个案件中有哪些对其不利的地方,让其自己考虑风险,且无论法官如何跟对方沟通,但法官所说的关键点一定是需要重视的点,不管最后调解是否成功,律师都应当在这些地方苦心经营,反复强化观点和多找司法实践中支持的案例。所以在沟通的过程中律师还可以知道法官对这场诉讼的看法,如果沟通比较顺畅,和法官探讨得比较深入还可能获得一些"意外惊喜"。

第七节　制作案件结案报告案卷归档

在制作二审结案报告时,需要按照代理程序不同进行区分,但大体的框架和结构与一审案件结案报告是一致的。

【示例3－4】《二审案件结案报告》参考文本

成都市××××公司与×××(成都)有限公司×××纠纷案 二审结案报告书

委 托 人:

对方当事人:

主办律师:

案　　由:

案　　号:

审理机关:成都市中级人民法院

审理结果:

一、……

二、……

三、……

四、……

案情简介:

……

律师团队就案件办理进行的工作:

2021年5月27日,首次就本案案情进行沟通。

2021年5月30日,第一次内部讨论。

2021年6月2日,就本案案情出具诉讼方案,提出二审诉讼思路以及报价。

2021年6月3日,就本案一审证据材料进行分析,对补充二审证据提出初步思路。

2021年6月4日,第二次内部讨论。

2021年6月5日至6月7日,就本案拟定上诉状初稿,并就上诉状内容与公司进行当面沟通。

2021年6月8日至6月9日,就本案的上诉状内容进行定稿,并向××

法院提交。

2021 年 6 月 16 日至 6 月 17 日,领取二审缴费通知,换取发票以及分别向公司、二审法院递交票据。

2021 年 8 月上旬,跟进、确定本案二审案号、审判法官。

2021 年 8 月 20 日,就 × × 公司发送的最后付款通知书提出律师建议。

2021 年 8 月 21 日至 8 月 31 日,梳理二审证据,制作二审证据清单并向中级人民法院提交。

2021 年 9 月 7 日,拟定 × × 公司律师函回函。

2021 年 9 月 10 日至 9 月 17 日,梳理本案时间轴、双方证据攻防图、案例大数据检索、法律法规汇编。

2021 年 9 月 15 日至 9 月 23 日,拟定二审代理词、思维导图、法官审理大数据报告初稿,并经团队讨论后定稿。

2021 年 9 月 20 日,做庭前模拟法庭演练。

2021 年 9 月 24 日,× × 律师、× × 律师作为委托代理人参与二审开庭,庭后提交了书面代理意见、类案判例。

2021 年 9 月 25 日,团队就案件庭审情况做庭后复盘,预判案件审理结果,并及时与贵司进行沟通。

2021 年 9 月 25 日至 9 月 30 日,沟通初步调解方案,形成书面二审调解方案并向中级人民法院递交。

2021 年 10 月 8 日至 10 月 15 日,就第一轮调解方案与法院进行沟通,法院与 × × 公司沟通后反馈 × × 公司不同意。

2021 年 10 月 18 日至 10 月 27 日,就 × × 减免租金事宜修订函件,并向书记员递交。

2021 年 11 月 1 日至 11 月 10 日,就第二轮调解方案分别与法院、× × 公司进行沟通,但 × × 公司仍不同意调解。

2021 年 11 月 17 日,领取本案二审判决书,并就 × × 事宜与法院沟通。

案件总结:

针对 × × × × 的上诉请求,因一审法院考虑到新冠疫情对 × × 公司造成的影响，减免2020年2月的租金及物业管理费，故二审法院认为一审法院的判决并无不当，为此我们分析了受新冠疫情影响下减免租金的大部分裁判案例，发现享受减免的承租方（承租国有资产的承租方除外）的经营业态均为餐饮、酒店类，故在写字楼业态下二审法院在一审判决的基础上改判的难度确实非常大，但我们仍然在庭审过程中极力主张我们的上诉请求，并提交了书面的代理意见和类似判例，但最终未获得法院支持。

针对降低违约金标准的上诉请求，鉴于××公司在成都市中级人民法院的案例较多，且均已作出生效法律文书判决认可租赁合同中约定的违约金标准，故在此情况下，即便我们充分说明本案承租人地位、情况与其他案例不一致，不应适用同等违约金标准，但法院仍未认可该理由，驳回了我们的上诉请求。

二审判决作出后，针对其中的物管用房租金未得到减免事宜，我们仍在与法院进行沟通中，具体情况待进一步核实后向委托人反馈。

很遗憾我们尽最大努力后未能争取到委托人最为满意的结果，但仍然感谢委托人对律师工作的支持和信任！

××××律师事务所

××律师

××律师

2021年××月××日

另外，在一审卷宗的基础上，二审卷宗的归档文件有一些变化，相较于一审卷宗增加了一些内容，具体目录如表3－2所示。

表3－2 二审卷宗归档文件目录

序号	文件标题
1	委托代理合同（含风险告知书、委托人须知）
2	授权委托书

续表

序号	文件标题
3	本所出具发票的复印件
4	民事诉状、民事上诉状或答辩状、反诉状等其他应附卷的文书
5	律师接待当事人谈话笔录
6	案例检索报告
7	完整的证据一套,包含证据目录与证据内容
8	法律关系分析图、法律事实时间轴
9	法院文书(缴费通知书、受理通知书、应诉通知书、举证期限告知书)
10	代理词
11	集体讨论记录
12	传票
13	庭审笔录
14	判决书、裁定书、调解书
15	上诉状/答辩状
16	二审法院文书(缴费通知、受理通知书、应诉通知书、合议庭组成人员告知书等)
17	二审新证据
18	二审代理词
19	二审庭审笔录
20	二审判决书、裁定书、调解书
21	结案报告

附　民商事诉讼法律文书模板目录

1. 邀请函
2. 案件咨询备忘录
3. 补充材料及问卷清单
4. 律师利益冲突豁免函
5. 案件沟通记录
6. 初步法律意见书
7. 律师代理报价函
8. 委托代理合同
9. 诉讼案件风险告知书
10. 诉讼案件跟踪记录表
11. 法律关系分析图
12. 法律事实时间图
13. 法律法规整理汇编
14. 案例检索报告
15. 第一次研讨会议记录
16. 法律分析报告
17. 初步证据核实函
18. 补充材料清单
19. 证明力分析报告
20. 诉讼主体查询信息报告
21. 诉讼法律服务方案
22. 授权委托书
23. 一审证据清单
24. 民事起诉状
25. 民事答辩状
26. 调查令申请书
27. 网络查控财产信息申请书
28. 财产线索清单
29. 诉前财产保全申请书
30. 财产保全保单保函
31. 一审立案材料准备清单
32. 调查取证申请书
33. 财产保全申请书
34. 财产续查封申请书
35. 主审法官大数据分析报告
36. 对手情报分析报告
37. 证人出庭作证申请书
38. 证人调查笔录
39. 法律风险评估报告
40. 法律要件与事实比对报告
41. 初步代理意见
42. 证人询问提纲

43. 模拟法庭纪要
44. 庭审纪要
45. 案件庭审复盘报告
46. 一审代理词
47. 一审代理思维导图
48. 调解方案确认函
49. 一审裁判文书分析报告
50. 一审案卷归档目录
51. 民事上诉状
52. 上诉思维导图
53. 二审答辩状
54. 二审代理词
55. 二审案件结案报告
56. 二审案卷归档目录

后　　记

《诉讼精细化：民商事诉讼律师办案手册》历经两年，终于正式面世。

在撰写本书的过程中，我深感责任重大，同时也倍感欣慰。作为一名执业20多年的资深律师，我深知在复杂的法律环境中，每一个细节都可能决定案件的成败，每一个案件背后都承载着当事人的信任与期待，而诉讼过程中的每一个环节都至关重要，不容有失。因此，我希望通过本书，将自己的诉讼精细化办案经验和心得系统地分享给律师同行们，为大家的实践工作提供一些有益的参考。

本书从诉讼思维体系和诉讼流程两个维度构建的精细化服务体系，让我们在代理每一件案件过程中，将诉讼变成一场步步为赢的战役，将每一项繁难而富有挑战的任务，变成杰作和成就。

无论是初出茅庐的年轻律师，还是经验丰富的资深律师，都可以从本书中获得有益的指引和启发。在本书的最后，分享一些关于这个领域的深刻思考，以及对法律职业未来的一些愿景。

法律是一个不断演变的领域，而诉讼实务更是其非常重要的组成部分。现代社会的快速发展和变化使案件愈加复杂，要求律师具备更高水平的专业知识和技能。本书的编写旨在满足这一需求，提供了一套全面的实务指南，涵盖诉讼案件的方方面面，并附赠了56份法律文书参考文本。

在本书中，我们探讨了法律服务市场，详细介绍了请求权基础分析法、一审四十步、二审三十步诉讼精细化的服务流程，深入研究请求权基础分析法，以及按照诉讼流程精细化服务可以帮助律师更好地为客户争取权益，提高当事人的满意度,更有效地代理诉讼案件。

未来,法律职业将继续面临新的挑战和机遇。技术的快速发展已经改变了法律实务的方式,律师需要适应这一变化,利用技术工具来提高效率。在这个充满机遇和挑战的时代,希望本书能够成为律师们的得力助手,能够更好地帮助律师们塑造一个完整的诉讼思维体系,为你们的法律实践提供坚实的支持。

本书是研值律师团队集体智慧的结晶,感谢团队的全体成员,在本书的创作过程中,尽管大家工作非常繁忙,但为共同目标仍然坚持投入时间和精力,感谢他们的付出。

完成此书,我深感责任未尽。希望通过本书,能够为同行们在民商事诉讼实践中提供一些有益的参考和借鉴。同时,我们也期待更多的律师能够加入到诉讼精细化的实践中来,共同推动民商事诉讼领域的专业化、规范化发展。

“得之在俄顷,积之在平日。”律师行业的学习永需精进,专业永需提高。

我相信,本书只是我执业生涯的一个逗号,而不是句号。在未来的岁月里,我们将继续秉承精细化办案的理念,不断精进自己的专业技能和综合素质,不断更新和完善自己的知识体系,为撰写更多有价值的著作奠定坚实基础。

最后,由衷地感谢法律出版社的大力支持,感谢各位编辑专业的编审工作,你们的付出让本书更加完美!

颜莉律师

2025 年 1 月 8 日于成都